運命과 周易

운 · 명 · 과 · 주 · 역

島飛山人 晩碩 徐廷起(서정기)

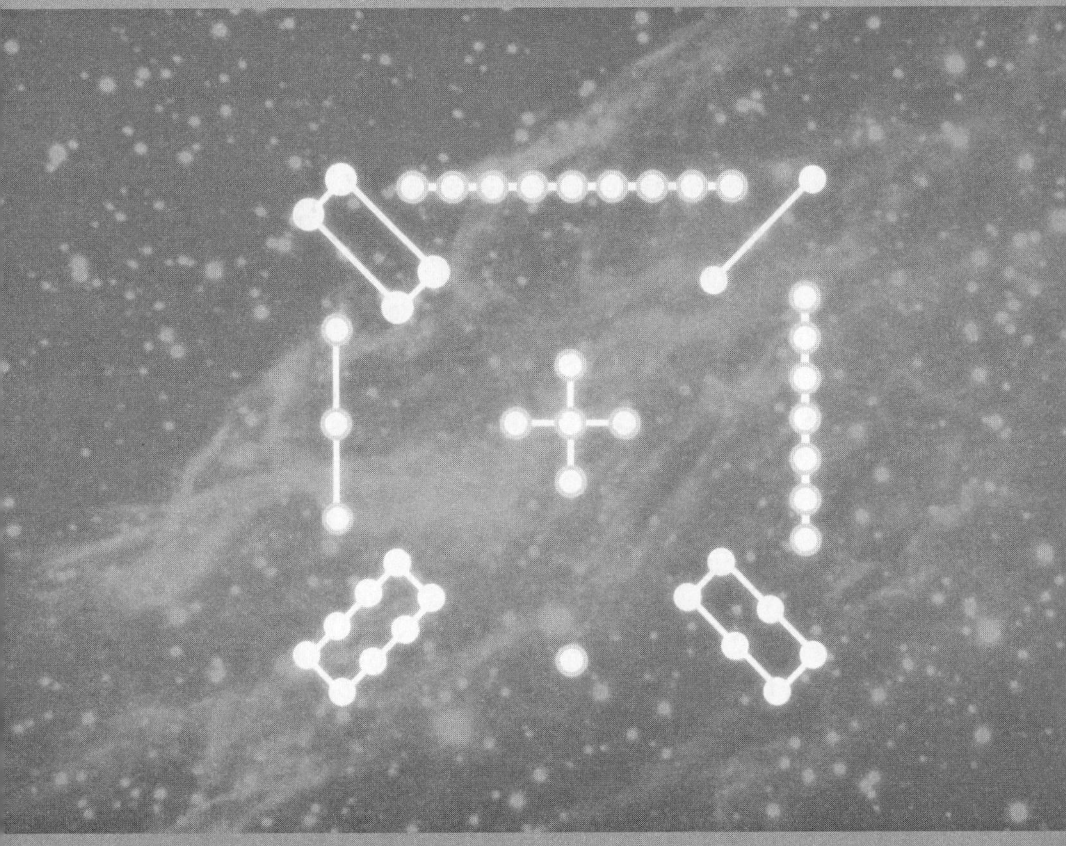

장서원
도서출판

| 머리말 |

분이정(分已定 : 분수는 이미 정해지느니라) 古書에 이러한 글귀를 생각해 본다. 다시 부연 설명하면 사람마다 자기의 분수(운명)는 이미 정해지는 것이다. 더 나아가서 구체적으로 심층적 논리에 접근해 본다.

사람마다 모태(母胎)에 입태할 때에 분수(운명)는 정해지느니라 언급하고 있는 것이다. 이와 같이 분수(운명)가 이미 정해지면 그 분수에 따라 좋든 그르든 일평생에 그 길로 걸어가게 되니 이것을 운명(運命)이라고 한다. 이 가운데는 혹 부귀영화(富貴榮華)를 누리는 행운아가 있는가 하면 또한 다른 혹자는 빈천박복(貧賤薄福)한 불행 속에서 헤어나지 못하고 생을 마치는 불운도 있는 것이다. 이 운명적 됨됨이의 그릇으로 보면 동량지재(棟樑之材)로써 큰 대들보와 같이 거물의 기량(器量)이 있는가 하면 두소지비부(斗筲之鄙夫)의 작은 국량(局量)의 소인배가 있기도 하다.

수많은 창생(蒼生)들은 제각기 타고난 운명대로 정해진 여정(旅程)에 따라 가고 또 가고, 오고 또 오니, 이를 일러 생(生)의 행렬이라 하며 이 행렬의 군중은 제각기 가는 길이 다 다르니 이를 일러 운명(運命)속에 여정(旅程)이라 말하기도 한다.

온 천하의 삼라만상(森羅萬象) 중에 오직 인간(人間)만이 자연의 섭리(攝理)로부터 유일한 운명(運命)을 부여받아 이의 궤도(軌道)를 따라 가는 것이다.

본 책자의 학리를 요약 설명하면 원천적으로 주역(周易)의 의리학(義理學)을 바탕으로 상수학(象數學)적 하락리수(河洛理數)로써 구현되어 있으니 곧 바로 주역을 펴내신 현성(賢聖)들의 의도하신 바 참뜻을 이어 받들었다고 감히 일컫는 바이다.

중국 역사의 아주 태고에 복희씨(伏羲氏)에 의해 8괘가 그어졌고 그 후 주(周)대에 문왕(文王)과 주공(周公)에 의해 64괘와 384효가 구현되니 이로써 주역(周易) 한편이 완성됐고, 그 후 노(魯)대의 공자(孔子)에 이르러 십전(十傳)이 부설되니, 이로써 상하권의 경전(經典)이 완성된 것이다. 이로써 오랜 세월이 지나 약 10세기경에 송(宋)대의 진희이(陳希夷) 호 도남(圖南)선생에 의해 상수학(象數學)적 하락리수(河洛理數)가 출현되니, 이로써 선성(先聖)들이 추구하신 순수한 운명(運命 : 卜筮)적 철학서가 구현된 것이다.

주역절중강령(周易折中綱領)을 보노라면 역지위서본위복서이작(易之爲書本爲卜筮而作 : 주역의 글을 삼은 것은 본시 卜筮(運命)를 위하여 지으셨느니라)이라고 말하고 있다. 바로 이 복서적 철학서를 일컫는 것이라 하겠다. 앞에서 언급한 오랜 역사 속에서 여러 현성(賢聖)들이 계계승승(繼繼承承) 이 한편의 주역을 만드신 뜻은 무지(無知)한 창생(蒼生)들이 천하의 큰일에 임해서 추길피흉(趨吉避凶)케 하기 위해서 지으셨느니라 말하고 있음을 볼 수가 있다.

본 책자는 의리학(義理學)적 주역(周易)을 바탕으로 기본의 근기로 삼고 그 위에 상수학(象數學)적 하락리수(河洛理數)로써 제 21장의 항복별로 분류하였으며, 각 항목마다 각기 각론을 부설하였다. 이는 구시대적 구학문이면서 주역의 난해성은 주지의 사실과 같이 2중 3중의 비장(秘藏)된 오의(奧義)로써 구성되어 있다. 이의 표출적 해석에는 장구한 세월과 무한한 노력이 있었음을 말하는 바이다.

본 책자는 해설하락리수(解說河洛理數 : 서정기 지음)와 연관된 자매(姊妹)지로써 동시에 활용하면 빠른 이해가 있음을 알게 될 것이며, 강호제현(江湖諸賢)의 주역(周易)연구에 도움이 되길 기대하면서…

2006 丙戌 歲暮

島飛山人 晩碩 서정기(徐廷起)

| 차 례 |

제 1 장

인생(人生)과 운명(運命)

운명(運命)은 무엇인가 스승에게 듣는다.

오늘은 수많은 인간사에 알듯하면서도 알아보려고 하면 어려운 운명론에 대하여 생각해 보려고 합니다. 고견을 말씀해 주십시오.

스승은 말한다. 그렇다 난지자는 운명(難知者 運命)이라.

수많은 인간사(人間事)가 운명적이지 아님이 없는데 또한 그 실체를 알아보려고 하면 알기 어려운 것이 또한 운명이니라.

나는 일찍이 작자 미상의 명작 그림 한 폭을 본 뒤 지금에도 그 기억을 떠올려 볼 때가 있으니 그의 그림인 즉 이름하여

생(生)의 행렬(行列)

멋진 신사복 차림에 말쑥하고 정중한 중년 신사
고전적 한복차림의 세련된 노신사
맵시 있는 한복 차림의 중년 부인
치마저고리의 요염한 젊은 아낙네
괭이 들고 일하노라 허리 펼 날 없는 농부님
호미 들고 땀 흘리며 일하노라 허리 펼 날 없는 황혼기의 노파
나라를 다스리느라 정열을 바치는 정객들
하얀 제복에 청진기를 목에 건 병원 의사
보기만 해도 믿음직한 국가 간성의 장병들
흩어짐 없이 단정한 차림의 치안관들
머리 깎고 가사 장삼에 염주를 목에 건 불자 스님
만인을 앞에 놓고 열변을 토하는 교회 선교사
교단에서 열심히 읽어 내려가는 선생님들
씩씩하고 발랄한 미래의 기둥인 학생들
가방 속엔 무언가의 급하신 사업가들
점퍼 차림에 검게 탄 얼굴의 노동자들
철마의 차창으로 밖의 풍경을 내다보며 달리는 기관사들
비바람도 아랑 곳 없이 망망대해를 누비는 항해사들
억센 파도와 싸우면서 어망속의 고기잡이로 만족하는 어부들
버스에 몸을 싣고 매일 같이 달리는 운전사들
수백 길 탄광 속에서 위험을 무릅쓰고 일하는 광부들
전생에 무슨 죄로 철창 속에서 자기 잘못만큼의 죄가를 치르는 죄수들
두터운 법전을 앞에 놓고 안녕과 질서를 위해 저울질 하는 법관들
몸의 한구석이 장애의 불구로 힘들게 살아가는 장애인들

온 몸이 철석 같이 건전한 체육인들

별실의 윗 전에서 지배하고 계획하는 사장님들

인생의 밑줄에서 허리 펼 날 없이 다음날을 기다리며 살아가는 사람들

하는 일에 실패하여 거리에 노숙하는 실업자들

가고 또 가고 오고 또 오고 행렬은 끝날 날이 없이 이어진다.

이 모두가 다양한 직업 속에 하는 일이 달라서 누군가는 안락하고 풍요한가 하면 또 다른 한구석의 어두운 곳에서는 고생의 나날을 이어 가야만 하는 이가 있으니 이것을 운명이라 하느니라.

비록 하는 일이 같다 하더라도 심지어는 일란성 쌍둥이라 하더라도 일평생을 걸어가는 길은 다 다르게 되어 있으니 이것을 하나의 숙명(宿命)이라고도 하느니라. 사람은 정해진 한 곳에만 머무는 게 아니다. 세월 속에 시간 따라 환경 따라 쉴 새 없이 길흉화복의 풍운조화는 그칠 날 없이 바뀌고 변하는 속에서 타고난 운명대로 한 세상을 걸어가는 것을 일명 숙명이라고 하느니라.

세상 사람들은 큰 숲은 볼 줄 알아도 개체인 하나의 나무는 볼 줄 모르는 구나

제 2 장

운명(運命)학의 종류

제자는 묻는다. 스승님 운명을 알아내는 방법은 몇 종이나 되며 그에 대한 하나의 사례로 말씀해 주십시오.

스승은 말한다. 동양의 한문문화권에 운명철학의 종류는 대략적으로 10여 종이 되느니라. 이를 대변하면 심상(心相)과 관상(觀相) 그리고 기타(신수 보는 법) 등으로 분류해 각기 학문으로써 이루어졌느니라.

심상이라 하여 사람마다 일평생에 밟고 걸어가야 할 잠재해 있는 원명(原命)과 매년 돌아가며 바뀌어 나타나는 세운(歲運)이 있도다.

관상(觀相)이라 하여 잠재해 있는 심상이 외관(外觀)으로 표출해서 얼굴을 주종으로 신체 전반에 걸쳐 나타나게 되니 이 신비로운 점은 명상일치(命相一致)라 하여 잠재해 있는 심상(心相)과 심상의 표출적 관상(觀相)은 절대적 일치가 된다는 점을 들 수 있다.

아무리 현대사회의 기발한 과학에 묻혀 산다하더라도 그 신공(神

功)의 무궁한 조화에 대해서는 경탄을 금할 수가 없구나.

하나의 실제 사례를 들어 알아보자.

우리나라 5000년의 고질적 가난을 몰아낸 민족중흥의 지도자 박정희 대통령의 심상(心相)과 관상(觀相) 속에는 각각 범속과는 아주 다른 특징이 있으니 하나의 사례로써 먼저 주역(하락리수)을 통해 그를 알아본다.

실제의 사례 : 심상학(心相學)적으로 본 박정희 (하락리수 : 河洛理數)

하락명국(河洛命局)

무슨 운명이기에 전쟁으로 인해 잿더미가 된 국가를 급속한 경제발전과 국가 재건의 높은 성과로 후발국들의 모범을 이룩했나(1917) 丁巳年 九月 三十日 寅時 乾命(정사년 구월 삼십일 인시 건명)

丁정	辛신	庚경	戊무	天천	地지	天천	地지	化화	元원	數수
巳사	亥해	申신	寅인	數수	數수	元원	元원	工공	氣기	順순
年년	月월	日일	時시	三	二	氣기	氣기		內내	
				十	十				元원	
				一	四				堂당	

소축구삼원당

小畜九三元堂...........생략

대과상육원당 협자 유덕유위 당대난 임대위

大過上六元堂 叶者 有德有位 當大難 臨大位

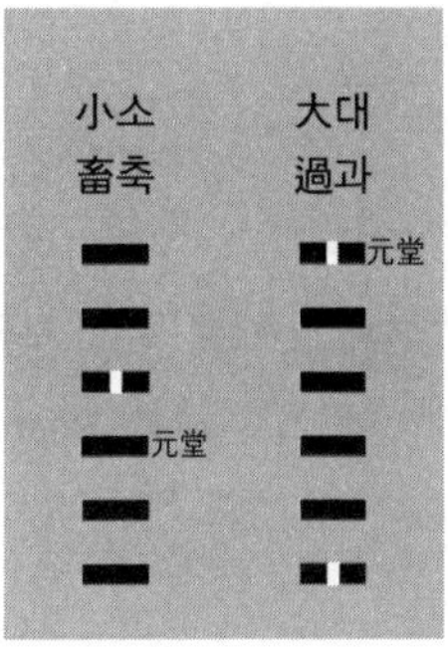

살신성인 사생취의 명표청사 망중화이
殺身成仁 舍生取義 名標靑史 望重華夷

이상에서 선천괘사는 생략하고 후천 괘는 공이 40이후(후천운)에 걸어가야 할 운세를 주역(하락리수)은 이렇게 말하고 있다.

다음은 위에 나타나 있는 원명을 한 문장씩 해설과 밟고 간 실체에 대하여 알아본다.

대과상육원당 유덕유위 당대난 임대위 살신성인 사생취의
大過上六元堂 有德有位 當大難 臨大位 殺身成仁 舍生取義

해설 : 덕망이 있고 높은 지위가 있으며 큰 난을 만나고 크게 위태로움에 임하여 제 몸을 희생시켜서라도 인도의 극치를 성취하며 목숨을 버리더라도 의리를 좇으리라.

실제상황 간추린 말 한마디로 충신이 되느냐 역적이 되느냐의 천길 벼랑 끝에서 자기 몸을 희생시키더라도 인도의 극치를 생각했다. 이 나라 민족에 반만년의 해묵은 가난을 몰아내고, 당시에 부패와 무질서를 바로 잡겠다고 하는 구국적 일념으로 목숨을 버리고라도 의리를 좇겠다는 집념이었으니, 아무나가 생각 할 수 있는 일이겠느냐 말이다. 타고난 운명을 걸어갔을 뿐이라고나 할까. 1961년 5·16 군사혁명의 주역인 공(公)의 운명이다. 공(公)은 크게 어려운 때를 당해서 크게 위태로움에 임하여 혁명 주역의 큰 자리를 가지고, 큰 덕망으로써 국가적 통치에 들어갔다. 그 후 집권한지 18개성상 수많은 저항 속에서도 살신성인(殺身成仁)과 사생취의(舍生取義)의 본문과 같이 타고난 운명의 궤(軌)를 밟아 꿋꿋이 소신을 지켜 오로지 국가 중흥에 몸을 바쳐서 위대한 업적을 이룩했으니, 어찌 촌지의 필설로써 다하랴. 영웅이 사라진 뒷 자취에는 군 장성시절에 국가로부터 하사 받은 간소한 집 한 채와 공이 평소에 애독하든 서책만이 남아 있다는 뒤 소식이다. 공의 후천괘에 유덕(有德)의 뜻을 간과 할 수가 없어 다시 한 번 고찰해 본다. 이는 매사를 덕(德)으로써 다스린다는 깊은 의미를 가지고 있으니, 혁명사상 세계사적으로 보기 드문 무혈혁명으로써 소기의 목적을 거두었으며, 집권 18년의 긴 기간에 수많은 저항세력들과도 대과없이 지나갔음을 의미하는 것이다.

명표청사 망중화이(名標靑史 望重華夷)

해설 : 그의 이름은 청사에 기록되고 화땅 사람, 이 땅 사람이 모두 중후하게 우러러 보리라.

실제 상황 남북전쟁으로 황폐화 된 강토, 밀도 높은 인구에 후진적 농업방식 자원도 없고 기술도 없고 오천년의 해묵은 가난한 이 땅을 깎고 다듬어 국토재건과 농어촌에 새마을 사업을 우리 민족은 지켜보았다. 공이 시정(施政) 연설을 할 때마다 「라디오」와 「텔레비전」 앞에 걸음을 멈추고 일손을 잠시 놓은 채, 삼삼오오 모여들어 시간을 기다리고 초조하게 열심히 듣고 박수를 보냈다. 오천년에 농어촌의 호롱불은 환한 전깃불에 쫓겨나고, 두텁고 두터웠던 초가지붕은 말끔히 개량되고, 논둑길 밭둑길에는 새마을 농로가 확 트여서 아버지와 아들의 어깨를 짓누르던 지게는 사라지고, 동력의 농기구들이 질주한다. 황량한 들판에는 높은 공장 굴뚝에서 뭉클뭉클 연기가 피어오르고 제철소에 검은 용광로에서는 시뻘건 쇳물을 토해낸다. 경부고속도로 자동차 공장, 배 공장, 헐벗은 강산은 검푸른 장막으로 갈아입고, 어디 하나 공의 생각이 미치지 않은 곳이 있으랴.

본문에는 공(公)의 빛나는 이름이 청사(靑史)의 한 장을 장식한다 되어 있으니, 이러한 말을 두고 옛 사람들은 여합부절(如合符節)이라 일컬었나보다. 어디 우리 한(韓)민족 뿐이랴 동남아에서 저 멀리 아프

리카에서까지 후발중진국들은 이 나라 새마을사업의 성공한 사례와 고도의 경제 발전상을 교훈 삼아 연수차 수십 개 성상이 지난 지금에도 빈번하다는 소식이다. 이가 다 공의 원명상에 망중화이(望重華夷)에서 빚어지는 사연이라 보면 좋으리라.

주(註) : 망중화이(望重華夷))에 대하여 알아본다. 이 학문(주역)의 연원지는 중국 본토인 화(華)땅이고, 중국 본토에서는 동서남북의 주변국들을 이(夷)라 지칭했으니, 다시 말해서 우리 한국과 주변국들을 망라해서 일컫는 말이나, 이 모두가 여러 나라 백성들이 높이 우러러 본다는 어의이다.

이상은 주역(하락리수)으로써 공(公)의 심상(心相)을 알아보았다. 다음은 앞에서 언급하고 있는바, 심상은 외적인 관상으로 표출된다 하니 공의 관상학적으로 본 운명은 어떠한가 살펴본다.

실제의 사례 : 관상학(觀相學)적으로 본 박정희 (인용학문 마의상법(麻衣相法))

관록궁(官祿宮)에서 본 관상

관록궁이라 함은 하나의 학명으로 눈썹 위에서 머리털이 있는 밑부분으로 이마 전체를 말함이다.

본문- 복서정 일품왕후(伏犀頂 一品王侯)

(해설) 이마에 물소가 누워 있듯이 두툼하게 솟아나 있으면 일품의 재상(고급 각료)이 되도다.

(주) 이는 군주주의 체제를 의미한다.

전택궁(田宅宮)에서 본 관상

전택궁이라 함은 하나의 학명으로 곧 양쪽 눈을 말함이다.

본문- 안광 엄연원시 약추일지조상천(眼光 儼然遠視 若秋日之照霜天)

외연근촉 사화풍지동춘화(巍然近矚 似和風之動春花)

(해설) 눈빛이 멀리 바라다봄이 근엄하여 마치 가을날에 서릿발을 비추는 것 같고 가까이 비추어 보는 것이 뛰어나서 마치 화창한 바람이 봄꽃을 충동하듯 하고 있도다.

관골(觀骨)에서 본 관상

관골이라 함은 하나의 학명이니 양쪽 광대볼을 말함이다.

본문- 면상유탁기 명관골주권세, 발재사십육(面上有卓起 名觀骨主權勢, 發在四十六)

(해설) 면상에 높이 솟아 난 것이 이름하여 관골이니 주로 권세를 가지며 46세라야 그 운이 시발하리라.

(주) 5·16 군사 혁명을 주도했든 해가 공의 나이 46세이니 이가 바로 운명에서 온 것이다.

재백궁(財帛宮)에서 본 관상

재백궁이라 함은 하나의 학명으로 이는 얼굴 중앙에 위치한 코를 말함이니 또한 토성이라고도 한다.

본문 - 난대정위 약수무 부귀명포 세한부(蘭台廷衛 若須無 富貴名褒 世罕夫)

(해설) 난대와 정위(코 마루에 좌우 날개의 홈)가 없는 것 같으면 이러한 사람은 부귀와 그 이름을 기리는 바가 세상에 드문 장부이도다.

(주) 세상 사람을 아무리 둘러봐도 코 마루에 양 날개의 홈이 없는 사람은 찾아볼 수가 없으니 공의 선명한 사진에는 이 홈이 없음을

볼 수가 있다. 과연 놀라운 일이 아닐 수 없느니라.

음성궁(音聲宮)에서 본 관상

음성은 의사소통과 정서의 발로로써 중요한 요소이다.

본문- 음성 대여홍종 등여 승고진음(音聲 大如洪鐘 騰如 昇鼓振音)

(해설) 음성은 크기가 큰 인경소리와 같고 목소리의 상승하는 진음이 북소리처럼 진동해야 하느니라.

본문- 신소성웅 위지삼공(身小聲雄 位至三公)

(해설) 몸은 적고 목소리가 크면 그 지위가 삼공(최고관 대작)에 이르도다.

본문- 인소성웅 정수초달(人小聲雄 定須超達)

(해설) 사람이 몸은 작고 목소리가 웅장하면 하는 일이 성공 되어 뭇사람을 뛰어넘으리라. 공의 음성은 이상에서 나타나고 있는 바와 일치함을 말해 둔다.

이상에서 공(公)에 대한 관상학적으로 두드러진 특징 몇 가지를 열거해 보았다.

놀라운 이 신공(神功)의 작용에 대하여는 뜨거운 감회를 가져도 족함이 없으리라.

앞에서 다뤄 본 두 개(심상과 관상)의 학리는 각기 학문이 다른데도 공이 걸어가야 할 길은 하나 같이 귀결점이 같으니, 이를 일러 명상일치(命相一致)라 하며, 이 신공(神功) 앞에 머리가 숙여진다. 또한 이 운명의 소유자는 꼭 이대로(심상과 관상) 걸어서 세상에서 드문 영웅(英雄)으로써의 웅지를 폈음을 감회 깊이 느껴 보는 바이다.

제 3 장

운명(運命)이 형성되는 시기

제자는 묻는다. 스승님 사람의 운명은 언제 형성되는지요, 답해 주시기 바랍니다.

스승은 말한다. 고서의 경(經)에 말하기를 천명(天命)이 이미 정해지면 귀신의 조화로도 이를 옮기어 고칠 수가 없으니, 이것이 분수가 정해지기 때문이다. 한번 정해지면 천지(天地)의 조화로도 이를 옮기여 고칠 수가 없으며, 신출귀몰한 귀신(鬼神)의 조화로도 이를 옮기어 고칠 수가 없으니, 하물며 사람의 능력으로 고칠 수가 있으며 하물며 하나의 기교(機巧 : 잔꾀)로써 고칠 수가 있겠느냐는 말이다. 다시 말해서 모태(母胎)에 씨앗이 떨어지면 이때에 분수(운명)가 결정되니, 이가 곧 훗날에 심상(心相)과 관상(觀相)으로 나타난다는 말이다. 이 시기별 적점을 말하면 남녀가 적당한 시기에 합궁하여 모태에 수정되면 이때에 남녀간 성별의 결정과 동시에 하나의 인생이 가야할 장도의 원명(原命)이 설정되며, 동시에 매년 순행하여 바뀌어 돌아가는 세운(歲運)이 설정된다고 기술하고 있느니라.

인간사에는 길흉(吉凶)화복(禍福)의 종류가 하도 많다. 앞으로 장장 넓은 지면으로 알게 되려니와 우선 다음을 통해 들어본다.

*종류

① 집단의 대소나 고하를 막론한 지배계층과 피지배계층

② 인간사에 가장 중요한 가진 자와 갖지 못한 자의 계층

③-1 하나의 가정을 영위하고 제 2세를 발전시키는 부부(夫婦)와의 관계에 화합(和合)과 불화(不和) 또한 이별(離別)과 사별(死別)

③-2 인간의 성공 여부의 기본 요소인 재산의 유무

④ 인간의 중요한 가치적 요소인 두뇌의 명석도

⑤ 인간의 가장 존엄한 가치적 척도인 신의(信義)와 불신의(不信義)

⑥ 인간관계에 기본적 요소인 성품의 강약(剛弱) 또한 정직(正直)과 왜곡(歪曲) 그리고 강한(剛狠)과 나약(懦弱), 선량(善良)과 불량(不良)

⑦ 생명의 보존적 요소인 건강과 병약 장수와 단명

⑧ 의외로 노력 이상의 성과를 거두는 행운(福)

⑨ 노력 이하의 굴절과 실패의 화앙(禍殃)

⑩ 자기를 중심으로 한 가족관계(부모 처자 형제)와의 화평과 불화

이상과 같이 인간의 운명 속에는 다양한 종류의 숙명이 잠재해 있다가 적당한 시기에 이가 돌출적 지배에 들어간다고 하니라.

제 4 장

사람이 태어나는 시기와 운명적 신공(神功)의 조화

자연분만에 따른 태아의 숙명(宿命)과 후세에 미치는 영향

제자는 묻는다. 스승님 앞에서 말씀하신 운명의 형성은 적당한 시기에 남녀가 합궁하여 태궁에 수정될 때에 이뤄진다 하셨습니다. 그렇다면 왜 출생한 연월일시로써 사주(四柱) 구성해서 이를 근거로써 어느 학문을 통해 도출해 보면, 마치 인위적으로 당사자의 사정을 잘 알아 꾸며 내기나 하듯이 당사자가 걸어온 길과 학문적 논리가 일치가 됨은 어째서 입니까.

스승은 말한다. 그렇다 그 점이 아주 중요한 관건이니 이를 신비적(神秘的) 신공(神功)이라 하느니라. 마치 근대적 의학 부분에서 학자들이 인체 해부를 통해 오묘 무궁한 신비적 구조에 대해 많은 사람들이 놀란다고 들어왔다. 마치 이러한 이치의 일부분 일지도 모른다. 어디 이뿐이랴 자칫 잘못으로 어느 창조적 신비와 공허적인 미신으로 착각하기 쉬우나 이는 절대적으로 천견한 소치일 뿐이다. 경솔한 말일지 모른다. 과학의 원리는 창조적 신비의 원리를 풀어 가고 다듬어 가는 것으로 알고 있다.

제자는 묻는다. 스승님 태어나는 시기에 대하여 알고 싶습니다.

스승은 말한다. 아주 밀접한 말로 하면 한집에서 벽을 중간에 두고 두 부부가 동시에 합궁해서 같은 시각에 수태가 됐다 하더라도 출산하는 월일시(月日時)는 다 다르게 되어 있으니, 이의 원리를 알아보자.

잉태 기간이 정상적인 10삭(10개월)을 중심으로 아주 빠르면 7삭 동이가 있는가 하면, 8삭 동이 9삭 동이가 있고 정상적인 10삭 동이가 있으며 늦으면 11삭 동이 아주 늦으면 12삭 동이가 있느니라.

※ 참고문헌(하락리수 : 동년 동월 동일 동시변(辯))

제자는 묻는다. 스승님 모태에 수태된 시기는 같다 하더라도 출생 月日時가 차이가 나는 이치는 어째서 입니까.

스승은 말한다. 이가 신비의 신공(神功)이니 이 조화에 대하여는 말하기도 어렵고 알아듣기도 어려우니, 다음의 간단한 가상적 도표로써 알아본다.

* 부부간에 합궁시기와 출생아의 성별 사주 대조표

구분 부부	합궁시기 년	월	일	시	신생아 시기 년	월	일	시	성별	몇 삭 동이	사주						原命	卦
A 부부	1956	1	3	亥	1956	11	5	卯	남	10	丙申年	己亥月	丁未日	癸卯時	天數三十四	地數三十八	旅 元堂	明夷 元堂
B 부부	1956	1	3	亥	1956	12	7	寅	남	11	丙申年	辛丑月	己卯日	丙寅時	天數二十九	地數五十	觀 元堂	謙 元堂
C 부부	1956	4	5	丑	1956	11	5	卯	남	7	丙申年	己亥月	丁未日	癸卯時	天數三十四	地數三十八	旅 元堂	明夷 元堂
D 부부	1956	4	5	丑	1957	4	4	卯	남	12	丁酉年	甲辰月	乙亥日	己卯時	天數三十四	地數三十六	同人 元堂	離 元堂

이상의 표에서 보는 바와 같이 남여의 부부 네 그룹을 적당한 시기에 합궁한 것으로 가상해본다. 동일 동시에 하나의 벽을 간격으로 A팀과 B팀이 합궁하여 수태하고, 또 다른 C팀과 D팀도 위에서 나타나 있는 AB팀과 같이 동일 동시에 합궁하여 수태한 것으로 가정해보았다.

신생아 출생일시는 A팀과 C팀에서 얻어진 어린이가 같으나 수태기간은 A팀은 10삭 C팀은 7삭만에 출생됐음을 볼 수가 있다. 그러나 어머니의 모태에서 벗어난 이 두 아이의 四柱는 똑같이 先天卦 旅九三이 元堂이며 後天卦 明夷上六의 운명 속에서 좋든 그르든 일평생을 살아가야 할 숙명을 안고 있는 것이다. 표에서 보는 바와 같이 4명의 어린이는 각기 10,11,7,12삭 동이로써 모태에서 자라난 시간이 다 다른 것을 볼 수가 있으니, 여기에서는 모태의 양육으로 어린이 체질적 건전 여부를 알고자 함이 아니라, 출생 년월일시로써 四柱를 구성해서 그에서 얻어진 천리수의 결정체인 하락리수(河洛理數)의 괘효를 말하려는 것이다. 그러면 도표에서 보는 바와 같이 7개월 만에 출생한 어린이는 시간을 앞당겨서 나왔고, 12개월 만에 나온 아이는 많은 시간을 늦춰 나왔으니 앞당기고 늦추는 시간의 차가 우연한 일이 아니라, 이가 곧 신명(神明)의 조화이며 이를 일러 신공(神功)이라 일컫는 것이다. 7삭 동이로써 앞당기고 11삭 동이로써 늦추는 이치가 태아의 발육과는 별개의 또 다른 태아의 운명(運命)과 직결되는 천리가 있으나, 다만 태아(胎兒)의 운명 여하에 따라 6개월의 신축(伸縮)성을 두게 되는 것이다.

태아(胎兒)가 부명(富命)이면 부귀한 명론(命論)이 성립될 시기(생년월일시)에 세상을 찾아 나서고, 태아(胎兒)가 천명(賤命)이면 빈천한 명론(命論)이 성립될 시기(생년월일시)에 모태를 벗어나는 것이다. 이와 같이 적당한 시기에 남녀가 합궁하여 수태하면 수많은 운명 속에서 자연의 섭리로부터 부여받은 운명(運命)에 따라 이에 적합한 생년월일시를 찾아 세상에 태어나게 된다하니, 이 얼마나 신비스런 일이겠느냐 말이다.

제 5 장

자연분만에 따른 태아의 숙명(宿命)과 평생에 미치는 영향

제자는 묻는다. 스승님 자연분만에 따른 태아의 숙명과 평생 현실에 미치는 영향에 대하여 알고 싶습니다. 답해 주시기 바랍니다.

스승은 말한다. 그렇다 자연분만에만 의존하는 시기라면 하등에 자연분만이라고 지칭할 필요가 있겠느냐 마는 모든 사회 발전에 따라 인공적 의사의 조산을 얻어 출산하는 사례가 점점 늘어나고 있으니, 이도 또한 하나의 운명학 상에 연구의 대상이 되겠구나. 인공분만에 대하여는 다음 장에서 알게 되려니와 우선 자연분만에 대하여 알아보자. 전장에서 도표를 통해 언급한 바 있거니와 그에 있어서 상세한 하나의 실질적 사례로써 알아본다.

자연적 분만 전에 우선해서 신생아의 운명이 결정되는 시기를 다시 고찰해보자. 남녀가 적당한 시기에 합궁하면 정자와 난자가 수정해서 태궁에 입태할 때에 이 인생은 한 평생에 걸어가야 할 운명이 결정된다는 말이다(인용문헌 하략리수). 그러하니 어머니의 모태에서 점점 자라나 빠르면 7삭(7개월)만에 또한 정상적인 10삭 그리고 아주 늦은 12삭을 맞아 출산을 하게 되는데, 왜 이러한 기간의 차가 생길까 생각해봐야 할 것이다. 입태할 초기에 자연의 섭리로부터 운명을 부여받은 뒤에 점점 자라 세상을 찾아 나서는 시기가 자기의 운명대로 사주(四柱)로써 구성된 운명적 예언(豫言)이 맞아떨어질 때에 세상을 찾아 나선다는 말이다.

이론이 난해해서 직설적인 표현이 어렵구나, 쉽게 말하면 태아의 운명대로 6개월의 긴 기간 중에 가장 적절한 사주(주역)에 따라 출생한다는 말이다. 이것이 신의 조화가 아니고서야 있을 수가 있겠느냐는 말이다. 독자의 이해를 돕기 위해 하나의 사례로써 알아보다.

실제의 사례 박정희 대통령의 원명(原命)

혁명 과업 당시 민족적 빈곤과 온 나라의 부패와 무질서를 심히 개탄한 그는 자기 본분이 아닌 군사혁명을 일으켜 집권하기 18개성상의 긴 기간에 절대 민주화 운동가들의 강경한 저항을 받아 가면서도 초지일관 민족중흥의 굳은 신념의 성과를 거두었다. 이를 다음의 사주에서 얻어지는 주역의 논리로 나타내 본다. 여기에서는 공(公)의 운명적 논리를 말하기 보다는 운명적으로 타고난 주역의 논리와 공이 밟고 간 실상을 대비해서 태아에서 얻어진 운명이 일평생의 장도에 얼마나 영향을 미치는가에 초점을 맞추려는 데 목적을 두었다.

하락명국(河洛命局)

민족중흥의 주역 박정희 대통령

1917年(丁巳年 九月 三十日 寅時 乾命)(정사년 9월 30일 인시 건명)

丁정	辛신	庚경	戊무	天천	地지	天천	地지	化화	元원	數수
巳사	亥해	申신	寅인	數수	數수	元원	元원	工공	氣기	順순
年년	月월	日일	時시	三	二	氣기	氣기		內내	
				十	十				元원	
				一	四				堂당	

소축구삼원당 협자 단소소영모

小畜九三元堂 叶者 但小小營謀

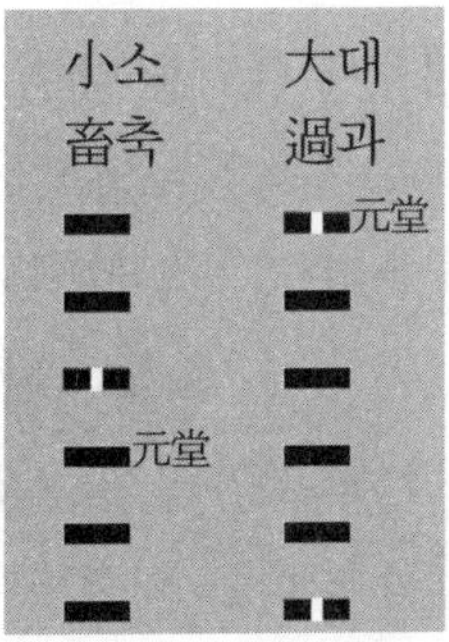

이탐고망대지유반조상해 강건태과

而貪高望大之有反遭傷害 剛健太過

구집불통 간즉불종 종당견조

拘執不通 諫則不從 終當見阻

혹군신소원불부 혹부처괴위불목

或君臣疎遠不孚 或夫妻乖違不睦

혹붕우시비 혈기손상

或朋友是非 血氣損傷

대과상육원당 협자 유덕유위 당대난 임대위

大過上六元堂 叶者 有德有位 當大難 臨大位

살신이성인 사생이취의 명표청사 망중화이

殺身而成仁 舍生而取義 名標靑史 望重華夷

이상은 공(公)이 걸어가야 할 일평생의 운명을 주역(하락리수)으로써 나타냈다. 위에 나타나 있는 원명을 한 문장씩으로 해설과 밟고 간 실체에 대하여 알아본다.

小畜九三元堂 叶者 但小小營謀(소축구삼원당 협자 단소소영모)

해설 : 적고 작음으로써 영모해서

밟고 간 실체 : 다만 나이도 적고 직위도 낮은 청년 장교 시절에

而貪高望大之有反遭傷害(이탐고망대지 유반조상해)

해설 : 높은 것을 탐내고 큰 것을 희망하다가 도리어 손상되는 해로움을 만나리라.

밟고 간 실체 : 국가는 양분되어 이념 대결로 치닫고 있을 무렵 본의 아니게 「여수순천」 군사 반란 사건에 연루되어 강도 높은 형량으로 고충을 치렀다 함은 당시 언론 보도를 통해 공지 됐던 사실이다. 이 문장에서 다시 한 번 고찰이 요구되는 점은, 이가 당국의 관대한 사면으로 당초의 형량에서 사면되어 정상적인 군무에 복귀와 더불어 훗날에 국가의 동량으로써 대권의 권좌에서 국가와 민족을 위해 일할 수 있었던 점을 생각해 보지 않을 수 없으니, 본문의 대의를 분석해 보면, 나이도 적고 지위도 낮은 처지로써 높고 큰 것을 희망하다가 도리어 상해(傷害)를 만난다고 말하고 있다. 이 상해(傷害)는 이로 인하여 인격이 손상되고 명예가 실추되는 해로움이 있다는 어의이니 그렇기 때문에 더 이상의 과중한 형벌이 중단되어 특단의 사명으로 정상 복귀되었음에 착안해야 할 것이다.

剛健太過(강건태과)

해설 : 강직하고 건전함이 크게 지나치리라.

실제상황 : 인격이 형성된 바가 품위와 심성이 강직하고 건전하기가 크게 지나쳐 인위적으로 위세를 부리지 않아도 만인이 자연스레 승복할만한 위인이었다.

拘執不通 諫則不從(구집불통 간즉불종)

해설 : 한 가지를 집념하면 변통치 않고 간한 즉 좇지 않으며

실제상황 : 5 16 군사혁명 후 집권 이래 정책 입안에 있어 자신이 옳다는 집념에는 만인이 항거하더라도 이를 변통치 않는 불굴의 투사임을 잘 나타냈으니, 마치 정상적인 민주사회에서는 있을 수 없는 삼

선 개헌과 같은 사례를 들 수가 있다.

終當見阻 或君臣疎遠不孚(종당견조 혹군신소원불부)

해설 : 종국에는 막히는 일을 만나고 혹 인군과 신하 사이가 서로 섬기고 믿지 않으리라.

실제상황 : 장기 집권에 민중의 민의를 제기하면서 측근의 중진들은 이를 만류함에도 이를 받아들이지 않고 초지일관 관철하게 되니 마침내 막히는 일을 만나며 통치자와 이를 추종하던 정객들은 소원해지고 믿으려 하지 않는 사태가 벌어지기도 했으니, 이가 바로 항명파동(抗命波動)사건이라 명제(名題)를 남기기도 한 바가 있다.

或夫妻乖違不睦(혹부처괴위불목)

해설 : 혹 부부간에 서로 어긋나고 화목치 못하리라.

실제상황 : 한번 부부의 연을 맺으면 화목하게 해로하기를 바라지 않는 사람이 어디 있으리오마는, 이 운명의 소유자 역시 기량이 큰 영웅일지라도 타고난 운명 앞에는 그저 겪어야 할 것은 겼었나 보다. 일찍이 조강지처와의 이별을 고하고 재혼의 운명을 받아들였다 함은 세상에 잘 알려진 사실이다.

或朋友是非 血氣損傷(혹붕우시비 혈기손상)

해설 : 혹 친구와 같은 사이에 옳고 그르다고 하는 주장을 하다가 혈기가 손상되리라.

실제상황 : 붕우 같은 사이에 옳고 그르다는 주장이 달라, 다시 말해서 5·16 군사혁명 동지로써 우국충정에는 길을 함께 했으나 주의 주장은 서로 달라 내적인 시시비비로 맑은 하늘에 벼락같은 일이 벌어졌으니, 이가 곧 1979년 10월 26일의 총성이다. 보도에 의하면 이때에 궁정동의 한 공간에서는 국가 발전에 힘을 함께 하는 중진들과 한 지역 발전의 현지 시찰을 마치고 돌아와 망중한(忙中閑)을 즐기

던 중 본문에서 보는 바와 같이 갑작스런 총성에 혈기(血氣)가 손상되어 쓰러진 시신에서는 유혈이 낭자했다는 소식이라. 가난에 찌들었던 한 민족을 구출하기 위하여 몸 바쳐온 한 혁명가는 한 토막의 역사 속으로 막을 내리고 사라진 것이다. 운명(運命)속에 혈기손상(血氣損傷)의 비운이 이 같을 줄이야? 온 민족은 정신적인 지도자를 잃었고 한 겨레는 개혁의 혁명가를 잃었다.

하늘도 놀래고 산천초목도 울었으리라. 옛말에 이러한 글귀가 있다. 음수사원(飮水思源 목이 말라 물을 마실 적에는 그 물의 원천을 생각)하라고, 5000천의 해묵은 가난을 몰아내고 풍요한 이 강산을 만든 게 그 누구냐고.

大過上六元堂 叶者 有德有位 當大難 臨大位 殺身而成仁 舍生而取義
(대과상육원당 협자 유덕유위 당대난 임대위 살신이성인 사생이취의)

해설 : 덕망이 있고 높은 지위가 있으며 큰 난을 만나고 크게 어려움에 임하여 자기 몸을 희생 하더라도 인도의 극치를 생각하며 목숨을 버리더라도 의리를 좇으리라.

실제상황 : 간추린 말 한마디로 충신이 되느냐 역적이 되느냐의 천길 벼랑 끝에서 자기 몸을 희생하더라도 인도의 극치를 생각했다. 이 나라 민족에 반만년의 해묵은 가난을 몰아내고 당시의 부패와 무질서를 바로잡아 구국의 일념 하에 목숨을 버리더라도 의리를 좇는다고 하는 집념이 있으니 아무나가 생각할 수 있는 일이겠느냐? 타고난 운명을 걸어갔을 뿐이라고나 할까.

1961년 5·16 군사혁명에 주역인 공(公)의 운명이다. 공은 크게 어려운 때를 당해서 크게 위태로움에 임하며 혁명 주역의 큰 자리를 가지고 큰 덕망으로써 만인의 통치에 들어갔다. 그 후 집권한지 18개 성상 수많은 저항 속에서도 살신이성인(殺身而成仁)과 사생이취의(舍

生而取義) 본문과 같이 타고난 운명의 궤(軌)를 밟고 꿋꿋이 소신을 지켜 오로지 민족중흥(民族中興)에 몸 바친 위대한 업적을 촌지의 필설로써 다하랴. 영웅이 사라진 뒷자리에는 군 장성시절에 국가로부터 하사 받은 간소한 집 한 채와 공이 평소에 애독하던 서책만이 남아 있었다는 뒷소식이다. 18년간의 긴 세월에 최고의 권좌에서 이같이 청백한 업적에는 오로지 후세 사람들에 하나의 귀감으로 남을 것이다.

名標靑史 望重華夷(명표청사 망중화이)

해설 : 그의 이름은 청사에 기록되어 화땅 사람, 이 땅 사람이 모두 중후하게 우러러보리라.

실제상황 : 남북전쟁으로 황폐화된 강토, 밀도 높은 인구에 후진적 농업 방식, 자원도 없고 기술도 없고, 오천년의 해묵은 가난한 이 땅을 깎고 다듬어 국토재건과 농어촌에 새마을사업을 우리 민족은 지켜보았다. 공이 시정 연설을 할 때 마다「라듸오」와「테레비젼」앞에 걸음을 멈추고 일손을 잠시 놓은 채 삼삼오오 모여들어 시간을 기다리고 초조하게 열심히 듣고 박수를 보냈다. 오천년에 농어촌의 호롱불은 환한 전깃불에 쫓겨나고 두텁고 두터웠든 초가지붕은 말끔히 개량되고 논둑길 밭둑길에 새마을 농로가 확 트여 아버지와 아들에 어깨를 짓누르든 지게는 사라지고 동력의 농기구들이 질주한다. 황량한 들판에 드높은 굴뚝에서는 뭉클뭉클 연기가 피어오르고 제철소에 검은 용광로에서는 시뻘건 쇳물을 토해낸다. 경부고속도로 자동차공장, 배 공장, 헐벗었던 강산은 검푸른 장막으로 갈아입고, 어디 하나 공의 생각이 미치지 않은 곳이 있으랴.

본문에서 공(公)의 빛나는 이름이 청사(靑史)의 한 장을 장식하리라 말하고 있으니, 이러한 말을 두고 옛사람들은 여합부절(如合符節)이라 일컬었나 보다. 어디 우리 한(韓)민족 뿐이랴 동남아에서 저 멀리 아프리카에서까지 후발중진국들은 이 나라 새마을사업의 성공한 사례와 고도의 경제 발전상을 교훈 삼아 연수차 수십 개 성상이 지난 지금에도 빈번하다는 소식이다. 이가 다 공의 원명(原命)상에 망중화이(望重華夷)에서 빚어지는 사연이라 보면 좋으리라.

주(註) : 망중화이(望重華夷)에 대하여 알아본다. 이 학문의 연원지는 중국 본토인 화(華)땅이고, 중국 본토에서는 동서남북의 주변국들을 이(夷)라 칭했으니 다시 말해서 우리 한국과 주변국들을 망라해 일컫는 말이니, 이 모두가 여러 나라 백성들이 높이 우러러본다는 어의이다. (참고 말 한 마디)순서상으로 보면 다소 뒤섞인 점이 있으나 이는 문장적인 수필이 아니라 괘의 순서상 부득이 하다는 것을 이해해 주기 바란다.

하락세운(河洛歲運)

(실제의 사례) 5·16 군사혁명에 성공한 박소장(朴少將)의 그 해의 세운(歲運 신수)은 왜 초기에는 집무를 대행케 했나, 이해의 세운(歲運)에서 알아본다. (1961년) 河洛歲運 四十五歲 九月三十日(二十九)乾命(45세 9월 30일)乾命

辛신	戊무	甲갑			大대			
丑축	戌술	辰진			有유			
年년	月월	日일			金금			
			應응	玄현	▬▬	巳사	官관	絶절
			身신	白백	▬ ▬	未미	父부	養양
				蛇사	▬/▬	酉유	兄형	浴욕
			世세	句구	▬▬	戌술 辰진	父부	墓묘
			命명	朱주	▬▬	寅인	財재	病병
				靑청	▬▬	子자	孫손	旺왕

一 세효입묘 사다암매

世爻入墓 事多暗昧

二 세응상생인쾌순

世應相生人快順

동인초구 재사 입내대이 승천유지

同人初九 在仕 入內臺而 陞遷有地

둔초육 재사 견기해조

遯初六 在士 見機解組

※ 이상은 밟고 걸어가야 할 일년간의 신수를 주역(하락리수)으로써 나타냈다.

다음은 위에 나타나 있는 본문을 한 문장씩의 해설과 밟고 간 실체에 대하여 알아본다.

同人初九 在仕 入內臺而 陞遷有地(동인초구 재사 입내대이 승천유지)

※ 해설 : 벼슬에 있을 경우 내직으로 들어가게 되니 승진과 동시에 옮겨 갈 여지가 있으리라.

실제상황 : 1961년 박소장은 5월 16일자로 군사혁명을 일으켜 야전 사령관 지위에서 군사혁명위원회 주역으로써 중앙관서로 옮기어 집무수행에 들어갔다. 이상은 공의 이해 상반기의 운세이다.

遯初六 在仕 見機解組(둔초육 재사 견기해조)

※ 해설 : 벼슬에 있을 경우 기미를 봤다가 인끈을 풀어라.

註 : 인끈을 풀다는 말은 고대 어문으로써 곧 실권을 행사한다는 말이다.

실제상황 : 혁명에 성공한 박소장은 실권을 직접 주도 관장하면서

외형적으로는 당시 참모총장 장도영(張都暎)에게 군사혁명위원회 위원장의 직분을 부여하여 그로 하여금 모든 법령의 포고 내지는 내무행정 명령까지도 대행 발표하여 실무케 하다가 이해 11월의 세모에 세운이 바뀔 무렵 전격적으로 이를 해임하고 자신이 전면에 신분을 나타내어 정무에 임하니, 당시의 박소장은 1961년 곧 신축(辛丑)의 하반기에 운명(見機解組)을 알아 그 안위에 기미를 봤다가 인끈을 풀어 실권을 행한 것인가 하는 착각을 불러일으키기에 충분하다 하겠다. 이 모두가 인간의 유형(有形)의 존재는 무형(無形)의 운명에 궤(軌)를 따라갈 뿐이니, 옛사람은 이러한 일들을 일러 일음일탁사 개전정(一飮一擢事 皆前定)이라 했다. 다시 말해서 작은 일이나 큰 일 모두가 다 미리 정해졌다는 말이다.

하락세운(河洛歲運)

(실제의 사례) 10·26 박정희 대통령이 弑害(시해)되던 해의 歲運(신수)은

1979年 河洛歲運 六十三歲 九月三十日 乾命(하락세운 육십 삼세 구월 삼십일 건명)

己기	甲갑	庚경			大대			
未미	戌술	寅인			過과			
年년	月월	日일			木목			
			身신	蛇사	⚋	未미	財재	墓묘
				句구	⚊	酉유	官관	胎태
			世세	朱주	⚊○	亥해 (申신)	父부 (官관)	生생 (絶절)
			命명	靑청	⚊	酉유	官관	胎태
				玄현	⚊	亥해	父부	生생
			應응	白백	⚋	丑축	財재	帶대

一 수관입묘목하유재

隨官入墓目下有灾

二 세효발동개작신실

世爻發動改作信失

중부초구 희중유우 심즉인재파손
中孚初九 喜中有憂 甚則人財破損

환초육 재사 오마융마지조
渙初六 在仕 五馬戎馬之兆

이상은 공(公)이 밟고 걸어가야 할 일년간의 신수를 주역(하락리수)으로써 나타냈다.

다음은 위에 나타나 있는 본문을 한 문장씩의 해설과 밟고 간 실체에 대하여 알아본다.

渙初六 在仕 五馬戎馬之兆(환초육 재사 오마융마지조)

※ 해설 : 금년도에 벼슬 지위에 있을 경우 다섯 말 가운데 한 마리의 오랑캐 말의 징조가 있도다.

밟고 간 실제상황 : 공을 도와 국가중흥에 혼신을 다하던 중진들 가운데는 오랑캐 말 한 마리가 후일에 삼공의 종말을 고할 줄이야 5·16의 혁명동지로써 우국충정에는 뜻을 같이 해 왔으나 그 후 오랜 세월을 함께 해 오다보니 그 이념이 달라져서인가? 내심에는 갈등을 빚어 온 인물이 있었으니, 그가 바로 후일에 공을 시해(弑害)한 천인공노할 저격자이다. 이 사실 같은 예언이 공의 신수(운명)속에는 미리 암시하고 있었으니 괄목(刮目)할 일이 아니겠느냐는 말이다. 시해자 김재규(金載圭)

中孚初九 喜中有憂 甚則人財破損

중부초구 희중유우 심즉인재파손

※ 해설 : 금년도 하반기에는 기쁜 가운데 근심이 있어 심한 즉 사람과 재물이 파손 되리라.

실제상황 : 공은 이해 하반기 중진 몇 사람을 대동하고 지방산업 시찰차 현지 출장을 마치고 돌아와 간소한 주연으로 망중한(忙中閑)을 즐기던 중 청천벽력 같은 몇 발의 총성이 울렸으니, 이가 곧 1979년 10·26사태이다. 앞에서도 언급한 바 있거니와 오마(五馬) 중에 융마(戎馬)가 있어 이러한 짓을 저지른 것이다(오마융마의 뜻은 중국고대에 태수(太守)의 수레를 오마(五馬)가 끌었으니 이 오마 중에 역행하는 융마(戎馬)가 있다는 뜻으로 공에게 침해한다는 의미를 가진다.).

공의 숙명(宿命)속에는 이미 정해져 있어 잠재해 있던 운명이 현실로 나타났다고나 하랴. 공의 원명(原命)상에는 붕우시비(朋友是非)에 혈기손상(血氣損傷)이 있고, 63세의 신수(身數)상에는 오마융마(五馬戎馬)로 인하여 인재파손(人財破損)된다 했으니, 얼마나 경이로운 말이랴. 이러한 일사들을 두고 고대에 천리를 통한 도인들은 분수는 이미 정해지는 것이라고 무지한 창생들을 일깨우고 있기도 하다.

이상에서 공(公)이 일평생을 걸어간 원명(原命)의 장도를 열거했고, 공의 나이 46세에 5·16 군사혁명을 일으켰으며 또한 63세에 혁명동지의 손에 시해 되었던 대목을 열거해 봤다.

여기서 주목해야 할 점은 「본문 해설」의 논리와 그에 따라 「밟고간 실체를」 대조 검토함에 있어 무엇이 먼저이고 무엇이 뒤인가에 주목해야 할 것이다.

하락명국(河洛命局)이나 또한 이년간의 세운(歲運)은 선천적인 자연의 섭리로써 공(公)이 출생 전 모태에 입태할 적에 이미 정해졌다는 놀라운 말이다.

「밝고 간 실체」론은 하나의 무형의 궤도(軌道)를 밟고 갔을 뿐이라 할 수가 있으니, 이를 바로 신비적 신공에 의한 것이라 말하는 것이다. 운명론자 들은 적중률을 들어 혹중(或中) 혹부중(或不中)이라 말하기도 하지만, 이는 미흡한 학문에 부족한 식견으로 논리적 해석을 할 때의 일이고 이 주역(하락리수)는 일말의 오차 없이 세심한 점까지 적중함을 볼 때마다 신비적 신공에 대해 감탄이 저절로 터져 나옴을 보게 되는 게 하나의 특징이다.

제 6 장

인공 분만으로 얻어진 사주는 평생의 운명과는 아무런 관계가 없다

제자는 묻는다. 스승님 인공 분만에 따른 태아의 숙명과 평생 동안 현실에 미치는 영향에 대하여 알고 싶습니다. 답해 주시기 바랍니다.

그렇다 과거 몇 십 년 전만하더라도 인공분만이란 말은 혹 출산이 순조롭지 못해 역산(逆産)을 한다든가 또한 산모가 출산할 만한 신체적 여건이 안 되서 부득이 할 경우를 제외하고는 산모의 고통이 아무리 심하더라도 자연분만에 의존하고 있었다. 앞에서 지적한 몇 가지 악조건의 난산의 경우라도 인공으로 출산한 것은 약 1970년대 이래 경제개발 이후의 일이고 그 이전에 출산은 모두 산모의 고통을 감수하면서도 심하게는 출산 중 실패하더라도 자연분만 이 외의 방법은 거의가 없었던 것이 우리나라의 인류사이다.

그러나 근래에는 국민 생활에 경제적 여건이 풍요(豊饒)하고 문화의 발전에 힘입어 자모와 영아의 보건을 생각해서 의사와 협의 하에 인공적 분만이 점점 늘어나고 있는 추세라 한다.

전장의 자연분만에 따른 태아의 숙명(宿命)과 후세에 미치는 영향론에서 보듯이 운명이 모태에 입태할 때에 결정되면 그 운명에 따라 알맞은 사주를 찾아 적의한 시기에 세상을 찾아 나선다는 말이다. 이에 덧붙여서 하나의 사례로써 타고난 원명과 밟고 간 실체를 통해 상세히 알아보았다.

그러면 태아는 기히 출산해야 할 月日時가 정해졌다는 결론이니 산부인과 의사와 출산 예정인 산모 사이에 적당한 날짜를 정해서 인공으로써 출산하면 이는 자연의 섭리(攝理)로부터 부여받은 일자와는 아무런 관계가 없을 것임으로 출생하는 태아의 운명 또한 실제 살아 나가는 과정과는 아무런 상관이 없는 것이다. 출산 예정일을 앞두고 길일을 잡아서 출산하겠다는 인사들도 또한 드물지 않다고 알고 있다.

이는 본시 사람의 본능적인 기복(祈福)의식에서 보아 성의껏 길일을 선택한다는 의미로 부정할 이유는 없을 것으로 생각해 본다.

※ 스승님 그러면 인공적 분만으로 출생한 사람은 자기의 자연적 섭리에서 부여받은 숙명(宿命)적 사주의 원명(原命)을 찾아보는 방법이 없겠습니까? 답해 주시기 바랍니다.

스승은 말한다. 이를 타고난 원명대로 찾아내는 데는 차원 높은 두 가지의 학문이 요구되는 바, 앞에 「운명의 종류」장에서 언급한 바 있거니와 원명이 잠재되어 있는 심상(心相)과 심상의 표출적 관상(觀相)에 역리학(易理學)의 대가의 차원 높은 지식으로 양자를 조명해 봐야 하니 특수한 학문인 주역(하락리수)이라야 가능하다고 본다. 심상에 있어는 인공분만 된 출생월일시를 기점으로 계속적 앞으로 점진하면서 주역(하락리수)으로써 원명괘(하락명국)를 수십 괘를 뽑게 되니 이를 테면 하루에 12괘씩 5일이면 60괘를 뽑아 놓고, 다음은 관상

(觀相)과 대조해야 하니 이 관상이 완벽하게 형성되는 시기는 대략 빠르면 15세 이상 늦으면 20세 이후라야 자기의 운명적으로 타고난 골격과 외모가 형성되는 것이다. 완성에 가까운 시기에 뽑아 놓은 원명괘와 외형으로 나타나는 관상을 대조하며 세심한 검토를 거듭하는 것이다.

주의할 점은 자기 주견을 앞세우면 이는 착오를 범하게 됨으로 언제까지나 원명괘와 관상을 바르게 판단해서 목적한 숙명을 찾아봐야 할 것이다.

심상인 하락리수는 384효의 협(叶)과 불협(不叶)의 두 단계가 무려 700여종의 효사에 모두 다른 특징을 간직하고 있으며, 관상에도 사람마다 모두 다른 운명적 표출된 특징이 있다. 이 양자의 조화를 잘 간파(看破)해서 신비의 극치를 잘 찾아내야 하느니라.

※ 실제의 사례 : 심상(心相)과 관상(觀相)법을 동시에 활용하여 타고난 운명을 찾아낸 실례

스승에게 묻는다. 스승님 앞에서는 심상(心相)과 관상(觀相)으로 추적해 내는 방법을 알았습니다. 그 간에 그러한 실례가 있으면 말씀해 주십시오. 스승은 말한다. 그렇다 다양한 이론보다 하나의 실례로써 알아보자.

거슬러 올라가 예시자의 나이 14세 때로 생각이 나는구나. 그의 부친은 한 50대의 중년 신사였다. 온 가족 3명의 감명을 의뢰한다. 작괘하는 도중에 그의 부친은 말한다. 이 아이는 실제로 제왕절개 수술로 출산했습니다. 이 수술로 출생된 아이는 그 생일을 써서 운명을 알아내면 되는지요? 궁금합니다. 이 아이가 출산 할 당시에는 이름난 운명철학관을 찾아가서 길일로 택일해서 수술하여 출산 시켰습니다만 이렇게 하면 그 생일의 사주대로 살아지는지 궁금합니다.

나는 그 대답을 이렇게 설명한다.

모태에 입태할 처음에 자연의 섭리로부터 하나의 운명을 부여받아 운명이 좋든 그르든 한평생을 살아가게 되어 있는 게 인생이라고. 이러할 경우 그에 진실의 운명을 찾아내는 방법에 대하여 소상한 설명을 듣고 난 그는 잘 알았습니다 하며 내 집 아이가 일찍이 미국에 건너가 초등학교 시절로부터 유학 중인데 마침 요즈음에 귀국해서 집에 있습니다 하며, 내일 함께 참석해서 선생님의 고견을 듣겠습니다 하며 돌아갔다.

다음 날에 또 다시 어제 돌아갔던 그 나그네이다. 인사가 끝난 뒤 이 아이가 어제 말했든 저의 자식입니다.

얼굴을 바라보니 외모가 수려하고 이목이 뚜렷하다. 말을 건네 보니 어조가 정중하다. 내심으로 이만하면 관상법으로 본 소견이 확신에 가깝다. 다음에는 인공분만 당시의 연월일시를 시발로 하락명국을 연속적으로 전진하며 약 4~5일에 걸친 괘효를 작성해 간다. 다음은 작성된 명국(命局)과 관상법(觀相法)을 참작해 나간다. 한괘 한괘를 면밀히 검토해 나간다. 이윽고 수술일로부터 4일을 지나 5일째 곧 11월 19일 正子시에서 관상과 일치됨을 발견했다. 오묘한 신공(神功)은 하나의 심상과 표출적 관상이 하나 같이 길명임을 나타내고 있는 것이다.

※ 인공분만에 의한 명론(命論)

인공분만을 위해 이름 있는 역술인의 간택을 받아 분만했다고 하는 사주를 주역(하락이수)로 풀어 본 명국(命局)이다.

택일로서 인공분만에 의한 명국(命局)

1987年 丁卯年 十一月 十五日 申時 乾命

7	6	1	3		
丁정	壬임	戊무	庚경	天천	地지
卯묘	子자	午오	申신	數수	數수
年년	月월	日일	時시	三	二
				十	十
3. 8	1.6	2. 7	4. 9	一	六

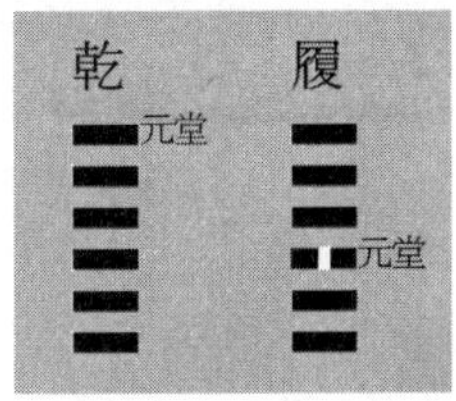

중건상구원당

(重乾上九元堂)

자존자대 기공완법 초우계흔 난우성립

(自尊自大 欺公玩法 招尤啓釁 難于成立)

해설 : 사람 됨됨이가 자기가 자기 몸을 존대하고 공공사나 법규를 어기며 탈을 불러들이고 죄를 지으며 하는 일을 성공할 수가 없으리라.

리육삼원당(履六三元堂)

혹위군졸배도지류 혹위고목파족지배 혹위우천요절지인

(或爲軍卒配徒之流 或爲瞽目跛足之輩 或爲愚賤夭折之人)

해설 : 사람 된 운명이 혹 군대의 졸자가 되거나 혹 잘못 된 죄과의 대가로 유배되든가 혹 눈이 멀고 절름발이의 무리가 되리라. 혹 사람 됨이 어리석고 천한 사람이 되든가 중년에 요절하는 사람이 되리라.

※ 관상으로 살펴 본 운명

실제의 관상에서 나타난 특징.

1. 부모궁인 상정(上停)이 모두 두툼해서 유복한 상이다(부친이 사업가임).
2. 관록궁(官祿宮)이 풍만해서 장래에 고관대작이 예견된다.
3. 신체적 모양새가 아주 건강한 우량체질임.
4. 모든 재백궁(財帛宮)이 매우 우량하여 장래가 총망된다.
5. 수명궁(壽命宮)이 매우 양호하여 장수할 것이 틀림없다.
6. 눈빛이 상대를 찌를 듯이 광채가 있다.(우등생이며 반장이라고 한다)

이상은 인공적 제왕절개수술에 의해 나타난 운명과 실제의 관상학적으로 나타난 다시 말해서 자연의 섭리로부터 부여받은 심상의 표출적 관상을 비교해 보았다. 위에서 보는 바와 같이 사실이 아주 상반됨으로 관상을 기준하여 앞으로 점진해 나가면서 주역(하락이수)으로 순차적으로 원명을 얻어 나간다.

드디어 수술일로부터 4일을 지나 5일째 되는 11月 19日 正子時에서 무려 40여 괘(卦)를 거쳐 학생의 관상과 일치되는 명괘(命卦)를 찾아낸 것이다.

곧 자연의 섭리로부터 부여받아 잠재되어 있는 심상과 표출적 외관으로 나타난 관상이 근사체임을 나타내고 있는 것이다. 즉 자연분만에 의존하던 시절 같으면 이 학생은 1987年 11月 19日 正子時에 출산되어야 할 것이나 여하한 이유로 인공에 의해 조기에 출산하게 된 것이다. 나는 이를 천리로서 부여받은 정명(定命)을 상기의 방법으로 추정함이 가장 적법한 것으로 생각하는 바이다.

※ 주역(하락이수)으로 찾아낸 원래 자연의 섭리로부터 부여받은 운명은 다음과 같다.

주역(하락이수)로 찾아 낸 명국(명국)

丁卯年 十一月 十九日 正子時 乾命

7	2	6	3		
丁정	癸계	壬임	庚경	天천	地지
卯묘	丑축	戌술	子자	數수	數수
年년	月월	日일	時시	二	四
3. 8	5. 10	5. 10	1. 6	十	十
				四	二

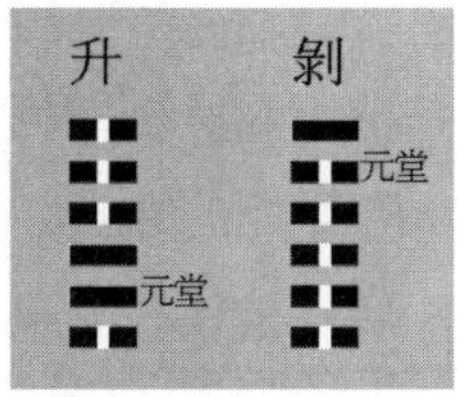

승구이원당(升九二元堂)

입심이성 결교이정 청명일저 덕업흥륭

(立心以誠 結交以正 淸名日著 德業興隆)

해설 : 사람 됨됨이가 마음을 가지되 정성으로써 하고 사람과 교분을 맺되 바름으로써 하니 그의 맑은 이름은 날마다 더해지고 그의 덕망된 사업은 흥성하고 융창하리라.

박육오원당(剝六五元堂)

거소인지상 의고부호 의식자족

(居小人之上 倚靠富豪 衣食自足)

해설 : 사람된 운명이 약 40세 이후에는 소인배들의 상위에 거처하고 부호(대기업)에 의지해서 의식이 자족하리라.

이상은 이 학생이 약 40세 이후에 밟고 가야 할 운명이다.

다음은 이 학생이 미국의 치열한 입시경쟁에서 명문중학교 시험에서 당당히 합격한 그 해의 세운이다.

(2000년도 세운)

경진년 14세 11월 19일 건명(庚辰年 14歲 十一月 十九日 乾命)

庚경	戊무	丙병
辰진	子자	午오
年년	月월	日일

혁(革)

水

청(靑)	⚋	미(未)관(官)쇠(衰) 술(戌)관(官)묘(墓)	참고 수술해서
현(玄)	⚊	유(酉)부(父)사(死)	얻은 생일
백(白)세(世)	⚊	해(亥)형(兄)포(胞)	11월 15일
사(蛇)	⚊	해(亥)형(兄)포(胞)	주역으로
구(句)	⚋	축(丑)관(官)양(養)	찾은 생일
주(朱)응(應)	⚊	묘(卯)손(孫)욕(欲)	11월 19일

규육삼 재사 유등천부지조(睽六三 在士 有登天府之兆)

해설 : 2000년 상반기에 어느 시험에 응할 경우 뛰어난 성적으로 합격하리라.

대유 구삼 재사 필작대괴(大有 九三 在士 必作大魁)

해설 : 하반기에는 무슨 시험에 응할 경우 뛰어난 성적으로 합격하리라.

이상은 미국의 명문중학교에 입학하기 전 학생의 부친이 래방하여 주역으로 2000년의 세운을 뽑아 본 괘이다. 효사에 나타나 있듯이 2000년 시험에 응하는 데는 가장 좋은 신수이다. 그 뒤에 부친의 말에 의하면 우수한 성적으로 합격이 되었다고 한다.

이 학생은 심상과 관상으로 추리해서 얻은 운명으로 보아 앞으로 매우 총망된 전도가 펼쳐질 것으로 예견된다 하겠다.

제 7 장

자기 운명(運命)을 알면 나아갈 길을 알고 산다

제자는 묻는다. 스승님 자기가 걸어가야 할 운명을 알고 살면 무엇이 유리합니까. 말씀해 주시기 바랍니다.

스승은 말한다. 그렇다 인생살이에는 무엇보다도 가장 중요한 관건(關鍵)이 되느니라. 고서(古書)에 이러한 금언이 있다. 분이정부생공자망(分已定浮生空自忙) 풀어서 말하면 사람마다 분수(운명)가 이미(출생전)정해졌는데 창생(모든 사람)들은 부질없이 스스로가 바쁘게 하는구나 하셨다.

역사적으로 보아 조선(朝鮮)을 창건한 이성계(李成桂)는 당대의 도인 정도전의 조언을 받았고, 근대사에 박정희는 5·16군사혁명으로 세상을 바꿔 놓을 당시 모처의 역리의 대가에 조언을 받았다는 뒷소식이 있었다. 어데 이러한 큰 일 뿐이랴 하나하나의 인생살이에도 알고서 하면 피할 수 있는 일을 모르고 마구 부딪치다 보면 다시는 돌이킬 수 없는 천 길 벼랑으로 굴러 떨어져서 일생을 망치는 일을 우리들의 주변에는 자주 볼 수가 있느니라.

최근에 하나의 사례를 들어보면, 15년에 인생의 황금기를 모두 바쳐 버린 한 학도의 일이다. 고난도의 고시에만 매달리다 인생의 황금기를 모두 불살라 버린 하나의 실지의 실정을 운명을 통해 알아보자.

실제의 사례 : 무려 15년의 긴 기간 고등고시에만 매달리다 실패로 끝난 사나이

河洛命局(하락명국)

기유년 유월 이일 미시 건명(1959)己酉年 六月 二日 未時 乾命

무려 15년의 긴 기간 고등고시에만 매달린 사나이

己기	辛신	辛신	乙을	天천	地지	泰태	訟송
酉유	未미	卯묘	未미	數수	數수	▬ ▬	▬▬▬
年년	月월	日일	時시	三	四	▬ ▬元堂	▬▬▬
				十	十	▬ ▬	▬▬▬
				一	二	▬▬▬	▬ ▬
						▬▬▬	▬▬▬元堂
						▬▬▬	▬ ▬

태육오원당

泰六五元堂　　생략

송구이원당동즉위난 심불복인 퇴즉수기 불실위수상지사

訟九二元堂動則爲難 心不服人 退則守己 不失爲守常之士

이상의 태육오원당(泰六五元堂)의 논리는 생략한다.

이상의 송구이원당(訟九二元堂)의 논리는 머리의 학사가 걸어가야 할 운명의 일부이다.

다음은 위에 나타난 학사의 운명을 해설을 통해 알아본다.

송구이원당 동즉위난 심불복인 퇴즉수기 불실위수상지사

訟九二元堂 動則爲難 心不服人 退則守己 不失爲守常之士

※ 해설 : 움직여서 무엇을 하면 어려움이 닥치고 사람들은 나의 마음을 믿어 주지 않으리라. 물러서서 정지하고 아무것도 하지 않으면 내 몸을 유지할만하고 평소에 살아오던 대로 지키면 그르치지 않는 사람이 될 것이니라.

※ 총평 : 위의 운명에서 나타내고 있다시피

첫째 무엇을 하면 어려움이 닥치고

둘째 물러서서 정지하고 하지 않으면 내 몸을 유지할 만하며

셋째 평소에 살아오던 대로 지키면 그르치지는 않으리라

이와 같이 자연의 섭리로부터 부여받은 숙명이 그러하니 고등고시의 그 높은 관문을 뚫고 용문에 오를 수가 있겠느냐는 말이다.

나는 긴 세월에 많은 임상 시험을 통해 체험한 바 원명(原命)이 이와 같으면 또한 해마다 바뀌어 가며 돌아가는 세운(신수) 또한 좋은 승운이 따르지 않음을 많이 보아왔다. 인생 37세의 저물어 가는 나이에 지금껏 결혼도 해 본 일이 없다 한다. 이쯤 되니 인간살이에 기초적 기본이 되는 재산인들 모았겠느냐.

씨가 나의 처소를 찾은 때는 2005년의 늦은 봄철이다. 아직은 젊은 티가 남아 있는 이 인사는 모든 상담을 끝마치고 돌아서는 뒷모습이 처량하기만 하다.

젊음의 인생도 잃고, 가정도 잃고, 벌이를 못 했으니 재산도 잃고 세상 사람들은 얻고 또 얻어도 부족해서 헤어나지 못하는데 이 얼마나 큰 모험에서 패배했느냐 말이다.

이는 남의 일이니까 하겠지만 우리 인간사는 완벽하다는 법이 없다는 말이다. 국가 경제 발전에 크게 기여했든 큰 재벌의 총수가 자기의 좋은 운이 어느 때에 다할지를 모르고 「세상은 넓고 할 일은 많다」

는 명언 아닌 괴변으로 오구라드는 일을 보기도 했다. 이 얼마나 무모한 일들이냐. 일찍이 남기신 성인의 금언에 귀를 기우려 좋은 운에는 적극적으로 그른 운에는 회피할 줄을 아는 슬기에 찬 머리가 요구된다 하겠다.

이 당해자 역시 일찍이 이러한 불운임을 알아서 현명한 대처가 있었던들 모두를 잃는 신세는 면했을 일이 아닌가 생각해 본다. 본인 말을 인용하면 일찍이 그만두었어야 하는데 하는 고뇌에 찬 뒷말을 남긴다.

이상에서 고시에 매달리다 일생을 망친 한 젊은이의 불운한 운명을 알아봤다.

※ **실제의 사례** : 당년 나이 62세의 늙은 미혼녀(처녀)의 굴절 된 운명은

河洛命局(하락명국)

(1944)甲申年 十一月 二十七日 丑時 坤命(갑신년 11월 27일 축시 곤명)

甲갑	丁정	己기	乙을	天천	地지	屯둔	豫예
申신	丑축	卯묘	丑축	數수	數수	⚋	⚋
年년	月월	日일	時시	三	四	⚊ 堂堂	⚋
				十	十	⚋	⚊
				八		⚋	⚋
						⚋	⚋ 元堂
						⚊	⚋

屯九五元堂(둔구오원당)　　　　생략

豫六二元堂介然固守 不讀不諂 知機吉人

예육이원당개연고수 불독불첨 지기길인

해설 : 사람됨이 나 홀로 있기를 굳건히 지키고 행동에 있어 거만하

지도 않고 누구에게 아첨하지도 못하니라. 이상은 평생에 걸어 가야 할 운명(運命)을 주역(하락리수)으로 알아보았다.

다음은 실제 상황을 알아본다. 천하에 모든 사람들은 운명이야 좋든 그르든 일부일처(一夫一妻)가 결합해 사는 게 상도(常道)이거늘 이 여인은 남자의 「손」 한번 잡아본 일이 없습니다 한다.

※ 총평 : 위와 같은 기구한 운명임을 다 듣고 나서 이렇게 될 줄 알았으면 일찍이 몸이나 의지할 곳을 찾아나 볼걸 그랬습니다 하소연을 꺼낸다. 물론 원명 그대로라면 일찍이 결혼해서 좋은 부부연으로 지내기에는 운명 이외의 일이니 가히 생각지도 못할 일이지만 평범한 부부생활은 못할지언정 참아가고 견디어가며 이름만의 부부라도 의지나 했으면 노후에 이와 같이 올데갈데없는 부평초 같은 신세는 면할 수가 있지 않았나하는 생각이다. 본인 말에 의하면 그간의 긴긴 세월에 만날 수 있는 시기야 수 삼차 있었다 하며, 이제야 생각다 못해 혹 올해나 내년이라도 몸을 의탁할 남자를 만났으면 좋을 생각으로 방문했다는 말이다.

이상은 자기의 운명을 일찍이 알고 그에 상응한 대처를 못했기 때문에 시기를 놓친 두 종류 (37세의 늦은 나이까지 15년간 고등고시에만 매달려 모두 잃은 사나이), (62세의 노령에 남자 한번 만나지 못한 무의탁의 미혼녀)의 운명을 알아보았다.

다음은 내 운명 일찍 알고 적극 대처해서 자기 생각 이상의 성공으로 어엿한 경영인으로 활동하는 두 남자의 사례를 알아보자.

※ **실제의 사례** : 주역은 말했다. 머지않아 큰 재산을 가지리라고.

때는 봄철의 만물이 소생하는 양춘가절이다. 화창한 봄날에 어느 한 40대 중년의 방문이다. 모진세파에 얼마나 시달렸기에 겉모습이 초췌하기 짝이 없다. 인사가 끝나고 자기 생일을 댄다. 그 말을 받아

수순에 따라 주역(하락리수)을 펼쳐 놓고 괘효를 추출한다. 원명을 검토 해 보니 극에서 극으로 달리는 재산 상태가 아주 극빈에서 풍요에 넘치는 희비 양면의 비교적 드문 운명이다. 지금 나이 40여세 한참 하는 일에 실패하고 천길 벼랑 끝에서 고통받고 신음할 시기임이 틀림없다. 그를 향해 젊은이는 지금 무었을 하고 있느냐 물으니. 그 대답이 듣기에도 애처롭다. 하도 많이 실패하고 지금에는 너무도 지쳐서 그냥 놀고 있다. 그의 말을 빌리면 직장도 수 삼차 옮겨 봤고 자영업도 두세 번 실패하고 이제는 아주 재기 불능입니다. 이어서 설상에 가상이란 말처럼 평지에서 우연히 졸도해 사경에서 불행 중 다행으로 주변 사람들의 신속한 구급으로 구제되었기에 다행으로 지금에 왔습니다 한다. 그렇다 이 인사의 원명에는 극에서 극으로 전환하는 운세이다. 지쳐 보이는 그를 향해 말을 던진다. 청년은 이렇게 일사마다 어그러지고 막히며 꺾이는 까닭을 어떻게 느끼고 있느냐며 다음의 하락명국에 명시된 논리를 분석 설명한다.

사람마다 원명(原命)이라 하여 일평생에 걸어가야 할 이정표가 설정돼서 모두 자연의 섭리로 부여받은 무형의 궤도(軌道)를 따라 어딘가로 가게 되니 이 길이 또한 양분되어 선천운(先天運)이라 하여 대략적으로 나이 40이전과 후천운(後天運)이라 하여 40이후에 격어야 할 좋든 그르든 타고난 운명은 찾아오는 것이 천리이다. 그러나 이를 또한 모르고 살아가는 게 인생이니라.

씨의 선천괘에는 안빈군자(安貧君子)라 되어 있다. 이의 큰 뜻은 네가 무슨 일을 하던 간에 모두가 실패해서 가난한데로 귀착될 것이라. 곧 다시 말해서 천명을 받고 나온 것이다. 이를 어떻게 막아 내리요.

허나 불행 중에도 다행으로 씨의 후천운에는 치기가업지흥(致其家

業之興)이라 되어 있다. 이와 같이 지금 나이 40여세이니 머지않아 하는 일마다 성사되어 가정적으로 풍성한 재산이 축적됨을 예고하고 있다. 씨에게 다음 장의 원명을 설명하고 그는 떠나갔다.

그 후 그는 일 년에 몇 번씩 나의 처소를 방문하여 주역의 지도를 받고 있는 터이다.

河洛命局(하락명국)

지금은 어엿한 중견사장으로 왜 40이전엔 되는 일이 없었나, 희비 양면의 운명은 어떠하길래

(1953)癸巳年 十二月 一日 寅時 乾命(계사년 12월 1일 인시 건명)

癸계	甲갑	辛신	庚경	天천	地지	復복	萃췌
巳사	子자	酉유	寅인	數수	數수	▬ ▬	▬ ▬
年년	月월	日일	時시	二	三	▬ ▬	▬▬元堂
				十	十	▬ ▬	▬▬
				三	二	▬ ▬	▬ ▬
						▬ ▬元堂	▬ ▬
						▬▬	▬ ▬

復六二元堂 安貧君子 知命達天 仁之一字 爲生意 爲長壽 爲生育

복육이원당 안빈군자 지명달천 인지일자 위생의 위장수 위생육

萃九五元堂 能反身修德 雖無爵士之榮 亦能致其家業之興

췌구오원당 능반신수덕 수무작사지영 역능치기가업지흥

이상은 씨가 걸어가야 할 일평생의 운명을 주역(하락리수)으로써 나타냈다.

다음은 위에 나타나 있는 원문을 한 문장씩 해설과 밟고 간 상황을 알아본다.

復六二元堂 安貧君子 知命達天 仁之一字 爲生意 爲長壽 爲生育

복육이원당 안빈군자 지명달천 인지일자 위생의 위장수 위생육

※ 해설 : 가난을 편안히 여기고 사람됨이 군자격이도다. 천명을 알고 천리를 통하며 다스려야 생의 의욕이 생기며 다스려야 장수하고 다스려야 낳아서 기르리다.

※ 실제상황 : 사람됨이 정숙하고 정중하며 마치 군자라는 말이 어울린다. 출생된 가문은 부친이 금융 은행계의 중역으로 활약하였다가 지금에는 정년퇴임 했으며, 친인척들에는 사회에서 지명 있는 인사들이 많다는 말이다. 씨 또한 일찍이 명문대학을 나와 좋은 직장에 입사하여 잘 나가는가 했지만 졸지에 뜻밖에 그만두게 되고 수차에 걸쳐 이곳저곳 직장을 옮겨 다녔으나, 혹 어느 곳은 잘되는가 하면 다니는 기업이 도산되고 혹 어느 곳은 순탄한가 하면 인간관계가 견디기 어려워 그만둬야 하는 생각밖에 일련의 일들이 일어나서 어려움이 가중됐다는 말이다.

하다못해 개성에 맞지 않는 자영업을 시도했으나 이도 예기치 않은 사기에 빠져들어 접어야 하는 일들이 연속되어 심리적인 압박과 현실적인 궁핍으로 많은 고충을 겪었다는 말이다. 이러한 연속되는 일련의 일들이 사람의 능력으로만 판단하겠는가 말이다.

이는 필시 인생의 이정표(원명) 중에서 연출되는 무형의 운명이 작용되는 것이니 이 논리를 되새겨 본다. 씨의 선천괘인 안빈(가난을 편안히 여기리)의 작용인 것이다.

또한 설상가상으로 어려운 중에 갑작스럽게 평지에서 졸도하여 구급에 경각을 다투는 중에도 다행히 주변에 신속한 구제를 얻어 병원 치료를 받아다는 말이다.

그러나 그로 인한 후유증으로 고생을 많이 했다는 말이니 참으로 안타까운 일이다. 이는 씨의 원명(原命)속에 위장수(爲長壽 : 다스려

야 수명을 연장하리라)가 작용된 것이니, 참으로 자연의 섭리에서 도출된 운명에는 불가항력이라 하겠다. 이와 같은 일련의 불운들은 씨의 40이전의 선천적 운명에 해당됨으로 이 시기가 경과됨을 기다려 볼 뿐이다.

萃九五元堂 能反身修德 雖無爵士之榮 亦能致其家業之興

췌구오원당 능반신수덕 수무작사지영 역능치기가업지흥

※ 해설 : 자기 몸을 잘 반성하여 덕을 닦으며 비록 벼슬의 영화는 없으나 또한 그 가업을 흥성하게 일으키리라.

※ 실제상황 : 씨의 나이 40이 넘어 몇 년이 지난 지금에는 어엿한 중견기업인으로써 자리매김이 되었으며, 그의 나이 50이전에는 고층빌딩 2동이나 사들였으며, 상당한 부의 축적이 되어 있음을 그의 말에 의해 들은바 있다. 고서(古書)에 이러한 말이 있다.

時來風送 滕王閣이요 運退雷轟 薦福碑

시래풍송 등왕각이요 운퇴뢰굉 천복비

해설 : 시운이 돌아오니 바람은 등왕각 쪽으로 불었고, 운세가 물러가니 우뢰는 천복비를 깨뜨리도다.

설명 : 중국의 중세기에 등왕각을 건립하고 등왕각에 현판으로 서문을 공모하던 때의 일화이다. 당시 열세 살의 소년 문장인 왕발이가 등왕각 서문공모전에 임하기 위하여 출발하던 때를 언급한 글이니, 지금과 같은 양질의 동력선이라면 이론의 여지가 없겠지만 그 당시는 돛 달고 운항하는 풍선이 고작이었으니 이를 두고 하는 말이다. 왕발은 준비차 당도할 시간을 촉박하게 출발했으나 바람은 등왕각의 경시장 쪽으로 불어대어 정해진 시간 전에 도착하여 천재 소년은 천하에서 구름처럼 몰려든 문장들을 제치고 당당 장원급제에 올랐다고 하는 좋은 운세의 상징적 고사이다.

또한 다른 상대적인 비운에 한 사건은 같은 시기에 석공의 명장이 복(福)을 천거하는 천복비를 완공하고 내일이면 현지로 이송하고 톡톡한 대가를 입수하게 되었을 무렵, 그날 밤을 넘기지 못하여 석공의 정성 어린 천복비를 뜻밖의 落雷는 산산조각 내어 애석하게 비석대는 물거품이 되었다는 고사이다. 이 두 개의 길사나 흉사 모두가 천리조화로 결과는 정해졌으니, 이 크고 작은 인간사가 모두 인간의 인위에 의해 이루어진다기보다는 이미 정해진 운명의 천리 속에서 연출됨을 단언해 본다.

※ **실제의 사례** : 고객 예탁금 수억 탕진하고 자살까지 기도한 어느 증권사 직원의 재기하게 된 사연을 주역(하락리수)으로 인도하여 3년 후 중견 기업인으로 성공하게 된 것을 운명학적으로 알아본다.

씨가 이곳을 찾은 것은 97년의 늦은 가을로 기억된다. 가을의 짧은 해는 서산에 기울었고 계절의 소슬한 바람은 낙엽을 재촉한다. 모진 세파에 얼마나 쪼들렸기에 마치 병객을 연상케 한다. 용건은 접어두고 생일을 댄다. 잠시간 고요 속에 수순에 따라 씨의 원명(原命)에 괘효를 펼쳐 본다. 곧이어 세운(歲運)을 2~3년 소급해서 얻어 본다. 이윽고 필구를 놓고 화답으로 이어진다. 무엇을 하나 재기할 힘이 없지..... 소급해 뽑은 이년간에 신수가 천 길 벼랑 끝에서 고사 직전이다. 이윽고 초췌한 입술에서 말을 꺼낸다. 주식투자에 약시약시하여 도저히 갚아 나갈 힘은 없고 해서 자살을 기도했으나, 이도 잘 이루어지지 않더군요. 이 일을 어찌하면 좋겠습니까 하며 울먹인다. 측은지심은 인지상정이라 했던가. 초췌한 한 젊은이의 딱한 사정에 동정심이 끌린다. 성의를 다하여 이 젊은이에게 재기의 봄은 있으며, 언제나 기쁨의 그 봄빛이 있으려나. 계속 세운(歲運)의 괘효를 뽑는다. 이윽고 발견이다. 금후 2년 뒤에 서광이 보인다. 씨에 타일러 지나친 욕심

부리지 말고 내가 할 일 다 하고 천명을 기다려라. 이년 뒤에는 재기할 수 있는 운명이 비친다 하고, 그 모진 세파에 지친 청년을 타일러 돌려보냈다. 그 후 약 일 년이 지나가든 세모의 어느 날, 바로 그 청년이 나의 처소를 또다시 찾아 왔다. 지난해에 뽑아 놓았던 감명서를 찾아 놓고 또 다시 설명을 가했다. 몇 달이 지나면 이 청년이 목마르게 기다리던 소망의 새해다. 이 후 그는 한 달이 멀다 나의 처소를 찾았고, 나 또한 그의 돌아가는 증권투자 상황에 관심사였다. 이 해의 상반기가 지나 하반기의 끝자락이다. 이 나그네는 묻지도 않는 이야기를 꺼내, 지나온 결과를 말한다. 금년 상반기에 증권사의 직장을 사퇴하고 고객의 투자 유치로써 「펀드메니저」겸 자기 투자에 전심전력 했다는 말이다. 본시 입이 무겁던 그는 이윽고 선생님 저는 이제는 살았습니다 하며, 환희에 찬 말로 이어 간다. 금년도 상반기에 oo억원 또한 하반기에 oo억원의 소득을 올렸습니다 한다. 보통 평민사회에서는 생각지도 못할 거금이다. 어느 날 낫 모르는 한 청년이 험지의 곤경에서 헤매었던 그 시절의 생각이 떠올라 타율에 느끼는 감정이 느껴졌다. 그러나 앞으로 펼쳐 볼 운명에서 조명되려니와 씨는 이를 지탱할만한 그릇이 못됨이 못내 아쉽게 생각 된다. 다음 장에 이어서 이의 원명과 아울러 세운으로 이어서 본다.

河洛命局(하락명국)

파산의 사경에서 중견 기업인으로 성공하게 된 것을 운명학적으로 알아본다.

(1960)庚子年 三月 二十八日 酉時 乾命(경자년 삼월 이십팔일 유시 건명)

庚경	庚경	辛신	丁정	天천	地지	需수	姤구
子자	辰진	巳사	酉유	數수	數수	⚋ 元堂	⚊
年년	月월	日일	時시	三	二	⚊	⚊
				十	十	⚋	⚊
				五	六	⚊	⚊ 元堂
						⚊	⚊
						⚊	⚋

需上六元堂 處順安常 卑牧謙恭 而得好人拔擧 可以出險爲安 易險爲夷
수상육원당 처순안상 비목겸공 이득호인발거 가이출험위안 역험위이
姤九三元堂 孤立無助 作事艱辛 或腰足生疾 福量淺狹
구구삼원당 고립무조 작사간신 혹요족생질 복량천협

※ 이상은 씨가 밟고 가야 할 일생의 운명을 주역(하락리수)으로써 나타냈다.

다음은 이상에서 나타나 있는 원명을 한 문장씩 해설과 밟고 간 실상에 대하여 알아본다.

需上六元堂 處順安常 卑牧謙恭 而得好人拔擧 可以出險爲安 易險爲夷
수상육원당 처순안상 비목겸공 이득호인발거 가이출험위안 역험위이

※ 해설 : 매사에 순리로 처신하며 평상시를 편안히 여기고, 자기 몸을 낮추어 겸손히 하도다. 좋은 사람이 나를 이끌어서 위태한 데서 벗어나 편안히 되고, 험한 일이 바뀌져서 평평함이 되리라.

姤九三元堂 孤立無助 作事艱辛 或腰足生疾 福量淺狹
구구삼원당 고립무조 작사간신 혹요족생질 복량천협

※ 해설 : 외롭게 되어 도울 이가 없고, 하는 일이 어렵고 고생스러우리라. 혹 허리나 발에 질병이 생기며 복의 량이 얇고 좁으리라.

※ 논평 : 사람됨은 매사에 순리로 처신하고 자기 몸을 낮추어 겸손한 행동으로 하도다. 어느 해인가 위태하고 험한 데 처해 있을 경우

좋은 사람이 나를 이끌어 줘서 어려움이 편안하고 평평함이 되리라. 여기에서 어려움에 처하여 자살까지 시도하다가 주역의 가르침으로 험한 데서 헤쳐 나왔다는 논리가 적합하다 하겠다. 허나 후천운의 약 40중반 이후에는 시운이 비색하여 부부가 함께 할 수 없으며 하는 일이 실패되어 어렵고 고생이 예견된다.

河洛歲運(하락세운)

험난한 수렁에서 손발 묶인 신세

대리투자에 수억을 날리고 이러지도 저러지도 못하던 이 해의 세운(歲運)에서 알아본다

(1996)三十七歲 三月 二十八日 乾命(세운 삼십칠세 삼월 이십팔일 건명)

丙병	壬임	壬임			小소			
子자	辰진	子자			過과			
年년	月월	日일			金금			
				白백	■■	戌술	父부	帶대
				蛇사	■■	申신	兄형	生생
			世세	句구	▬	午오	官관	胎태
				朱주	▬	申신	兄형	生생
			冲충	靑청	■■	午오	官관	胎태
			應응	玄현	■■	辰진	父부	墓묘

世爻逢冲作事反轉

세효봉충작사반전

頤初九在庶俗則 有悖逆爭財之禍

이초구재서속즉 유패역쟁재지화

剝初六 奴婢之損

박초육 노비지손

※ 이상은 씨가 밟고 가야 할 일 년간의 세운을 주역(하락리수)으로

써 나타냈다.

다음은 위에 나타나 있는 세운을 한 문장씩의 해설과 밟고 간 실체에 대하여 알아본다.

頤初九在庶俗則 有悖逆爭財之禍

이초구재서속즉 유패역쟁재지화

※ 해설 : 금년도 상반기의 신수는 하는 일이 어긋나서 재물로 인해 다툴 화가 생기리라.

剝初六 奴婢之損

박초육 노비지손

※ 해설 : 하반기에는 하는 일이 잘못되어 재산이 손실되리라(효사에 노비라 되어 있는 바 이 시대에는 재산으로도 통용된 바 있다.).

※ 논평 : 씨의 이 해에 세운은 상반기에 이어 하반기 역시 무슨 일을 하던 재물이 막중하게 손실될 운세이다. 이러므로 본인의 말에 의하면 자기가 처해 있는 회사의 고객 예탁금을 주식에 대리투자하여 막중한 손실을 냈다는 말은 곧 이 사람의 이 해 세운이 작용된 것이니, 어찌 별 느낌도 없이 지나칠 일이겠는가 말이다.

河洛歲運(하락세운)

설상가상 이 년째 연속된 비운은

대리투자로 험한 함정에서 생의 막가는 데까지 몰아내기도

이 해의 세운(歲運)에서 알아본다.

(1997)三十八歲 三月 二十八日 乾命(삼십팔세 삼월 이십 팔일 건명)

丁정	甲갑	丙병			夬쾌			
丑축	辰진	午오			土토			
年년	月월	日일						
				靑청	▬ ▬	未미	兄형	衰쇠
			世세	玄현	▬▬	酉유	孫손	死사
				白백	▬▬	亥해	財재	絕절
				蛇사	▬▬	辰진	兄형	帶대
			應응	句구	▬▬	寅인	官관	生생
				朱주	▬▬	子자	財재	胎태

履六三在庶俗則 招爭訟囚獄之撓 甚者家破身亡

리육삼재서속즉 초쟁송수옥지뇨 심자가파신망

乾九三在庶俗 必往來不停而財利艱獲 凡事詳審 躁動則失

건구삼재서속 필왕래불정이재리간획 범사상심 조동즉실

※ 이상은 씨가 밟고 가야 할 일 년간의 세운을 주역(하락리수)으로써 나타냈다.

다음은 위에 나타나 있는 세운을 한 문장씩의 해설과 밟고 간 실체에 대하여 알아본다.

履六三在庶俗則 招爭訟囚獄之撓 甚者家破身亡

리육삼재서속즉 초쟁송수옥지뇨 심자가파신망

해설 : 금년도 상반기의 세운은 무었을 경영할 경우 하는 일이 잘못되어 다투고 송사하며 감옥에 갇힐 일을 불러들이고 더 심하게 되면 가정이 파괴되고 몸을 망치리라.

乾九三在庶俗 必往來不停而財利艱獲 凡事詳審 躁動則失

건구삼재서속 필왕래불정이재리간획 범사상심 조동즉실

해설 : 하반기의 세운은 무엇을 경영할 경우 반드시 왔다갔다 정지할 사이도 없이 해도 재물이 얻어지기 어려우리라. 모든 일사를 자세히 살펴서 해라. 조급히 행동하면 실패하리라.

※ 논평 : 씨의 금년도 운세는 상반기에 이어 하반기를 마치도록 무엇에 투자하여 경영에 임할 경우, 천 길 벼랑으로 떨어져 이익은 고사하고 막중한 손실로 가정이 파괴되고 몸을 망치리라의 운명을 그대로 답습했다 한다. 작년에 이어 금년의 양 이년간에 고객의 예탁금을 무려 수억 원 탕진하고 괴로운 마음을 견디다 못해 자살 기도까지 했으나, 이도 뜻대로 되지 않더라는 하소연이다.

河洛歲運(하락세운)

기지사경에서 막중한 흑자소득으로, 영세 기업의 기반을 구축한 행운의 해

이해의 세운에서 알아본다.

(1999))四十歲 三月 二十八日 乾命(사십세 삼월 이십 팔일 건명)

己기	戊무	乙을			離리			
卯묘	辰진	丑축			火화			
年년	月월	日일						
			世세	玄현	━━━	巳사	兄형	絕절
			冲충	白백	━ ━	未미	孫손	養양
				蛇사	━━━	酉유	財재	浴욕
		空공	應응	句구	━━━	亥해	官관	冠관
				朱주	━ ━	丑축	孫손	衰쇠
				靑청	━━━	卯묘	父부	死사

世應相剋雖有好事 而也須費力

세응상극수유호사 이야수비력

離六二在庶俗 必沾利息

리육이재서속 필첨리식

大有九二 常人營謀厚載 財穀豊厚

대유구이 상인영모후재 재곡풍후

※ 이상은 씨가 밟고 가야 할 일 년간의 세운을 주역(하락리수)으로써 나타냈다.

다음은 위에 나타나 있는 세운을 한 문장씩의 해설과 밟고 간 실체에 대하여 알아본다.

離六二在庶俗 必沾利息

리육이재서속 필첨리식

※ 해설 : 금년도 상반기의 신수는 무슨 일을 경영함에 있어 반드시 이익이 무적을 것이다.

※ 실제상황 : 위에 논리는 재물이 들어오는 폭이 크지 않음을 의미하고 있다. 그러나 사람은 궁지에 빠져 조급한 생각으로 상반기에 큰 기대를 가졌든지 몇 번 이러한 말을 남긴다. 주식상황이 흑자로 나타나기는 하나 그 량이 욕구에 차지 않는다는 말이다. 이 사람아 급하다고 해서 바늘을 허리에 매 쓰면 될 일인가. 매사가 순서가 있고 때가 있는 법이니 정중하게 기다리라고.

大有九二 常人營謀厚載 財穀豊厚

대유구이 상인영모후재 재곡풍후

※ 해설 : 보통 경영하고 모사하면 두텁게 실리며 재물이 풍성하고 넉넉해지리라.

※ 실제상황 : 이 사람이 궁지에 빠져서 자살기도까지 했다 하니, 그 고충이야 남이라서 어떻게 헤아릴 수 있으리요. 이러한 험지에서 출발하여 대망의 시점이다. 하반기의 끝자락에 왔을 무렵 그때의 어조는 매우 흥분됐다. 아마도 대박을 터트린 모양이다. 이윽고 99년의 己卯해가 지나가고 庚辰年에서야 나를 찾아왔다. 이말 저말 끝에 이제는 살았습니다 하며 한숨을 돌린다. 그가 남기는 말에 의하면 약 50억 정도는 되겠습니다 한다.

이상에서 보는바 두 젊은이의 운명을 하락명국을 통해 알아보았다.

실패에서 사장까지 [지금은 어엿한 사장으로 왜 40이전엔 되는 일이 없었나, 고객 예탁금 수억 날리고 자살 기도까지 한 어느 증권사 직원 주역(하락리수)으로 인도하여 3년 후 중견 기업인으로]

위 두 사람은 하나같이 극도의 실패와 좌절에서 주역(하락리수)의 좌표에 의해 어려움을 이겨내고 급전직하 성공한 하나의 사례이다. 이들이 실패에서 좌절하고 남은 인생살이를 소극적으로 허송세월을 했더라면 지금에 중견사장이 될 만한 까닭이 없지 않겠느냐는 말이다.

그리고 앞에서의 운명론과는 아무 관계없이 장장 긴 세월을 자기 멋대로 하여 인생을 그르친 두 사람을 살펴봤다.

시기를 놓친 두 종류

37세의 늦은 나이까지(15년간) 고등고시에만 매달려 모두 잃은 사나이 - 62세의 노령에 남자 한번 만나지 못한 무의탁의 미혼녀의 두 사람을 다시 한 번 논평해 보자.

앞에 실패에서 사장까지의 두 사람은 인생의 지침서인 주역(하락리수)으로 좌표를 얻어 실패에서 성공한 사례이며, 후자인 시기 놓친 두 종류는 아무런 좌표(주역)없이 자기 마음 가는 대로 아주 대조적인 사례이다.

주역절중강령(周易折中綱領) 제2에 의하면 역지서 본위복서이작고 기사 필근어상수(易之書 本爲卜筮而作 故 其辭 必根於象數)라 주역의 글은 근본이 복서(운명론)를 위하여 지은 고로 그 뜻이 상수(象數)에 근원을 두었느니라 하였다. 혹자는 운명학을 미신시 하려는 경향이 있기도 하다. 그러나 이는 아는 식견이 너무나 단편적인 천견박식(淺見薄識)의 소인이라 하겠다.

왜냐하면 하락리수 하나만 봐도 이 학문이 출현되기까지에는 중국 역사상 무려 5000년의 긴 세월 속에서 다섯 성현의 열정의 신비학이다. 미신에 대하여 논하려는 바는 아니다. 하지만 이는 분명이 알아야 할 중요한 의미가 다르기 때문이다. 미신이라 함은 아무것도 근기가 없이 공허에서 무언가를 숭배하여 빠져드는 것이니 어찌 대조의 대상이 되리요.

다시 본론적으로 이어본다. 앞에서 「자연분만에 따른 태아의 운명(運命)과 후세에 미치는 영향」과 「인공분만에 따른 태아의 숙명(宿命)과 후세에 미치는 영향」에서 알아본 바가 있거니와 다시 거론하면 자연분만으로 자연의 섭리에서 얻어진 사주(운명)라도 자기의 운명과는 관계없이 예시 「시기를 놓친 두 종류」와 같이 마음 가는 대로 해서 인생을 망친 사례와 또한 먼저는 실패했지만, 그 후 자기 사주(운명)을 알고 심오한 학문에서 좌표를 얻어 중년 이후 성공한 사례는 운명론의 신봉자와 불신자의 극명한 대조를 이루고 있는 사례라 하겠다.

이상은 「자연분만에 따른 태아의 운명과 후세에 미치는 영향」에 대하여 알아보았다. 그러나 이 이외의 인공분만도 역시 인생에 미치는 영향은 동일함으로 어디까지나 명실상부한 심상(心相)과 관상법(觀相法)을 동시에 잘 활용하여 자연의 섭리에서 부여받은 사주(운명)을 찾아내서 나(我)하나 밖에 없고 한번 살면 되돌릴 수 없는 세상, 신비적 학문으로 삶의 좌표를 얻어 슬기로운 삶이 어떠할까? 하는 생각이다.

제 8 장

원명(原命)괘와 세운(歲運)괘에 쓰이는 수리(數理)의 중요성

제자는 묻는다. 오늘은 원명(原命)괘와 세운(歲運)괘에 작성하는데 쓰이는 수리(數理)에 대하여 알고 싶습니다.

스승은 말한다. 그렇다 바다에서 어획을 생업으로 하는 어부들의 어망은 마치 농사짓는 농부들의 농토와 같은 아주 귀중한 존재이니 비록 양질의 어망이 수천 척이 된다 하더라도 이를 조작(操作) 할 수 있는 벼리...강유(綱維 : 상하의 로프줄)가 없으면 이 어망을 활용하여 목적한 어획물을 얻을 수가 없으며, 양질에 농토가 수십 정보 있더라도 이에 식재할 종자나 묘종이 없다면 풍요로운 농산물을 기대할 수 없듯이 주역(周易)에 괘사(卦辭)와 효사(爻辭)의 진리가 신비(神秘)스럽다 하더라도 이 괘효사를 찾아낼 수 있는 수리(數理)가 왜곡된 방식이라면 도저히 목적하는 괘효사를 추출해 낼 수가 없을 것이다. 그러므로 이 수리(數理)의 긴밀성(緊密性)은 아주 중요하다 하겠다.

(1) 우선 원명(原命)괘에 쓰이는 수리에 대하여

전 세계적으로 인종마다 그 종족의 문화와 언어는 다르다 하더라도 수(數)를 헤아리는 수자(數字)의 개념은 공통적으로 일(一) 십(十) 백(百) 천(千) 만(萬) 억(億) 조(兆)로써 동일하다. 이 수의 작은 단위는 일십 미만으로써 1 2 3 4 5 6 7 8 9 10이 이것이니, 1로부터 5까지를 생수(生數)라 하며 6으로부터 10까지를 성수(成數)라 일컫는 것이다. 앞에서 언급하고 있는 100 1000 10000이상의 수는 기본수에 배수 내지는 몇 십 갑절 더한 숫자이니, 천하의 수는 기본수인 10수 미만인 것이다.

이 10수 미만의 기본수 중에는 홀수(양수)와 짝수(음수)로 분류되니, 곧 양수(홀수)는 25이고 음수(짝수)는 30이 이것이니, 이 기본수로써 작괘상에 쓰이게 되는 것이다.

홀수 1 3 5 7 9 　　25

짝수 2 4 6 8 10 　　30

그러면 원명 괘를 얻는데 정확도를 기하기 위하여 다음의 요건을 기해야 하니

(A) 시간 개념// 이 시간 개념은 재래의 방식

축시(丑時)는 1~3시로 쓰지만 국제적 표준시로 보면 1. 30분~ 3. 30분으로 계정하니 이와 같이 30분의 시차를 둬야한다.

(B) 섬머타임 시행기간의 시차를 참고하며

(C) 월건 설정의 정확도를 기해야 한다.

이상과 같이 제 조건을 착오가 없이 정리한 다음 운명학 상의 기본적 자료인 60甲子를 참조하여 정확한 사주를 찾아내는 것이 관건이 된다 하겠다. 이 정확한 사주가 구성되면 사주의 천간에는 낙서(洛書)수를 부설하고 지지(地支)에는 하도(河圖)수를 부설하니, 이 낙서와

하도수에 원리를 알아본다.

하도(河圖)와 낙서(洛書)수는 각기 주역의 원천적 팔괘(八卦)의 기본수로써 주역(周易)은 이로부터 시발하여 팔괘(八卦)가 그어졌고 나아가서 육십사괘(六十四卦)와 더 나아가서는 삼백팔십사효(三百八十四爻)로써 이루어지니, 하도와 낙서수는 방대한 주역의 아주 기본 근간이 되는 수이기도 하다.

그러므로 주역(의리학 및 상수학)으로 인생이 자연의 섭리로부터 부여받은 소정의 운명(運命)을 얻어 내려면 아주 신중하게 구성한 사주(四柱)를 근간으로 사주의 천간(天干)에는 주역의 기본수인 낙서수를 부설하고

天干 戊 1, 乙癸 2, 庚 3, 辛 4, 壬甲 6, 丁 7, 丙 8, 己 9 낙서수(洛書數)

지지(地支)에는 하도수(河圖數)를 부설한다.

地支 亥子 1 6, 寅卯 3 8, 巳午 2 7, 申酉 4 9, 辰戌丑未 5 10, 하도수(河圖數)

사주 위에 이와 같이 낙서수(洛書數) 하도수(河圖數)를 부설한 다음 양수와 음수를 각각 취합해서 앞에서 나타내고 있는 천수와 지수의 공제 공식수로써 제(除)한 다음 그 잔여수로써 내외의 괘(卦)를 작성하는 것이다.

취수정국(取數定局)

天干	壬甲	乙亥	庚	辛	丙	己	戊	丁
八卦	乾	坤	震	巽	艮	離	坎	兌
後天數	六	二	三	四	八	九	一	七

※ 五수는 하락리수 해설을 참조

河洛命局(하락명국)

가상적 예시(1)

1974年 四月 二十八日 寅時 乾命

6	9	3	1				
甲갑	己기	庚경	戊무	天천	地지	蹇건	師사
寅인	巳사	申신	寅인	數수	數수	■ ■	■ ■ 元堂
年년	月월	日일	時시	三	二	▬▬	■ ■
				十	十	■ ■	■ ■
				五	八	▬▬ 元堂	■ ■
						■ ■	▬▬
						■ ■	■ ■

예시와 같이 가상자의 원명(原命)에 선천괘(先天卦)는 건구삼(蹇九三)이 원당(元堂)이니 이가 곧 약 40이전의 선천운(先天運)이며, 후천괘(後天卦)는 사상육(師上六)이 원당(元堂)이니 이가 곧 40이후의 후천운(後天運)이 되는 것이다.

작괘하는 요령은 양년생의 남(男)이면 지수가 내괘가 되니 본 사례의 인물은 양년생임으로 지수(地數)의 28 공제 공식수 30 잔여수가 8임으로 이가 내괘로써 간산(艮山)이 이루어졌고, 천수의 35 공제 공식수는 잔여수가 10이므로 10은 곧 1로써 전장의 취수정국으로 보면 일(一)은 감수(坎水)로써 외괘가 되는 것이다.

음년생은 이와는 반대로 지수가 외괘로 천수는 내괘로 되는 것이다.

(2) 세운(歲運)괘에 쓰이는 수리(數理)에 대하여

대연수이진법(大衍數移進法 : 일명 토정수)

다음은 일 년간의 세운(歲運)을 조명하기 위하여 작괘상에 기본적인 자료를 알아본다.

天干	甲己	乙庚	丙辛	丁壬	戊癸
天干數	9	8	7	6	5

	巳午	寅卯	子亥	申酉	辰戌丑未
太歲地支數	九	十	十一	十二	十三

	巳午	寅卯	子亥	申酉	辰戌丑未
月建地支數	四九	七六	九四	七六	五五八八

	巳午	寅卯	子亥	申酉	辰戌丑未
日辰地支數	七	八	九	十	十一

작괘하는 요령

이상에 나타나 있는 공식수는 곧 불변의 공식수이니 다음 장에서 알아본다.

※ 첫째 우선 본인의 나이와 태세천간수(太歲天干數)와 지지수(地支數)를 모두 합한 다음 공제 공식수인 8로써 제하고, 그 잔여수로서 내괘(內卦)를 설정한다. 단 잔여수가 8일 경우에는 8로써 계정한다.

※ 둘째 월건(月建)의 천간수(天干數)와 지지수(地支數)를 합하고 그 생일달의 대소(大小)을 보아 대월(大月)에는 6을, 소월(小月)에는 5을 합한 다음 6으로써 제하고 그 잔여수로서 외괘(外卦)를 설정한다. 단 잔여수가 6일 경우에는 6으로써 계정한다.

※ 셋째 생일 일수(日數)와(5일 이면 5를, 11일 이면 11을) 일진의 천간수(天干數)와 지지수(地支數)를 합하여 3으로 제하고 그 잔여수로서 동효(動爻)를 설정한다. 그 잔여수가 3일 경우 3으로써 계정한다.

이상의 자료로써 가상적 신수를 나타내 본다.

歲運(세운)

가상 인물의 예시 (2)

1983年 음력 4月 5日생. 2003년도 세운(세운에는 남녀 구별 없음)

당년 21세 太歲(태세) 癸未 月建 丁巳 日辰 戊寅

동효는 외괘에만 설정

癸계 丁정 戊무
未미 巳사 寅인
年년 月월 日일

小過(소과)

■ ■동효
외괘■ ■진뢰
▬▬
▬▬
내괘■ ■간산
■ ■

공제(控除) 공식수로 八六三을 인용해야 하는 원리(原理)

주역(周易)하경 설괘전(說卦傳)의 광팔괘지상(廣八卦之象)을 보면 다음과 같이 수록되어 있음을 볼 수가 있다.

八卦象(팔괘상)

卦象數	一	二	三	四	五	六	七	八
卦象	乾天	兌澤	離火	震雷	巽風	坎水	艮山	坤地
廣八卦之象	爲天 하늘로도 본다	爲澤 연못으로도 본다	爲火 불로도 본다	爲雷 우레로도 본다	爲木 나무로도 본다	爲水 물로도 본다	爲山 산으로도 본다	爲母 어머니로도 본다
			爲日 또한 날로도 본다			爲月 또한 달로도 본다		爲地 또한 지구로도 본다

이상의 광팔괘지상에서는 이 이외에도 상당한 종류가 있으나 다만 여기에서는 팔곤지(八坤地)와 육감수(六坎水)와 삼리화(三離火) 세 종류만을 들어 본다.

(A) 팔곤지(八坤地)에 속해 있는 위지(爲地)는 인간이 살고 있는 지구로도 본다는 어의이니, 음력 1월 1일로부터 12월 30일까지 지구가 태양을 중심으로 한 바퀴 회전하면 괘상수인 팔(八)과 함께 했으므로 태세수(太歲數)는 팔(八)로써 공제하는 공식수로 쓰이게 되었으며, 그 잔여수로써 괘상수(卦象數)를 참작하여 이를 내괘(內卦)로써 설정하는 것이다.

(B) 육감수(六坎水)에 속해 있는 위월(爲月)은 한 달 두 달하는 달로도 본다는 어의이니, 한 달이 지나가면 이 속에는 괘상수(卦象數)인 육(六)과 함께 했으므로 월건수(月建數)는 육(六)으로써 공제하는 공식수로 쓰이게 되었으며, 잔여수로써 괘상수(卦象數)를 참작하여 이를 외괘(外卦)로써 설정하는 것이다.

(C) 삼리화(三離火)에 속해 있는 위일(爲日)은 하루 이틀 하는 날로도 본다는 어의이니 하루가 지나가면 이 속에는 괘상수(卦象數)인 삼(三)과 함께 했으므로 일진수(日辰數)는 삼(三)으로써 공제하는 공식수로 쓰이게 되었으며, 그 잔여수로써 외괘(外卦)의 세 자리에만 동효(動爻)로써 쓰이게 되는 것이다.

(T) 환괘(換卦)를 필수적으로 실시해야 하는 원리

이상에서 작괘하는 순서로 보면 태세(太歲)에서 얻어진 수는 내괘로 설정하니, 이는 일 년이 기초적 괘상이 됨으로 내괘로 쓰이게 되며, 월(月)에서 얻어진 괘는 외괘(外卦)를 쓰여지니, 이는 천리상(天理上)으로 보아 한 해 속에 달이 있음으로 외괘(外卦)로써 쓰이고, 일에서 얻어진 수는 달 속에 날이 있는 까닭에 월에서 얻어진 괘에다 일자(日字)의 동효를 시행해야 천리(天理)가 바로 서기 때문이며, 이를 작괘한 그대로 읽으면 천리가 거꾸로 서기 때문에 환괘해서 바로 년괘(年卦)를 먼저 부르고 다음에 월괘(月卦)를 부르며 그 속에 일괘

(日卦)가 일목요연해지는 것이다.

가상인물의 예시(2)에서 얻어진 세운(歲運)에 환괘(換卦) 사례

소과(小過)원괘(原卦)			이(頤)변괘(變卦)		
	⚋	動爻		⚊	
월건 外卦	⚋	震雷	태세 內卦	⚋	艮山
	⚊			⚋	
	⚊			⚋	
태세 內卦	⚋	艮山	월건 外卦	⚋	震卦
	⚋			⚊	

이상의 표에서 보는 바와 같이 환괘를 거쳐야 태세괘(太歲卦)가 위로 가서 천리(天理)적 순서가 이루어지니 당해자의 천리적 세운이 작용되는 것이다.

제 9 장

원명(原命)에 대하여

스승에게 묻는다 스승님 오늘은 원명(原命)에 대하여 알고 싶습니다.

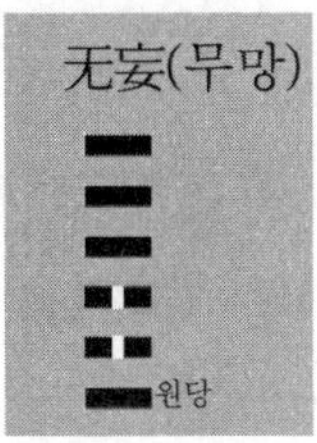

말씀해 주시기 바랍니다. 스승은 말한다. 그렇다. 인생의 운명학상에는 여러 가지 학명을 쓰고 있으나 주역(하락리수)에는 원명(原命)이라 하여 자연의 섭리로부터 부여받은 일평생에 걸어가야 할 장도의 운명(運命)을 말하는 것이다.

여러 가지 다양한 운명 중에는 기량(器量)이라 하여 사람됨의 그릇을 가장 중요시 하니, 이 기량 중에는 무망초효(无妄初爻) 필위국가지중기(必爲國家之重器)라 하여 인격이 출중하고 덕망을 갖추어서 인위적으로 무망(无妄初九)으로 위세를 부리지 않아도 뭇사람에 우러름의 대상이 되는 사람이 있는가 하면, (귀매육삼 歸妹六三) 지량천협(志量淺狹)이라 하여 평소에 소견이 좁고 사람 된 도량이 작아 추잡한 소인배를 말하기도 하느니라. 이 두 가지 중간에는 수천수만의 계층이 있으

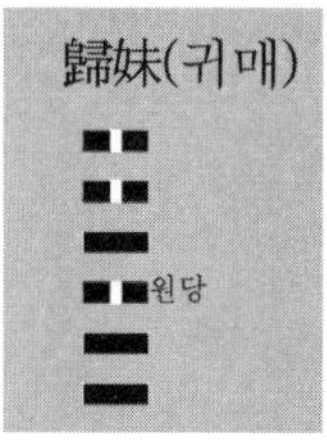

니 이 모든 운명들은 하나같이 어머니의 모태에서 자연의 섭리로부터 부여받아 잠재해 있다가 적절한 시기에 나타나느니라. 때로는 그 사람을 도와서 이롭게도 하고 때로는 재앙의 함정에 밀어 넣어 해롭게도 하니 이를 원명(原命)이라 일컫는 것이다.

사람에 따라 혹 같은 운명의 논리라도 경중과 대소의 차가 있으니 뜻이 이를 한 번의 예시로써 설명을 하랴마는 다음의 여러 개의 예시를 통하여 알아본다.

※ (1) 운명상으로 보아 지배계층과 피지배계층에 명론

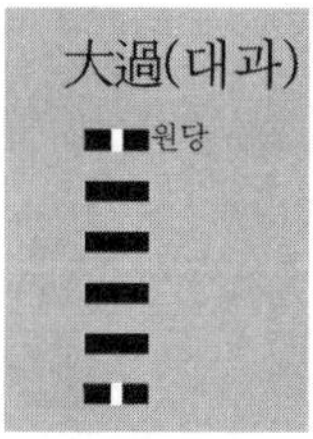

대과상육(大過上六) 국가를 통치하는 영수 중에는 특별이 뛰어나는 명표청사 망중화리(名標靑史望重華夷 그 이름은 청사에 기록되고 여러 나라 백성들이 중후하게 우러러보리라)와 같이 세상에서 보기 드문 영웅의 자질이 있기도 하고

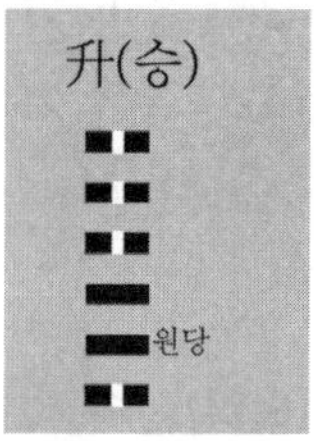

공사(公私)직 간에 고위계층으로는 승구이(升九二) 덕업흥륭(德業興隆 자기가 하고 있는 덕업이 흥성하고 융창하리라)의 논리로써 공직의 경우 고위요직에 소임되며, 사직의 경우 거의가 최고위의 경영을 소임하게 되느니라.

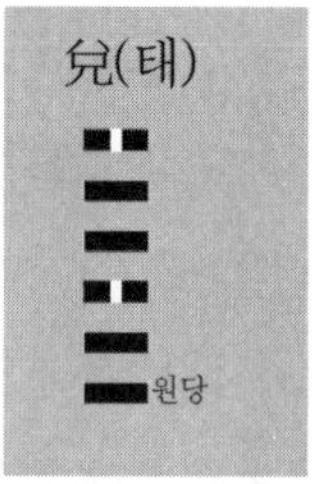

운명(運命)상으로 보아 피지배 계층에 명론(命論)의 사례

폭넓은 사회에 수많은 계층의 운명이 있으니 그 중에서 태초구(兌初九) 화기동진(和氣同塵 내가 빛나는 신분으로 진속들과 화합하리라)의 가는 곳 마다 만나는 사람마다 융화와 친목으로 환영을 받는가 하면,

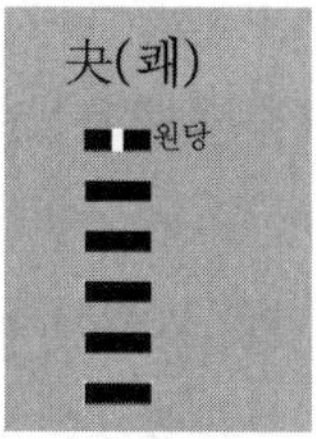

심지어는 쾌상육(夬上六) 인기상기(人己相忌 남들과 나 사이에 서로 꺼려함)의 무덕한 인간관계가 있으니, 이는 아무런 이유 없이 상대가 두려울 정도로 서로 기탄하게 되어 오늘날에 세칭 「왕따」라는 별명을 만들어 내기도 한다. 이와 같은 운명자는 성장과 더불어 사회에 진취하면 오래 유지할 수가 없이 퇴출됨을 볼 수가 있으며, 아무런 잘못 없이 하나의 비운의 운명으로 나날이 고뇌에 찬 삶을 하느니라.

※ (2) 운명(運命)상에서 보아 소유할 수 있는 재산의 다과(多寡)의 명론

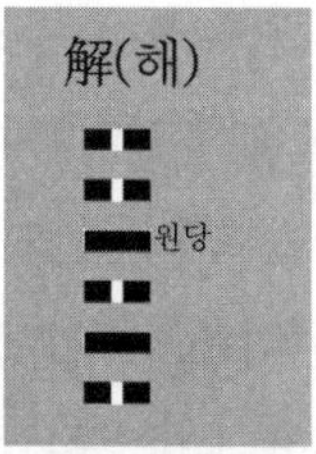

다른 일사에도 그러하려니와 재산의 소득에는 너무나 격차가 심하여 큰 부자에 백만장자는 하나의 시군(市郡)을 소유할 수 있는 운명이 있으니, 예를 들면 해구사(解九四) 소모무불수 소행무불성(所謀無不遂 所行無不成 모사하는 바가 이루어지지 않음이 없고 그를 행동에 옮겨놓으면 성사되지 않음이 없다.)하여 천하에 하는 일마다 무소불위(無所不爲)에 거부의 운명이 있는가 하면 또 다른 하나의 정구이(井九二) 근능양가(僅能養家 겨우 집을 가지리라)에는 실지 말을 토하는 것을 보면 20평 짜투리 땅에 무허가 15평에서 살고 있다는 말이다,

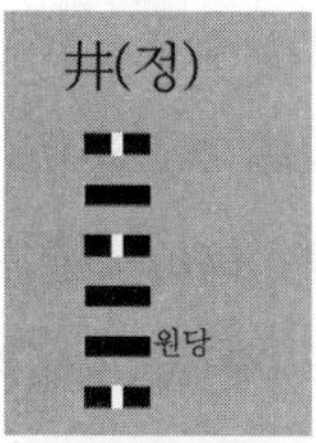

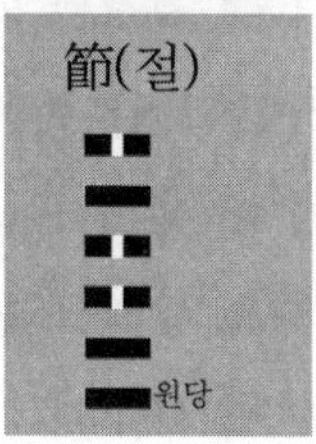

또 다른 하나는 절초구(節初九) 의식검약(衣食儉約 먹고 입고 사는 일이 검소하고 간략하리라)에는 12평의 「빌라」에서 산다는 말을 솔직하게 토로함을 보기도 한다.

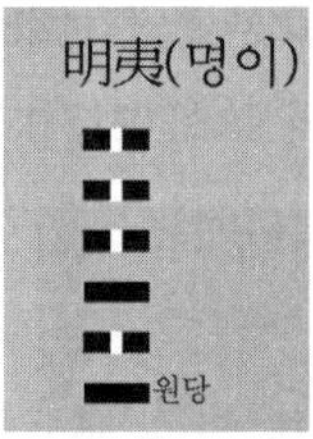

또한 운명상에 재산의 소유가 전무한 불운에는 명이초구(明夷初九) 난어식록(難於食祿 먹고 살아갈 녹궁이 어려우리라.)에는 몸은 비록 건전해서 일평생을 통해 여러모로 적극적으로 노력을 아끼지 않고 하면 실패의 함정에 빠져서 겨우겨우 헤어나게 되고 느긋이 미온적일 경우라야 조금 이루어지니 이런 경우를 두고 고대의 격언에는 범을 그리다가 개를 만든다고 하니라.

또 대장구삼(大壯九三) 손재패가(損財敗家 재물이 손실되고 가정이 망하리라.)로 하는 일이 흩어져 망하게 되고, 또한 가정적 불화로 부부가 남북으로 흩어지는 극단적인 사례가 있으니라.

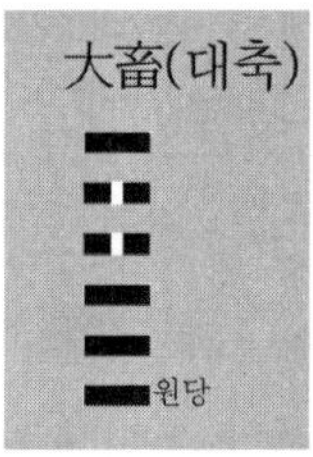

또한 대축초구(大畜初九) 처상처변 가계난립(處常處變 家計難立 오래 거처할까 하면 급변하여 거처를 옮겨야 하며 가정에 생활 계책을 세우기 어려우리라.)에 일평생에 연속되는 실패로 가세가 어려워서 분수에 맞도록 거처를 정하다 보면 수십 번에 이사를 하게 되니 이는 연속의 실패를 의미하기도 한다.

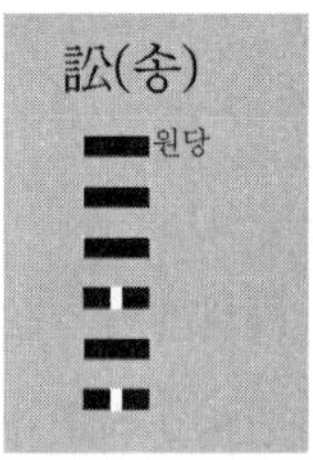

또한 송상구(訟上九) 화기소장(禍起蕭牆 쓸쓸한 울안에서 이중삼중의 화가 일어나리라.)에는 일찍이 양 부모의 이별로 쓸쓸이 지내던 중 설상에 가상으로 어린 시절에 흩어졌든 양 부모가 이상하게도 각각 사고로써 사망하고 의탁할 곳이 없어 어린 삼남매가 외가에 의지해 살아가다가 외가의 넉넉지 못한 사정으로 내 집으로 돌아와 서로가 의지하며 지내던 중 뜻밖에 교통사고로 아

우가 사망하고, 동거하든 매제의 자살로 법정에까지 서야 했으며, 48세의 늦은 나이에 아직 결혼을 못하고 독신으로 지내며 월세 15만원짜리 신세로 지냅니다 한다.

앞에 여러 운명의 사례에서 보는 바와 같이 가난에도 수없는 등급이 있어 이루 예를 들 수가 없는 것이 사람들의 운명인 것이다

※ (3) 운명(運命)상으로 보아 두뇌의 명석(明晳)과 우매(愚昧)의 명론

이 두뇌의 명석도는 너무나 다양한 양상이 있으며, 또한 모든 사람들의 지대한 관심사이기도 하다. 사람의 재질에는 다양해서 일찍이 나타나는 표재(表才)형이 있고, 늦은 나이에 점점 명석해지는 은재(隱才)형이 있으며, 이해(理解)력이 빠른 속해(速解)형이 있고 암기력(暗記力)이 뛰어난 암송형이 있으며, 이외에도 예능(藝能)과 기능(技能)의 각기 다른 재능이 있음을 잘 알 수가 있다. 여러 양상 중에 몇 가지의 명론(命論)의 사례를 들어 알아본다.

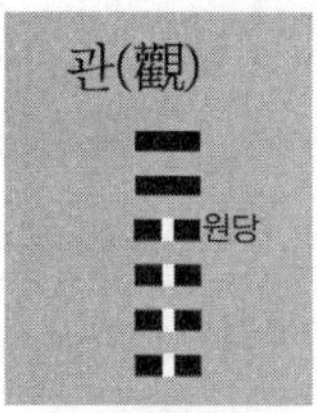

관육사(觀六四) 청예고재(淸譽高才 맑게 예찬할 만한 높은 재능)에는 어려서부터 학문에 뛰어나는 재주가 있어 탁월한 수재로써 세칭 영재라 칭송하기도 한다.

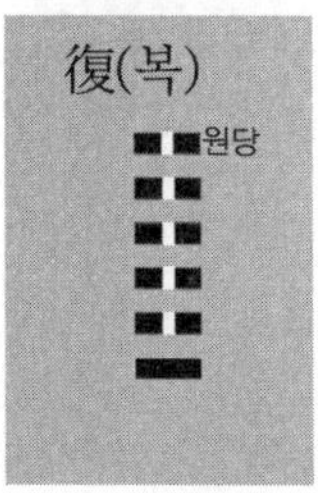

또한 복상육(復上六) 우매혼몽(愚昧昏蒙 우둔하고 몽매하며 외형이 혼탁한 둔재가 있으니.) 세간에서는 학업에 나태하다. 또한 학부모의 학업에 방향 지도가 미흡하다는 등 사유를 들고 있으나 이는 하나에 이유에 지나지 않을 뿐 사람 된 바탕이니 도리가 없는 일이겠다.

또한 관초육(觀初六) 종유리명 소견천협(縱有利名 所見淺狹 비록

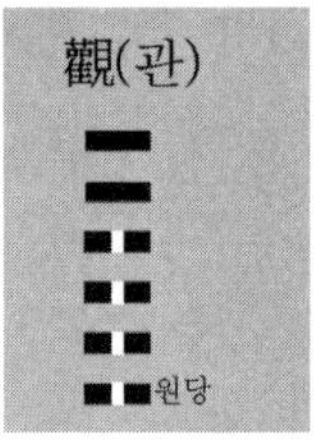

머리가 날래다는 이름이 있으나 소견이 얕고 좁으리라.) 사람됨이 초등학교 시절에는 날랜 재능이 있어, 학업 성적에 선두를 지키다가 중·고등교육 시절에는 점점 학업성적이 저하되어 대학입학을 앞두고 성적 때문에 고민에 빠지게 되며, 대학 과정에서는 아예 학업을 포기하는 사례가 있으니, 정도가 심할 경우 신경정신과 의사를 만나 보게 되는 일이 있다.

※ (4) 운명(運命)상으로 보아 심성(心性)의 중정(中正)과 부정(不正)의 명론

운명(運命)상에는 중요하지 않음이 어디 있으리요 마는 가장 중요한 요체가 심성(心性)이니, 약 1세기 전만 하더라도 유학도(儒學徒)인 사림(士林)들은 주자 성리학(朱子性理學)을 교육을 통해 학습하기도 한 바가 있다. 사람 됨됨이가 가장 요체가 되며 인격상에서는 무엇보다 바른 심성이 첫째의 덕목으로 중요시 하고 있으니, 다음의 명론을 통해 알아본다.

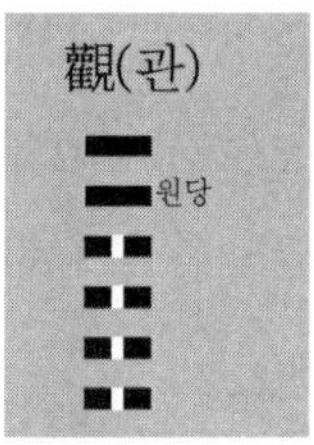

관구오(觀九五) 중정군자 생지일자(中正君子 生之一字 사람 된 위인이 심성이 중도적이고 바르게 하며 삶을 마치 한일자와 같이 하리라)로 하리란 말이다.

사람 된 품성이 매사에 주관이 투철하고 정의로운 군자로써 평소의 언행이 마치 한일자와 같은 평행선을 지키리란 말이다. 또한 이와는 정반대로 비인도적이며 전적인 행동이 부정하고 왜곡됨을 즐기며 살아가는 운명자가 있으니.

해육삼(解六三) 전행험사 절람탐모(專行險詐 竊濫貪謀 사람됨이 전적으로 험한 사기 행각을 저지르고 넘치게 도둑질을 탐내어 모사하

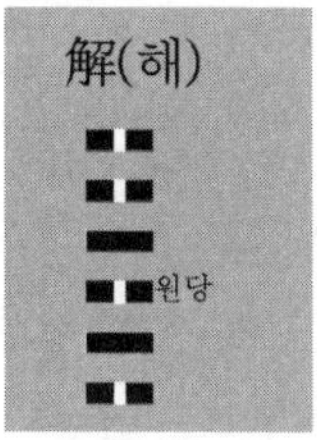

리라.)와 같이 탈법적이며 사회적 지탄의 대상이 되는 운명의 소유자가 있으니, 마치 맑기가 깨끗이 세척된 수정(水晶)이 있는가 하면 진흙 속에서 빼놓은 돌멩이에 비유가 가(可)하다 하겠다.

※ (5) 운명(運命)상에서 보아 심성(心性)의 과강(過剛)과 나약(懦弱)의 명론(命論)

앞에서 언급한 중정(中正)한 운명의 소유자가 있는가 하면 이에 너무나 지나쳐서 과강(過剛)한 운명이 있으며, 또한 이와는 정반대형의 나약한 운명자가 있으니, 이를 살펴본다.

대장구삼(大壯九三) 다령혈기지강 효용투한 초우계흔 손재패가(多逞血氣之剛 好勇鬪狠 招尤啓釁 損財敗家 자기 기운에 강한 것을 드러내서 용감한 싸움과 사나움을 좋아하여 탈을 불러드리고, 죄를 지어 재산을 덜리게 하고 가정을 망치느니라.)의 지나쳐서 죄를 짓고, 가정을 망치는 운명자가 있는가 하면, 이와는 정반대 현상으로 성품이 지나치게 유순하고 나약해서 자립할 수가 없는 자가 있으니, 다음과 같은 명론의 사례이다.

둔육사(屯六四) 유나불능자립 수우제휴 역난진작(柔懦不能自立 雖遇提携 亦難振作 사람 된 성품이 지나치게 유순하고 나약해서 자립할 수가 없으며 비록 누구인가 나를 이끌어 줌을 만난다 하더라도 또한 떨쳐서 하기는 어려우리라.) 말하고 있다.

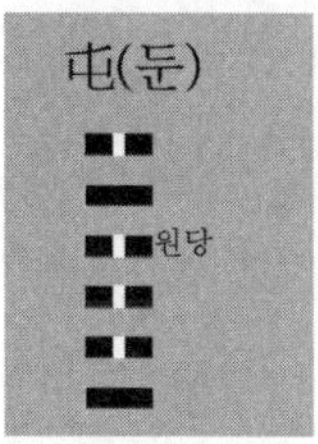

앞에서 보는 바와 같이 지나치면 강하기가 쉽고 불급(不及)하면 모자라니 그럼으로 옛날에 성현들은 지나치지도 않고 모자라지도 않는 중도(中道)를 중요시 한 것이다.

※ (6) 운명(運命)상으로 보아 심성(心性)의 공정(公正)함과 이기적 독선의 명론

대중적 사회에는 아무리 각박한 세상, 메마른 사회라 하더라도 심성(心性)이 공정(公正)하며 자기 희생을 감수하는 비교적 원만형이 있으니, 다음에서 알아본다.

곤육삼(坤六三) 공기공인 지우근후지사(公己公人 智愚謹厚之士 사

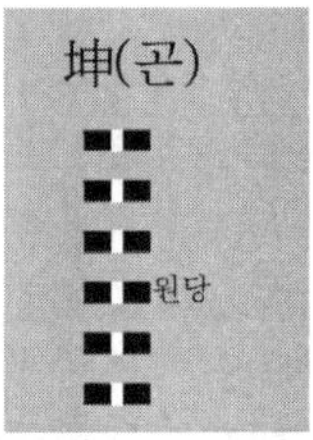

람 된 위인이 매사에 자기 일에도 공정하게 하고 남의 일에도 공정하게 하며 슬기가 있고 고지식하며 행동을 삼가하며 마음씨가 후중한 선비이도다.)에서 남다른 공평심리로 내 일이나 남의 일 할 것 없이 공정무사 함이 두드러진다는 말이다. 특출한 점은 머리의 명석도가 우수하며 마음씨가 고지식하다는 말이다. 행동에 있어 삼가 함이 남들과는 다르게 하리라에는 일반적인 일사에도 그러하려니와 특히나 이성에 대한 근신성이 유별나다는 말이다. 그에 마음씨는 후중하여 타인으로 하여금 호평이 있으며 말쑥하게 수양된 선비격으로 손색이 없다는 말이다.

또한 이와는 반대적인 운명이 있으니, 사람됨이 매사에 이기적이며 독선적으로 자기 편의만을 주장하는 운명이 있으니, 이를 알아본다.

손구삼(巽九三) 적기자편(適己自便 사람됨이 매사를 자기에게 적

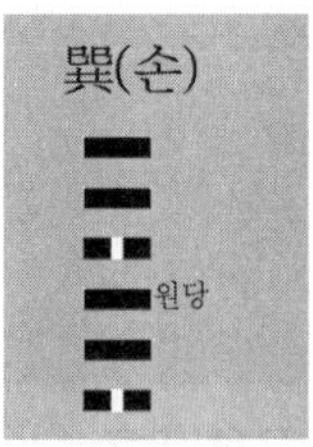

합하고 자기에게 편리하게 하며)에는 부도덕하고 파렴치한 심리의 소유자가 있으니, 이러한 자가 사회악을 조성하고 공중도덕을 교란하며 무질서를 야기하는 경우를 주변에서 간간이 볼 수가 있다.

이상에서는 공정함을 생활신조로써 살아가는 공기공인(公己公人)과 적기자편(適己自便)의 자기 중심적인 이기적 소

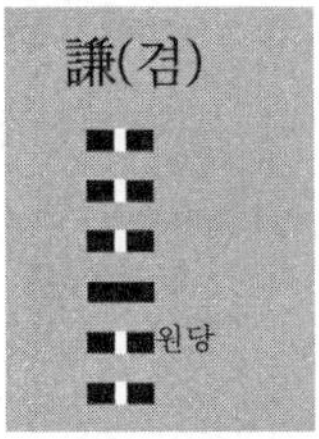

행에 대하여 알아보았다.

다음은 겸육이(謙六二) 득인거양제인(得人擧揚濟人 남이 나를 칭찬해서 들어주고, 내가 남을 구제하리라.)에서 이는 지나치게 남을 도와주는데 억매여서 자기 본분을 지키지 못하며, 또한 불쌍한 처지에 있는 사람을 전적으로 구제하려는 구제심리가 자연적 본능에서 발생되니, 이는 지나친 구제심리에서 자기 수탈로 인해 가정적으로 피해됨을 볼 것이다.

※ (7) 운명상으로 보아 미워함을 자초하는 자와 착하고 평온한 명론

소과구삼(小過九三) 자시강강 다초투기(自恃剛强 多招妬忌 자기의

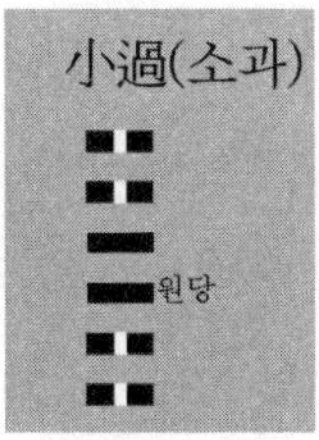

강강함을 믿고서 사람대함에 미워함을 많이 불러들일 것이다.) 이는 논리적 설명보다 실질적인 감성을 더하기 위해 하나의 실제 사례를 들어본다.

어느 날 중년 부인의 방문이다. 당시 22세의 모 대학생인 딸이란다. 우선해야 할 형식은 생략하고 앞에 기술되어 있는 운명적 작용을 알아보자.

방문객인 부인을 향해, 학생의 성질 때문에 가정적으로 마음 고생이 매우 심하겠소이다. 학교에서 학우들과도 교류는 고사하고 외톨이 신세를 감내하기가 어려울 터인데 하니, 부인이 아연실색하며 그 말에 응한다. 그렀습니다. 저 아이의 부모인 저와 제 남편은 남 앞에 잘 나서지도 못하는 위인인데, 얘는 도무지 누구를 닮아서 그런지 모르겠습니다.

저의 동생들도 모두 그 애 같은 사람은 없는데 어찌 그런지 모르겠습니다 한다.

이 운명에서 도출되는 일들은 부모로부터의 유전적 소인에서 대물림한다는 학설은 거의가 찾아볼 수 없음을 말해 둔다. 부인이 방문한 그날은 이 학생의 원명적 해설과 그에 적의한 대안을 설명하고 고객은 돌아갔다.

다음 날 아침 일찍이 부인의 방문이다. 인사를 건네며 어제 하기에 객을 바라보니, 어제 딸 때문에 왔든 여인이다. 그 뒤를 바짝 따라오는 앳된 처녀가 인사를 건네며 자리에 앉는다. 비교적 몸매는 가냘프고 얼굴도 앏상하다. 부인 말에 어제 돌아가서 저녁상머리에 가족들과 여기서 듣고 간 말을 전했더니, 저 애가 나도 들어 봐야겠다고 해서 할 수 없이 실례를 무릅쓰고 또 다시 뵙게 되었습니다 한다.

처녀를 향해 아가씨는 지금 학생인가 물으니, 그 애 대답에 언성이 놀랍다. 음색이 둔탁하고 찌르는 듯한 어감으로 상대를 감정적으로 자극하는 어투이다. 오랜 세월에 수많은 사람들을 접견했지만 이러한 특이한 사람은 일찍이 만나 본 기억이 없다. 몇 가지 질문을 던져본다. 학생은 어린 시절부터 학우들과의 사이가 순탄치 않았겠지 하니, 그 뒤를 따라 마음속 깊이 메마르고 응어리졌던 일들을 거침없이 토해 낸다. 옆에 있는 어머니가 또 다시 말을 꺼낸다. 초등학교 시절에는 외톨이라도 철모르고 그냥 다녔는데, 중학교 때 한 번 고교 때 두 번에 걸쳐서 학업을 중단했다가, 대학은 가지 않겠다는 것을 바깥양반이 지금 시대는 대학을 안 가면 안 된다고 억지로 보낸 결과가 이지경이 됐습니다(대학 1년에 중단). 그러면서 애는 무슨 진로로 어떻게 했으면 좋겠습니까. 저의 아버지는 하도 애의 시달림 때문에 가정과는 격리해서 이따금씩 나그네처럼 드나듭니다. 바깥양반은 성품이 유해서 이제껏 남한테 쓴소리 한 마디 못하고 살아오는 분입니다 한다. 다시 한 번 이 운명자의 명론을 살펴보자.

※「자기 자신의 강함을 믿고서 사람 대하기를 미워함을 많이 불러드릴 것이다」 앞에 이 학생의 음성과 어감이 상대의 불쾌한 감정으로 자극한다는 이치는 이 본인의 심상이 이와 같기로 이가 관상으로 표출된 음색이 이와 같으니 이를 일러 심상(心相)과 관상(觀相)은 일치가 된다는 말이다.

다음은 이에 대표적인 명론(命論)을 살펴본다

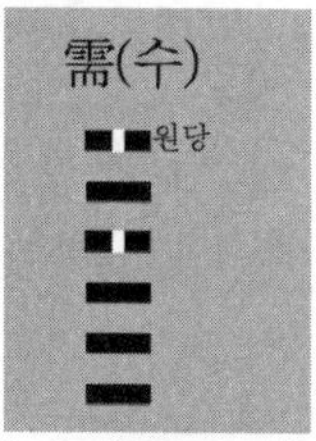

수상육(需上六) 처순안상(處順安常 매사에 순리로써 처리하며 항상 함을 편안이 여기리라.)

첫째에 사람 됨됨의 마음씨가 바르며 평온해서 지나치지도 않고 모자라지도 않는 특성을 지녀서 마치 수양된 선비를 연상케 된다. 둘째, 본문에 나타나 있듯이 매사를 순리로써 처신한다. 많은 사람들은 자기 자신의 운명대로 때로는 사람을 극한적인 원수로 맞게도 하고 때로는 비인도적인 일사를 감행하게 되니, 이도 역시 타고난 운명에 소치로 보면 이 얼마나 불행한 일이겠느냐 말이다. 허나 이 명론은 이러한 강경한 인사를 만나게 될 경우, 이를 순리로써 대처하니 사람은 아무리 강경한 폭력주의자라 하더라도 순리로써 선하게 하면 물러서지 않음이 없는 법이다. 이 모두가 인위적으로 할 일이겠느냐 타고난 천명의 소치 일뿐이다.

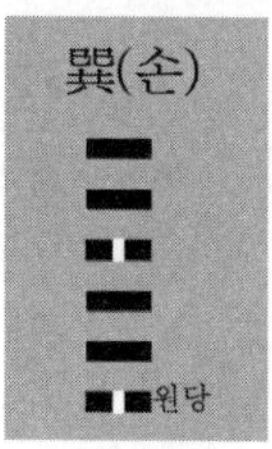

다음은 이보다 더 이상의 오히려 자신을 비하한데 처신하는 명론을 알아본다.

손초육(巽初六) 자처비하(自處卑下 자기 스스로가 하는 행동에 나직하게 처신하리라.)로써 자기의 생애를 통해 나직하게 처신하니, 이도 또한 문제가 있다. 대부분의 사람들은 자칫하다보면 고자세로써 남을 제압하려는 경우를 보게 되니, 이도 역시 자기 운명에서 빗어지는 행각인 것이다. 이와 같이 남을 견제하고, 남들과 겨루는데 비유하여 남보다 비하(卑下)한 데 처신하니, 이도 역시 그리 좋은 운명이 못 된다고 하겠다. 이 인류의 구조적 실정은 약육강식(弱肉强食)의 범주에서 벗어나지 못하는 것이 현실이고 보면 강한 자의 입장에서 약한 자를 먹이로 하는 일은 불량한 소치이나 또한 강자의 먹이가 돼서도 불행한 일일 것이다.

제 10 장

운명(運命)상에서 얻어진 심성(心性)이 일평생에 미치는 영향

제자는 묻는다. 오늘은 운명(運命)상에서 얻어진 심성(心性)이 일평생에 미치는 영향에 대하여 알고 싶습니다. 답해 주시기 바랍니다.

스승은 말한다. 그렇다, 자연의 섭리(攝理)로부터 얻어진 제반 운명 또한 어쩔 수가 없으나, 인간의 가장 요체가 되는 심성이야 말로 한 번 타고난 천부적 요인이야 말로 절대적이어서 한 번 타고나면 어기고 바꿀 수가 없느니라. 그 심성이 중정(中正)한 군자(君子)로써 매사 생각하고 행하는 방식이 중도적이고, 정의와 정직으로서 공정을 앞세우는 사람이 있는가 하면, 매사 생각하는바 소견이 얕고 좁아서 자기 중심적이고 자기 이익을 먼저 생각하는 사람이 있느니라. 또한 이러한 고서의 한 구절을 생각해 본다. 신처어내 심비어외(身處於內 心比於外 몸은 비록 집안에 있으나, 마음은 저 먼 곳에까지 비교해 본다와 같이 항시 세파에 밀려 비좁은 공간에서 긴장된 몸가짐을 해야 하나 그 마음만은 저 드넓은 창공을 생각해 본다.)는 어의이니, 그 내면을 바라봄직도 하다.

(1) 화려하고 호사하는데 힘쓰는 명론(命論)

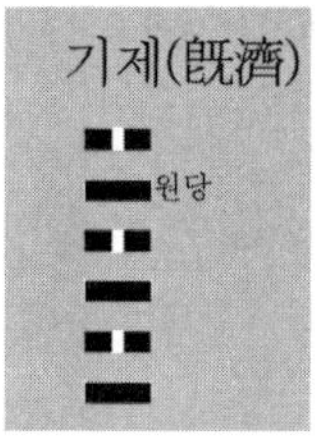

기제구오(旣濟九五) 다무화미(多務華靡 화려하고 호사하는데 많이 힘쓰리라.) 이는 지나치게 생활 전반에 걸쳐서 화려하고 호사하게 소지(所持)하고 치장하길 좋아하는 것이 그의 특징이다. 이 운명자는 남녀를 막론하고 재산의 다과(多寡)에 앞서 우선하여 자기의 기호에 맞추려는 게 별다른 증상인 것이다. 생활용품을 구매하는데 있어서도 백화점 같은 고급적 이용 시설에는 말할 것도 없거니와 대중은 알지 못하는 특수층의 거래소(예로서 나전칠기)를 찾아다니며, 자기의 기호심을 만족시키려는 특수 계층이 있기도 하다. 물론 식사 한 끼니를 때우더라도 최고급 요정을 종종 드나드는가 하면 일상생활의 대부분을 사치와 향락에 빠지기도 하는 계층을 보게 되는 것이다. 물론 이와 같은 기호 심리와 그에 따르는 행동에는 그에 상응하는 재산의 소득원이 우선인 것은 사실이지만, 이에 앞서 재산의 부호들도 검소하고 소박한 생활습성을 가진 자가 있는가 하면 자기 일상의 수입원으로는 당해 내지 못해 결과는 가산의 치패로 이어지는 일들을 간간이 보게 되니, 이가 곧 타고난 운명 속에 「화려하고 호사하는데 많이 힘쓰리라.」의 천부적 운명의 소치인 것이다.

(2) 큰집에서 화려하게 살아갈 명론

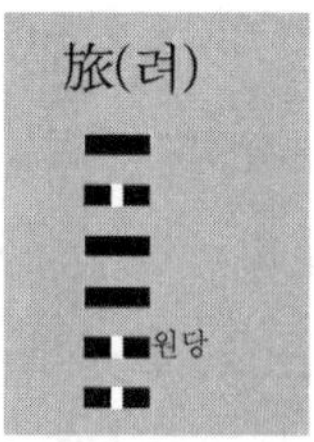

려육이(旅六二) 당하화려(堂廈華麗 큰집에 화려하게 살리라.) 이상의 명론과 같이 이 운명자는 사는 거택이 크기도 하려니와 화려하게 내장이며 외형을 잘 꾸미는 것이 특징인 것이다. 물론 재물 운이 아울러 뒷받침되었음을 의미하기도 한다. 근대에는 주택들의 구조적 형태가 아파트로써 연동식으로 수십 가구~수백 가구를 일괄해서 동일한 형식으로 축조되는 실정이다. 하지만 같은 규모라 하더라도 내면적 내장에 있어는 꾸미는 방식이 다를 수가 있고, 그에 따르는 가구와 생활기구들을 특수 상품을 선호하며, 또한 이를 선택하는 것이 이 운명자의 특성적 특징인 것이다. 약 반세기 전만 하더라도 단독주택인 한옥을 축조하던 시절에 앞에서 언급한 자본금의 뒷받침이 충실했던 가정들은 2~3년의 공사기간을 두고 특수 공법으로 정교하고 화사하게 축조해서 원근 간에 소문이 날 정도의 가정들을 볼 수가 있었으니, 이가 바로 앞에서 언급하고 있는 운명자 임을 추측이 가하다. 여기에서 의미를 지적해 강조됨은 재정적 뒷받침이 있더라도 이와 같이 당하가 화려하게 꾸며 놓고, 사는 일이 모두 일괄적인 일이 아님을 나태내고 있는 것이다.

(3) 넘치는 행동과 화사하게 꾸미지 못하는 명론

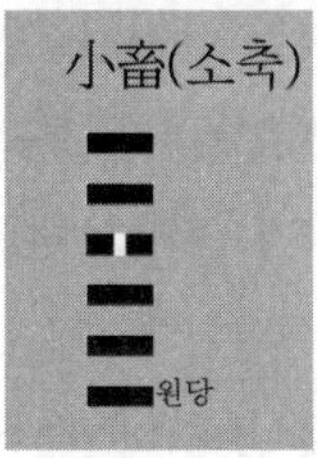

소축초구(小畜初九) 불모부화(不慕浮華 일상에 넘치는 행동과 언사는 물론 몸을 화려하게 꾸미는 것을 사모하지 않으리라.) 이는 앞에 명론에서 나타나 있듯이 사람 된 본질이 본바탕 그대로 가꾸고 다듬어서 소박한 차림으로 정결히 하기를 소신으로 삼아 간다. 물론 몸을 가꾸는 방법에 있어도 사치스런 치장보다는 소박하면서 정결함을 실천하고 의류나 소지품에 있어서도 지나치게 남의 눈에 벗어나지 않게 화려함을 가급적이면 멀리하려는 속심리가 잠재하고 있어, 이 심리가 표출적 외형으로 비치게 되는 것이다. 언행에 있어서도 천부적 자태가 성실성을 중심으로 지나친 언사를 삼가하고 행동에는 남 앞에 나타나서 넘치고 지나친 처신을 자제해 나감이 특징인 것이다. 물론 언행에 있어 지나치고 화사하게 꾸밈을 자제하니 이는 곧 인간의 가장 존엄한 신의로써 이어져서 타인의 사표로서 가하다 하겠다. 앞에서도 언급한바 있거니와, 하나서부터 열까지 천부적인 운명 아님이 어데 있으리오. 옛 고서에는 이러한 말이 있다. 일음일탁사 개전정(一飮一擢事 皆前定 한 모금 물마시듯 경미한 일이나 한 가지 선택해서 빼어 하는 큰 일들이 모두가 미리 정해졌다고.) 하는 말이다.

(4) 사람 된 위인이 언행에 있어 공손하고 겸손하게 하는 명론(命論)

점육사(漸六四) 공검자약(恭儉自約 사람됨이 행동에 있어 공손하고 검소함을 스스로가 지키리라.) 이 운명자의 특징은 본문에서 보는 바와 같이 한 마디로 말해 첫째에 너무 공손해서 상대가 오히려 미안스럽게 생각할 정도이다. 옛 한서에 이러한 말이 있다. 과공비례(過恭非禮 공손함이 지나치면 오히려 예의가 아니란 말이다.) 물론 인위적인 행위야 한시적이고 보면 운명적 소치라서 고쳐질 도리는 없지만 매사가 지나치면 모자람만 같지 못하다는 말이니, 이도 또한 칭찬해 말할 수는 없으리라.

또한 원명 속에 검소함을 스스로가 지킨다는 말이니, 이도 어찌 인위적인 소행이랴. 물론 가계의 재정상으로 보아 좋지 못한 의미가 잠재해 있으나, 이도 역시 운명자의 심리적 소신이 이 같고 보면 어느 땐가 제삼자의 영향으로 가계가 어느 정도 윤택해진다 하더라도 이 운명에서 연출되는 심리는 하나의 틀이 되는 법이니, 인간의 힘으로야 바꿀 수가 있겠는가 말이다.

보편적인 논리로 보면 이 두 가지는 불미스런 행위는 아니지만 적정한 중도(中道)와 중정(中正)한 입지로 보면 좀 모자라는 행위라 말할 수 있다.

(5) 산속에 숨어 살며 생활은 분수에 따라하는 명론(命論)

수초구(需初九) 은처산림 수분의록(隱處山林 隨分衣祿 산 속에 숨어 살며 의록(살아가는 방법)이 분수에 따르리라.) 이상의 본문에서 보는 바와 같이 사람 된 운명이 한적한 산림 속에 숨어 살으리라 말하고 있다. 사람의 본능은 생활상에 수익성이 높고 편리하며 화려함을 취하기 쉬울진대 이의 명론은 대중이 추구하는 생활방식과는 아주 그 근본이 다르다 하겠다. 또한 의록(의식주)을 분수에 따르리라 하니, 일반적인 생활 방식과는 그 근본적 차원을 달리하는 이색적인 자연주의적 초탈한 방식임을 나타내고 있다. 이와는 정반대의 명론으로

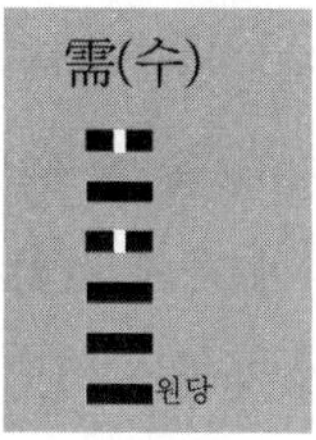

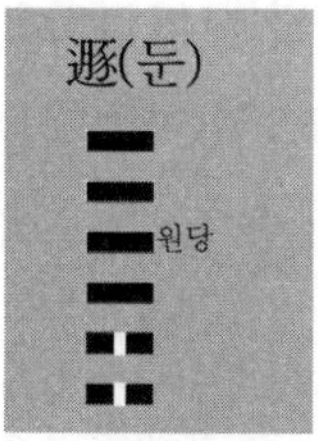

둔구사(遯九四) 탐득무염(貪得無厭 탐내어 얻어져도 실증이 없으리라.)과 같은 명론과는 상반된 대조 운명이다. 어느 면으로 봐서 후자의 명론보다는 오히려 그에 심성(心性)과 소행의 순수함과 오탁되지 않은 면으로 보면, 그에 청백한 가치를 나타내고 있다 하겠다. 그러나 이 모두가 대자연의 섭리로부터 부여받은 천리적 소관이니, 어느 게 좋고 어느 것이 그르다는 논평은 천리에 어두운 일반적인 인간들의 논평이라 하겠다.

(6) 얻고 잃는 것을 자연에 부쳐 두고 살아가는 명론(命論)

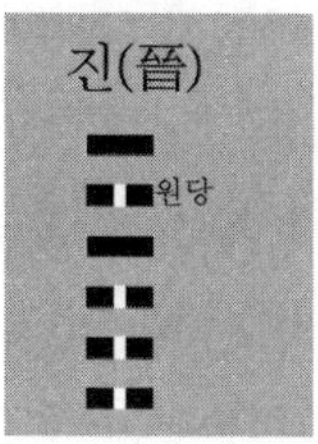

진육오(晉六五) 득실부어자연 행지개획기지(得失付於自然 行止皆獲其志 얻고 잃는 것을 자연에 부쳐두며 행하고 그치는 일이 모두 뜻대로 얻어지리라.) 앞에 명론(命論)을 살펴보면 하나의 천리를 통투(通透)한 철인(哲人)의 행각이 연상된다. 그러

나 이는 자연의 섭리로부터 부여받은 하나의 인생에 개성을 말하고 있는 것이다. 인간 사회에서 개인의 영달을 위하여서는 수단과 방법을 가리지 않음이 보편적인 상례이다.

장래의 명망을 위해서 인생의 고난도에 고등고시를 감행하다가 불행하게도 생의 황금기를 다만 서책 속에 묻어 버리고 끝을 못 보는 사례, 자기의 됨됨이 기량을 모르고 위험도 높은 사업에 투자 했다가 자신의 자산은 물론이려니와 본의 아니게 제이인자의 자산까지도 망치는 허무맹랑한 사례 등을 어찌 다 열거하랴만 이에 비유하여 앞에서 나타나 있는 이 운명은 마치 지표 없이 항해하는 풍선과도 같이 바람 부는 대로 물결치는 대로의 의미를 나타내고 있는 듯하나, 실은 본문의 끝대목과 같이「시행하고 그치고자 함이 모두 그의 뜻대로 얻어지리라.」 말하고 있다. 이러한 특종의 운명에 폭넓은 자연적 섭리에는 자신의 알고 있는 견식이 짧은 것을 깨닫게 될 것이다.

제 11 장

운명(運命)상으로 보아 포상(褒賞)과 형벌(刑罰)과 중간(中間)형의 명론(命論)

스승에게 묻는다. 타고난 포상과 형벌과 일반적인 중간형에 대해 알고 싶습니다.

고대로부터 오늘에 이르기까지 인간 사회에는 선행과 도덕으로 자기 희생을 앞세우고 공익을 위해 크게 기여해서 민중으로부터 영예의 칭송을 받는 자가 있는가 하면, 누군가는 이에 정반대적인 악행을 감행하고 공중규범에 역행하는 파렴치한 인간이 있으며, 때로는 법률과 제도를 뛰어넘어 사회악을 조장하여 물의와 빈축 속에서 벗어나지 못하는 자가 있다.

이상과 같이 도덕과 선행 일변으로 사회의 사표적 운명자가 있는가 하면 기본적 운명이 사회악과 범법적 죄악의 소유자가 있는 것이다. 또 다른 하나는 선도 악도 아닌 중간형이니, 이는 마치 가을철의 들판에 익어가는 벼(禾) 포기와 같아서 바람 부는 대로 동풍이 불면 서쪽으로 남풍이 불면 북쪽으로 바람 부는 방향에 따라 쏠리듯이 주어지는 여건과 환경에 따라 심리적 향방이 결정되기도 한다.

하나의 예를 들어 직위의 고하를 막론하고 자기가 부여받은 책무를 남용하여 상대로부터 대가성 수뢰(受賂)를 자행하는 것과 같은 경우, 이는 사람에 따라 다름으로 전적인 운명적 소행이라기보다 이와 같이 조성된 환경에서 일시적인 욕심과 현혹감이 사람을 죄악으로 밀어 넣기도 한다. 다음은 예시의 몇 가지로써 살펴보기로 한다.

(1) 운명(運命)상으로 보아 여러 사람들이 크게 우러르는 포상의 명론

손육오(損六五) 위향방소경앙 영신기가(爲鄕邦所景仰 榮身起家 한

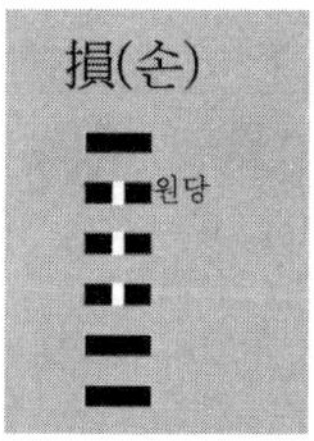

고장에서 여러 사람들이 크게 우러르는 바가 되며, 일신의 영예가 있고, 가정을 일으키리라.)에서 평생을 통해 선행과 공익을 위해 자기 희생을 감수하더라도 이를 마다하지 않고 꾸준한 선행으로 타의 모범이 되니, 한 지역의 여러 사람들로 하여금 크게 우러름의 대상이 되기도 한다. 또한 자신의 영예는 물론이려니와 아울러 가정을 일으켜서 여러 뭇사람의 사표가 되고, 때로는 이를 높이 치하하여 포상의 대상이 되기도 한다.

우리나라에는 미풍양속을 기리는 풍속이 있어, 어느 의행(義行)과 효행(孝行) 열행(烈行) 등을 들어, 그의 행적을 감안하여 어느 대중적 집회에서나 또한 명절을 기하여 어느 행정적 수장으로 하여금 이를 높이 치하하고 표창하며, 때에 따라서는 지역사회의 민중들이 자발적으로 자율에 의한 성금을 수집 영구 보존책으로 송덕비(頌德碑)와 같은 석물로써 영구히 보존하기도 한다. 이 이상에도 포상의 형태는 다양하다 하겠다.

(2) 운명상으로 보아 매사에 충실하고 향리에서 중추적으로 추대하

는 명론

곤육이(坤六二) 충실지인 위향리지소추중(忠實之人 爲鄕里之所推重 사람됨이 매사에 충실하고, 향리에서 중추적으로 추대되리라.) 이는 매사에 충실하고 향리(이웃 사람들)에 중요하게 추대되는 운명이니, 일찍이 학창시절에는 반장내지는 회장 등을 역임하게 되는 게 이의 특징이다. 아울러 학업성적에서도 남의 앞에 서게 되며 종종 우수한 성적을 찬양 받아, 수상의 영예를 차지하기도 한다.

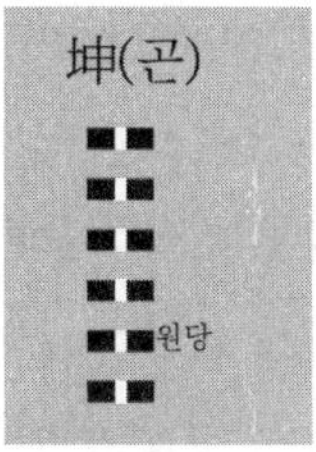

또한 장성한 후 성인으로서 사회생활에 임하게 되면 그의 충실성과 충추(重推)적인 인격을 인정받아 어느 집단이나 회의 등에 서게 되면 선봉자 역할의 소임을 맞게 되는 실상을 보게 될 것이다. 이 운명 소유자의 특징은 언어와 행동에 있어 지나치지도 않고 모자라지도 않는 중도적이며 정의와 정직을 신조로 하며, 무엇보다 우선하여 지키는 것이 신의(信義)이니, 그러므로 향리(주변 사람들)에서 중추적으로 추대하게 되는 것이다.

그러면 머리에 나타나 있는 문장에 근기의 개요를 들어 알아보자. 이 문장은 하락리수 곤육이(坤六二) 효사이다. 주역의 논리로 보면 이위(二位)는 음효의 자리이니, 음효가 음위에 거처했기 때문에 거정(居正)이 되며, 육이는 소성내괘의 중효이기 때문에 중정지의(中正之義)가 됨으로 이러한 이치가 또한 해당자의 운명으로 반영되는 것이니, 주역의 신비에 또한 놀라지 않을 수가 없다.

(3) 운명(運命)상으로 보아 화를 취하고 죄를 불러 오히려 세상에서 용서받기 어려운 명론

대과상육(大過上六) 취화초얼 난용어세(取禍招孼 難容於世 화를

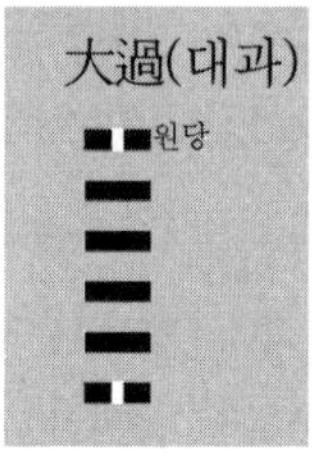

취하고 죄를 불러들여 세상에서 용서받기 어려우리라.) 세상에는 크고 작은 잘못을 저지르고 죄를 자초하는 사례가 오죽이나 많으리오 마는, 이따금 특종 기사감으로 듣기에도 놀라우리만치 강력 흉악범을 말하고 있는 것이다. 세상에는 특종 기사감에도 하도 다양한 종류가 있어 이것이 모두라고 지적해 말하기는 쉬운 일이 아니다. 사회는 이러한 문제를 놓고서 자라나는 과정에서 가정교육의 잘못과 교우(交友)관계 등 문제점으로 지적하기도 한다. 하지만 이는 한 사건의 내용으로 보아 지적될지는 모르지만 사건마다 달라서 어느 사건은 가정적으로 유복함과 동시에 교육상에 학문에도 최고학부를 마치고 사회의 유능한 직장과 신분을 가지고 있음에도 세상에 용서받기 어려운 범법행위에 귀중한 몸을 던져 돌이킬 수 없는 범행을 하는 사례 등을 보게 되는 것이다. 이도 역시 타고난 자연의 이치로부터 얻어진 운명적 연출인 것이니, 후천적 현실의 평가는 하나의 사후에 약방문에 불가하다는 말이다. 옛 명언에 사람의 잘못에 있어 죄는 미워해도 사람은 미워하지 말라는 말이 바로 이러한 일사를 두고 하는 말이라. 절대적임을 지적하고자 하는 바이다.

(4) 운명(運命)상으로 보아 강강함을 믿고서 미워함을 불러드리며 가정을 보존키 어려운 명론(命論)

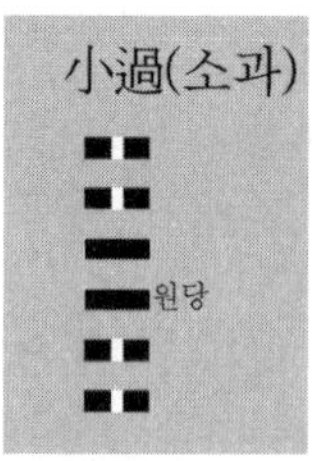

소과구삼(小過九三) 자시강강 다초투기 화환질생 신가난보(自恃剛强 多招妬忌 禍患迭生 身家難保 스스로가 강강함을 믿고서 남한테 투기함을 많이 불러들이며 화환이 가르마들어 생기고, 아울러 자신의 몸과 가정을 보존하기 어려우리라.) 앞의 본문에 나타나 있듯이 자신의 강강함을 믿고서 남들한테 미워하고

싫어함을 많이 불러들이며, 따라서 화환이 연속으로 발생하며 아울러 가정이 흩어져서 남북으로 이산되고, 또한 그 몸 자체를 보존하기 어렵게 된다는 말이다. 이 얼마나 두려운 논리인가 말이다. 이러한 불운을 누가 원하는 이가 있으리오만 자연의 섭리로부터 부여받은 운명은 싫든 좋든 간에 한 번 타고나면 어쩔 수 없이 따라가야 할 뿐이다. 이 몸을 보존하기 어렵다는 논리는 두 가지 양면의 이치이다. 하나는 지나치게 강강함으로 미워함을 자초하다가 더 이상의 강적으로부터 침공을 받아 몸이 상해서 보존하기 어려움이 있고, 또 다른 하나는 강강한 의지로 남으로부터 미워하고 싫어함을 자초하다가 법률에 저촉(抵觸)되어 감옥에 가는 일면도 있다 하겠다. 이와 같이 지나치게 강강해서 패망하는 운세이니, 지나친 강강의 원유를 알아본다.

본효사 소과구삼(小過九三) 논리이니, 이 구삼은 내괘의 상효에 있어 높고 지나침의 뜻이 있으며, 양효가 양의 자리에 있으니 이 모두가 지나친 강강의 뜻을 내포하고 있다. 그러므로 남의 싫어함을 불러들이는 것이다.

(5) 운명(運命)상으로 보아 반평생을 정처 없이 살며, 사는 계책은 때에 따라 정하게 되는 명론(命論)

대축초구(大畜初九) 처상처변 수시계정(處常處變 隨時計定 반평생에 거처를 정상적인데 처하는가 하면, 곧 이어서 변하는데 처하게 되며, 삶의 계책을 때에 따라 정하게 되리라.) 이 운명은 앞에서 보는 바와 같이 하는 일마다 잘 되는 일이 없어 정상적인 거처를 정하고 살게 되려나하면, 곧 바로 실패를 가져와 주거지를 옮기여 가게 되서 살아나가는 생활계책을 긴 안목에서 세울 수가 없이 때에 따라 계책을 정해야만 한다. 재정의 빈곤으로 반평생

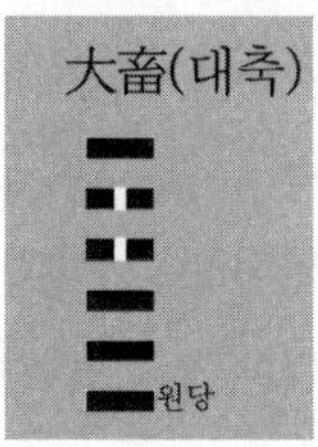

을 궁핍과 곤욕에서 벗어나지 못하게 되어 실질적인 내용을 알고 보면 거주지 이전을 수차가 아니라 수십 차에 걸쳐서 옮기였다는 당해자의 실토이기도 하다. 이러한 궁핍 속에서도 그의 심성 면에서는 바른 마음과 바른 행동에는 벗어나는 일이 없다 하겠다. 그러나 이러한 경제적 궁핍 속에서 어렵게 지내는 가운데 부정과 비리의 여건이 조성되면 이때에 부정에서 벗어나기가 어렵다는 말이다. 왜 이 괘효에 해당할 경우, 심성이 바르다고 판단하게 되는가. 이의 원리에 대하여 알아보자.

이 괘효는 대축초구(大畜初九)가 원당이다. 이는 건내괘(乾內卦) 초구(初九)이니, 양(陽)의 자리에 양효(陽爻)가 거처하고 있음으로 이는 중정(中正)은 못되지만 거정(居正)이 되기 때문에 당해자의 심성을 바르다 일컫는 것이며, 또한 실제도 이와 같음을 볼 수가 있다. 중정이라면 어떠한 유혹도 벗어날 수가 있다.

(6) 운명(運命)상으로 보아 모사하면 여물지 않고, 생활이 맑은 명론

항구사(恒九四) 모위무실 생애담박 전전포렵지자(謀爲無實 生涯淡泊 佃田捕獵之子 모사하는 일이 여물지 않고 생애가 너무도 맑다. 밭에 나가 김매고 산에 나가 사냥하는 자가 되리라.) 앞에서 나타내고 있는 바와 같이 운수가 기박(奇薄)하여 무슨 일이고 실지에 옮겨 놓으면 여물지 않아 그 일평생의 생애가 너무도 맑다는 말이다. 그러므로 밭에 나가 김매는 농사꾼이나, 혹은 산에 나가 사냥하는 수렵꾼이 가하다는 말이다. 고금을 통해 인류는 어느 도시를 형성하고 다양한 직업으로 다양한 모사 속에서 생업을 영위하는 바 이 명론은 김매고 사냥하는 수렵꾼이나 가하다는 말이니 이 얼마나 비색한 운명

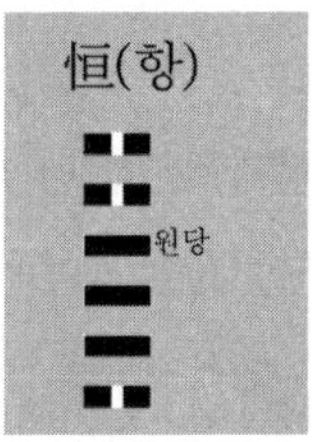

이랴. 사람들의 집합지인 도시 거리에서는 매사가 오늘 내일 할 것 없이 사람과 사람 사이에서 모사로써 시작하며 모사로서 성취여부가 결정되는 것이 상례(常例)이니, 이 모사가 성취될 수 없다면 이 얼마나 어려움이 개재되어 있다는 말이랴. 그러므로 내가 있고 상대가 있는 사회가 아니라 자연이나 벗 삼아 밭에 나가 김매고 산에 나가 사냥이나 하라는 하나의 경계의 논리이기도 하다. 앞의 주제에서 말하는 선도 악도 아닌 중간형에 있어 자기가 처해 있는 처지에 따라 그 심성과 행동이 다소간에 영향이 있을지 모르나 이 모두가 하나의 타고난 천명을 밟고 갈 뿐이라는 말이다.

제 12 장

운명(運命)상으로 본 내적인 언사(言辭)와 외형적인 행동(行動)

인간은 본시 내심에 잠재해 있는 감정을 언사로써 표현하고, 또한 그 표현적 언사에 따라 행동에 옮기니, 이와 같이 삼위가 일치됨을 말하되 언행이 일치한다 하고, 심지(心志)에 따른 언사와 또한 그 행동이 위배(違背)될 경우, 이는 불신의 소지가 되며 이를 이르되 말 다르고 행동이 다르다는 조소(嘲笑)거리가 되며 불신으로 이어지는 것이다.

언행에는 여러 종류가 있으나 대별하여 약 세 가지 종류로써 대표적인 사례를 들어본다.

첫째, 말을 하되 직선적으로 굳이 원리원칙을 생각지 않는다 하더라도 그 심지(心志)의 근본으로부터 언행(言行)에 이르기까지 사리에 알맞도록 지나치지도 않고 모자라지도 않는 중정(中正)에 근기해서 시종(始終)이 일관된 자가 있는가 하면

둘째, 말과 행동이 일관성이 없고 그 내용이 왜곡(歪曲)되는 자가

있으니, 겉모양새와 내용면이 아주 다르게 음험(陰險)한 기만형이 있다 하겠다.

셋째, 앞에서 언급한 데에 전자의 중정도 아니고, 후자의 왜곡형도 아닌 중간형이 있으니, 이는 투철한 주견 없이 때에 따라 전자와도 같다가 기회주의적 후자의 형태가 나타나는 게 특징이라 하겠다.

(1) 운명(運命)상으로 본 중정(中正)한 언행(言行)의 명론(命論)

송구오(訟九五) 중정겸공 지기고수 불실위 향리지선사(中正謙恭 知機固守 不失爲 鄕里之善士 중도적이며 정직으로 겸손하고 공손하게 그 기미를 알아 굳거니 지키니, 향리의 착한 선비로써 그릇되지 않으리라.) 본문에서 보다시피 사람 된 근본이 원천적 심지(心志)가 중도적으로써 지나치지도 않고 모자라지도 않으며, 정의와 정직(正直)으로써 한쪽으로 치우치지 않으니 마치 한자(漢字)의 십(十)자에 중간교차점을 연상하게 된다. 이와 같은 심지의 발로가 중정하니 언행에 있어서는 두 말할 나위 없이 대인 상대에 있어 기본 예의인 겸양지덕으로 겸손함과 자기 자세를 낮추는 공손으로써 표출되는 것이다.

사리를 잘 알아서 그 기미를 잘 봐서 주저하고 흔들림 없이 굳거니 지켜서 하니, 향리(이웃사람 사이)에서 착한 선비로 일컬음은 지당한 이치로 생각된다. 그러면 본 효사에 중정의 논리에 대하여 알아본다.

본효는 송구오(訟九五) 효사의 논리이다. 오효는 본시 군(君)의 자리이며, 구오는 외괘중효(外卦中爻)이므로 양의 인군이 중도에 서서, 강력한 시정에 임할 수 있음으로 중정이 되며, 구오효사가 원길(元吉 크게 착하고 길하다)이기 때문에 겸공(謙恭)의 의미를 나타내고 있는 것이다.

(2) 운명(運命)상으로 본 중정(中正)한 언행(言行)의 명론

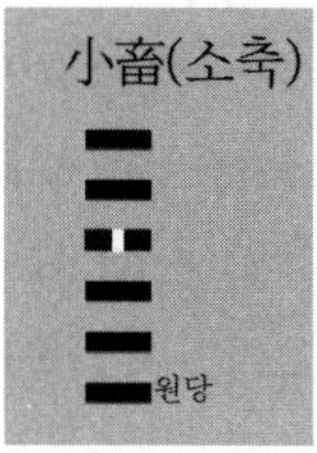

소축초구(小畜初九) 경개지사 불모부화(耿介之士 不慕浮華 굳게 지켜 변하지 않는 선비로써 넘치고 화사함을 사모하지 않으리라.) 본문과 같이 사람됨이 지조가 굳건하여 변하지 않는 선비로써, 그의 언행 면에 있어는 무슨 일이건 넘치고 지나치게 하지 않으니, 마치 전형적(典型的)인 인물로써 타의 모범이 될 만하다. 또한 몸가짐 모양에 있어도 화사하게 치장을 하지 못하는 본질적인 성질로써 본바탕을 소탈하고 깨끗하게 가꾸고 꾸미며, 말쑥한 선비를 연상케 한다. 근래에 갑작스런 고도의 경제성장과 더불어 호화로운 외래문명이 물밀듯이 찾아들어 젊음이 이미 지나간 노령의 신사들도 울긋불긋 호화하고 정교한 사치로써 한껏 뽐내고 살아가는 세태이지만, 이 운명자는 이를 어길 수 없는 게 특징이다. 그러면 이와 같은 논리의 연원에 대하여 알아보자. 본 운명적 논리의 근기는 「주역」소축초구(小畜初九)에서 도출된 논리이다.

효사인 즉, 초구 복 자도 하기구 길(初九 復 自道 何其咎 吉 초구는 회복함이 도(道)로부터 함이니, 무슨 허물이리요 길하니라.) 부연 설명하면 본 소축초구에 효사의 논리는 이상과 같이 회복함을 도(道)로부터 함이라 말하고 있다. 그러므로 매사를 도를 근간으로 시행하기 때문에 이 운명에는 이와 같은 행동으로 옮기게 되어 있다는 말이다.

(3) 운명(運命)상으로 본 왜곡(歪曲)된 언행(言行)의 명론

함상육(咸上六) 고황구이란속 초우계화 진세난용(鼓簧口以亂俗 招尤啓禍 塵世難容 입으로써 북치고 피리 불듯이 세속을 어지럽게 하고 탈을 불러들이며 화를 열어 나가서 속된 세상에 용서받기 어려우리라.) 위의 본문에 나타나 있듯이 입으로써 요란스럽게 마치 북치고

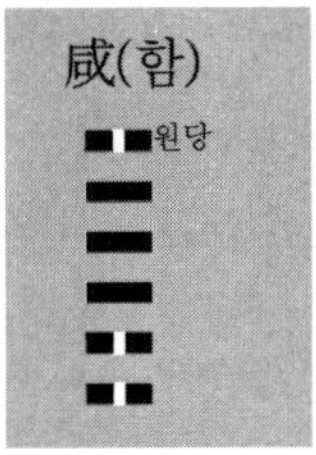

피리 불듯이 세속을 어지럽게 하며, 무슨 잘못을 자초해서 불러들이고 아울러 화를 열어서 세상에 용서받기 어렵다하니, 과연 듣기에도 요란스러움이 연상 된다. 마치 고서에 인생의 모범적인 언행에 대하여 언급한 바가 있어 이를 들어본다. 군자의 행동지침으로 네 가지 주의할 점을 들고 있으니, 예의가 아니거든 보지도 말고 듣지도 말며, 말하지 말고, 행동하지 말라 하였으니, 그 중의 하나이다. 많은 사건의 화근은 입으로부터 나오는 것이다. 사람이 큰 그릇이 되려면 말부터가 자중하며, 한 번 던진 말은 책임감이 뒤따라야 한다고 경고한 바 있다.

그러면 왜 이와 같이 입으로써 요란스레 화를 자초하여 세상에 용서받기 어렵다는 논리로써 구성되었나를 알아본다. 본 효사는 함상육(咸上六)의 논리이다. 「주역」 효사를 보면 함기보협설(咸其輔頰舌 볼과 빰과 혀로 느끼는 것이다.)이라고 되어 있다. 이와 같은 효사에 근기를 두고 있으며, 효위로 보면 음(陰)의 소인이 함괘(咸卦)의 최고 높은 자리에 있어 자제할 능력이 없다는 말이다.

(4) 운명(運命)상으로 본 왜곡(歪曲)된 언행(言行)의 명론

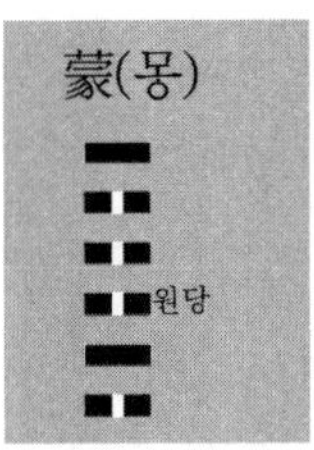

몽육삼(蒙六三) 필유음험 요순고설 허이무실(必有陰險 搖脣鼓舌 虛而無實 반드시 마음씨가 음흉스러우며 남의 좋고 나쁜 말을 함부로 지껄여 비평하고 하는 일이 헛되어 여물지 않으리라.)

본문과 같이 사람됨이 내숭스러운 행동을 하고 남의 좋고 나쁜 말을 서슴지 않고 함부로 지껄여 비평하길 좋아 한다 하니, 이는 필시 인격적으로 보아 비속(鄙俗)한 소인배이다. 언행(言行)이 중정(中正)한 군자라면 이렇게 비속한 언행(言行)을 하기는 고

사하고 지나치지도 않고 모자라지도 않는 중심을 지켜가는 게 참된 사람의 정도인 것이다.

세월은 가고 때는 바뀌졌더라도 인간은 타고난 품위가 있는 법이니 일거수일투족의 행동이나 일언반구의 언사가 다 자기의 품위대로 옮기여 놓게 되어 있는 법이다. 왜 이 운명론은 이와 같이 비속한 논리로써 구성되어 있을까. 이 원리를 「주역」을 통해 알아본다.

본 효사(爻辭)는 몽육삼(蒙六三)의 논리이다. 내괘상효(內卦上爻)로써 이는 양(陽)의 자리에 음(陰)이 거처하고 있다. 이는 정상이 아니며, 본시 양(陽)은 남(男)을 상징하고 음(陰)은 여(女)를 상징함으로 본문과 같이 언행에 있어 경솔함을 나타내고 있는 것이다.

(5) 운명(運命)상에서 보아 중정(中正)한 언행(言行)도 아니고 왜곡(歪曲)된 언행(言行)도 아닌 명론(命論)

소과구사(小過九四) 불실위근후지사 평이안정 무영무욕(不失爲謹厚之士 平易安靜 无榮无辱 사람됨이 근엄한 행동과 후중한 마음씨로 어그러지지 않게 하는 선비로써 하는 일이 평탄하고 쉽게 되며, 편안하고 조용해서 큰 영예로움도 없고 욕된 일도 없으리라.)

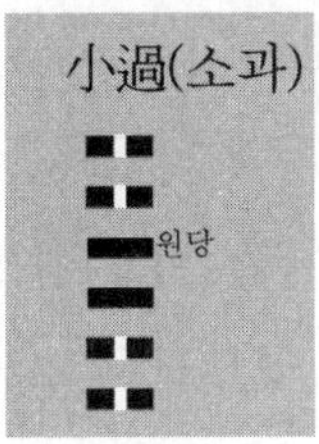

투철하게 중정(中正)한 언행으로 뛰어난 인품은 아니지만 그렇다고 왜곡(歪曲)되게 비속하고 천박한 운명도 아니다. 사람됨이 조심스런 행동과 두터운 맘씨로 정중한 선비에는 손색이 없다는 말이니, 이만하면 보통의 평민으로서야 타의 신뢰받는 선비로써 가할 것이다. 또한 반평생에 하는 일이 평탄하고 쉽게 돼서 생애가 안정되며 크게 영예스런 일이 없으며, 또한 욕된 일도 없다하니 평생에 잘되는 복과 실패하는 화의 극에서 극으로 치닫는 운명에 비유해서 매우 다행이라 할 수 있다.

이상은 상수학(象數學)적 하락리수(河洛理數)로써 앞의 명론을 알아보았다. 다음은 의리학(義理學)적 주역(周易) 소과구사(小過九四) 효사(爻辭)를 통해 이의 근기를 알아본다. 구사 무구 불과 우지왕려필계 물용영정(九四 无咎 弗過 遇之往厲必戒 勿用永貞 구사는 허물이 없으니 지나치지 않아서 만남이니 가면 위태로움으로 반드시 경계하여 길게 고집함을 쓰지 말 것이니라.)

(6) 운명(運命)상에서 보아 중정(中正)한 언행(言行)도 아니고 왜곡(歪曲)되지도 않은 명론

손육사(巽六四) 선난후이 수비사로지빈 역불실위 전사지옹 풍의족식 안락자여 先難後易 雖非仕路之賓 亦不失爲 田舍之翁 豊衣足食 安樂自如 먼저는 어려우나 뒤에는 쉬워지며, 비록 벼슬길에 나아갈 수는 없지만 산에서 사냥하는 사람 노릇은 그르치지 않으리라. 입을 것이 풍족하고 먹을 것이 넉넉하여 편안하고 즐거움이 자기 뜻과 같으리라.)

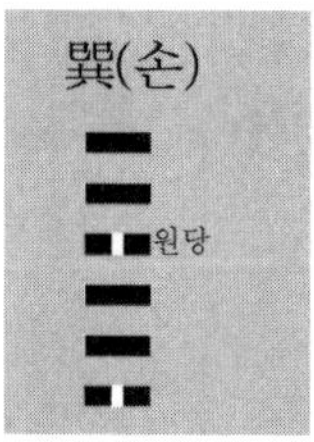

이상의 본문에서 보는 바, 비록 학문을 많이 하여 청운(벼슬)에 뜻을 둔다 하더라도 길이 열리지 않아 뜻을 이룰 수는 없으리라. 또한 산에 가서 사냥하는 늙은이가 될 것이며, 아울러 의식은 넉넉하고 생활은 편안하며 즐거움이 자기 뜻과 같으리라 말하고 있다.

만사가 이미 정해졌다는 말이니, 이 운명은 보다시피 벼슬길이 뜻대로 이룰 수 없다고 예언하고 있어, 가야 할 길이 일반적인 대범한 길이 아니다. 좋든 싫든 간에 산에 가서 사냥하는 사람 노릇에 어길 수 없다는 말이니, 이 또한 숙명적인 명제이다. 그러나 의식은 넉넉하고 편안하며 즐겁게 지낼 것을 예고하고 있다. 이상은 상수학(象數學)적 하락리수(河洛理數)로써 앞의 명론(命論)을 알아보았다. 다음은

이 학문의 모체학문인 주역(周易) 손육사(巽六四) 효사(爻辭)를 통해 이의 근기를 알아본다. 육사는 회망하니 전획삼품(六四 悔亡 田獲三品 육사는 후회가 없어지니 사냥해서 삼품을 얻도다.)이라.

제 13 장

운명(運命)상으로 본 부부의 화합(和合)과 불합(不合) 또한 나아가서 이별(離別)의 명론

스승에게 묻는다. 이 부부 관계에 있어 화합과 불합 또한 이별의 명론에 대하여 알고 싶습니다. 이 부부 관계는 무엇보다 우선해서 만 가지 일사 중에 가장 중요한 과제이다. 고전 문헌에 이러한 글귀가 있다. 혼인지례는 백복지원(婚姻之禮 百福之源)이라 하여 남녀가 결합해서 혼인을 치루는 예는 무엇보다 일백 가지 복의 근원이 되느니라고 말하고 있다.

이는 통상적으로 결혼의 중요성을 들어 말한 것이니, 여기에서는 이 중요성을 넘어 운명론적으로 자연의 섭리로부터 부여받은 명론을 들어보기로 한다. 일반적인 사회의 통념을 들어보면 남녀 간에 혼기에 접어들면 여러 대상을 앞에 두고 우선해서 몇 가지 선택의 요건을 들어 마음의 기준을 삼는다.

첫째, 우선 학문의 수련이 얼마나 되었나를 들어 학위 내지는 출신학교 등을 들고 있으며,

둘째, 부모가 소유하고 있는 현재의 재산 상태를 본다.

셋째, 상대방의 인품내지는 말하는 태도와 논리에 합리성 여부를 보고

넷째, 상대방의 직장에 대한 장래의 전망 여부를 들며

다섯째, 가족 관계를 본다든가 하는 사례를 들어 볼 수가 있다.

그러나 이는 실질적으로 따져봐야 할 운명과는 아무런 관계없이 일반적인 상식선에서 이뤄지는 일로써, 이는 현실적인 욕구에 만족도를 계측해 보는데 불과하다는 말이다. 사실상으로는 현실과 운명은 전혀 다르다는 말이니, 여기에서는 타고난 운명을 기준해서 부부 관계가 어떠한가를 따져서 이에 대응하자는 말이다.

하나의 예로써 본다. 세계적으로 언론을 통해 한 때 떠들썩한 바 있던 영국(英國)의 황태자(皇太子)와 그 태자비의 이혼을 들 수가 있다. 태자비의 간택에는 사람의 능력으로써 할 수 있는 일이라면 다했으리라 생각된다. 이것이 인간으로는 불가항력적인 일인 것이다.

우리나라에서도 저명인사의 모씨의 자녀가 불행하게도 결혼한 지 얼마 지내지 못하고 남북으로 헤어졌다는 소식은 여러 차례 모두 듣고 알고 있는 사실이다. 왜 상류계층을 들어 말하나 하면 이들은 일반사회에서 말하는 욕구에 근접되었음을 의미하는 것이다. 운명론적으로 보면 인간이라는 불가항력적으로 상대가 사망한다거나, 또한 서로가 떠나야 하는 불운이 있다는 말이다. 예를 들어

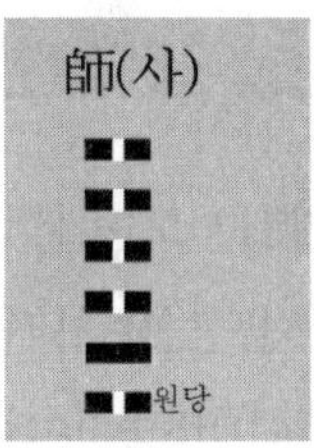

사초육(師初六) 심모경신(心慕更新 마음으로 사모하는 일을 계속 고쳐서 새로이 하리라.)와 같은 사례로 계속적으로 헤어지고 또 만나고 하는 일반상식으로는 이해할 수 없는 불운이 있고, 또한 불근인정(不近人情 인정이 가깝지 못하리라.)와 같이

부부 관계가 그리 매끄럽지 못한 운명도 있다.

이와 같이 전자의 논리와 같이 불가항력적인 운명도 있거니와 후자와 같은 깊은 정을 못 느끼는 정도의 불합한 사례가 있다 하겠다. 앞에서 언급한 일반적인 선택 기준에 있어, 이는 운명론으로 보아 부부 관계가 다행이도 화합의 운명이라면 이론의 여지가 없겠다. 그러나 십분 불합의 숙명이라면 그 선택한 제 조건들이 하등에 무슨 의미가 있겠느냐는 말이다. 부부의 결합에는 운명으로써 선택함이 무엇보다도 반드시 선행되어야 한다는 말이다. 훌륭한 인격에다가 명문대학 또한 최고 학위를 가졌던들 또한 부모로부터 이전받을 재산이 아무리 많은들, 또한 상대가 인품이 뛰어나고 언행이 훌륭한들 또한 장래가 총망 되는 직장인인들, 또한 내가 이상적으로 생각하는 가족들이라도 이 모두의 조건은 부부 사이가 화합해서 건전한 가정이 있은 뒤의 후속되는 광영이니, 이 부부 관계의 합(合) 불합(不合)이 일반적인 예측이나 상식으로 해결할 수 있는 사안이 아니라는 점이 문제이기도 하다 하겠다.

주제에서도 나타나 있듯이 양자가 원앙처럼 정감 있는 부부가 있는가 하면, 마지못해 어린 새싹들을 생각하고 또한 제이문제가 그리 간단치 않아 참고 또 참고 나 하나 밖에 없는 인생을 안타깝게도 희생시켜가며 하루하루를 이어가는 부부가 있는가 하면, 견디고 참다못해 급기야 원수 아닌 원수로써 남북으로 헤어져야 하는 사람들을 많은 실직적인 상황을 통해 보게 되는 것이다.

이상과 같이 결혼에 대한 중요성과 일반 사회적 통념과 선택에 기준을 들어보았으며, 넓은 의미에서 보아 온 몇 가지 결혼상에 실패된 사례들을 들어 보았다. 그러면 남녀가 결혼을 앞두고 선택해야 할 요령의 몇 가지를 들어본다.

첫째, 본인의 생년월일시와 상대의 생년월일시로써 사주를 구성하고, 그 사주에서 얻어지는 주역(하락리수)의 괘효를 찾아 원명(原命)상에 타고난 운명을 참고하고 검토하는 것이 유일한 방책임을 말해두고자 하는 바이다.

1. 두 사람의 원명 속에 부부 관계가 인정화합(人情和合)과 같은 길명이면 더할 나위없고

2. 두 사람 중에 한 사람이 불근인정(不近人情)이라면 그런대로 가하다.

3. 두 사람이 모두 불통인정(不通人情)과 같은 명론에는 피하는 것이 유일한 방책이며,

이상의 사례 외에도 상당히 많은 효사 속에 불합한 명론이 다양한 논리로써 나타내고 있으니, 이는 전문적인 사안이라 설명으로는 불가하다. 그러면 다음의 여러 가지 예시를 통해 그 참된 의미를 알아보기로 하자.

※ (1) 운명(運命)상으로 본 부부(夫婦)가 화합(和合)한 명론(命論)

승초육(升初六) 선통인정 부지자다 모위수의 가업흥왕(善通人情 扶持者多 謀爲遂意 家業興旺 사람됨이 부부간에는 물론 타인과도 서로의 뜻이 잘 소통되고, 나를 붙들어 주는 사람이 많으리라. 모두 모사하는 일들은 뜻대로 이뤄지며 하는 업종이 잘되며 흥성하고 왕성해지리라.)

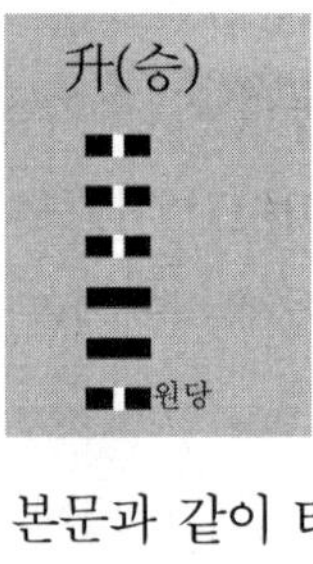

본문과 같이 타고난 숙명이 좋은 운명으로 부부가 결합되면 서로의 정이 잘 통해서 마치 원앙과 같고, 남들이 나를 도와주는 사람이 많아 모사하는 일들이 뜻대로 이뤄져서 하는 업종이 흥성하고 왕성해지리라 말하고 있다.

여기에서는 여러 논리 중에 부부 관계가 관건인바 매우 길하다 계시하고 있다. 젊은 남녀가 배필을 구하려 할 즈음에 이와 같은 운명자를 반려자로써 맞이하면 더할 나위도 없이 좋은 배필이라 말할 수 있다. 가정적으로 기반이 되는 부부 관계가 이와 같이 잘 통하니, 다른 일사들도 그에 따라 하는 일이 뜻대로 이뤄지며, 하고 있는 가업이 흥성하고 왕성이 되리라 예고하니, 좋은 비단에 아름다운 수를 더하는 격이라 말할 수 있다.

이상은 상수학(象數學)적 하락리수(河洛理數)로써 앞의 명론을 알아보았다. 다음은 본 학문에 모체학인 의리학(義理學)적 주역(周易)의 승초육(升初六) 효사(爻辭)를 통해 이의 근기를 알아본다.

초육은 윤승 대길(初六 允升 大吉 초육은 미덥게 해서 올라감이니 크게 길하니라.)하니라.

※ (2) 운명(運命)상으로 보아 부부(夫婦)가 화합(和合)한 명론

건상육(蹇上六) 의부존귀 탁연생애 내조유인 평생안일(依附尊貴 卓然生涯 內助有人 平生安逸 존귀(훌륭한 사람)한 사람에 의지해서 붙어 따르며 생애가 뛰어나고, 내조할 사람이 있어 편안하게 지내리라.)

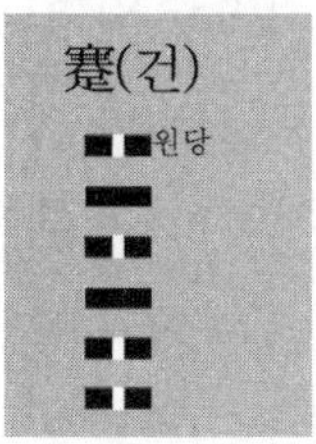

이상의 본문과 같이 내조할 사람이 있으리라 말하고 있다. 이는 곧 남자측면에서 보아 부인을 지칭하는 어의이다. 다시 부연 설명해서, 배우자를 일컫는 말이니, 곧 현모양처(賢母良妻)로써 남편에 보필을 훌륭히 수행하는 주부를 말하고 있다. 이에 수반해서 생애가 탁연하여 남보다 살아가는 일사가 앞서 가니, 그럼으로 평생을 통해 편안하리라 말하고 있으니, 이 얼마나 행복하고 윤택한 가정이랴 타인에 부러움의 대상이다.

이상은 상수학(象數學)적 하락리수(河洛理數)로써 앞의 명론(命論)

을 알아보았다. 다음은 의리학(義理學)적 주역(周易)의 건상육(蹇上六) 상사(象辭)를 통해 이의 근기를 알아본다. 상왈 왕건래석 지재내 이견대인 이종귀야(象曰 往蹇來碩 志在內 利見大人 以從貴也 상에 말하기를 가면 어렵고 오면 크다는 것은 뜻이 안에 있음이고, 대인을 봄이 이로움은 귀함을 좇음이라.)

※ (3) 운명(運命)상으로 본 부부(夫婦)가 화합(和合)한 명론

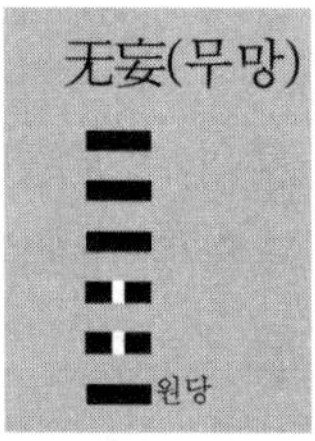

무망초구(无妄初九) 위길인 피무오 차무역 심유성실 사무망거 평생안온(爲吉人 彼無惡 此無射 心有誠實 事無妄擧 平生安穩 길인이 될 만하다. 내가 저 사람을 미워하지 않으니, 이 사람도 싫어하지 않으리라. 마음속엔 성실함이 있고 하는 일은 망녕되이 드러내지 않으니, 평생에 무사하고 편안하리라.)

본문에서 보는 바와 같이 됨됨이가 길한 사람이여서, 내가 저 사람을 미워하지 않으니 이 사람도 싫어하지 않으리라 말하고 있다. 또한 마음속엔 성실성이 있고, 하는 일은 망녕되이 드러내지 않으니 평생에 무사하고 편안하리라 말하고 있다. 위에 나타나 있는 논리 중에는 부부 관계가 나타나 있지 않다. 이 주역(하락리수)에서는 아주 좋은(善) 이치와 아주 그른(惡) 이치는 효사의 논리에 맞도록 좋고 그름을 나타냈으나, 중간형은 앞의 논리와 같이 지적되지 않음을 볼 수가 있다. 이는 독자가 넓은 지혜로써 「주역」 효사의 논리를 감안하여 판단하면 가하다는 말이다.

이상은 상수학(象數學)적 하락리수(河洛理數)로써 앞의 명론을 알아보았다. 다음은 이 학문의 모체학(母體學)인 의리학(義理學)적 주역(周易) 무망초구 효사(无妄初九 爻辭)를 통해 이의 근기를 알아본다.

초구 무망 왕 길(初九 无妄 往 吉 초구는 망녕됨이 없으니 감에 길

하리라.

※ (4) 운명(運命)상으로 보아 부부(夫婦)가 불합(不合)한 명론

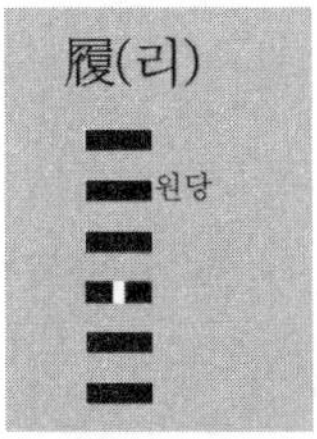

리구오(履九五) 인정과합 도급급진도 화환선종 성립간고(人情寡合 徒汲汲塵途 禍患旋踵 成立艱苦 부부간에 인정이 적게 화합되고 하는 일이 험한 길에서 서두르며 화환이 발꿈치에 따르고 무슨 일을 성립하기 어려우리라.)

이상 본문에서 보는 바와 같이 부부간에 인정이 서로 적게 화합됨을 말하고 있으며, 하는 일 또한 험한 길에서 서둘러 하며 무슨 일로 화와 환란이 항시 따라다니며 성공하기 어렵다 말하고 있다.

첫째, 지적되는 바가 사람에 있어 가정적으로 부부 관계는 더 말할 나위가 없으려니와 남남 사이라도 오고 가는 인정이 화합되어야 함은 생활사에 있어 가장 요체가 되는바, 이 효사에서는 이가 결여되어 있다. 그러니 다른 기타의 일사인들 성공할 수가 있으리오. 이를 지적해 말하고 있다.

이상은 상수학(象數學)적 하락리수(河洛理數)로써 위에 명론을 알아보았다. 다음은 의리학(義理學)적 주역(周易)의 리구오(履九五) 효사(爻辭)를 통해 이의 근기를 알아본다.

구오 쾌리 정려(九五 夬履 貞厲 구오는 쾌하게 밟음이니, 바르더라도 위태하리라.)

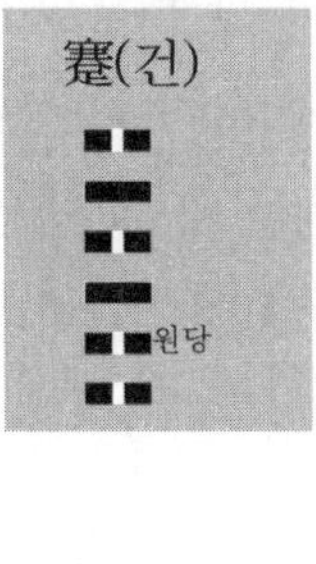

※ (5) 운명(運命)상으로 보아 부부(夫婦)가 불합(不合)한 명론

건육이(蹇六二) 부자동수간신 부처공감적막 결신청려 향리흠앙(父子同受艱辛 夫妻共甘寂寞 潔身淸慮 鄕里欽仰 애비와 자식이 함께 어려움을 만나

고 남편과 부인이 함께 달콤해야 할 일이 적막하리라. 몸과 마음이 맑고 깨끗해서 향리(주변사람들)에서 부러움과 우러름이 있으리라.)

이상의 본문에서 보는 바, 그 가운데서 특이한 점 하나를 지적해 다뤄 본다.

부부가 함께 달콤해야 할 일이 적막하다 되어 있다. 이를 실질적으로 다년 간의 실무적 실상을 통해보면, 부부 생활이 보통 사람들과는 달리 보편적이지 않다는 점이다. 특이하게도 평생을 통해 부부의 합궁 회수를 헤아릴 정도로 부부간에 임신할 시기에만 이루어진다는 특이한 부부 관계를 말하는 것이다.

부부 관계는 상대적이기 때문에 이 운명자 중에는 상대의 부부 관계에 따라 혹은 평생을 해로하기도 하고 혹 상대적 부부 운명이 불우할 경우 이산됨을 보게 되기도 한다.

이상은 상수학(象數學)적 하락리수(河洛理數)로써 앞의 명론을 알아보았다. 다음은 의리학(義理學)적 주역(周易)의 건육이(蹇六二) 효사(爻辭)를 통해 이의 근기를 알아본다.

육이 왕신건건 비궁지고(六二 王臣蹇蹇 匪躬之故 육이는 왕의 신하가 건에서 어려움이 자기 연고가 아니다.)

주(註) : 주자본의(朱子本義) 유순하고 중정하며, 정응이 위에 있으나 험한 가운데 있기 때문에 어렵고 또 어려워서 구제해 나가는 것이니, 그 자신의 잘못은 아니라는 것이다. 길하고 흉함을 말하지 않은 것은 점치는 사람이 마땅히 몸을 굽히고 힘을 다해야 할 따름이고, 성패와 이둔(利鈍)은 논할 바가 아니다 라고 했다. 그러나 이 이둔(利鈍)을 살펴 보건대, 이는 날래고 또한 둔(鈍)하다는 말이니, 이가 곧 운명자의 현실로 나타나는 것이다. 둔은 그 뜻이 무디다는 말이니, 곧 부부 생활이 무디어서 부부의 합궁 회수가 무디게 됨을 의미하고 있다.

※ 6) 운명(運命)상으로 보아 부부가 합(合)할 수 없는 명론

구초육(姤初六) 재단력미 망행취곤(才短力微 妄行取困 재능은 짧고 힘은 미약하여 망녕되이 행하면 곤하게 되리라.)

이상의 본문에서 보는 바와 같이 운명을 부여받은 바가 재능은 짧고 힘은 미약하여 망령되이 행동에 옮기면 곤함을 취하게 되리라 말하고 있다. 물론 주역의 논리는 수많은 인간사에 다양한 일사들을 하나의 상징(象徵)적 논리로써 결단하게 되어 있다. 그러나 고도의 적중률에는 그의 신비력에 감동하는 바 크다. 이상의 명론에서 어느 때인가 한 젊은이의 방문이 기억에 남아 이를 들어본다.

당시에 한 청년의 나이 27세 때에 이곳 나의 처소를 찾아 왔다. 청년의 말에 의하면 자라온 과정에는 정상적인 발기가 되 왔고, 십오육 세 이후 사춘기로부터는 계속적인 자위행위도 이어 왔다는 말이다. 한데 약 25세 이후부터는 발기가 부진하여 억지로 시도해 보면 발기와 동시에 조루의 사정이 이루어진다는 말이다. 그래 전문의의 검진을 받아 봤으나, 이렇다 할 문제점을 발견하지 못했습니다. 그래서 한의사의 검진결과 자위행위 과다로 인한 신장무력증세라 하여 그에 대한 처방으로 수개월 간 한약을 복용해 봤으나 별효과를 보지 못했습니다 한다. 이 젊은이의 실상만이 아니라, 운명적으로 나타나는 질병은 현대의학으로도 진단이 잘 안됨을 종종 보아 오고 있는 처지인지라, 이도 또한 그러리라 생각된다. 또한 젊은이는 말을 이어서 그래서 어느 때인가는 결혼하면 어찌하나 하는 생각으로 대상을 마련하여 합궁을 시도해 봤으나, 이도 역시 실패했습니다. 한숨 어린

고백으로 이어진다. 이가 곧 머리에서 말하는 재단력미(才短力微 재능은 짧고 힘이 미약하리라.)에서 그 원인을 찾아보아야 하겠다.

또한 그 말을 이어 젊은 나이에 너무나 염려되어 억지로 발기하여 사정을 감행하면, 그 다음날은 얼마나 힘이 빠지든지 이층 계단을 오르기도 어렵습니다 한다. 이 원인 역시 본문에 망행취곤(妄行取困 망령되이 행하면 피곤함을 취하리라.)의 운명적 소인인 것이다. 이 얼마나 놀라운 사실이냐 말이다. 이상은 상수학(象數學)적 하락리수(河洛理數)의 명론(命論)으로써 알아보았다. 다음은 의리학(義理學)적 주역(周易)의 구초육(姤初六) 상사(象辭)를 통해 이의 근기를 알아본다.

상왈 계어금니 유도견야(象曰 繫於金柅 柔道牽也 상에 말하기를 쇠말뚝에 맴은 유의 도가 이끌어 나아가기 때문이다.)라.

주(註) : 견(牽)은 이끌어 나아가게 함이니, 음이 처음 생겼으나 점차 전진하여 유도가 바야흐로 전진하는 것이다. 쇠말뚝에 맴은 그 전진하는 것을 그치게 함이고, 나아가지 못하게 하면 정도(正道)를 해치지 못할 것이니, 바르고 길한 것이다.

또 단왈 구우야 유우강야 물용취녀 불가여장야(彖曰 姤遇也 柔遇剛也 勿用取女 不可與長也 단에 말하기를 구는 만남이니, 유가 강을 만난 것이다. 여자를 취함을 쓰지 말라는 더불어 오래 갈 수 없기 때문이다.)

주(註) : 구(姤)의 뜻은 우연히 만남이니, 괘가 구가 된 것은 유로써 강을 만났기 때문이다. 한 음이 막 생겨서 비로소 양과 서로 만난 것이다. 음 하나가 이미 생겨서 점점 자라 성하니, 음이 성하면 양은 쇠하는 것이다. 여자를 취함은 오래도록 해서 집안을 이루려고 함인데, 이것은 점점 성하는 음으로 장차 양을 이겨 사그라지게 할 것이니 더불어 오래 갈 수 없다. 무릇 여자 소인의 세력이 점점 성하면 어떻게 오래 같이 할 수 있겠는가? 그러므로 이와 같은 여자를 취하지 말라고 경계한 것이다.

총평 : 구초육효(姤初六爻) 설명

음효가 처음 자리에서 발생하여 괘효의 변성법칙으로 보아, 다음은 2효가 음으로 변하고 다음은 3효 또한 4효 또한 5효의 순으로 변하면 양(陽)의 정도(正道)를 해치기 때문에 이를 막기 위해서 본문에는 금니(金柅 : 쇠말뚝)와 같은 아주 견고한 물체로써 붙들어 매야 한다고 말하고 있다.

이와 같이 주역의 하나의 논리가 이 운명을 타고난 인생에는 지대하게 현실로 나타나니 이 오묘한 명론(命論)의 조화에 깊은 감회를 가져본다.

※ (7) 운명(運命)상으로 보아 부부가 이별(離別)하게 되는 명론

규상구(睽上九) 위고독 위오탁 허사괴려 시비불일 취산무정(爲孤獨 爲汚濁 虛詐乖戾 是非不一 聚散無定 운명이 고독하게 되고 오탁하게 되며, 헛되이 속이고 어그러지며 시비가 한결같지 않고 모였다 흩어짐이 정할 수 없으리라.)

이상의 본문에서 보는 바와 같이 사람됨의 성품이 고독해서 가까운 벗이 없고, 가족 관계에 있어도 말없이 고독함이 특징이라 하겠다. 또한 마음씨가 오탁되어 정결치 못하고 헛되이 남을 속여서 신의를 저버리니, 하는 일이 어그러져서 시비가 한결같이 않으며 부부간에 모였다 흩어졌다 하는 일이 정할 수가 없다는 말이다. 자연의 섭리로부터 부여받은 천명이긴 하지만 하나의 인생에는 너무나 가혹한 운명이기도 하다.

다른 일은 배제하고 본란의 주제인 부부 관계를 들어보자. 부부 관

계는 운명적 소관으로 한번 정도 모였다 흩어짐도 견디기 어렵고 가혹한 일인데 정할 수가 없다니, 그의 어의로 보아 한두 번에 끝날 일이 아니란 말이다.

이상은 상수학(象數學)적 하락리수(河洛理數)로써, 위에 명론을 알아보았다. 다음은 본 학문의 모체학인 의리학(義理學)적 주역(周易)의 상구효사(上九爻辭)를 통해 이에 근기를 알아본다.

상구 규고 견시부도 재귀일거 선장지호 후탈지호 비구 혼구 왕우우즉길(上九 睽孤 見豕負塗 載鬼一車 先張之弧 後說之弧 匪寇 婚媾 往遇雨 則吉 상구는 어긋남에 외로워서, 돼지가 진흙을 짊어진 것과 귀신을 한 수레 실은 것을 봄이라. 먼저 활을 먹였다가 뒤에 활을 벗겨서 도적이 아니라 혼인을 하자는 것이니, 가서 비를 만나면 길하리라.)

주(註) : 주자본의(朱子本義) 어긋남에 외로움은 육삼이 두 양에게 제지당함이 되고, 상구가 강함으로써 밝음이 극하고, 어긋남이 극한 곳에 처하며, 또한 스스로 의심하고 비뚤어져 어긋나고 떠남을 말한다. 돼지가 진흙을 짊어진 것을 봄(見豕負途)은 더러운 것을 봄이고, 귀신을 한 수레 실음(載鬼一車)은 없는 것으로 있는 것을 삼음이며, 활을 먹임(張孤)은 쏘려고 하는 것이고 활을 벗김(說弧)은 의심이 점점 풀림이며, 도적이 아니라 혼인을 하자는 것(匪寇婚媾)은 「육삼이 도적이 아님을 알아서 진실로 친해짐이고, 가서 비를 만나면 길함(往遇雨 則吉)은 의심이 다 풀림에 어긋남이 합하는 것이니 상구의 육삼과 더불어 먼저는 어긋나고 뒤에는 합하는 까닭에 그 상과 점이 이와 같다.

※ (8) 운명(運命)상으로 보아 부부(夫婦)가 이별(離別)하게 되는 명론

동인초구(同人初九) 리조호 혹취처가 혹작상려 혹작승도(離祖戶

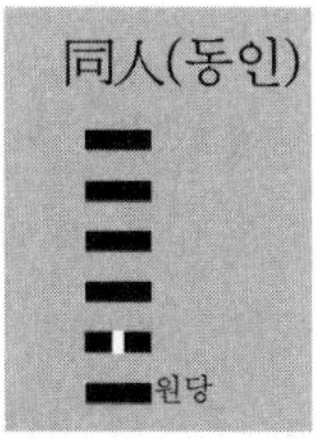

或就妻家 或作商旅 或作僧道 조상의 문호를 떠나서 혹 처가살이로 나가든가 혹 떠돌이 장사치나 떠돌이 방랑객이 되든가 혹은 승려나 도인처럼 홀로 지내리라.)

위의 본문에서 보는 바와 같이 운명된 소치가 조호(가정)를 떠나게 되며, 혹 처가살이로 나아가게 된다는 말이다. 혹은 떠돌이 장사치나 떠돌이 나그네가 된다는 말이니, 이는 필시 내가 출생한 가정과는 별 인연이 없음을 의미하고 있다. 현대에 있어 약 반세기 전만 하더라도 농경이 주업이었던 인류사는 자자손손 한 고장에서 이어 살았으며, 조호(가정)를 이탈하는 사례가 그리 많은 일이 아니었다. 또한 혹 승려나 도인과 같이 살으리라 하니, 다시 말해서 현대사에 있어는 승려들도 대처승이라 하여 가족을 가진 불자가 있으나 이 학문이 출현될 당시에 승려들은 거의가 독신으로 지냈으니, 이 어의의 내면에는 부부 관계를 맺으면 해로를 못한다는 의미를 내포하고 있다. 또한 도인에 대하여는 현 사회에도 깊은 산속에 들어가서 구도의 길을 걷기 위해서 단신으로 산에 토굴을 쌓고 지내는 자가 있으니, 이도 역시 가족 관계와는 인연을 끊고 살아감을 볼 수가 있으니, 앞에 언급한 승려 도인은 부부 관계를 맺으면 도중에 이별을 의미하는 것이다.

이상은 상수학적(象數學的) 하락리수(河洛理數)로써 앞의 명론(命論)을 알아보았다. 다음은 이 학문의 모체학인 의리학적(義理學的) 주역(周易)의 동인초구(同人初九) 효사(爻辭)를 통해 이의 근기를 알아본다.

초구 동인우문 무구(初九 同人于門 无咎 초구는 동인을 문밖에서 함이니 허물이 없으리라.)

주(註) : 구가 동인의 처음에 있으면서 매이고 응하는 것이 없으니 이것은 치우침과 사사로움이 없는 것이며, 「동인」의 공변된 자이다. 그러므로 문을 나가서 동인하는 것이 된다. 문을 나간다 함은 밖에 있는 것을 말한다. 밖에 있으면 사사로이 가깝게 하는 치우침이 없어서 그 동인하는 것이 넓고 공변되니 이렇게 하면 허물이 없을 것이다.

※ (9) 운명상으로 보아 부부(夫婦)가 이별(離別)하게 되는 명론

대장구삼(大壯九三) 다령혈기지강 호용투한 초우기흔 손재패가(多逞血氣之剛 好勇鬪狠 招尤起釁 損財敗家 혈기의 강함을 많이 드러내서 용감하게 싸우고 사나움을 좋아하여 탈을 불러들이고 죄를 열어서 재물이 손실되고 가정이 파괴되리라.)

이상의 본문에서 보는 바와 같이 사람됨이 자신의 기운 센 것을 드러내서 사납게 싸움을 좋아하니, 이가 곧 잘못된 죄가 되어 가정적으로 재산이 손실되고 급기야는 가정이 파괴되어서 가족이 흩어진다 하니, 이런 일을 사회의 일각에서 종종 볼 수 있는 운명이다. 하나의 운명적 소인이지만 이쯤 되면 본인은 물론이려니와 그에 딸린 가족들의 고충이야 얼마나 뼈저리겠느냐 말이다.

어느 땐가 이러한 인사를 볼 적에 현실에 비쳐지는 인간의 탓으로만 여겨지는 게 우리 인간세상이다. 이와 같이 타고난 숙명적 조화인 줄이야 어찌 믿어 알 일이겠느냐 말이다.

이상은 상수학적(象數學的) 하락리수(河洛理數)로써 앞의 명론(命論)을 알아보았다. 다음은 이 학문의 모체학인 의리학적(義理學的) 주역(周易)의 대장구삼(大壯九三) 효사(爻辭)를 통해 이의 근기를 알아본다.

구삼 소인용장 군자용망 정려 저양촉번 리기각(九三 小人用壯 君子

用罔 貞厲 羝羊觸藩 羸其角 구삼은 소인이 장성함을 쓰고 군자는 업신여김을 쓰니 바르게 하더라도 위태하니 숫양이 울타리를 받아서 그 뿔이 걸림이로다.)

주(註) : 주자본의(朱子本義) 지나치게 강하고 부중해서 「대장」의 때를 당했으니, 이래서 소인은 장성함을 쓰고 군자는 업신여김을 쓰는 것이다. 망은 없는 것이니 있는 것을 없는 것 같이 보는 것이다. 군자의 용맹이 지나친 것이니 이와 같이 하면 비록 바르더라도 위태하다. 숫양은 강하고 장성해서 받기를 좋아하는 물건이고, 번은 울타리이며 걸린다고 함은 곤한 것이다. 바르더라도 위태하다는 것이니 그 상이 이와 같다.

※ (10) 운명상으로 보아 부부가 이별하게 되는 명론

비상구(否上九) 명리난수 골육형상 유승도최의(名利難遂 骨肉刑傷 惟僧道最宜 명예와 재리를 이루기 어렵고 골육(신체)에 형상(부상)되며 오직 승려나 도인이 가장 마땅하리라.)

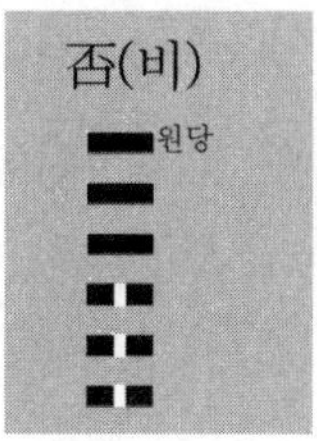

이상의 본문에서 보는 바와 같이 명예와 재리를 이룰 수 없다 하니, 바꾸어 말해서 사회에 나아가 출세함과 재산을 축적하기는 어렵다는 말이다. 비교컨대 작은 일이나 큰일을 막론하고 성공하면 명예가 있고, 성공하면 재물이 얻어지는 이치가 있으니 이는 실패를 의미하기도 한다. 또한 골육(신체)에 부상되며 오직 승려나 도인이 가장 마땅하다 하니, 이 논리를 분석해 보자. 근대에 佛門에서 승려 중에는 가정을 가지는 대처승(帶妻僧)과 단신으로 지내는 비구승(比丘僧)을 들 수가 있으나, 이 학문이 출현될 당시에 불자들은 대부분이 비구승으로써 단신으로 불문에 귀의했으니 이는 부부가 없는 단신을 의미하는 것이며, 또 다른 하나의 도인은

오늘날에도 단신으로 수도하는 것을 원칙으로 지키고 있다. 그러므로 본난에서 승도가 가장 마땅하다함은 단신으로 지내는 것을 의미하는 바이다.

이상은 상수학적(象數學的) 하락리수(河洛理數)로써 앞의 명론(命論)을 알아보았다. 다음은 이 학문의 모체학인 의리학적(義理學的) 주역(周易)의 비상구(否上九) 효사(爻辭)를 통해 이의 근기를 알아본다.

상구 경비 선비 후희(上九 傾否 先否 後喜 비색한 것이 기울어짐이니 먼저는 비색하고 뒤에는 기뻐하도다.)

주(註) : 「상구」는 「비괘」의 끝이니 물건의 이치가 극도에 달하면 반드시 돌이키기 때문에 태평함이 극도에 달하면 비색해지고 비색함이 극도에 달하면 태평해진다. 「상구가 비색함이 이미 극에 달했음으로 비색한 도가 기울고 엎어져 변하는 것이니, 먼저는 극도로 비색하고 뒤에는 비색함이 기울어져 기쁜 것이다. 비색한 것이 기울어지면 태평해지니 뒤에는 기쁜 것이다.

제 14 장

운명상으로 보아 신체적(身體的) 건강(健康)과 나약(懦弱)과 그리고 장애(障碍)의 명론

스승에게 묻는다. 오늘은 무엇보다 중요한 신체적 건강과 나약 그리고 장애에 대하여 알고 싶습니다. 말씀해 주시기 바랍니다.

오직 건강은 만사의 제강(提綱)이요, 유일한 나만의 소유(所有)이기도 하다. 고전의 한 글귀를 인용해 본다. 신외무물(身外無物 : 오직 몸 이외에는 아무것도 없다는 말이다.) 논리적으로 언급해 보면 천하가 나의 소유라 하더라도 또한 명예와 권력을 나 한 몸에 지녔다 하더라도 허약과 질병에서 신음한다면 무슨 보람과 즐거움이 있겠느냐는 말이다. 더욱이 자기의 천수를 다 못하고 중도에 요절로 세상을 마친다면 일구었던 부귀와 영화가 무슨 소용이 있겠느냐 말이다. 고전에 이러한 글귀가 있어 인용해 본다. 생무백세인 왕작천년지계(生無百歲人 枉作千年之計 백세를 사는 사람이 드문데 구부려 천년의 계획을 세우도다.) 이는 인생의 무상함을 말함이고, 또한 지나친 과욕을 허심탄회하게 슬피 탄식한 글귀이기도 하다. 혹자는 말하기를 평생을 통해 건강관리를 잘하고 균형 있는 식사와 규칙적인 생활습관을 손꼽아 말하기도 한다. 이는 건강관리상의 철칙이요, 더할 나위 없는 하나의 기본 원칙이기도 하다. 그러나 이는 백사람 모두가 같은 결과로 나타나는 것은 아니니, 본란에서는 이를 들어 말하려는 것이다. 이는 앞에서도 누누이 말한 바 있으나, 아주 지대하고 중요한 사안임으로 또 지적해 말해 본다. 인간은 모든 일사들이 선천적인 요인으로 미리 정해진 운명적 소관으로 나타나는 것이니, 이 모든 요인들은 모태(母胎)에 씨앗이 입태할 때 정해진다고 정의(定義)하고 있다.

수많은 인간사(人間事)에는 미처 헤아리기 어려우리만치 다양한 운명적 일사들이 존재하고 있다. 그 중에는 비교할 데 없으리만치 신체적(身體的) 건강(健康)여부를 하나의 운명으로써 부여받아 좋든 그르든 간에 세상에 태어나면 천명에 따라 걸어갈 뿐이니, 이를 대별하여 지적해 본다.

※ 우리들 인간 세상에는 유일한 건강적 표어로써 건각(健脚)과 철권(鐵拳)이란 말과 같은 강도 높은 용어로써 그 건강에 의미를 부여하기도 한다. 이와 같은 건장한 체질로써 평생을 통해 의약을 모르고 살아가는 인생이 있는가 하면

※ 어린 나이로부터 노령에 이르기까지 나약한 체질을 보존하기 위해 온갖 노력과 정신적 부담으로 할 일과 해서는 안 될 일들을 예리한 판단으로 신중을 기울여 살아가는 사람이 적지 않음을 볼 수가 있다.

※ 또한 인간에게 가장 혐오스런 질병은 누구나가 다 염려와 방비에 지대한 관심과 노력을 기울이는 게 사실이다. 그러나 질병에는 선천적인 요인과 후천적 요인으로 구별하게 되니, 여기에서는 선후천적 공히 운명적 요인을 들어 살펴보기로 하는 바이다.

다음의 명론장에서 자세한 변론이 있으려니와 대별하여 질병에는 다음과 같이 분류해 본다.

① 유전적으로 인한 질병

② 선천적(운명적 요인)으로 인한 질병

③ 자체 내에서 자연 발생적인 질병

④ 전염성에 의한 질병

다음은 신체적(身體的) 불구(不具)에 대하여 살펴보기로 하자. 이 불구라 함은 하나의 신체적 요소가 장애(障碍)로 인해 제 기능을 다하지 못함을 의미하는 것이다. 물론 장애에 있어서는 신체 전반에 걸쳐서 어느 부분인가 나타날 수가 있기 때문에 천태만상으로 비쳐지는 것들을 볼 수가 있다 하겠다.

선천적인 요인으로는 어머니의 모태(母胎)에 입태(入胎)할 적에 자연의 섭리로부터 부여받은 요인으로 출생 전의 불구로 태어나기도 하고, 후천적 요인으로는 자연 발생적인 원인으로 어느 질병을 거쳐 그가 장애의 원인으로 불구가 되는 사례가 있고, 또한 불의에 사고로 인하여 불구의 현상으로 나타나기도 하지만, 전자나 후자가 모두 운명적 소관으로써 운명적인 논리상에 형태가 다를 뿐, 그의 운명적 소인(所因)은 유사 동등함을 보게 되는 것이다.

※ (1) 운명상에서 보아 신체적 건강의 명론

소축구삼(小畜九三) 강건태과 구집불통 간즉불종 종당견조 혹군신

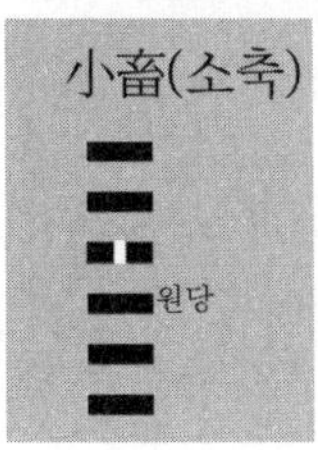

소원불부 혹부처괴위불목 혹붕우시비 혈기손상(剛健太過 拘執不通 諫則不從 終當見阻 或君臣疎遠不孚 或夫妻乖違不睦 或朋友是非血氣損傷 사람됨이 강직하고 건전함이 크게 지나치고 무슨 일을 한 가지 구집하면 변통치 않도다. 그러므로 종당에는 막

히는 일을 만나며 혹 군신이 소원하여 믿지 아니하고, 혹 처가 어그러져서 화목하지 못하고 혹 붕우 사이에 시비로 인해 혈기가 손상되리라.)

이상의 본문에서 나타나 있듯이 사람됨이 건강 상태가 강직하고 건전함이 크게 지나치다 말하고 있으니 이 이상의 복된 것이 있겠느냐 말이다. 이는 민족중흥의 주역 고 박정희 대통령의 선천운이기도 하다. 본문에서 보는 바와 같이 몸의 건강에 비해 또한 그에 상응한 여타의 비운도 함께 있어, 길흉 양면의 운세임을 알 수가 있다. 사람됨이 집념이 옳다는 신념에는 백난이 닥쳐와도 변통치 않는 불굴의 정신이 투철하다.

허나 이 위대한 위인에게도 비운이 곁들여 있었으니, 이가 곧 부처괴위불목에서 초취와의 이별을 고하고, 재취의 「육영수」 여사를 만나게 되었다는 사실이다. 또한 혹 붕우시비 혈기손상에서 5·16군사혁명동지이던 김재규에 의해 시해된 바가 있다.

본란에서는 주제에서 말하는 위인의 건강을 표상으로 말하려하니, 이가 주종이다. 이는 강량(剛粱)한 구삼이 내괘의 상효에 거처하니 모두가 강건한 뜻이 된다.

※ (2) 운명상에서 보아 신체적 건강의 명론

서합상구(噬嗑上九) 위강양 위강악 리위도험 시비괄뇨 화환선종 형옥리신(爲强粱 爲强惡 履危蹈險 是非括撓 禍患旋踵 刑獄罹身 사람됨이 강하며 억세게 악하도다. 위태함을 밟고 험한 곳을 밟으니 시비가 엉크러지고 어려움이 발꿈치를 따라 다니며 형벌과 옥사가 몸에 걸릴 것이다.)

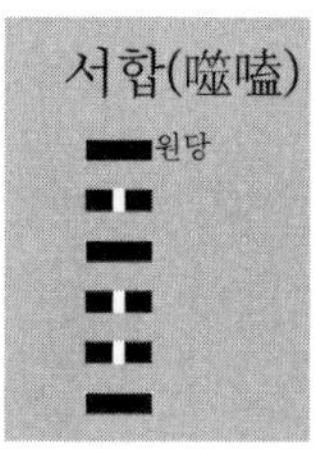

위에 나타나 있는 문장으로 보아 사람됨이 강양(剛梁)하다 말하고 있다. 다시 말하면 강함이 아주 지나치다는 말이니 이는 건강의 극치를 뜻하기도 한다. 그러나 억세게도 악하고 위험함을 밟아서 시비가 엉크러지고, 그로 인한 환난이 항시 발꿈치에 따라다니며 형벌과 감옥 갈 일이 몸에 걸린다는 말이다. 물론 사람 된 그릇이 커서 뭇사람을 지휘 통솔하려면 강직해야 그의 능력을 발휘해서 구김살 없이 그에 상응한 목적을 달성할 것이다. 그러나 여기에는 중도적이며 아울러 강유를 겸해야 만인이 승복하는 것이니, 위의 명론은 지나치게 강하고 억세게 악하다는 말이다. 그러므로 강즉절(剛則折....강하기만 하면 꺾인다.)는 말이다. 평소 행위가 위험한 것을 밟고 시비가 얽히며 환난에 항시 노출되어 감옥살이가 이어진다는 말이니, 이와 같이 굴절된 운명으로 건강함도 또한 운명적 소치이니 어찌할 도리가 없다고나 하겠다.

※ (3) 운명상에서 보아 신체적 건강에 명론

진상구(晉上九) 일생강한 덕불칭재 골육과합 다사쟁투 혹위무졸공리(一生剛狠 德不稱才 骨肉寡合 多事爭鬪 或爲武卒公吏 사람됨이 일생에 강하면서 사납고 덕이 재주만 못하리라. 골육(형제자매) 간에 화합이 적으며 일사마다 다투고 싸우는 일이 많으며, 혹 무관의 졸자나 아전배가 가하다는 말이다.)

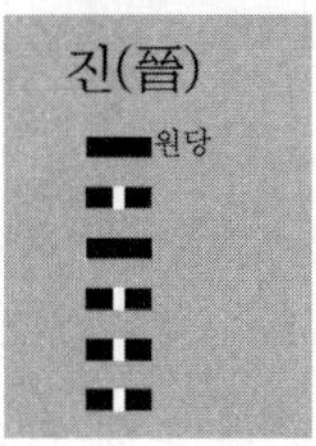

위의 본문에서 보는 바와 같이 일생에 강한 면이 있어 건강은 그 가운데 있으나 강함이 지나쳐서 사납다는 말이다. 그러므로 사람됨이 덕망이 재능만 못하고 혈육 간에 화합함이 적고, 하는 일사가 다투는 일이 많아서 무관의 졸자나 관료의 말직인 아전배가 가하다는 말이다.

이상은 상수학적(象數學的) 하락리수(河洛理數)로써 앞의 명론(命

論)을 알아보았다. 다음은 의리학적(義理學的) 주역(周易)의 진상구(晉上九) 효사(爻辭)의 논리를 들어 이에 근기를 알아본다.

상구 진기각 유용벌읍 려길 무구 정린(上九 晉其角 維用伐邑 厲吉无咎 貞吝 상구는 그 뿔에 나아감이니 오직 읍을 치는데 쓰면 위태하나 길하고 허물이 없거니와 바르더라도 인색하리라.)

주(註) : 주자본의(朱子本義) 뿔은 강하고 위에 있는 것이니「상구」가 강하게 나아감이 극에 달해서 그런 상이 있다. 점치는 사람이 이 효를 얻어서 자기의 사사로운 읍을 다스리면 비록 위태하나 길하고, 또 허물이 없을 것이다. 그러나 극하게 강함으로써 작은 읍을 다스리니 비록 그 바름을 얻더라도 인색할 것이다.

※ (4) 운명상으로 보아 신체적 건강의 명론

구상구(姤上九) 기대지강 불근인정 결구구원 로록불가(氣大志剛不近人情 結仇搆怨 勞碌不暇 사람됨이 기운은 세차고 뜻은 강하며, 사람과의 정이 가깝지 못하리라. 원수와 원망을 맺으며 어려운 일들로 한가롭지 못하리라.)

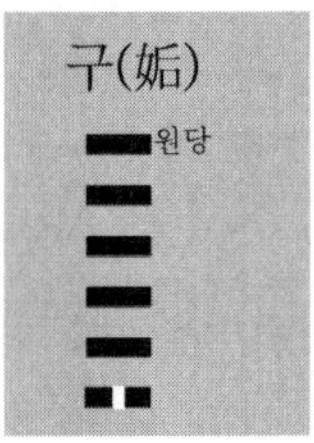

이상의 본문에서 보는 바와 같이 사람됨이 기운이 세차고 뜻은 강하다 말하고 있으니, 물론 이 속에는 신체적 건강이 내포하고 있는 것이다. 매사가 사람이 원하는 대로 이루어지는 바는 없지만 이 명론에서도 기운이 세차고 건강한 이면에는 사람 사이에 인정을 가까이 할 수가 없고, 원수와 원망을 맺는다 말하고 있다. 반평생의 생애에 있어 가장 지켜야 할 수칙이 있다면 부부간에는 항상 부드러운 화기로써 애정으로 감싸주고, 혹여 다투게 될 경우에는 무엇보다 인내로써 극복하며 상대방을 애처로이 생각해서 용서와 양해가 선행되어야 한다는 말이다. 이상은 상수학적(象數學的) 하락리수(河洛理數)로써 앞의 명론(命論)을 알아보았다. 다음은 의리학적(義理學的) 주역(周易)의 구상구(姤上爻) 효사(爻辭)를 통해 이의 근기를 알아본다.

상구 구기각 린 무구(上九 姤其角 吝 无咎 상구는 그 뿔에 만남이라 인색하니 허물할 데가 없느니라.)

주(註) : 지극히 강하면서 제일 꼭대기에 있는 것은 뿔이니, 「상구」가 강으로써 위에 있기 때문에 뿔로써 상을 삼았다. 사람이 서로 만남은 낮추고 굽혀서 서로 따르고 화순(和順)함으로써, 서로 접대하기 때문에 합할 수 있는 것이다. 「상구」가 높음이 극하면서 강함이 극에 달했으니 누가 더불어 하려고 할 것인가? 이로써 만남을 구하면 진실로 인색하다. 자기가 이렇게 하였으니 사람들이 멀리하는 것은 사람들의 잘못이 아니고, 자기가 그렇게 만들었기 때문이니 허물을 돌릴 데가 없다.

※ (5) 운명상으로 보아 신체적 나약의 명론

대장육오(大壯六五) 나이무립 약이무위 복량천박 수산유손(懦而無

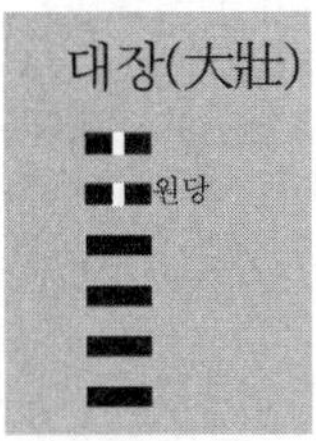

立 弱而無爲 福量淺薄 壽算有損 운명이 나약해서 존립할 수 없고, 신체적 여건이 약해서 무엇을 영위할 수가 없으리라. 복된 량이 천박하며 수명을 계산해 봄에 덜리는 일이 있으리라.)

이상의 본문에 나타나 있는 바와 같이 사람됨의 운명이 나약해서 존립할 수가 없고, 신체적 건강이 약해서 무엇을 영위할 수가 없으리라 말하고 있다. 또한 복된 그릇이 얕고 얇으며 수명은 도중에 덜릴 것이다 말하고 있다.

실제 상황 : 그대로를 인용해 본다. 1994년 1월 4일 「SBS」서울방

송에서 인기프로 「그것이 알고 싶다」에 출연해 취재 현장에서 자료를 제공받아, 걸식(거지)으로 지내는 운명임을 즉석에서 밝힌 바 있었다. 이 장면이 방영되자 곧바로 한 때의 화제로써, 이가 사실이냐. 또한 학문으로써 이와 같이 명실상부(名實相符)한 실상에 접근이 가능하냐 하는 질문이 상당했음을 말해 두고자 하는 바이다. 그렇다 이는 주역(河洛理數)라야 가능하다 하겠다. 다만 부언해 두는 바는 본문의 효사에 이어 후천괘 효사에는 영욕불가 포난무구(榮辱不加 飽煖無求 영욕에 가담하지 않고 배부르고 등 더움을 구하지 않는다.)라고 되어 있다. 여기서 걸인임을 단정할 수가 있었다. 다만 본난에서는 신체적 여건이 나약함을 말해 두고자 하는 바이다.

이상은 상수학적(象數學的) 하락리수(河洛理數)로써 앞의 명론(命論)을 알아보았다. 다음은 의리학적(義理學的) 주역(周易) 대장육오(大壯六五) 효사(爻辭)를 통해 이의 근기를 알아본다.

육오 상양우이 무회(六五, 喪羊于易 无悔 육오는 양을 쉬운 방법으로 잃게 하면 후회가 없으리라.)

주(註) : 양은 떼지어 다니고 들이받기를 좋아하니, 여러 양이 함께 나아가는 것을 상징한 것이다. 바야흐로 네 양이 자라서 함께 나아가는데 「육오」가 유함으로써 제지하려 하면 이기기가 어려워 후회가 있을 것이고, 오직 화이(和易)로써 대접하면 뭇 양(陽)이 그 강한 것을 쓸 데가 없을 것이니, 이것이 양(羊)의 장성한 것을 화이(和易)한 가운데 잃게 함이다. 이와 같이 하면 후회가 없을 것이다. 「육오」는 자리(位)로 말하면 바르고(正) 덕으로 말하면 중도(中道)로 하는 것이다. 그러므로 온화하고 상냥한 도를 쓸 수 있어서 뭇 양(陽)으로 하여금 비록 장성하나 힘을 쓸 곳이 없게 만드는 것이다.

※ (5) 운명상으로 보아 신체적(身體的) 나약(懦弱)의 명론

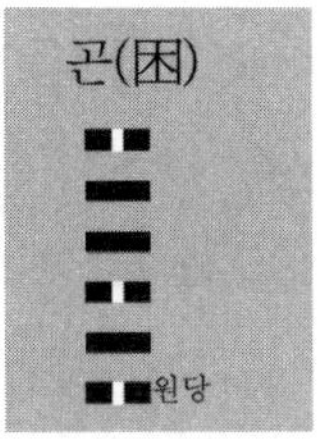

곤초육(困初六) 위나약지재 혼암지질 명불능이유견 곤불능이자발(爲懦弱之才 爲昏暗之質 明不能以有見 困不能以自拔 사람됨이 건강이 나약한 재질이며, 어두운(내성적임) 자질로써 밝은 데도 잘 보지 못하고 곤한 데도 잘 벗어나지 못하리라.)

이상의 본문에서 보는 바와 같이 사람 된 자질이 나약하여 강건하지 못하고 내성적이도다. 매사에 분명한데도 잘 판단을 못하고, 처해 있는 입장이 곤궁한데도 잘 빠져 나오지 못하리라 말하고 있다.

사람됨이 지나치게 강건하여 오히려 죄과를 저지르고 법망에 저촉되어서 자기 입신은 물론이려니와 가족에게까지 피해와 누를 끼치는 사례가 있는가 하면, 이와 같이 지나치게 나약해서 자기가 가야 할 길을 판단치 못하고 어려움에 처해 있음에도 그곳을 빠져 나오지 못하니 가히 기구(崎嶇)한 운명임을 알만하다 하겠다.

신체적 강약에 있어 지나치게 강건하면 사납게 남을 괴롭히어 법망에 저촉되니 이도 어려운 운명이지만, 본문과 같이 지나치게 나약하면 이 얼마나 불행한 일이냐 말이다. 본란에서는 신체적으로 지나치게 나약함을 말하려는 바이다.

이상은 상수학적(象數學的) 하락리수(河洛理數)로써 앞의 명론(命論)을 알아보았다. 다음은 의리학적(義理學的) 주역(周易)의 곤초육(困初六) 효사(爻辭)를 통해 근기를 알아본다.

이에 초육 둔곤우주목 입우유곡 삼세불적(初六 臀困于株木 入于幽谷 三歲不覿 초육은 엉덩이가 그루터기에 곤함이니 그윽한 골짜기에

들어가 십년이 되어도 볼 수 없도다.)

주(註) : 「초육」은 음유함으로써 지극히 낮은 데 처하고, 또한 험한 감괘의 아래에 있어 「곤」의 때에 스스로 구제할 수 없는 사람이니, 반드시 위에 있는 강명한 사람의 도움을 얻으면 곤함을 구제할 수 있다. 「초육」과 「구사」가 정응이 되나 「구사」는 양으로써 음 자리에 있으니 바르지 못함이 됨으로 강을 잃으면서 부중하고, 또한 음에 가려저서 곤하니 어떻게 능히 남의 곤함을 구제할 수 있겠는가? 그루터기 밑에서는 물건을 그늘지게 덮을 수 없는 것과 같으니, 그루터기는 가지와 잎새가 없는 나무다. 「구사」는 인군자리에 가까우니 다른 괘에 있어서는 도움이 되지 않을 수 없으나, 곤한 데 있어 물건을 덮어 줄 수 없기 때문에 그루터기(株木)라고 했다. 엉덩이는 앉는 것이니 엉덩이(臀)가 그루터기에 곤했다고 함은 덮어 줄 것이 없어, 그 거처가 편치 못하다는 말이니, 편안히 거처하면 곤한 것이 아니다.

그윽한 골짜기에 들어갔다고 함은 음유한 사람은 만나는 바를 편안히 하지 못하니, 이미 곤함을 면할 수 없으면 더욱 희미하고 어두워 망령되이 움직여서 깊은 골짜기로 들어간다. 그윽한 골짜기는 깊고 어두운 곳이다. 이제 막 더욱 곤한 곳으로 들어갔으니, 스스로 나올 형세가 없기 때문에 삼년 동안 볼 수 없다고 한 것이니 끝가지 곤한 사람이다. 볼 수 없다는 그 형통한 바를 만날 수 없다는 것이다.

※ (7) 운명상으로 보아 신체적(身體的) 나약(懦弱)의 명론

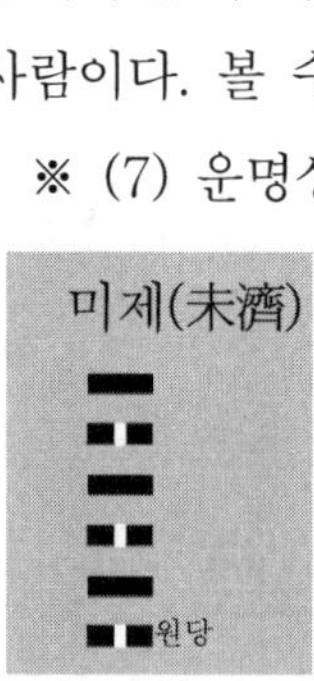

미제초육(未濟初六) 신미운약 망동경거 혹학소성 유두무미 심불지족 위태난면(身微運弱 妄動輕擧 或學小成 有頭無尾 心不知足 危殆難免 사람됨이 몸은 작고 운은 약하며, 무슨 일에 망령되이 움직이고 가볍게 처사하리라. 혹 배웠다 하더라도 성

공은 작으며 머리는 있으나 꼬리가 없으리라. 마음이 항상 족한 줄을 모르며 위태함을 면하기 어려우리라.)

이상의 본문에서 보는 바와 같이 몸은 작고 운은 약하다 말하고 있다. 몸이 미약하다는 말은 강건(剛健)하다는 의미와는 아주 다르다는 말이다. 그런고로 이는 미약하다는 의미로 보는 것이다. 신체적 여건이 그러면서 무슨 일을 경거망동하고, 혹 배웠더라도 조금 성공하리란 말이다. 또한 무슨 일이건 시작은 있으되 끝이 없다 하니, 이는 성공률이 적다는 말이다. 또한 심적으로 항상 부족함을 가지며 하는 일마다 위태롭게 된다 하니, 참으로 비운에서 고초와 신음으로 지내야 할 명론이라 하겠다.

신체적 여건이 건장하면서 불운을 겪어야 하는 신세도 견디기가 어려울 터인데 항차 몸과 운명이 함께 미약해서 불행을 겪는 일이야 더할 나위가 있겠느냐. 본란에서는 신체적 나약을 지적해 보려는데 의미를 두고 있다.

※ (8) 운명상으로 보아 신체적 나약의 명론

췌상육(萃上六) 나약무위 우수도일 고립무조 록록소취(懦弱無爲

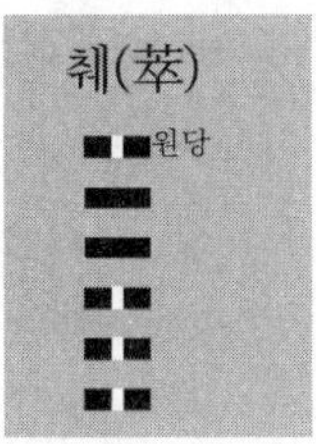

憂愁度日 孤立無助 碌碌小就 사람됨이 신체적 여건과 아울러 운명적 나약으로 무엇을 영위할 수가 없고, 걱정과 근심으로 나날을 보내리라. 외로이 서서 도울 이가 없고, 하는 일이 용렬하게 돼서 성취하는 일이 아주 적을 것이다.)

이상의 본문에서 보는 바와 같이 신체적인 여건이 나약하고 아울러 운명이 약해서 무엇을 영위할 수가 없다 말하고 있다. 되는 일이 없어 걱정과 근심으로 나날을 보내며 아울러 외로이 서서 도울 이가 없다 하니, 이는 상대(배우자)를 잃고 도움이 없이 홀로서 쓸쓸히 세상을 살아가야 한다는 말이다. 이 얼마나 고달픈 인생이랴. 설상가상으로 하는 일이 용렬하게 돼서 성취률이 적다는 말이다. 이상은 상수학적(象數學的) 하락리수(河洛理數)로써 앞의 명론(命論)을 알아보았다. 다음은 의리학적(義理學的) 주역(周易)의 췌상육(萃上六)의 상사(象辭)를 통해 근기를 알아본다.

상왈(象曰) 자자체이 미안상야(齎咨涕洟 未安上也 상에 말하기를 탄식하고 눈물 흘리니 위에서 편치 못한 것이다.)

주(註) : 소인이 처신하는 바는 항상 마땅함을 잃으니 이미 탐하고 욕심을 부려서 스스로 편한 곳을 가리지 못하다가 곤궁하게 되면, 엎어지고 자빠져서 할 바를 모르는 데까지 이르니「상육」의 눈물흘림(齎咨)은 위에 거처함이 편치 못한 것이다. 군자는 그 거처함을 삼가해서 의가 아니면 거처하지 않으니 불행해서 위태하고 존중함이 있으면 태연히 스스로를 편안히 해서 그 마음을 더럽히지 않지만, 소인은 거처함에 편안한 곳을 가리지 못하고 항상 거처하지 않을 곳에 거처하다가 궁하고 핍박받게 되면 얻은 것을 떨어뜨리고 조급하고 흔들려서 눈물까지 흘리니 부끄러운 일이다. 미(未)는 빨리하지 못한다는 말로 세속에서 바로하지 못한다는 말과 같으니, 위에서 바로 편안히 있지 못한다는 말이다. 음으로 맨 위에 거처해서 외로이 처함에 더불어 하는 이가 없고, 이미 거처하지 못할 곳에 거처하니 어찌 능히 편안하겠는가?

※ (9) 운명(運命)상으로 보아 신체적(身體的) 질병(疾病)의 명론

비육삼(比六三) 진학무성 호친소인 심즉대질생재 방일위비 이상손무일(進學無成 好親小人 甚則帶疾生災 放溢爲非 而傷損無日 사람됨이 학문에 나간다 하드라도 성공할 수가 없으며, 소인배를 잘 친히 하리라. 심하게 되면 질병과 함께 하는 재앙이 생기리라. 하는 일이

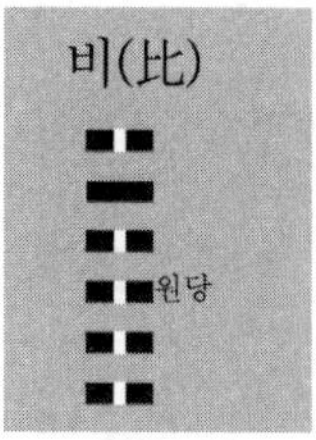

제멋대로 분수에 넘쳐서 그르게 되고 손상되지 않을 날이 없으리라.)

이상의 본문에서 보는 바와 같이 질병과 함께 하는 재앙이 생기리라 말하고 있다. 이는 선천적인 요인으로 발병의 실례를 볼 수가 있으니, 하나의 사례를 들어본다. 나의 처소를 찾은 그는 당시 48세의 노처녀였다. 알려 주는 생일로 수순에 따라 평생의 원명괘를 얻어 보니, 작금의 이 명론이다. 본문의 효사 중에서 가장 먼저 눈에 띄는 바가 대질생재(질병과 함께 하는 재앙이 있으리라.)를 지적해 힘주어 말한다. 고객의 대답 또한 경악하며 그렇습니다. 대답에 응한다. 언젠가 일찍부터 심장의 맥박이 고르지 않아 여러 해에 걸쳐 고생을 많이 했습니다만 수년 전에 대수술을 받은 후, 지금에는 호전되어 고통을 면했습니다 한다. 비단 이 효사뿐만이 아니라, 선천적인 명론 속에서 타고난 숙질을 수술적 치료로 완치되는 일도 적지 않게 보아 왔으나, 진단에 나타나지 않은 일도 또한 적지 않았음을 밝히고자 하는 바이다. 이는 의학의 발달 이전에는 요졸하는 운명이다. 본란에서는 질병을 지적하여 밝히는데 그 의미를 가진다.

이상은 상수학적(象數學的) 하락리수(河洛理數)로써 앞의 명론(命論)을 알아보았다. 다음은 의리학적(義理學的) 주역(周易)의 비육삼(比六三)의 효사(爻辭)를 통해 근기를 알아본다.

육삼 비지비인(六三 比之匪人 사람이 아닌데 도움이라.)

주(註) : 「육삼」이 중정하지 못하면서 돕는 것도 다 중정하지 못한 것이다. 「육사」는 음유하면서 중하지 못하고 「육이」는 응하는 것을 놔둔 채 「초육」을 도우니 다 중정하지 못함으로 사람이 아니다.

사람이 아닌 것을 도우면 그 잃을 것을 알 수 있으니, 뉘우치고 인색함은 말할 것도 없음으로 상하는 것이다. 「육이」가 중정한데도 사람이 아니다 라고 말한 것은 때에 따라 뜻을 취함이 각각 같지 않은 것이다.

※ (10) 운명(運命)상으로 보아 신체적(身體的) 질병(疾病)의 명론

손상구(巽上九) 기식비루 도모간신 흉재난제(器識鄙陋, 圖謀艱辛, 凶災難除 사람 된 그릇이 나직하고 고루(孤陋)하며, 무슨 일을 이루려고 꾀하면 간고(艱苦)하게 성사되지 않으며 흉한 재앙을 면키 어려우리라.)

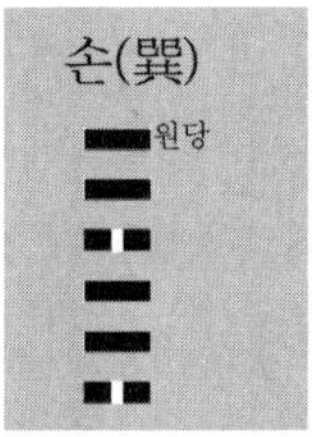

이상의 본문에서 보는 바와 같이 흉한 재앙을 면키 어려우리라. 곧 신체상에 재앙의 질병이 있어 이를 면하기 어렵다는 말로 요졸(夭卒)을 의미하는 것이다. 이 명론(命論)의 운명자 중에는 중요 장기 수술에 성공하여 건강을 유지하고 있는 자를 여럿 보아왔다. 그러나 이러한 운명자가 과거 반세기 전에 있었다면, 이는 흉재(凶災 : 사망에 이르는 일)를 면하지 못함을 나타내고 있는 것이다. 근대에 의학의 발전과 의료장비의 첨단화, 그리고 치료 의약품의 선진화에 의하여 선천적 요인으로 기인된 불치병들이 점점 정복되어 감을 볼 수가 있다 하겠다. 근래에 세계적인 인류가 점점 고령화 사회로 가고 있다는 통계는 바로 이러한 불치병들도 고도로 발전된 의학으로 치유가 가능해졌다는 증거이기도 하다. 물론 운명적으로 발병된 환자의 치유가 100%에 이른다는 논리와는 다르다. 본란에서는 하나의 신체적 질병의 명론을 들어 알아보는데 그 의미를 가진다.

이상은 상수학적(象數學的) 하락리수(河洛理數)로써 앞의 명론(命論)을 알아보았다. 다음은 의리학적(義理學的) 주역(周易)의 손상구

(巽上九) 효사(爻辭)를 통해 근기를 알아본다,

상구 손재상하 상기자부 정흉(上九 巽在牀下 喪其資斧 貞凶 상구는 겸손해서 평상 아래에 있어서 그 재물과 권력을 잃음이니 바르더라도 흉하니라.)

주(註) : 평상은 사람이 편안한 곳이니, 평상 아래에 있음은 편안한 데를 지나쳤다는 뜻이다. 「상구」가 「손」의 끝에 거처하니 지나치게 겸손한 사람이다. 「자」는 가지고 있는 것이고 도끼(斧)는 결단하는 것이다. 양강이 본래 결단함이 있으나 지나치게 겸손해서 강한 결단을 잃고 가지고 있는 물건을 잃으니, 재물과 권력을 잃는 것이다. 위에 거처하면서 지나치게 겸손해서 잃어버리는 데까지 이르니 바른 도에 있어 흉함이 된다.

※ (11) 운명(運命)상으로 보아 신체적(身體的) 질병(疾病)의 명론(命論)

리상구(離上九) 혹위병졸 혹위상려 록록분주의식 혹두목대질 성명추악(或爲兵卒 或爲商旅 碌碌奔走衣食 或頭目帶疾 聲名醜惡 사람됨이 혹 병사에 졸자가 되거나 혹 떠돌이 장사치나 떠돌이 방랑객이 돼서 어렵게 의식생활이 바쁘리라, 혹 머리나 눈에 질병과 함께하며 그 이름이 추악하리라.)

이상의 본문에서 보는 바와 같이 혹 두목(頭目 : 머리와 눈)에 질병이 항상 따라서 추악한 이름으로 지내야만 하며, 평생에 직업은 병사의 졸자나 혹 떠돌이 장사치나 또한 방랑객이 되어 의식생활이 어렵고 바빠야 한다는 말이다. 오늘날에 의학이 고도로 발전되어 국민 보건생활에 있어 선진제국들과 어깨를 나란히 하고 있는 이 시점에서 낙후된 후진적 사회에서나 있을 수 있는 두목대질(頭目帶疾 : 머리와

눈에 질병과 함께 하리라.)을 거론함은 선뜻 생각을 바꾸어 이와 같은 사례를 이해하기란 어려운 일이다. 하지만 우리들 국민생활에 눈을 돌려본다. 돌이켜 보건대 약 19세기 중반기 이전만 하드라도 경제적 빈곤과 후진적 의학으로 모두가 다 신체적으로 발병되면 이것이 하나의 숙명(宿命)으로만 치부(置簿)해 왔던 게 사실이라 하겠다. 그러나 오늘날에 급진적인 의학 발전에 힘입어 과거에 이러한 일들이 하나의 일화인양 돌아가고 있다. 본난에서는 하나의 선천적 질병을 지적해 두고자 하는데 그 의미를 둔다.

이상은 상수학적(象數學的) 하락리수(河洛理數)로써 앞의 명론(命論)을 알아보았다. 다음은 의리학적(義理學的) 주역(周易)의 손상구(巽上九) 효사(爻辭)를 통해 근기를 알아본다.

상구 왕용출정 유가 절수 획비기추 무구(上九 王用出征 有嘉 折首 獲匪其醜 无咎 상구는 왕이 써서 나아가서 치면 아름다움이 있을 것이니 괴수를 끊고 잡는 것이 그 졸개가 아니면 허물이 없으리라.)

주(註) : 상구는 양으로써 위에 있어서 「리괘」의 끝에 있으니, 강하고 밝은 것이 극도에 달한 자이다. 밝으면 비칠 수 있고 강하면 결단할 수 있으니, 비칠 수 있으면 사악한 것을 살필 수 있고 결단할 수 있으면 위엄과 형벌을 행할 수 있다. 그러므로 왕 하는 사람이 마땅히 이와 같이 강하고 밝음을 써서 천하의 사악한 것을 분별하여 정벌(征伐)을 행하면 아름다운 공이 있을 것이다. 정벌(征伐)은 형벌을 쓰는 것 중에 큰 것이다. 대개 밝은 것이 극에 달하면 아무리 작은 것이라도 비추지 않음이 없고 처단함이 극에 달하면 너그러이 용서함이 없을 것이니, 중도(中道)로써 제약하지 않으면 엄하게 살핌에 의한 상함이 있을 것이다. 천하의 악을 제거함에 만약 그 물든 것과 그릇된 것을 다 규명하려 한다면, 어떻게 다 베일 수 있겠는가? 상하고 다침이 또한 심할 것이기 때문에 다만 그 괴수만 끊어 취하고 졸개들을 잡지 않으면 잔학하고 사납게 되는 허물이 없을 것이다. 「시경」에 말하기를 큰 괴수를 죽이고 마지못해 따른 졸개들은 다스리지 말라고 했다.

※ (12) 운명(運命)상으로 보아 신체적(身體的) 질병(疾病)의 명론(命論)

구구삼(姤九三) 고립무조 작사간신 혹요족생질 복량천협(孤立無助 作事艱辛 或腰足生疾 福量淺狹 사람 된 운명이 외로이 서서 도울 이가 없고 하는 일이 어렵고 고생스러우리라. 혹 허리나 발에 질병이 있으며 복의 량이 얕고 좁으리라.)

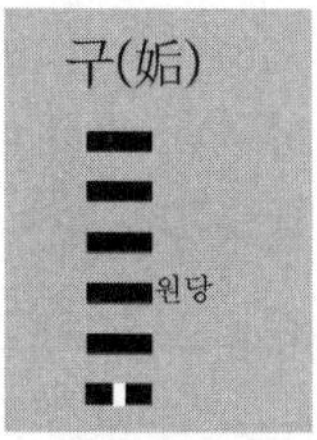

머리의 본문은 보는 바와 같이 혹 허리나 발에 질병이 있으리라 말하고 있다. 이는 선천적인 운명적 요인으로 일찍이 모태(母胎)에 씨앗이 떨어질 때에 결정된다는 말이다. 이 명론은 여러 운명 중에 하나의 숙명으로써 존재해 있다가 매년 바뀌어 가며 돌아가는 세운에 동질성의 운명이 나타날 적에 원명(原命)과 세운(歲運)이 교차돼서 하나의 숙명대로 현실로 나타난다고 하락리수는 밝히고 있다. 앞의 전장에서도 언급한 바 있거니와 우선 사회의 경제적 여건이 부족하고 아울러 의학적 기술이 후진적이었던 과거 반세기 전만 하더라도 이는 하나의 숙명적으로만 받아들여 한평생의 생애를 보내야만 했었단 말이다.

그러나 이 운명적인 요인으로 나타나는 질병에 있어는 현대 의학으로도 기타에 의한 질병과는 달리 고도의 의학적 첨단 기법으로도 완치가 거의 불가능한 사례들을 경험하게 되는 바 있다. 이 이외에도 외로이 서서 도울 이가 없다 하니, 이는 배우자를 잃는다는 말이다. 본란에서는 하나의 선천적 질병에 대하여 지적해 두고자 하는데 그 의미를 가진다.

이상은 상수학적(象數學的) 하락리수(河洛理數)로써 앞의 명론(命論)을 알아보았다, 다음은 의리학적(義理學的) 주역(周易)의 구구삼(姤九三) 효사(爻辭)를 통해 근기를 알아본다.

구삼 둔무부 기행차차 려 무대구(九三 臀无膚 其行次且 厲 无大咎 구삼은 불기에 살이 없으며 그 행함이 머뭇거림이니 위태하나 큰 허물이 없으리라.)

주(註) : 주자본의(朱子本義) 구삼은 지나치게 강하고 부중해서 아래로는 「초육」을 만나지 못하고 위로는 「상구」와 응함이 없으니 거처하면 불안하고 가려고 하면 나아가지 못하기 때문에 그 상과 점이 이와 같다. 그러나 이미 만나는 것이 없으면 음사(陰邪)한 것에게 상하는 일이 없기 때문에 비록 위태하나 큰 허물은 없을 것이다.

※ (13) 운명(運命)상으로 보아 신체적(身體的) 질병(疾病)의 명론(命論)

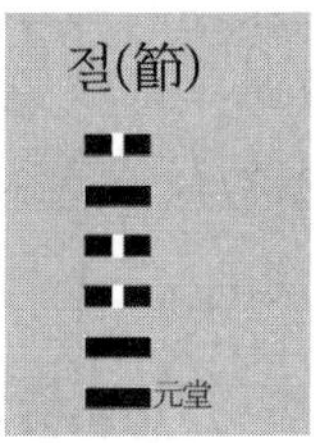

어느 한 노령기에 접어든 정숙한 여인의 실질적인 언행과 심성에 대하여 상수학적 논리와 아울러 의리학적 주역의 이론을 겸해서 지적해 설명을 가해 보기로 한다. 필자에게는 가정형편상 가사(家事)의 도울 이가 필요해 앞에서 언급한 바와 같이 이제 막 노년기에 접어드는 중년 부인을 고용한 바 있다. 이 부인의 언행과 심성이 너무도 남다르게 이색적인지라 하루는 그의 생일을 물어 주역(하락리수)으로 그의 원명괘를 얻어 본 바 있다. 다음은 앞에서 언급하고 있는 여인의 명론(命論)이다.

하락리수 절괘초구(節卦初九)에 따르면 혹근수정도 불쟁불경 혹졸수조업 무재무해(或謹守正道 不爭不競 或拙守祖業 无災无害 사람 된 운명이 혹 바른 길도 조심하여 지키고, 사람과 다투지 않으며 겨루지도 않으리라. 혹 조상들이 하던 일(선조로부터 전래 되는 일)들을 옹졸할 정도로 굳거니 지키며 재앙도 없고 허물도 없으리라.)

이상에서 언급하고 있는 그 여인의 운명을 잘 아는지라. 수 년 동안 가까이서 그 여인의 실제의 환경과 언행을 지켜보니, 아무리 신비(神秘)적 하락(河洛)의 학리(學理)라 하더라도 실제와 일치가 됨에는 깊은 감회를 가져보는 바이다. 마치 진술한 그 현상이 깨끗한 거울을 통해 보는 것 같아 어느 땐가는 오히려 의구심이 생길 때가 있을 정도이다. 다음은 문장별로 하나하나 그의 실상과 대조 설명해 본다.

근수정도(謹守正道) 그의 마음씨와 행동은 마치 오랜 세월에 수행된 수도 승려 같기도 하고 어느 면으로는 치열한 생존 경쟁적 이 시대에서는 아직 미숙한 초년생과 같기도 하다. 그의 본지 본심은 바른 길이라도 조심조심 지키며 살아감을 눈에 띄도록 드러내 보였다.

불쟁불경(不爭不競) 대부분의 사람들은 자기가 타고난 운명대로 지나친 욕심을 부리기 위해 사리에 맞지 않는 시기와 질투로 심지어는 법규를 위반하면서 까지 결과적으로는 사람들과 다투기도 하고 겨루기도 하는 게 보통 사람이 잘 나타내는 정서이기도 하다. 그러나 화제의 그는 항시 온화한 얼굴에 언사가 부드럽다. 그의 말을 빌리면 저는 일평생에 누구와도 다투어 본 일이 없습니다 한다. 이 남들과 경쟁한다는 일은 무슨 일이고 자기 목적을 관철해서 성취시키려는 데 그 원인이 되는 바 이는 어느 면으로 보면 소극적이라 결론할 수가 있다. 오히려 남자의 명론이라면 추진하는 일에 소극적임을 결점으로 지적될 수가 있을 것이다.

졸수조업(拙守祖業) 사회의 경제적 풍요와 급속한 발전은 국민생활의 유족함을 의미하지만 또한 얻어지는 이 만치 그에 수반해서 잃는 일들도 적지 않다. 과거에 부진했든 농경사회에서는 나름대로 사람 사이에는 인정이 흐르고, 이에 앞서서 고래로부터 전래돼 오는 풍속들을 짚어 볼 수가 있으니, 첫째로 조상에 대한 봉제사(奉祭祀)를 들 수가 있으며 또한 구정이나 추석과 같은 민족의 명절에는 색다른 음식물을 장만하고 당내 친인척과 이웃 간에 오가는 인정미를 들 수가 있었다. 그러나 오늘날에는 물질적인 풍요가 있는 이면에 정신적으로 시간과 제도에 너무나 얽매여 살게 되니, 인도적으로 할 일을 다 하지 못하고 사는 게 오늘날의 실정이다. 그러나 이도 하나의 핑계일지도 모른다. 앞에서 말하는 주제의 여인은 자기 말로 자기 시댁이 종가란다. 매일같이 정해진 시간에 와서 할 일을 해 놓는 게 그의 일과이다. 한데 어느 날인가 일찍이 정해진 시간 전에 할 일을 다 마치고 미안합니다. 오늘 저녁이 조상님의 제사입니다 하며 제사가 있는 달만 돌아오면 공연히 마음이 불안해지고 초조해서 제사 날이 지나가야만 좀 마음이 한가해집니다. 제사 없는 달이 몇 달되지 않으니 항시 마음을 조여들며 살아가죠 한다. 어데 이뿐이랴 어느 땐가는 작은댁 손자의 돌날이여서 거기 참석하고 지금 돌아왔습니다 하며 거리도 좀 가깝지 않지요. 한데 돈이 적어 겨우 한 돈짜리 반지를 끼워 줬습니다 한다. 필자도 아는 바 경제적 여건이 아주 빈약한데 하는 생각을 가져보기는 한 바 있다.

또한 어느 땐가는 광주로 출가한 여식이 출산하러 왔는데요. 오늘 한 달 만에 시댁으로 돌아갔습니다 한다. 필자가 듣건대 현대사회에서는 좀 이상하리만치 조상들로부터 전래돼 오는 유풍에 젖어 살아감을 볼 수가 있다. 이 모두가 행동에 앞서 그의 심리적 발단이 신비적 원인이라고나 할까. 졸수조업(拙守祖業)으로부터 기인되어 있음을 보는 사람으로 하여금 훤히 들여다보이는 듯하다. 다음은 이 여인의 원명괘효의 논리를 의리학적인 면에서 조명해 본다.

절괘초구효사(節卦初九爻辭) 불출호정무구(不出戶庭无咎 호정(문밖)에 나가지 않으니 허물이 없을 것이다.) ....(註)朱子의 해석

이상의 본문에서 보는 바와 같이 문밖에 나가지 않으니 허물이 없다 말하고 있다. 그러면 이 괘효사에 주제의 대상인 여인의 실태를 들어 알아보자. 이 여인은 십일이 멀다하고 병원을 찾게 됨을 곁에서 볼 수가 있다. 그러나 신체 중에 어느 한 곳이 병약해서 그런 것이 아니란다. 어느 땐가는 호흡기 계통의 질환으로 또한 어느 땐가는 소화기 계통의 질병으로 때로는 심장계통 또 어느 땐가는 관절계통 이와 같이 돌발적이며 돌아다닌다는 하소연이다. 이와 같이 질병과 싸워 온지는 이미 나이 젊어서 새댁 시절부터 라고 하니 아마도 수십년을 시달려 온 모양이다. 병원 측의 의사들도 그리 대수롭지 않게 여기며 일반적인 요법으로써 그때그때 대처한다는 말이다. 아마도 이러한 운명적인 조화로써 기인된 질병으로 나타나는 이치를 세상 사람들이야 어찌 알리가 있겠느냐?

이 미묘한 이치를 주역은 이미 예고하고 있으니, 그 효사에 말하기를 「문밖에 나가지 않으니 허물이 없다.」고 예고하고 있다. 다시 반복 설명하면 문밖에 나가면 허물이 있다는 천리적인 예고이니 문밖에 나가지 못하도록 신비의 운명은 질병으로 구속하고 있다는 결론이 된다. 이 신비에 작용은 놀라리만치 논리에 지나치지도 않고 모자라지도 않게, 그 효사의 학리에 따라 일치가 되는 게 더욱 놀랍다.

또 하나의 일반인으로써는 상상이 불가능한 이 여인 특유의 고생하

고 있는 일이 있으니, 이 말을 듣는 사람으로 하여금 그럴 수가 있나 하고 믿기 어려운 일이 있다. 이 여인은 항상 수면 부족으로 괴로워하는 표정을 볼 수가 있다. 이 여인의 말에 의하면 저는 젊어서 이래 나이 60이 가깝도록 하룻밤도 긴 잠을 자본 일이 없습니다 한다. 매일 같이 불면에 빠져 하룻밤이면 두어 시간이나 족히 잘까 합니다 말한다. 한때는 불면증으로 생각하고 병원도 다녔고 약도 써 봤으나 별 효과가 없어 그 후로는 그러리라 하고 견디고 지냅니다 한다.

이러한 증상의 원인을 누가 알리요. 우연의 일치라고나 하기에는 너무나 기이한 일이기도 하다. 주역은 이미 수천 년 전에 무수한 창생들 중에는 이러한 운명자가 있을 것을 예고하고 있었으니 참으로 기적 같다고나할까? 그의 기이하다고 할 효사를 또 한 번 들어 지적해 본다.

효사에 말하기를 불출호정 무구(不出戶庭, 无咎 문밖에 나가지 않으니 허물이 없을 것이다.) 독자는 효사의 논리를 다시 한 번 보라. 호정(문밖)에 나가지 않으니 허물이 없다. 이는 앞에서 기술하고 있는 각종 질병에 시달리고 수면 부족으로 인한 무기력에 호정을 나가지 않도록 신비는 작용되는 것이다.

※ (14) 운명(運命)상으로 보아 신체적(身體的) 질병(疾病)의 명론(命論)

비구오(比九五) 유중정지덕 불거불추 살기재기 인심편생 도량관홍 선고이후불고 선난이후불난 차즉위근고고망지도 포난족식 이문급무(有中正之德 不拒不追 殺氣纔起 仁心便生 度量寬弘 先孤而後不孤 先難而後不亂 次則爲勤苦罟網之徒 而飽煖足食 或以文及武 사람됨이 중정한 덕이 있으며 막지도 않고 좇지도 않으며, 살기가 잠깐 일도

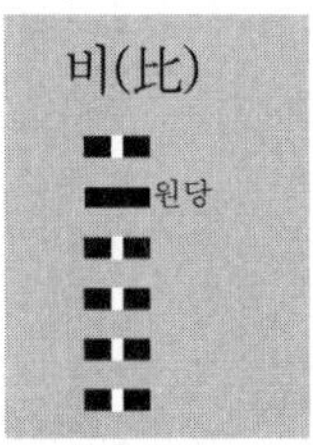

다. 어진 마음이 문득 생기며 도량이 크리라. 먼저는 외로우나 뒤에는 외롭지 않고, 먼저는 어려우나 뒤에는 어렵지 않으리라. 배부르고 등 따뜻하며, 먼저 하는 일에 이어서 뒤에 하는 일 역시 평평하리라.)

위의 본문에서 보는 바와 같이 우선에 사람됨이 중도적이고 정의로운 덕망이 있으며 오는 사람 막지도 않고 가는 사람 좇지도 않는다는 말이니, 이 운명자는 말수가 적은 것이 특징이라 하겠다. 살기가 잠깐 일어난다 하니, 이 운명자 중에는 갑작스런 심장마비(心臟痲痺)나 또한 뇌일혈(腦溢血) 등으로 졸도해서 사망하는 일을 보게 된다. 이에 앞서 미리 예방 차원에서 고혈압(高血壓)이나 혈전(血栓)성 질환 등을 미리미리 다스리는 일이 중요하다 하겠다. 본란에서는 하나의 신체적 질병을 지적하는데 의미를 가진다.

이상은 상수학적(象數學的) 하락리수(河洛理數)로써 앞의 명론(命論)을 알아보았다. 다음은 의리학적(義理學的) 주역(周易)의 비구오(比九五) 효사(爻辭)를 통해 근기를 알아본다.

구오 현비 왕용삼구 실전금 읍인불계 길(九五 顯比 王用三驅 失前禽 邑人不誡 吉 구오는 나타나게 돕는 것이니 왕이 세 군데로 모는 것을 씀에 앞의 새를 잃고, 읍 사람도 경계 하지 않으니 길하리라.)

주(註) : 주자본의(朱子本義) 한 양이 높은데 거처해서 강건 중정하니 괘의 모든 음이 다 와서 나를 돕는다. 그 도움을 나타나게 해서 사사로움이 없게 하기를 천자(天子)가 사방을 둘러싸지 않고, 한쪽 방면의 그물을 열어 놓아서 오는 자를 막지 않고 가는 자를 쫓지 않는 것과 같이 한다. 그럼으로 세 군데로 모는 것을 씀에 앞의 새를 잃고 읍 사람도 경계하지 않는 상이 된다. 이렇게 하면 비록 사사로운 무리라도 또한 윗사람의 뜻을 알아서 서로 경계하면서 구하는 것을 반듯이 얻으려고 하지 않을 것이니, 이런 것은 다 길한 도리이다. 점치는 사람이 이와 같이 하면 길할 것이다.

※ (15) 운명(運命)상으로 보아 신체적(身體的) 장애(障碍)의 명론

쾌구사(夬九四) 집미불명 모위둔좌 혹롱파불편 혹목양생애(執迷不明 謀爲頓挫 或聾跛不便 或牧養生涯 사람됨이 운명이 무었을 잡아 하는 일이 희미하게 밝지 않고, 모사하는 일이 머무르고 꺾이리라. 혹 귀머거리가 되거나 절름발이가 돼서 불편하며, 혹 양축(기르는 일)하는 생애를 보내리라.)

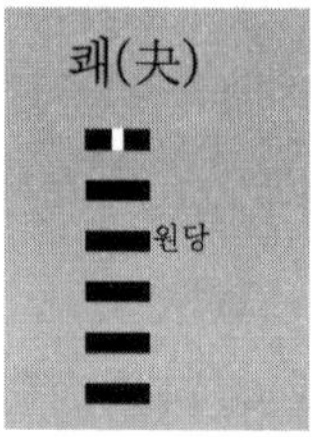

이상의 본문에서 보는 바와 같이, 혹 귀머거리나 절름발이가 돼서 불편할 것을 예고하고 있다. 잡아서 하는 일은 전도가 희미해서 밝지 못하고 모사하는 일이 제자리에 머무르거나 꺾인다는 말이니, 다시 말해서 하는 일이 진척되어서 성사되는 데로 발전하는 게 아니라 답보상태로 제자리에 맴돌거나 꺾여서 실패로 이여진다 하니 허다한 운명 중에는 비운에 속하는 바다. 또한 불구가 돼서 혹 목양(목축업) 생애가 가할 것이라는 말이다. 이는 하나의 신체적 불구를 지적하는 데 의미를 가진다.

이상은 상수학적(象數學的) 하락리수(河洛理數)로써 앞의 명론(命論)을 알아보았다. 다음은 의리학적(義理學的) 주역(周易)의 쾌구사(夬九四) 효사(爻辭)를 통해 근기를 알아본다.

구사(九四) 둔무부 기행차차 견양회망 문언불신(臀无膚 其行次且 牽羊悔亡 聞言不信 구사는 볼기에 살이 없으며 그 행함이 머뭇거리니 양을 끌면 뉘우침이 없으련만 말을 듣더라도 믿지 않으리라.)

주(註) 주자본의(朱子本義) 사효는 양으로써 음 자리에 있고 중정하지 못하니 그쳐서 거처하면 불안하고 행하면 나아가지 못한다. 만

일 뭇 양과 앞 다투어 나아가지 않고 그 뒤에 편안히 나아가면 그 후회를 없게 할 수 있다. 그러나 결단해야 할 때를 당해서 뜻이 위로 나아가는 데 있으니 반드시 그렇게 하지 못할 것이다. 점치는 사람이 그 말을 듣고 믿으면 흉이 길로 바뀔 것이다. 양을 모는 사람이 양 앞에 있으면 양이 나아가지 않으나 놓아서 앞으로 가게 두고 그 뒤를 따라가면 앞으로 갈 수 있을 것이다 하였다.

※ (16) 운명(運命)상으로 보아 신체적(身體的) 장애(障碍)의 명론 리육삼(履六三) 혹위군졸배도지류 혹위고목파족지배 혹위우매요절지인(或爲軍卒配徒之流 或爲瞽目跛足之輩 或爲愚賤夭折之人 사람 된 운명이 혹 군대의 졸자가 되거나, 혹 유배(귀양살이)로 떠돌아다니리라. 혹 눈이 멀거나(실명) 혹 발을 저는 무리이며, 혹 우매(미련함)하고 요절(일찍이 사망)하리라.)

이상의 본문에서 보는 바와 같이 사람 된 운명이 눈이 멀고 발을 절어서 불구가 되거나, 혹은 군인이나 또한 무슨 죄 값으로 유배되어 여러 곳으로 떠돌아다니게 되고, 혹은 머리가 우매하여 일찍이 요절하리라 말하고 있다. 본란에서는 장애를 들어 지적하는데 그 의미를 가진다.

이상은 상수학적(象數學的) 하락리수(河洛理數)로써 앞의 명론(命論)을 알아보았다. 다음은 의리학적(義理學的) 주역(周易)의 리육삼(履六三) 효사(爻辭)를 통해 근기를 알아본다.

육삼 묘능시 파능리 리호미 질인흉 무인위어대군(六三 眇能視, 跛能履, 履虎尾, 咥人凶, 武人爲於大君 육삼은 애꾸가 능히 보며 절름발이가 능히 밟음이라. 호랑이 꼬리를 밟아서 사람을 무니 흉하고 무인이 대군이 되도다.)

주(註) : 육삼이 음으로 양 자리에 거처해서 뜻은 강하고자 하나 몸이 본래 음유하니, 어떻게 밟는 바를 굳게 할 수 있겠는가? 그래서 애꾸가 봄에 보는 것이 밝지 못하고, 절름발이가 감에 행함이 멀지 못함과 같다. 재질이 이미 부족하고 또 거처함이 중을 얻지 못했으며 밟음이 바름이 아니어서 유로써 강하게 힘쓰는 것이다. 밟는 것이 이와 같으니 위험한 땅을 밟고 가는 것이기 때문에 호랑이 꼬리를 밟는다고 했다.

착하지 못한 밟음으로 위험한 땅을 밟으면 반드시 화와 근심이 미칠 것이기 때문에 사람을 무니 흉하다고 한 것이다. 무인이 대군이 된다함은 무력과 폭력을 행사하는 사람이 윗사람이 되어서 조급하고 경솔함을 마음대로 할 뿐이고, 순하게 밟아서 먼 데까지 가지는 못한다. 중정하지 못하면서 뜻만 강해서 뭇 양과 함께 하는 바가 되니, 이렇기 때문에 강하고 조급함으로 위험한 데를 밟아 흉한 것이다.

※ (17) 운명(運命)상으로 보아 신체적(身體的) 장애(障碍)의 명론

곤구오(困九五) 선수간신 후향안일 혹골육형상 신체유휴(先受艱辛後享安逸 或骨肉有刑 或身體有虧 먼저는 어렵고 고생하나 뒤에는 편안히 살으리라. 혹 골육(신체)에 형상(부상)되며 신체가 이지러짐이 있으리라.)

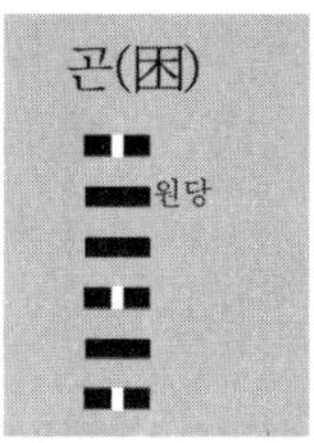

이상의 본문에서 보는 바와 같이 두드러진 점을 들어 지적하면, 신체가 형상되고 이지러져서 장애를 가지게 된다는 말이다. 신체의 중요성은 아무리 들어 강조해도 부족하다 하겠다. 고서에 금언 하나를 들어본다. 말하기를 신외무물(身外無物 : 몸 밖에는 아무런 소유도 없다.)이다. 다시 반복하면 부귀도 영광도 나의 건강이 있은 연후에 있다는 아주 평범한 진리를 말하고 있는 것이다. 본란에서는 장애를 들어 지적하는데 그 의미를 가진다.

이상은 상수학적(象數學的) 하락리수(河洛理數)로써 앞의 명론(命論)을 알아보았다. 다음은 의리학적(義理學的) 주역(周易)의 곤구오(困九五) 효사(爻辭)를 통해 근기를 알아본다.

구오 의월 곤우적불 내서유열 리용제사(九五 劓刖, 困于赤紱, 乃徐有說, 利用祭祀 구오는 코 베고 발꿈치를 베임이니 적불에 곤하나 천천히 기쁨이 있을 것이니 제사를 씀이 이로우리라.

주(註) : 주자본의(朱子本義) 코 베고 발꿈치 벰은 위와 아래가 상한 것이니, 아래가 이미 상했으면 적불(赤紱 : 신하가 인군에게 나아갈 때 무릎을 가리는 붉은 천)이 소용이 없어 도리어 곤함이 된다. 「구오」가 곤의 때를 당해서 위로는 음에게 가려졌고 아래로는 강을 탔기 때문에 이러한 상이 있다. 그러나 강중하면서 기뻐하는 체에 있기 때문에 오래도록 기다리면 기쁨이 있을 것이다. 점이 상 가운데 갖추어졌고, 또한 제사를 씀이 이로우니(제사지냄을) 오래 하면 마땅히 복을 받는다.

※ (18) 운명(運命)상으로 보아 신체적(身體的) 장애(障碍)의 명론

리구삼(離九三) 필치손신상재 형처극자(必致損身傷財, 刑妻剋子 반드시 몸을 손상케 하고, 재물을 해치며 마누라와 자식을 형극하리라.)

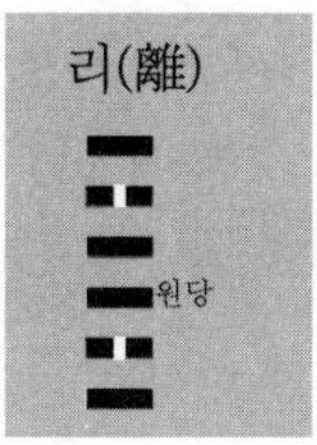

이상의 본문에서 보는 바와 같이 반드시 몸을 손상케 하리라 말하고 있다. 아울러 재물을 손실케 하며 마누라와 자식을 형극한다 예언하고 있다. 이는 사람이 한평생에 살아가는 원초적 기본 요소이나 이와 같이 결여되어 있다 함은 이 이상에 희구할 가치가 없다 하겠다.

이상은 상수학적(象數學的) 하락리수(河洛理數)로써 앞의 명론(命論)을 알아보았다. 다음은 의리학적(義理學的) 주역(周易)의 리구삼

(離九三) 효사(爻辭)를 통해 근기를 알아본다.

구삼 일측지리 불고부이가 즉대질지차 흉(九三 日昃之離 不鼓缶而歌 則大耋之嗟 凶 구삼은 날이 기울어지는 걸림이니 질그릇을 치고 노래하지 않으면 크게 기울어지는 슬픔이 있을 것이다. 흉하리라.)

주(註) : 팔순괘(八純卦)가 두 괘체의 뜻이 있으니 「건괘」는 내외괘가 다 굳세고 「곤괘」는 위와 아래가 다 순하며 「진괘」는 위엄과 진동이 서로 이어지고 「손괘」는 위와 아래가 다 순하며 「감괘」는 거듭 험한 것이 서로 거듭되고 「리괘」는 두 밝은 것이 이어서 비추며 「간괘」는 안과 밖이 다 그치고 「태괘」는 상대와 자기가 서로 기뻐하는 것이나 「리괘」의 뜻이 사람의 일에 있어서는 가장 크다.

구삼이 하체의 마지막에 있으니 이것은 앞의 밝음이 장차 다하고 뒤의 밝음이 이어지는 때이므로, 사람의 시종과 때의 혁역(革易)하는 시점이다. 그러므로 날이 기울어지는 걸림(日昃之離)이 되니 해가 지는 때의 밝음이다. 날이 기울어지면 장차 없어질 것이니, 이치로써 말하면 성하면 반드시 쇠함이 있고 시작하면 반드시 마침이 있음은 떳떳한 도리이니 통달한 사람은 이치에 순히 해서 즐거워한다.

질그릇(缶)은 평상시에 쓰는 기구이니 질그릇을 두드리며 노래함은 평상을 즐거워하는 것이다. 이와 같이 하지 못하면 크게 기울어져 탄식하고 근심할 것이니 흉하게 될 것이다. 대질(大耋)은 기울어져 없어지는 것이다. 사람이 죽을 때에 통달한 사람은 떳떳한 이치를 알아서 천명을 즐거워할 뿐이니, 만나는 것이 항상 다 즐거워서 질그릇을 두드리고 노래함과 같고 통달하지 못한 사람은 두렵고 슬퍼해서 장차 죽음에 대해 슬퍼한다. 이것이 크게 기울어지는 슬픔(大耋之嗟)으로 흉한 것이 되니, 이는 죽고 사는데 처하는 도리이다.

제 15 장

운명적(運命的) 요인이 정신(精神)의 질환(疾患)에 미치는 영향(影響)

스승에게 묻는다. 오늘은 운명적 요인이 정신의 질환에 미치는 영향에 대해 말씀해 주십시오. 주제에 정신의 중요성에 대하여는 신체의 어느 부위보다도 중요성 평가 이상의 존귀함을 의미하기도 한다.

정신(精神)이라함은 우선에 가깝게는 자기 신체적 관리기능과 일반적인 사회생활에 기본적 역할과 교류는 물론이려니와 나아가서 고금을 통한 문화 문명의 학습 내지는 연구발전을 위시해서 크게는 인류발전에 큰 족적을 남기는 일 등 그 기본 된 요소가 정신의 건전성 여부에서 그 근원에 역량이 도출되는 것이라 하겠다. 물론 사회의 우월한 발전적 성공에는 건전한 정신이 무엇보다 우선되어야 하며, 부실한 정신에서는 매사에 성공을 기대하기 어렵다는 결론이다. 괘에 명언 한 구절을 인용해본다. 복지이신명(福至而神明 : 복(성공)은 정신이 밝은 데서 이른다 했다.)

그러나 이 정신적 건전성 여부가 인위적으로 또한 사람이 노력하는 대로 되는 바가 아니라는 점이다. 자연의 섭리로부터 부여받아 하나의 운명으로 작용되는 바, 문제는 섭리로부터 부여받은 운명적 정신을 얼마만큼 잘 활용하느냐 하는데 관건이 된다는 말이다. 그러나 이러한 문제들은 나름대로 타고난 기질적 요인이 건전한데서 논평이 가능한 것이고, 불운에서 신음하게 되면 문제가 다르게 되니, 다음 장에서는 이를 주종으로 다루어 보기로 하자.

※ (1) 운명(運命)상으로 보아 정신(精神)적 질환(疾患)의 명론(命論)

관상구(觀上九) 기중울울불신 내청수지길인 이미능발설(其中鬱鬱不伸 乃淸修之吉人 而未能發泄 그 마음이 답답해도 펼 수가 없도다. 그러나 맑게 수양된 길한 사람 같으며 하는 일은 다 잘 발설할 수가 없으리라.)

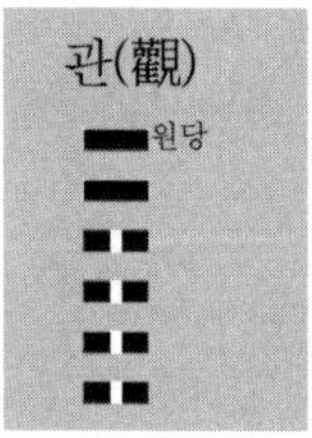

본문에서 보는 바와 같이 사람됨이 항상 그 마음이 답답해서 자기의 기량을 펼 수가 없으리라 말하고 있다. 그러나 맑게 수양된 길한 사람 같으니 성품이 악해서 남을 괴롭게 한다든가 지나치게 자기 욕심이 강해서 남에 해롭게 한다든가하는 그른 마음씨와 그른 행동이 없이 오히려 길한 사람과 같다는 말이다. 그러나 자기 기량을 발설해서 사회생활이나 가정적으로 부부생활을 못한다는 말이다. 그렇다 이와 같은 불운에서 신음하고 고통을 겪는 사람이 우리들이 보고 아는 바와는 매우 다르다. 알고 보면 생각 밖에 많이 있음을 보게 된다. 이와 같은 정신적 질환으로 병원을 찾는 사례가 많으나 앞에서도 서술한 바 있거니와 선천적 요인으로 발병된 질환은 오늘날에 고도의 의술로도 잘 치유가 안 되는 일을 보게 되니, 이는 그 깊은 원인이 선천적 숙명에서 작용되는 까닭인 것이다. 운명상에 선천적 요인으로 타고 난 정신적 질환이 다양한 바 여기서 언급하고 있는 명론은 실질적면에서 아주 강도 높은 환자를 보게 된다.

이상은 상수학적(象數學的) 하락리수(河洛理數)로써 앞의 명론(命論)을 알아보았다. 다음은 의리학적(義理學的) 주역(周易)의 관상구(觀上九) 효사(爻辭)를 통해 근기를 알아본다.

상구 관기생 군자 무구(上九 觀其生, 君子无咎 그 생김새를 봄이니 군자면 허물이 없으리라.)

주(註) : 「상구」는 양강한 덕으로써 위에 있어서 아랫사람이 보는 바가 되니 위(位)가 마땅치 못하니 이것은 어진 사람이나 군자가 지위(地位)에 있지는 못하나 도덕은 천하의 우러러보는 바가 되는 사람이다. 그 생김새를 본다고 함은 그 생하는 바를 보는 것이니, 자기에게서 나온 덕업과 행한 의리를 말한다. 이미 천하가 우러러보는 바가 됐기 때문에 스스로 그 생하는 바를 봐서, 만약 다 군자의 행동이면 허물이 없을 것이나, 군자의 행동이 아니라면 어떻게 사람들로 하여금 우러러보고 본받게 할 수 있겠는가? 이것이 그 허물인 것이다.

※ (2) 운명(運命)상으로 보아 정신(精神)적 질환(疾患)의 명론(命論)

췌상육(萃上六) 나약무위 우수도일 고립무조 록록소취(懦弱無爲 憂愁度日 孤立無助 碌碌小就 신체적 여건과 운명이 나약해서 무었을 할 수가 없고, 근심과 걱정으로 나날을 보내리라. 또한 외로이 서서 도울 이가 없고 어렵게 노력해도 조금 이루어지리라.)

이상의 본문에서 보는 바와 같이 사람됨이 운명과 체질적 나약으로 무었을 할 수가 없다 말하고 있다. 아울러 근심과 걱정으로 나날을

보내며 외로이 서서 도울 이가 없다 하니, 이는 상대적인 반려자가 없다는 말이다. 그러므로 하는 일이 어렵게 노력해도 이루어지는 폭은 적다 말하고 있다. 아무튼 고달픈 인생의 명론이라 하겠다.

이상은 상수학적(象數學的) 하락리수(河洛理數)로써 앞의 명론(命論)을 알아보았다. 다음은 의리학적(義理學的) 주역(周易)의 췌상육(萃上六) 효사(爻辭)를 통해 근기를 알아본다.

상육 자자체이 무구(上六 齎咨涕洟 无咎 탄식하고 눈물 흘리니 허물할 데 없다.)

주(註) : 「상육」은 기뻐함의 극치이다. 음유한 소인으로 높은 자리를 기뻐해서 거처하고 있으니, 천하 사람이 누가 즐겨 같이 하려 하겠는가? 모임을 구해도 사람들이 더불어 하지 않으니, 그 궁함이 탄식하고 눈물 흘리는 데까지 이른 것이다. 자자(齎咨)는 탄식하는 것이다. 사람들이 거절하는 것은 자기가 스스로 취한 것이니 장차 누구를 허물하겠는가? 사람들이 미워하고 거절함을 당해서 어떻게 할 바를 모름에 얻은 것을 떨어뜨리고 탄식하고 눈물 흘리니 진실로 소인의 정상이다.

※ (3) 운명(運命)상으로 보아 정신(精神)적 질환(疾患)의 명론(命論)

둔초육(遯初六) 상회우려 동수간고 종유제휴 불능설시(常懷憂慮 動受辛苦 縱有提携 不能設施 항상 근심스런 생각을 품고 살아가며, 무슨 일에 움직여 하면 어려움이 따르리라. 비록 나를 이끌어 주는 사람이 있더라도 베풀어 하는 일이 잘 안되리라.)

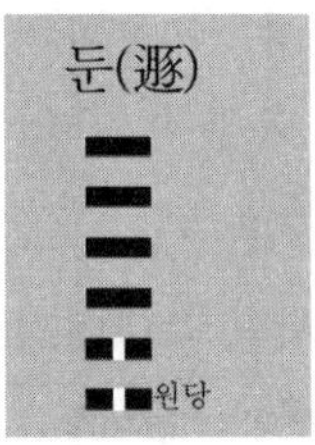

이상의 본문에서 보는 바와 같이 항상 근심스런 생각을 품고 살아가는 바가 하나의 타고난 운명적 소인이니, 어찌 인위적으로 이를 거역 할 수가 있겠느냐는 말이다. 이는 선천적인 운명적 요인으로 전문적인 의약 치료로 잘 치유가 되지 않음이 특징인 것이다. 이와 같은 불운 속에서는 움직여 무었을 할 경우 성취되어 그 공을 이루기는커녕 어려움만 만나게 되고 비록 주변에서 이끌어 응원이 있어도 잘 베풀어 할 수가 없다는 말이니, 다시 반복해 말하면 항상 근심으로 지내야 한다는 말이 합리적일지도 모른다.

이상은 상수학적(象數學的) 하락리수(河洛理數)로써 앞의 명론(命論)을 알아보았다. 다음은 의리학적(義理學的) 주역(周易)의 둔초육(遯初六) 효사(爻辭)를 통해 근기를 알아본다.

초육 둔미려 물용유유왕 (初六 遯尾厲 勿用有攸往 초육은 도망하는데 꼬리라 위태하니 가는 바를 두지 말 것이니라.)

주(註) : 다른 괘에는 아래 효를 처음으로 삼으나 「둔괘」는 도피해 가는 것이니, 앞에 있는 사람이 먼저 나가기 때문에 초효 자리가 꼬리가 된다. 꼬리는 뒤에 있는 물건이니 도피하는데 뒤에 있음은 미치지 못하는 것이고, 이 때문에 위태한 것이다. 「초육」이 유로써 미미한데 거처해서 이미 뒤에 처졌으니 갈 수 없고 가면 위태하다. 미미한 것은 숨기고 감추기 쉬우니 가서 위태함이 있다면 가지 않아서 재앙이 없게 하는 것만 못하다.

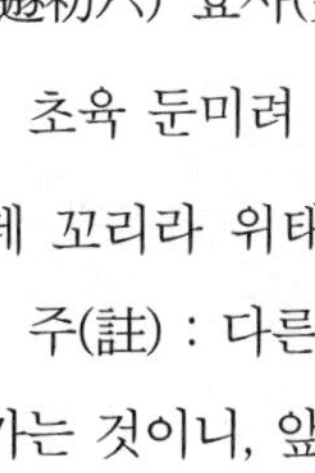

※ (4) 운명(運命)상으로 보아 정신(精神)적 질환(疾患)의 명론(命論)

고육사(蠱六四) 심다우의 사흠과단 소모즉취 대용즉손(心多憂疑 事欠果斷 小謀則就 大用則損 사람됨이 항상 마음의 정서가 근심스럽고 번뇌스러우며 일사의 과단성에 흠이 있으리라. 조그마하게 모사하는 일은 이루어지나 크게 모사하는 일은 손실되리라.)

위에 본문에서 보는 바와 같이 사람됨이 마음의 정서가 근심스럽고 번뇌스럽다는 말이다. 이는 선천적인 운명적 소인으로 전문적인 병원을 찾아 처방된 의약으로도 치유가 잘 이루어지지 않음이 특징이라 하겠다. 또한 일에 있어 용감하게 결단할 데서 모자라서 조그만 모사에는 이루어지지만 크게 모사하면 손실된다 하니, 과연 작은 그릇에 운명이도다.

이상은 상수학적(象數學的) 하락리수(河洛理數)로써 앞의 명론(命論)을 알아보았다. 다음은 의리학적(義理學的) 주역(周易)의 고육사(蠱六四) 효사(爻辭)를 통해 근기를 알아본다.

육사 유부지고 왕 견린(六四 裕父之蠱 往 見吝 육사는 아버지의 일을 너그럽게 함이니 가면 인색함을 보리라.)

주(註) : 「육사」가 음으로써 음 자리에 거처하니 유순한 재질이고 거처함이 바름을 얻었기 때문에 너그럽게 아버지의 일을 처리함이 된다. 유순한 재질로 바른데 거처해서 겨우 일상적인 것을 따르고 스스로를 지킬 따름이니, 만약 가서 일상에서 지나치는 일을 주관하면 이겨내지 못해서 인색함을 볼 것이다. 음유로써 응하고 돕는 이가 없으니 가더라도 어떻게 구제할 수 있겠는가?

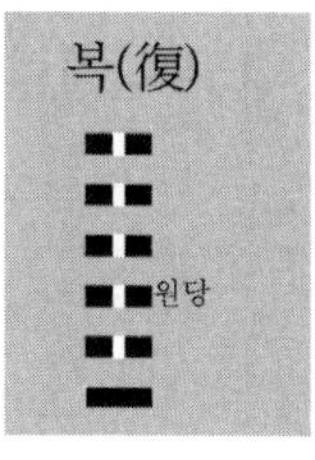

※ (5) 운명(運命)상으로 보아 정신(精神)적 질환(疾患)의 명론(命論)

복육삼(復六三) 난중취이 단중구장 우려억울(難中取易 短中求長 憂慮抑鬱 사람 된 운명이 어려운 속에서 쉽게 취하고 짧은 속에서 긴 것을 구하나, 근심스런 생각과 억울하게 지내리라.)

이상의 본문에서 보는 바와 같이 사람 된 운명이 어려운 가운데서 쉬운 것을 취하고 짧은 속에서 긴 것을 취할 수 있으나, 걱정스런 생각과 또한 무슨 일에 억제되어 마음이 답답하게 지내리라 말하고 있다. 이 운명적으로 근심스런 생각과 답답한 마음을 가지게 되는 것을 하나의 자연 발생으로 인한 정신적 질환으로 오인하기 쉬우나 이는 선천적으로 숙명적 운명임으로 고도로 발전된 의약일지라도 치유가 잘 안 되는 일을 보게 될 것이다.

이상은 상수학적(象數學的) 하락리수(河洛理數)로써 앞의 명론(命論)을 알아보았다. 다음은 의리학적(義理學的) 주역(周易)의 복육삼(復六三) 효사(爻辭)를 통해 근기를 알아본다.

육삼 빈복 려 무구(六三 頻復 厲 无咎 육삼은 자주 회복함이니 위태하나 허물이 없으리라.)

주(註) : 「육삼」이 음이면서 조급함으로 움직이는 괘의 끝에 있으니, 자주 회복하나 굳게 지키지 못하는 사람이다. 회복함은 편안하고 굳건한 것을 귀하게 여기니 자주 회복하고 자주 잃는 것은 불안한 회복이고, 착함을 회복했다 자주 잃는 것은 위태한 도리이다. 성인이 착한 데로 옮겨가는 길과 그 회복 하는 길을 열어 놓으셨으나, 그 자주 잃은 것을 위태롭게 여기기 때문에 위태하나 허물이 없다고 하신 것이니, 자주 잃어버린다고 해서 회복하는 것을 경계 할 수는 없다. 자주 잃는 것은 위태하나 자주 회복하면 무슨 허물이 있는가? 허물은 잃는데 있지 회복하는데 있는 것이 아니다.

※ (6) 운명(運命)상으로 보아 정신(精神)적 질환(疾患)의 명론(命論)

진육이(晉六二) 단인정사 우희무상 경변무정(端人正士, 憂喜無常,

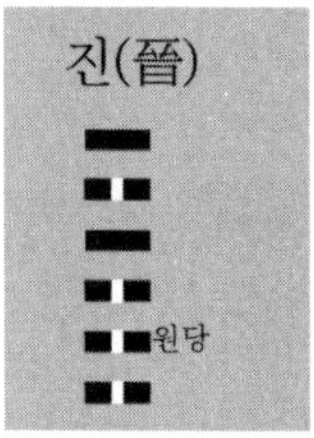

更變無定 사람됨이 단정한 사람, 바른 선비이도다. 근심스런 생각과 기쁜 생각이 항상 교차 되며, 고쳐 변해서 정할 수가 없으리라.)

이상의 본문에서 보는 바와 같이 사람 된 운명이 단정한 사람, 바른 선비이긴 하나 생각에 있어서는 근심과 기쁨이 길게 항상 할 수가 없으리라 말하고 있다. 이와 같이 우희(憂喜)가 길게 항상 할 수 없음은 하나의 자연의 섭리로부터 운명으로 부여받았음으로 불가항력적인 일이라 하겠다. 어찌 보면 정신적인 문제로 오인할 수가 있으나 이는 하나의 운명임으로 치유내지는 교정할 수 없는 숙명적 작용인 것이다.

이상은 상수학적(象數學的) 하락리수(河洛理數)로써 앞의 명론(命論)을 알아보았다. 다음은 의리학적(義理學的) 주역(周易)의 진육이(晉六二) 효사(爻辭)를 통해 근기를 알아본다.

육이 진여수여 정길 수자개복어기왕모(六二 晉如愁如 貞吉 受玆介福於其王母 육이는 나아가는 것이 근심스러우니 곧고 바르게 하면 길하리니 큰 복을 왕모(할머니)에게서 받으리라.)

주(註) : 「육이」가 아래에 있고 위에 응원이 없어서 중정하고 유화(柔和)한 덕으로써 하니, 나아가는 데 강한 사람이 아니다. 그래서 나아가는 데 근심함이 되니 나아가기가 어렵다는 말이다. 그러나 곧고 바름을 지키면 마땅히 길함을 얻을 것이기 때문에 나아가는 것이 근심스러우나 바르게 하면 길하다고 하였다.

※ (7) 운명(運命)상으로 보아 정신(精神)적 질환(疾患)의 명론(命論)

췌초육(萃初六) 우희불상 사정부정 덕박행휴 성립간신(憂喜不常 邪

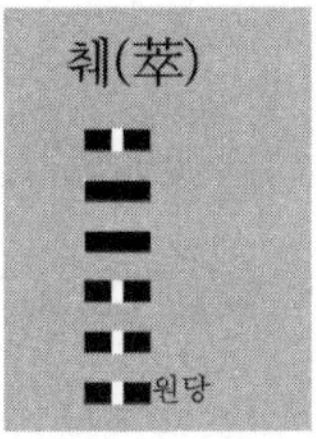

正不定 德薄行虧 成立艱辛 사람 된 운명이 근심스런 생각과 기쁜 생각을 항상 할 수 없으며, 덕망은 얇고 행동은 이지러지며 하는 일에 성공은 어려우리라.)

위의 본문에서 보는 바와 같이 근심스런 생각과 기쁜 생각이 범상치 않아 사람됨이 심리적 변화가 무상하여 비교적 변태적인 운명이기도 하다. 때로는 심리적 불안과 우울증 때문에 고심될 것이나, 이는 타고난 운명적 소관으로 현대의학의 고명한 기술로도 치유가 잘되지 않음이 특징이라 하겠다. 사람 된 덕망이 얇고 행동 면에 있어 이지러지며 무슨 일사에 성공이 어렵다는 말이니, 비교적 불우한 운명이기도 하다.

이상은 상수학적(象數學的) 하락리수(河洛理數)로써 앞의 명론(命論)을 알아보았다. 다음은 의리학적(義理學的) 주역(周易)의 췌초육(萃初六) 효사(爻辭)를 통해 근기를 알아본다.

초육 유부불종 내란내췌 약호일악위소 물휼왕무구(初六 有孚不終 乃亂乃萃 若號一握爲笑 勿恤往无咎 초육은 미더움이 있으나 끝까지 못하면 이에 어지러워져서 모이는데, 만일 울부짖으면 일제히 웃으리니 걱정하지 말고 가면 허물이 없으리라.

주(註) : 「초육」이 「구사」와 정응이 되나 본래 믿음이 있어 서로 좇아가는 자다. 그러나 「췌」의 때를 당해서 세음(陰)이 모여서 거처하니 유약해서 바름을 지킬 수 있는 절개가 없다. 만일 정응을 놓아두고 음유(陰柔)를 좇아가면 미더움이 있으나 끝까지 못하게 된다. 이에 어지럽다(乃亂)고 함은 그 마음을 꾀이며 어지럽게 함이고, 이에 모인다(乃萃)는 그 동류와 더불어 모이는 것이다. 「초육」이 만약 바름을 지켜(陰의 동류를) 좇아가지 않고 정응을 울부짖어 구하면 일제히 웃을 것이라 하니, 일악(一握)은 속된 말로 한 무리이므로 뭇사람들의 웃음꺼리가 된다는 말이다. 만일 개의치 않고 가서 양강한 정응을 좇으면 허물이 없으나 그렇지 않으면 소인의 무리에 빠질 것이다.

제 16 장

운명(運命)상으로 본 재산(財産)의 유무(有無)

제자는 묻는다. 스승님 오늘은 재산에 유무와 그 중요성에 대하여 알고 싶습니다. 말씀해 주십시오. 스승은 말한다. 그렇다, 재산의 유무나 그의 중요성을 어찌 모르는 사람이 있겠느냐마는 오늘의 논제는 현실에 나타나 있는 외형적 현실보다 그 내면에 원유(原由)를 알아보기로 하자.

고서(古書)에 이러한 말이 있다. 대부는 유천이요, 소부는 유근이라(大富有天, 小富有勤 : 큰 부자는 하늘이 정하고, 작은 부자는 부지런한데 달려있다.)라고 하니라. 이러한 논리는 인간의 선구자적 입장에서 근면을 권장한 계명적 훈계이니, 나름대로의 의미를 가지고 있다 하겠다. 그러나 본 주제의 명제는 이보다 원천적 재산의 유무에 원유를 살펴보기로 한다.

전장에서도 누차 언급한 바 있거니와 인간에 모든 길흉화복의 원천은 모태(母胎)에 태아가 입태될 때에 이미 정해져서 하나의 그릇에 비교가 된다는 말이다. 그렇기를 다음과 같은 금언으로써 나타내고 있다 하겠다. 분이정 부생공자망(分已定 浮生空自忙 : 분수는 이미 정해졌거늘 모든 창생들은 부질없이 바쁘다.)라고 하니라.

그러므로 본 책자의 자매지인 하락리수(河洛理數)에는 재산의 유무를 수많은 계층으로써 나타내고 있느니라. 혹자는 소모무불수 소행무불성(所謀無不遂, 所行無不成 : 모사하는 바가 성사되지 않음이 없고 행하는 바가 이루어지지 않음이 없느니라.)라 되어 있으니, 우리나라 1960~90년대에 내외의 건설산업과 수십 개의 대기업체를 창업했던 현대그룹의 창업주에 명론(命論)이다.

또한 이에 대비론으로써 근가지가(僅可持家 : 겨우 집을 가질 것이다.), 이는 집을 마련하기 어려웠겠소 하니 본인의 말에 의하면 그 말을 받아 짜투리 공지에 15평 무허가에서 살고 있습니다 하는 대답이다. 또한 이 재산에 대한 중요성에는 소유할 수 있는 풍요(豊饒)의 가치 이전에 대소사를 막론하고 성공하면 재산의 결실로 나타나고 실패하면 재물이 소진되는 이면의 전조적 이치가 있으니, 성공해서 풍요로운 재산은 사람마다 소망하지 않는 이가 있으리오마는 실패의 고초와 후속으로써 나타나는 재산의 소진은 그 뼈를 깎는 아픔일 것이다. 이 아픔의 후자를 누가 원하리오. 이 모두가 선천적 요인이니, 이에 대처는 피흉(避凶)의 방법 이외에는 별다른 방책이 없음을 직시해야 할 것이다.

(1) 운명(運命)상에서 본 재산(財産)의 유무(有無)

※ (1) 大富(대기업)의 명론(命論)

해구사(解九四) 위인정단 원절군사 이여양현 상협상조우묘랑지상 소모무불수 소행무불성(爲人正端 遠絶群邪 而與良賢 相協相助于廟廊

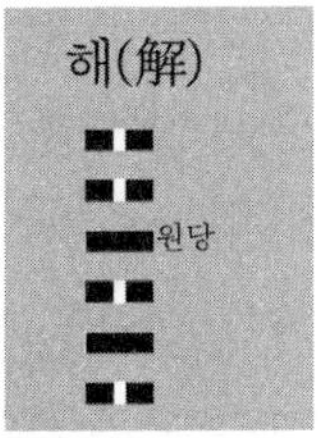

之上 所謀無不遂 所行無不成 사람 됨됨이가 바르게 판단하고 사악(간산함)한 무리들을 끊어서 멀리하리라. 또한 량현(고관)들과 더불어 묘랑(궁궐)에서 서로 돕고 협력하는 일을 모사하는 바가 이루어지지 않음이 없고 행하는 바가 성사 되지 않음이 없으리라.)

본문에서 보는 바와 같이 사람됨이 매사에 하는 바, 일사를 바르게 하고 옳게 판단하리라는 말이다. 또한 고관들과 더불어 묘랑(궁궐)에서 나는 당신에게 협력을 하리니, 당신은 나의 하는 일에 도움을 달라고 하는 참으로 차원 높은 운명이라 하겠다. 그렇게 하는 바 일사가 모사하면 이루어지지 않을 것이 없고 행동에 옮기면 성사되지 않음이 없으리라 말하고 있으니, 이 얼마나 차원 높은 운명이랴 말이다. 이는 우리나라 현대사에 경제건설의 거두이고, 현대그룹의 창업주이던 정주영(鄭周永) 총수의 원명(原命)이기도 하다. 그는 강원도 산골마을인 아산(峨山)에 한 농가에서 태어나, 적수공권으로 한때는 세계의 100대 재벌로써 명성을 가진 바가 있으니, 이 모두의 원동력은 상단에 수록되어 있는 원명을 밟아 걸어갔을 뿐임을 여실히 나타내고 있는 것이다.

이상은 상수학적(象數學的) 하락리수(河洛理數)로써 앞의 명론(命論)을 알아보았다. 다음은 의리학적(義理學的) 주역(周易)의 해구사(解九四) 효사(爻辭)를 통해 근기를 알아본다.

구사 해이무 붕지사부(九四 解而拇 朋至斯孚 구사는 너의 엄지발가락을 풀면 벗이 와서 믿으리라.)

주(註) : 「구사」가 양강한 재질로 윗자리에 거처해서 인군인 「육오」를 받드니 대신이고 아래로 음인 「초육」과 응한다. 엄지 발가락(拇)은 아래에 있고 미미한 것이니 「초육」을 이른다. 높은 자리에 있으면서 소인과 친하면 어진 사람과 바른 선비가 멀리하여 물러갈 것이고, 소인을 배척해 버리면 군자의 무리가 나아와서 정성이 서로 통할 것이다. 「구사」가 「초육」의 음유함을 풀어버릴 수 있으면 군자인 양강한 벗이 와서 성의로 합할 것이다. 소인을 풀어버리지 못하면 자기의 성의가 지극하지 못한 것인데, 어떻게 사람들의 믿음을 얻겠는가? 「초육」은 「구사」의 응이기 때문에 멀리 하는 것을 푼다고 말했다.

※ (2) 운명(運命)상에서 본 재산(財産)의 유무(有無)

大富(대기업)의 명론(命論)

미제육오(未濟六五) 역정대고명지군자 대업륭 부유지성 경복유창치지미(亦正大高明之君子 大業隆富有之盛 景福有昌熾之美 사람 된 심성이 바르며 기량(器量)이 크고 고상(高尙)하며 명철(明哲)한 군자이도다. 가지는 대업은 융성하여 부를 성하게 소유하고 빛나는 복(福 : 좋은 운)이 창성하고 치열한 미가 있으리라.)

이상의 본문에서 보는 바와 같이 인격의 소유가 품위를 갖추었으며 재산의 소유가 성왕하리라 말하고 있으며, 그에 상응한 빛나는 복이 창성하고 치열하리란 말이다. 본란에서는 재산을 들어 지적하는데 그 의미를 가진다.

이상은 상수학적(象數學的) 하락리수(河洛理數)로써 앞의 명론(命論)을 알아보았다. 다음은 의리학적(義理學的) 주역(周易)의 미제육오(未濟六五) 효사(爻辭)를 통해 근기를 알아본다.

육오 정길 무회 군자지광 유부길(六五貞吉 无悔 君子之光 有孚吉 육오는 바르기 때문에 길하여 후회가 없으니 군자의 빛이 믿음이 있기 때문에 길하니라.

주(註) : 「육오」가 문명함의 주인으로 강한데 거처하면서 강에 응하고 그 거처함이 중을 얻어서 그 마음을 비움에 양이 도우니, 비록 유로써 높은데 있으나 지극히 바르고 잘 처신하는 것임으로 부족함이 없다. 이미 곧고 바름을 얻었기 때문에 길해서 후회가 없으니 바름은 오래 있는 것이고 경계함이 아님으로 이렇게 해서 건너면 건너지 못할 것이 없다. 「육오」가 문명의 주인이기 때문에 빛이라고 말했고 군자의 덕의 빛남이 성함에 성공의 결실이 상응하니 믿음이 있는 것이다. 앞에 구절의 길하다 함은 공으로써 말한 것이니, 이미 빛나서 믿음이 있으니 때가 건널 수 있는 것이다.

※ (3) 운명(運命)상에서 본 재산(財産)의 유무(有無)

大富(대기업)의 명론(命論)

해육오(解六五) 성신족이협상인지심 자혜족이득소인지력 덕업륭성 복량관굉(誠信足以協上人之心 慈惠足以得小人之力 德業隆盛 福量寬宏 사람됨이 성실하고 미덥게 함으로써 극히 윗사람의 마음과 합하게 하며 사랑과 은혜로써 극히 아랫사람의 힘을 얻으리라. 큰 업이 융창하고 번성하며 복의 그릇이 넓고 크리다.)

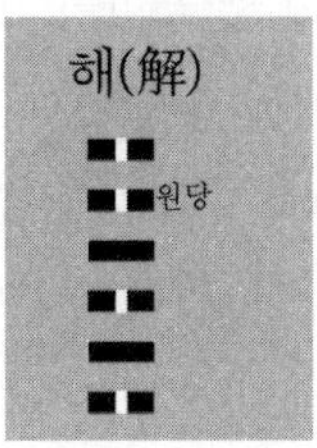

이상의 본문에서 보는 바와 같이 매사에 성실성이 있으며 사람의 가치 형성에 가장 주체가 되는 신의가 돈독하다는 논리이다. 그러므로 윗사람과의 심리적 협력이 잘 이루어지며 또한 사랑과 은혜로써

아랫사람의 힘을 얻을 수가 있다. 천하만사는 이 인간관계로부터 성패가 형성되는 법이다. 이 얼마나 좋은 운명이랴 말이다. 이와 같은 좋은 인간관계의 운명은 자기가 힘써서 이루는 덕업이 융성하고 번성하며 복(福 : 좋은 운)의 기량은 넓고 크다는 말이다.

이상은 상수학적(象數學的) 하락리수(河洛理數)로써 앞의 명론(命論)을 알아보았다. 다음은 의리학적(義理學的) 주역(周易)의 해육오(解六五) 효사(爻辭)를 통해 근기를 알아본다.

육오 군자 유유해 길 유부어소인(六五 君子維有解 吉 有孚於小人 육오는 군자가 오직 풀음이 있으면 길하니 소인에게 믿음(증험됨)이 있으리라.

주(註) : 육오가 높은 자리에 거처해서 「해」의 주인이 되니 인군의 푸는 것이나 군자로써 통틀어서 말했다. 군자가 친하고 가깝게 하는 사람은 반드시 군자이고 풀어서 버리는 사람은 반드시 소인이기 때문에 군자가 오직 풀음이 있으면 길한 것이다. 소인이 가면 군자가 나아가게 될 것이니, 이보다 큰 길함이 어디에 있겠는가? 믿음이 있다는 세상 사람들이 말하는 효험이 있다는 것이니, 소인에게서 증험할 수 있다는 것이다. 소인의 무리가 제거됨은 군자가 풀어버릴 수 있기 때문이니, 소인이 제거되면 군자가 스스로 나아가서 바른 도가 저절로 행해지리니 천하를 다스리지 못하겠는가?

※ (4) 운명(運命)상에서 본 재산(財産)의 유무(有無)

大富(대기업)의 명론(命論)

가인상구(家人上九) 강유상제지석사 덕업광대 복량관홍(剛柔相濟之碩士 德業廣大 福量寬洪 사람됨이 강함과 유함을 서로 다스릴 수 있는 큰 선비이도다. 덕업(사업)은 넓고 클 것이며 복(좋은 운)된 기량은

넓고 크리라.)

이상의 본문에서 보는 바와 같이 사람됨이 품성은 강하고도 유한 양면을 서로 다스릴 수 있는 큰 선비로써 통칭 세간에서 말하는 강유를 겸비한 큰 선비란 말이다. 세간에는 이러한 사례가 있다. 나약한 자에게는 강하고 강자에게는 유약함을 보이는 자를 두고, 세상 사람들은 비겁(卑怯)하고 야비(野鄙)한 인간이라 비웃기도 한다. 그러나 본란의 명론은 불의(不義)와 부정(不正)한 자에게는 지위의 고하를 막론하고 강하게 대처하고 무지(無知)와 나약(懦弱)한 자에게는 유(柔)함으로써 상대하는 비교적 큰 기량을 말하고 있는 것이다. 그 인품에 상응하는 덕업(德業)은 광대하고 복량은 넓고 크다 하니, 참으로 흠앙(欽仰)의 대상이라 하겠다.

이상은 상수학적(象數學的) 하락리수(河洛理數)로써 앞의 명론(命論)을 알아보았다. 다음은 의리학적(義理學的) 주역(周易)의 가인상구(家人上九) 효사(爻辭)를 통해 근기를 알아본다.

상구 유부위여 종길 (上九 有孚威如 終吉 상구는 믿음을 두고 위엄있게 하면 마침내 길하리라.)

주(註) : 상효는 괘의 끝이고 가도가 이루어진 것이기 때문에 집안을 다스리는 근본을 지극히 말한 것이다. 집안을 다스리는 도는 지극한 정성이 아니면 할 수 없기 때문에 반드시 마음에 믿음을 두면 항구(恒久)할 수 있고, 여러 사람이 스스로 감화되어 착하게 될 것이다. 지극한 정성으로 하지 않으면, 자기 자신도 또한 항상 지켜 갈 수 없을 것인데 하물며 남에게 시키고자 함이랴! 그렇게 때문에 집안을 다스림은 믿음이 있는 것으로써 근본을 삼는다. 집안을 다스리는 것은 처자식의 정과 사랑의 사이에 있으니, 자애로움이 지나치면 엄함이 없고 은혜가 이기면 의리가 가릴 것이다. 그러므로 집안의 근심이 항상 예법이 부족해서 모독하고 태만함이 생기는데 있으니, 어른은 존엄함을 잃고 젊은이는 공순(恭順)함을 잃고서 집안이 어지러워지지 않는 경우는 있지 않기 때문에 반드시 위엄이 있으면 마침내 길함을 얻을 것이다. 집안을 마지막까지 보존하는 것은 믿음을 두고 위엄 있게 하는 두 가지에 있을 뿐이기 때문에 괘의 마지막에 말한 것이다.

※ (5) 운명(運命)상에서 본 재산(財産)의 유무(有無)

大富(대기업)의 명론(命論)

승구이(升九二) 입심이성 결교이정 청명일저 덕업흥륭(立心以誠 結交以正 淸名日著 德業興隆 사람됨이 성실함으로써 마음을 정하고 바름으로써 교분을 맺으리라. 그 청렴한 명예는 날마다 더 나타나고 그의 덕업은 흥성하고 융창하리라.)

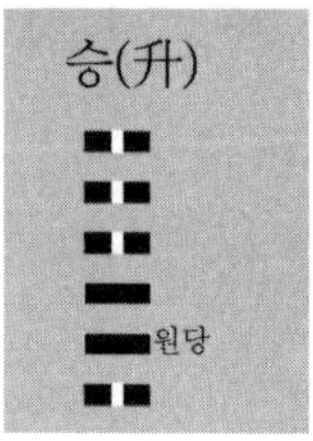

이상의 본문에서 보는 바와 같이 사람됨이 매사에 성실함으로써 마음을 정하고 바름으로써 교분을 맺으리라 말하고 있다. 참으로 가상한 인품이라 칭송해서 마땅하다. 무엇보다 인간의 존엄한 가치적 평가는 첫째로 성실과 둘째로 정의적 품행이라 말할 수 있다. 재산의 유무나 사회적 지위 고하는 차치(且置)하고 가장 존엄한 가치임에 틀림없다. 그 위에 금상첨화격(錦上添花格)으로 청렴한 명예와 덕망이 있으면, 사업이 흥성하고 융창하리라 말하고 있다.

이상은 상수학적(象數學的) 하락리수(河洛理數)로써 앞의 명론(命論)을 알아보았다. 다음은 의리학적(義理學的) 주역(周易)의 승구이(升九二) 상사(象辭)를 통해 근기를 알아본다.

상왈 구이지부 유희야(象曰 九二之孚 有喜也 상에 말하기를 구이의 믿음은 기쁨이 있으리라.

주(註) : 「구이」가 능히 믿음과 정성으로 윗사람을 섬기면 신하되는 도리가 허물이 없을 뿐 아니라, 강중한 도를 행해서 혜택이 천하에 미칠 것이니, 이것이 기쁨이 있음(有喜)이다. 무릇 「소상전」에 경사가 있다(有慶)고 말한 것은, 이렇게 하면 복과 경사가 만물에 미친다는 말이고, 기쁨이 있다고 말한 것은 일이 이미 잘되고 또한 기뻐할 수 있다는 것이다.

※ (6) 운명(運命)상에서 본 재산(財産)의 유무(有無)

大富(대기업)의 명론(命論)

승육사(升六四) 성실족이동인 구모무조 가업흥륭(誠實足以動人 求謀無阻 家業興隆 사람됨이 족하게 성실함으로써 사람을 감동케 하며 구하고 모사하는 바가 막힘이 없으며 경영하는 가업는 흥성하고 융창하리라.)

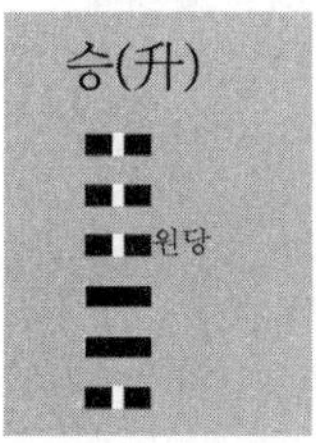

이상의 본문에서 보는 바와 같이 사람됨이 족히 성실하게 함으로써 사람을 감동케 하며, 내가 무슨 일에 구하고 모사하면 막이는 바가 없으리라는 말이다. 또한 자기가 경영하는 기업은 흥성하고 융창하리라 말하고 있다. 본란에서는 재산을 들어 지적하는데 그 의미를 가진다.

이상은 상수학적(象數學的) 하락리수(河洛理數)로써 앞의 명론(命論)을 알아보았다. 다음은 의리학적(義理學的) 주역(周易)의 승육사(升六四) 상사(象辭)를 통해 근기를 알아본다.

상왈 왕용형우기산 순사야(象曰 王用亨于岐山 順事也 상에 말하기를 왕이 기산에서 형통하다 함은 일에 순함이라.) 「육사」가 인군과 가까운 자리에 있고 오르는 때를 당했는데도 길하고 허물이 없음은 순한 덕이 있기 때문이고, 유로써 곤(坤)에 있음은 순함이 지극한 것이니, <문왕>이 「기산」에서 형통함은 또한 때에 순응했을 따름이다. 위로는 인군에 순하고 아래로는 아랫사람에게 순히 대하며 자신은 그 의리에 순하게 처했기 때문에 일에 순함(順事)이라고 했다.

※ (7) 운명(運命)상에서 본 재산(財産)의 유무(有無)

大富(대기업)의 명론(命論)

승육오(升六五) 수도립신 진취유위 동개합지 덕업일신(守道立身 進

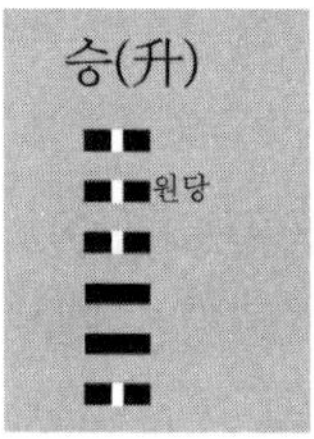

取有爲 動皆合志 德業日新 사람됨이 도를 잘 지키고 자기 몸을 입신(입신양명)하며 나아가서 무었을 취하려 함에 유위(能力)가 있어서 움직여 하는 바가 모두 자기 뜻과 합치되며 덕망 된 업종이 날로 새로워지리라.)

이상의 본문에서 보는 바와 같이 사람의 됨됨이가 도를 잘 지켜 입신양명하고 무슨 일이고 나아가서 취하려는 데는 유위(能力)가 있어 움직여 하는 일이 모두 자기 뜻과 합치되며, 자기의 덕망 된 사업은 날로 새로워지리라는 말이다. 다시 설명하면 이 명론의 특징은 우선에 인도적인 율리(律理)나 사회의 규범을 잘 지켜 수신제가(修身齊家)의 기본 질서적으로 도를 지켜 입신양명하고 진취하는데 있어, 무엇보다 능력이 있어 움직여 하는 일이 모두 자기 뜻과 같이 합치된다는 독특한 명론이다. 아울러 하는 사업은 답보나 침체가 아니라 날로 새로워짐을 예고하고 있음을 볼 수가 있다.

이상은 상수학적(象數學的) 하락리수(河洛理數)로써 앞의 명론(命論)을 알아보았다. 다음은 의리학적(義理學的) 주역(周易)의 승육오(升六五) 효사(爻辭)를 통해 근기를 알아본다.

육오 정길 승계(六五 貞吉 升階 육오는 바르게 하여야 길하리니 섬돌에 오르도다.)

주(註) : 육오가 아래로 강중한 응이 있기 때문에 높은 자리에 있어도 길할 수 있으나, 자질이 음유하니 반드시 바르고 굳음을 지켜야 그 길함을 얻는다. 만약 바르고 굳게 하지 못하면 어진 사람에 대한 믿음이 독실하지 못하고 어진 사람에게 맡김이 끝까지 못할 것이니 어찌 길할 수 있겠는가? 섬돌은 올라가게 하는 것이다. 강중한 어진 사람에게 맡겨 돕게 해서 올라감이 올라갈 때 계단으로부터 하는 것과 같으니 연유함이 있어서 쉽다는 말이다. 정응인 「구이」를 가리켜 말한 것이나 아래에 있는 어진이가 다 사용해서 올라가는 계단이니 능히 어진 사람을 쓰면 여럿이 무리로 올라갈 수 있다.

※ (8) 운명(運命)상에서 본 재산(財産)의 유무(有無)

大富(대기업)의 명론(命論)

정육오(鼎六五) 병성충직 선통인정 가업풍후 복량관홍(秉性忠直 善

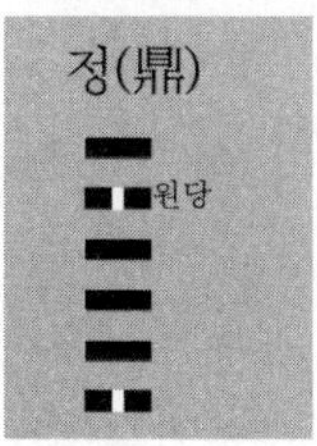

通人情 家業豊厚 福量寬洪 사람됨이 충실하고 정직한 성품을 가지며 사람과의 인정이 잘 통하리라. 자기가 하고 있는 가업은 풍성하고 두터우며 복(福 : 좋은 運)의 양은 넓으리라.)

이상의 본문에서 보는 바와 같이 사람 된 성품이 언사나 행동 면에 있어 충실하고 정직하며 사람과의 인정이 잘 통할 것이라 말하고 있다. 특히나 부부와의 인연이 조화롭게 되어 한번 결합하면 해로한다는 의미도 내포하고 있다. 가업은 잘 진행되어 풍성하고 후중하게 되며 복(福 : 좋은 運)의 량이 넓고 크다는 말이다.

이상은 상수학적(象數學的) 하락리수(河洛理數)로써 앞의 명론(命

論)을 알아보았다. 다음은 의리학적(義理學的) 주역(周易)의 정육오(鼎六五) 효사(爻辭)를 통해 근기를 알아본다.

육오 정황이 금현 리정(六五 鼎黃耳 金鉉 利貞 육오는 솥이 누런 귀에 금고리니 바르게 함이 이로우니라.)

주(註) : 육오가 솥 위에 있으니 솥귀(耳)의 상이고 솥을 드는 것은 귀에 달렸으니 솥의 주인이다. 「육오」가 중덕이 있기 때문에 누런 귀(黃耳)라고 했으니 고리(鉉)는 귀에 붙어 있는 것이다. 「구이」가 「육오」와 응해서 귀를 따라오는 것이니 고리이고, 「구이」가 강중한 덕이 있어서 양체는 강하고 중앙의 색은 누렇기 때문에 금고리(金鉉)가 된 것이다. 「육오」가 문명하고 득중하면서 강과 응하고 「구이」는 강중하고 「손체」면서 위로 응하니 재질이 부족함이 없고 상응함도 지극히 착한 것이나, 이로움이 바르고 굳게 하는 데 있을 뿐이다. 「육오」가 중에 있으면서 중과 응하니 바른 것을 잃는 데까지는 가지 않으나, 재질이 본래 음유하기 때문에 중덕으로 바르고 굳게 하라고 경계한 것이다.

※ (9) 운명(運命)상에서 본 재산(財産)의 유무(有無)

大富(대기업)의 명론(命論)

서합육오(噬嗑六五) 위대부 풍의족식 적진축공(爲大富 豊衣足食 積塵蓄紅 큰 부자가 되거나 또한 버금인 즉 의식이 풍족하리라. 또한 선조의 유업을 쌓고 선인들의 길쌈을 축적하리라.)

이상의 본문에서 보는 바와 같이 큰 부자가 되거나, 아니면 의식이 풍족하리라는 말이다. 또한 선조의 유업을 쌓고 선인들의 길쌈을 축적한다는 뜻이니, 다시 말해서 적소성대(積少成大)를 의미하는 말이다. 앞에서 큰 부자가 되거나 의식이 풍족하다 되어 있다. 이는 하락리수로써 운명을 감명하려면 기초적인 작괘를 진행하는 방식이 있으니, 이에 의거해서 분석해야 가능하다.

이상은 상수학적(象數學的) 하락리수(河洛理數)로써 앞의 명론(命論)을 알아보았다. 다음은 의리학적(義理學的) 주역(周易)의 서합육오(噬嗑六五) 효사(爻辭)를 통해 근기를 알아본다.

육오 서건육 득황금 정려 무구(六五 噬乾肉 得黃金 貞厲 无咎 육오는 마른 고기를 씹어서 황금을 얻으니, 바르고 위태롭게 여기면 허물이 없으리라.)

주(註) : 「육오」가 괘에 있어 더욱 위에 있으나 마른 고기를 씹는 것이 되어 도리어 「구사」의 간자(乾胏)보다 쉬운 것은 「육오」가 높은 자리에 거처하고 위에 있는 세력을 타서 아랫사람을 형벌주니, 그 형세가 쉬운 것이다. 괘가 장차 끝나려하고 그 틈도 심히 크니 합하기 쉬운 것은 아니기 때문에 마른 고기를 씹음이 된 것이다. 황금을 얻었다고(得黃金) 함은 누런 것(黃)은 중앙의 색이고 금(金)은 강한 물건이니 「육오」가 중에 거처하는 것이 중도를 얻은 것이 되며, 강한 데 거처한데다 「구사」가 강함으로써 도움이 황금을 얻은 것이고 「육오」가 응이 없고 구사가 대신의 자리에 거처하니 그의 도움을 받는 것이다. 바르고 위태롭게 해서 허물이 없다(貞厲无咎)고 함은, 「육오」가 비록 중(中)하고 강한 자리에 거처하나 실질은 부드러운 음효이기 때문에 반드시 바르고 굳게 하면서 위태롭다는 생각을 품으면 허물이 없다고 경계한 것이다. 유(柔)로써 높은 자리에 거처하면서 씹어 합하는 때를 당했으니, 어찌 정교하게 하고 위태하며 두렵다는 생각을 품지 않을 수 있겠는가?

※ (10) 운명(運命)상에서 본 재산(財産)의 유무(有無)

大富(대기업)의 명론(命論)

려육이(旅六二) 수불입사 역유자재풍영 당하화려 동복번다 후복인야(雖不入仕 亦有資才豊盈 堂廈華麗 童僕繁多 厚福人也 비록 벼슬에 들어갈 수는 없으나 당하(큰집)가 화려하고 아이 종들이 번거로이 많으며 복(福 : 좋은 운)이 두터우리라.)

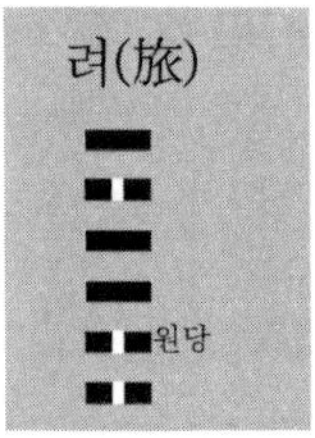

이상의 본문에서 보는 바와 같이 비록 벼슬에는 들어갈 수가 없다 하니, 이는 오늘날에 국가에서 시행하는 사법고시 등 각종 시험을 의미한다. 비록 시험에는 합격이 된다 하더라도 승급(陞級) 규정에 의한 기간에 승진이 어려워 벼슬아치로써는 존속이 어렵다는 말이다. 그러나 재산은 풍성하고 당하(큰집)가 화려하다 하니 이 운명자는 재산과는 관계없이 거택이 비교적 크며 두드러진 점이 내외의 꾸밈새가 화려하게 조성함을 말함이다.

이상은 상수학적(象數學的) 하락리수(河洛理數)로써 앞의 명론(命論)을 알아보았다. 다음은 의리학적(義理學的) 주역(周易)의 려육이(旅六二) 효사(爻辭)를 통해 근기를 알아본다.

육이 려즉차 회기자 득동복정(六二 旅卽次 懷其資 得童僕貞 육이는 나그네가 여관에 나아가서 그 노자를 품고 아이 종의 바름을 얻음이로다.)

주(註) : 육이가 유순하고 중정한 덕이 있으니 유순하면 대중이 더불어 하고 중정하면 처신함에 마땅함을 잃지 않을 것임으로 자기가 소유한 것을 보존 할 수 있다. 아이 종이 또한 충성과 믿음을 다하니 비록 「육오」만은 못하나 문명한 덕과 위와 아래의 도움이 있으니 또한 나그네의 때에 잘 처신하는 사람이다. 차사(次舍)는 나그네가 쉬는 곳이고 재화는 나그네가 의지하는 것이며, 아이 종은 나그네가 힘입는 바니 여관에 나갈 수 있고 그 여비를 가지고 있으며, 또한 아이 종의 바르고 선량함을 얻었으니 나그네의 좋은 것이다. 유약해서 아래 있는 사람은 아이(童)고 강하고 씩씩해서 밖에 있는 사람은 종(僕)이니, 육이가 유순 중정하기 때문에 안과 밖의 마음을 얻은 것이고 나그네의 친하고 가까운 것은 아이 종(童僕)이다. 길하다고 하지 않은 것은 객지에 있을 때는 재앙과 위태함을 면하면 이미 좋은 것이다.

※ (1) 운명(運命)상에서 본 재산(財産)의 유무(有無)

富有(중기업)의 명론(命論)

익초구(益初九) 유선행양재 안시처순 혹대유작위 이소유경작 이가흥업거(有善行良才 安時處順 或大有作爲 而小有耕作 而家興業擧 사람됨이 착한 행동과 어진 재능이 있으며 행동에 있어서는 때를 편안히 하고 매사에 순리로써 처신하리라. 혹 크게 무었을 영위하며 농업에 있으면 경작은 적게 하고 가정적인 업은 흥성하게 거행하리라.)

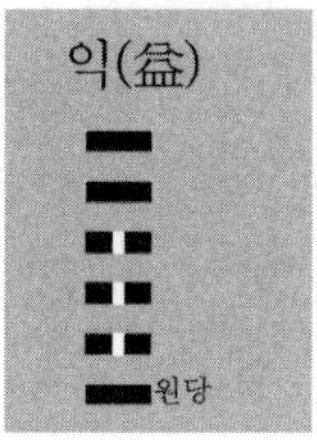

이상의 본문에서 보는 바와 같이 사람됨이 착한 행동과 어진 재능이 있으리라 말하고 있으며, 무슨 일이고 서둘러 조급히 하지 않으니 때를 편안히 하며 순리로 처신하리라는 말이다. 무슨 일을 크게 하며 농업을 경작하면 이는 작은 규모가 되고, 가업은 흥성하게 일으키리라는 말이다.

이상은 상수학적(象數學的) 하락리수(河洛理數)로써 앞의 명론(命論)을 알아보았다. 다음은 의리학적(義理學的) 주역(周易)의 익초구(益初九) 효사(爻辭)를 통해 근기를 알아본다.

초구 이용위대작 원길 무구(初九 利用爲大作 元吉 无咎 초구는 써서 크게 짓는 것이 이로우니 원길해야 허물이 없으리라.)

주(註) : 「초구」는 진동(震動)의 주인이고 강양이 성한 것이니 「익」의 때에 거처해서 그 재질이 물건을 유익하게 할 수 있다. 비록 매우 낮은 곳에 거처해도 위로 대신인 「육사」가 있어서 자기에게 응하고 「육사」는 온순함의 주인으로 위로는 인군에게 공손할 수 있으며, 아래로는 어진 사람에게 순히 할 수 있으니 아래에 있는 사람은 일을 할 수 없으나 윗사람이 응해서 따른다면 마땅히 자기의 도로써 윗사람을 도와서 크게 천하에 유익한 일을 해야 하니, 써서 크게 지음이 이로운 것(利用爲大作)이다. 아래에 있으면서 윗사람에게 등용되어 자기의 뜻이 행하게 되면 반드시 하는 일이 크게 착하고 길해야 허물이 없을 것이고, 크게 착하고 길하지 못하면 자기에게 허물이 있을 뿐 아니라 윗사람에게도 누가 되니 윗사람의 허물이 된다. 지극히 아랫자리에 있으면서 큰 소임을 맡으면 작은 착함으로는 맞지 않기 때문에 반드시 크게 착하고 길해야 허물없음을 얻는 것이다.

※ (2) 운명(運命)상에서 본 재산(財産)의 유무(有無)

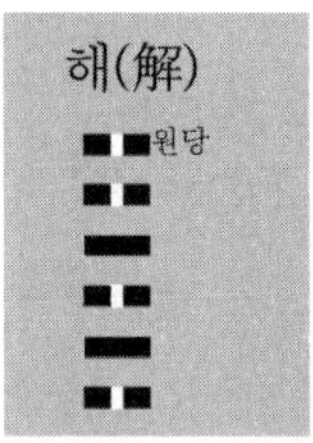

富有(중기업)의 명론(命論)

해상육(解上六) 고당대하 향복우유 상다군자지추중 하위소인지외승(高堂大厦 享福優游 上多君子之推重 下爲小人之畏承 사람 된 운명이 거처하는 당하(집)가 높고 크며 넉넉히 노닐 수 있는 복(福 : 좋은 운)을 누리고 살리라. 위로는 군자의 중후한 추대가 많으며 아래로는 소인이 두렵게 받드는 바가 되리라.)

이상의 본문에서 보는 바와 같이 당하(거주하는 집)가 높고 클 것이다 말하고 있다. 그 이면에는 복(福 : 좋은 운)을 누리고 재산을 많이 축적하여 넉넉히 노닐 수 있는 처지가 되며, 인간관계가 위로는 군자의 중추적인 추대가 많으며 아래로는 소인이 두렵게 받드는 바가 되리라는 말이다.

이상은 상수학적(象數學的) 하락리수(河洛理數)로써 앞의 명론(命論)을 알아보았다. 다음은 의리학적(義理學的) 주역(周易)의 해상육(解上六) 상사(象辭)를 통해 근기를 알아본다.

상왈 공용사준 이해패야(象曰 公用射隼 以解悖也 상에 말하기를 공이 새매를 쏨은 거스름을 푸는 것이다.)

주(註) : 「해」의 끝까지 이르러도 풀리지 않는 것은 거슬리고 어지러움이 큰 것이니, 그것을 쏘는 것은 이로써 풀게 하는 것이다. 풀리면 천하가 평정된다.

※ (3) 운명(運命)상에서 본 재산(財産)의 유무(有無)

富有(중기업)의 명론(命論)

가인구오(家人九五) 주속백풍영 친권화목(主粟帛豊盈 親眷和睦 사람 된 운명이 주로 속백(재산)이 풍부하고 친권(집안)이 화목하리라.)

이상의 본문에서 보는 바와 같이 사람 된 운명이 주로 속백(재산)이 풍영하리라 하니, 이는 어의로 보아 재산의 축적도가 상당량을 의미하는 것이다. 다시 말해서 이 재산적 논리는 곧 그 내면에 성공과 실패를 함축하고 있다는 말이다. 사업의 종류를 불계하고 무슨 업종이건 재산의 축적은 성공을 의미하는 것이고, 재산의 손실은 곧 실패를 의미하는 것이다. 또한 친권(집안)이 화목하다 함도, 그 이면에는 가정적 부부의 화합을 함유하고 있는 것이다.

이상은 상수학적(象數學的) 하락리수(河洛理數)로써 앞의 명론(命論)을 알아보았다. 다음은 의리학적(義理學的) 주역(周易)의 가인구오(家人九五) 상사(象辭)를 통해 근기를 알아본다.

상왈 왕격유가 교상애야(象曰 王假有家 交相愛也 상에 말하기를 왕이 가도를 세움에 지극함은 사귀어 서로 사랑하는 것이다.)

주(註) : 왕이 가도를 둠에 지극히 하는 도는 순종하게 하는 것 뿐만이 아니고 반드시 마음이 화합하고 정성이 합치되도록 해야 하니, 지아비는 그 안에서 돕는 이(지어미)를 사랑하고 지어미는 그 집에 본보기가 되는 이(지아비)를 사랑해서 사귀어 서로 사랑하는 것이다. 능히 이와 같이 한 사람은 <문왕>의 비(妃)인저, 만약 몸을 닦고 법을 세웠으되 집안이 화합하지 못한 것은 가도를 둠에 지극함을 얻지 못한 것이다.

※ (4) 운명(運命)상에서 본 재산(財産)의 유무(有無)

富有(중기업)의 명론(命論)

구구오(姤九五) 학문지근 기량지대 수무작록지영 역가성기부유지업(學問之勤 器量之大 雖無爵祿之榮 亦可成其富有之業 사람의 운명됨이 학문을 부지런히 하며 기량(그릇)이 크도다. 비록 작록(벼슬)의 영화는 없다 하더라도 또한 그 부유한 업을 이룰지로다.)

이상의 본문에서 보는 바와 같이 학문은 비록 부지런히 하고 기량(그릇)은 크다 하더라도 작록(벼슬의 녹봉)의 영화는 없다는 말이다. 이는 현대적 관료계의 등용문인 사법고시나 기타의 국가고시에 합격이 어렵다는 말이며, 또한 합격된다 하더라도 영광된 지위 승진이 불

가능 하다는 말이다. 그러나 그 부유한 업을 이룰 수 있다 하니, 벼슬의 관운보다는 재산 쪽의 운세가 있다는 말이다.

이상은 상수학적(象數學的) 하락리수(河洛理數)로써 앞의 명론(命論)을 알아보았다. 다음은 의리학적(義理學的) 주역(周易)의 구구오(姤九五) 효사(爻辭)를 통해 근기를 알아본다.

구오 이기포과 함장 유운자천(九五 以杞包瓜 含章 有隕自天 구오는 박달나무로써 오이를 쌈이니 빛나는 것을 머금으면 하늘로부터 떨어짐이 있으리라.)

주(註) : 주자본의(朱子本義) 오이는 음한 물건이 아래에 있는 것으로 달고 아름다우나 잘 떨어지고 박달나무는 높고 크며 견실한 나무다. 「구오」가 양강하고 중정함으로써 위에서 괘를 주관하고 아래로 처음 생겨나서 반드시 떨어지는 음을 방비하니 그 형상이 이와 같다. 그러나 음과 양이 번갈아 이김은 시운(時運)의 상도(常道)니 만일 빛나고 아름다움을 머금고 감추어서 고요하게 제지시킨다면 천지의 조화를 돌이킬 수 있을 것이다. 하늘로부터 떨어진다 함은 본래는 없다가 갑자기 있는 것이다.

※ (5) 운명(運命)상에서 본 재산(財産)의 유무(有無)

富有(중기업)의 명론(命論)

승초육(升初六) 선통인정 부지자다 모위수의 가업흥왕(善通人情 扶持者多 謀爲遂意 家業興旺 사람됨이 인정이 잘 통하고 나를 붙들어 주는 사람이 많으리라. 모사하는 일은 뜻대로 되고 가업은 흥성하며 왕성하리라.)

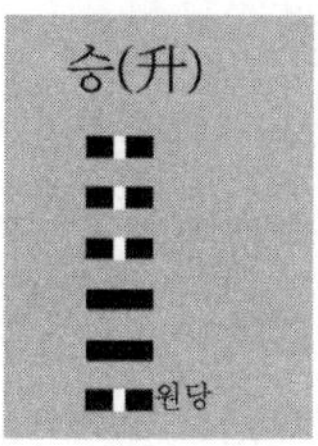

이상의 본문에서 보는 바와 같이 사람됨이 인정

이 잘 통하고 붙들어 주는 사람이 많으리라 말하고 있다. 이는 우선에 부부 관계를 비롯해서 인간관계가 두텁고 평탄하리란 말이다. 또한 어느 일사든 모사하면 뜻대로 되고 가업을 흥성하고 왕성하리란 말이다.

이상은 상수학적(象數學的) 하락리수(河洛理數)로써 앞의 명론(命論)을 알아보았다. 다음은 의리학적(義理學的) 주역(周易)의 승초육(升初六) 효사(爻辭)를 통해 근기를 알아본다.

초육 윤승 대길(初六 允升 大吉 초육은 미덥게 해서 올라감이니 크게 길하니라.)

주(註) : 「초육」이 유로써 「손체」의 아래에 있고, 또한 「손」의 주효로 위로 강한 「구이」를 받들었으니 공손이 지극한 자이고 「구이」는 강중한 덕으로써 위로 인군에 응하니 「승」의 때에 소임을 맡은 자다. 윤(允)은 믿고 따르는 것이다. 유손(柔巽)한 「초육」이 오직 「구이」를 믿고 따라서 「구이」를 따라 같이 올라감을 믿으니, 크게 길한 것이다. 「구이」는 덕으로 말하면 강중함이고 힘으로 말하면 책임을 맡은 것이며, 음유한 초육은 응원도 없어 스스로 올라가지 못하므로 강중한 어진 이를 따라서 나아가면 이것은 강중한 도를 따라가는 것이니 이보다 더 큰 길함이 있겠는가?

※ (6) 운명(運命)상에서 본 재산(財産)의 유무(有無)

富有(중기업)의 명론(命論)

승구삼(升九三) 모위수이무소조 가업흥이무소휴 혹도습청허 신거공동(謀爲遂而無所阻 家業興而無所虧 或道習淸虛 身居空洞 사람 된 운명이 모사하면 뜻대로 이루어지고 막히는 바가 없으며 가업은 잘 일어나서 이지러질 바가 없으리라. 혹 맑고 공허한 곳에서 도를 익히

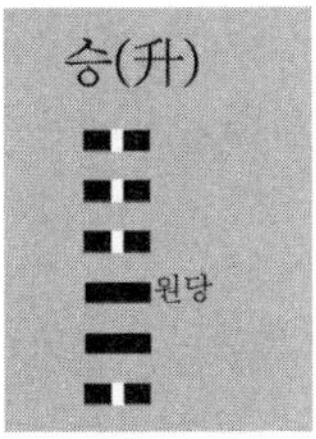

며 몸은 공동(텅빈 곳)에서 거처하리라.)

이상은 본문에서 보는 바와 같이 사람 된 운명이 매사에 모사하면 잘 이루어져서 막히는 바가 없으며, 가업(자기의 자영업)은 잘 일어나서 이지러지는 바가 없으리라 말하고 있다. 그렇다 세간에는 하는 바 일들이 막히고 꺾이어서 실패로 이어지는 법이니, 참으로 가상한 운명이라 칭송되는 바 크다.

이상은 상수학적(象數學的) 하락리수(河洛理數)로써 앞의 명론(命論)을 알아보았다. 다음은 의리학적(義理學的) 주역(周易)의 승구삼(升九三) 효사(爻辭)를 통해 근기를 알아본다.

구삼 승허읍(九三 升虛邑 구삼은 빈 읍에 오름이로다.)

주(註) : 「구삼」이 양강한 재질로 바르고 또한 공손한데다 위가 다 순하고 더욱이 응원하는 사람이 있으니 이렇게 해서 올라가면 사람이 없는 빈 읍에 들어가는 것 같으니 누가 막을 수 있겠는가?

※ (7) 운명(運命)상에서 본 재산(財産)의 유무(有無)

富有(중기업)의 명론(命論)

대유구이(大有九二) 유복유수 거적치부 무우무화(有福有壽 居積致富 無憂無禍 사람 된 운명이 복이 있고 수명이 있으리라. 살면서 쌓아 부에 이르고 근심도 없고 환난도 없으리라.)

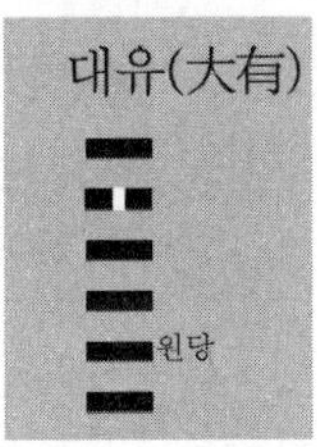

이상의 본문에서 보는 바와 같이 사람 된 운명이 복(福 : 좋은 運)이 있고 수명(長壽)이 있으리라 말하고 있다. 살아가며 재산을 축적하여 부에 이르며, 살아가는 과정에 근심이 없고 또한 환난도 없으리란 말이다.

이상은 상수학적(象數學的) 하락리수(河洛理數)로써 앞의 명론(命論)을 알아보았다. 다음은 의리학적(義理學的) 주역(周易)의 대유구이(大有九二) 효사(爻辭)를 통해 근기를 알아본다.

구이 대거이재 유유왕 무구(九二 大車以載 有攸往 无咎 큰 수레로 실음이니 가는 바를 두어 허물이 없으리라.)

주(註) : 구(陽)가 양강함으로써 이효 자리에 있어서 인군인 「육오」가 책임을 맡기는 바가 되었는데 강건하니 재질이 뛰어나고 유(柔)한 자리에 있으니, 겸순하며 중을 얻었으니 지나치지 않는다. 그 재질이 이와 같아서 「대유」의 소임을 다할 수 있음이 마치 큰 수레가 강하고 튼튼해서 무거운 물건을 실을 수 있는 것과 같으니, 무거운 책임을 맡고 멀리 갈 수 있는 까닭에 가는 바를 두어도 허물이 없는 것이다. 대유(大有)하고 풍성한 때에 소유함이 극에 이르지 않았기 때문에 「구이」의 재질로 가서 허물이 없을 수 있지만 풍성한 것이 극에 이르면 갈 수 없다.

※ (8) 운명(運命)상에서 본 재산(財産)의 유무(有無)

富有(중기업)의 명론(命論)

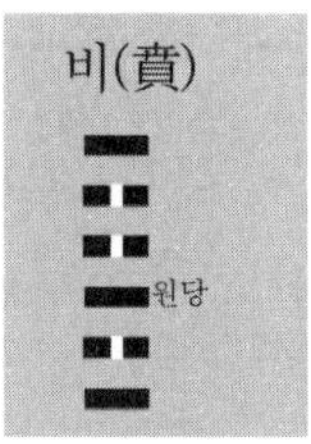

비구삼(賁九三) 견식과인 덕행매속 혹즉재곡풍영 의족식급 수산영원 득인조력(見識過人 德行邁俗 或則財穀豊盈 衣足食給 壽算永遠 得人助力 사람됨이 견문과 학식이 남에 지나치고 덕망 된 행동으로 속세에 힘쓰리라.)

이상의 본문에서 보는 바와 같이 사람됨이 견문과 학식이 남을 앞지르고 덕망 된 행동으로 속세에 힘쓴다 말하고 있다. 재곡(재산)이 풍성하고 버금인즉 의식(적은 재산)이 넉넉하리라 말하고 있으니, 이를 분류하는 방법은 하락리수(河洛理數) 해설서에 수록되어 있다. 수명이 길며 남의 도움을 얻으리란 말이다.

이상은 상수학적(象數學的) 하락리수(河洛理數)로써 앞의 명론(命論)을 알아보았다. 다음은 의리학적(義理學的) 주역(周易)의 비구삼(賁九三) 상사(象辭)를 통해 근기를 알아본다.

상왈 영정지길 종막지능야(象曰 永貞之吉 終莫之凌也 상에 말하기를 깊이 바르게 해서 길함은 마침내 능멸하지 못함이라.)

주(註) : 꾸미면서 항상 같이 하지 못하고, 또 바르지 못하면 남에게 능멸과 업신여김을 당할 것이기 때문에 길이 바르게 하면 길하다고 경계한 것이니 꾸밈이 항상 같이 하고 바르다면 누가 능멸 할 수 있겠는가?

※ (9) 운명(運命)상에서 본 재산(財産)의 유무(有無)

富有(중기업)의 명론(命論)

복육오(復六五) 수비귀인 역유전곡광적(雖非貴人 亦有田穀廣積 사람됨이 비록 귀인은 아니더라도 전곡(재산)을 많이 쌓으리라.)

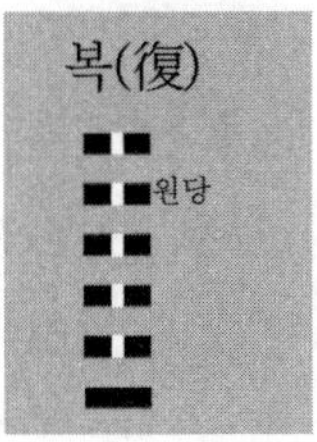

이상의 본문에서 보는 바와 같이 사람됨이 비록 귀인은 아니더라도 또한 전곡(재산)을 많이 쌓으리란 말이다. 다시 말하면 출세해서 귀인은 못 된다 하니, 이는 고금을 통해 청운에 뜻을 가져 일찍이 과거를 친다 하더라도 뜻을 이룰 수가 없다는 말이다. 그러하나 전곡을 많이 쌓을 수가 있다 하니, 이는 전적인 농경사회에서 재산을 축적하는 양상을 일컫는 말이다.

이상은 상수학적(象數學的) 하락리수(河洛理數)로써 앞의 명론(命論)을 알아보았다. 다음은 의리학적(義理學的) 주역(周易)의 복육오

(復六五) 상사(象辭)를 통해 근기를 알아본다.

상왈 돈복무회 중이자고야(象曰 敦復无悔 中以自考也 상에 말하기를 회복하는데 돈독해서 후회가 없는 것은 중도로써 스스로 이루기 때문이다.

주(註) : 중도로써 스스로 이루는 것이다. 「육오」가 음으로써 높은 자리에 있고 중에 처하면서 괘체가 순하니, 그 뜻을 돈독히 해서 중도로써 스스로 이루면 허물이 없을 수 있다. 스스로 이룬다는 것은 중순한 덕을 이룬다는 말이다.

※ (10) 운명(運命)상에서 본 재산(財産)의 유무(有無)

富有(중기업)의 명론(命論)

대과구사(大過九四) 유재덕예망 수불위세용 가업흥륭 복량심후(有才德譽望 雖不爲世用 家業興隆 福量深厚 사람됨이 재능과 덕망이 있으며 명예와 인망이 있으나, 비록 세상에 등용되지는 못하리라. 그러나 가업은 흥성하고 융창하며 복된 량이 깊고 두터우리라.)

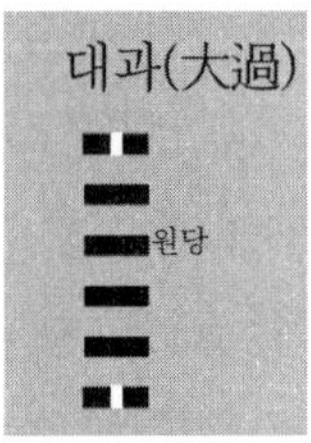

이상의 본문에서 보는 바와 같이 사람됨이 재덕과 예망이 있으나 세상에 등용되지는 못하리라 말하고 있다. 대개 재능으로 학문을 닦으면 청운에 뜻을 두고 관작을 지망하는 게 상례이나, 이 명론 자는 출세해서 관작의 사로에는 등용될 수가 없다는 말이다. 그러나 가업은 흥륭하고 복량이 심후하다 하니, 관운보다 재록운이 융성하다는 말이다.

이상은 상수학적(象數學的) 하락리수(河洛理數)로써 앞의 명론(命論)을 알아보았다. 다음은 의리학적(義理學的) 주역(周易)의 대과구사(大過九四) 효사(爻辭)를 통해 근기를 알아본다.

구사 동륭길 유타린(九四 棟隆吉 有它吝 구사는 기둥이 높아짐이니 길하거니와 다른 것을 두면 인색하리라.) 구사가 인군 가까운 자리에 거처하니 「대과」의 소임을 맡은 사람이고, 유한 자리에 거처하니 부드러움을 써서 서로 구제하는 것이 된다. 이미 지나치게 강하지 않으면 소임을 이길 수 있어서 기둥이 높이 솟은 것 같음으로 길하다. 높이 솟았다는 아래가 흔들리지 않는 뜻을 취한 것이다.

「대과」의 때에는 양강한 것이 아니면 구제하지 못하고 강으로써 유한 자리에 거처하니, 마땅함을 얻었는데 뜻이 다시 음과 응하면 이것은 다른 것을 둠(有他)이니, 다른 것을 두면 강한 것에 누가 되어 비록 크게 해로운 데는 이르지 않으나, 또한 인색할 것이다. 대개(대과)의 때에는 움직이면 지나친 것이다. 다른 것을 둠은 다시 다른 뜻을 둠을 말하고, 인색하다는 것은 부족하다는 뜻이 되니 적다는 말이다. 혹자가 묻기를 「구이」가 「초육」과 가까이 하면 이롭지 않음이 없는데 「구사」가 만약 「초육」과 응하면 인색하게 됨은 어째서 입니까? 대답하기를 「구이」는 득중하면서 「초육」과 가까우니 부드러움(柔)으로써 서로 구제해 나가는 뜻이 되나, 「구사」와 「초육」은 정응이 되니 뜻이 서로 매이는 것이다. 구(陽)가 사효 자리에 거처하니 강유가 마땅함을 얻는 것인데 다시 음에게 끌리고 매여서 그 강한 것을 해치면 인색하다고 할 수 있다.

※ (11) 운명(運命)상에서 본 재산(財産)의 유무(有無)

富有(중기업)의 명론(命論)

리육이(離六二) 성실근후 가업흥륭 평생안락(誠實謹厚 家業興隆 平生安樂 사람됨이 성실하고 삼가하며 후중하리라. 가업은 흥성하고 융창하며 평생에 편안하고 즐거우리라.)

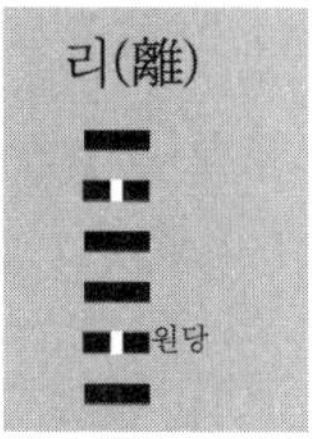

이상의 본문에서 보는 바와 같이 사람됨이 매사에 성실하고 행동을 삼가며 마음씨가 후중하여 남을 배려하는 마음이 농후하다고 한다. 이는 본성이 이와 같아서 가정생활에 가정적이며 후한 인심의 표상이 된다. 가업은 흥륭하고 평생에 안락하리라 한다.

이상은 상수학적(象數學的) 하락리수(河洛理數)로써 앞의 명론(命論)을 알아보았다. 다음은 의리학적(義理學的) 주역(周易)의 리육이(離六二) 효사(爻辭)를 통해 근기를 알아본다.

육이 황리 원길(六二 黃離 元吉 육이는 누런 걸림이니 크게 착하고 길하니라.)

주(註) : 「육이」가 중(中)에 거처하고 득정(得正)했으니 중정한데 걸린 것이며, 누런 것(黃)은 중앙의 색이니 무늬 중에 아름다운 것이다. 문명하고 중정하니 아름다움이 성한 것이기 때문에 누런 걸림(黃離)이라고 했다. 문명하고 중정한 덕으로써 위로 문명하고 중순(中順)한 인군과 같이 해서 그 밝음이 이와 같고 걸림이 이와 같으니 크게 착하고 길한 것이다.

※ (12) 운명(運命)상에서 본 재산(財産)의 유무(有無)

富有(중기업)의 명론(命論)

정상구(鼎上九) 청명중망 은피암곡 금옥만영 복택심원(淸名重望 隱避巖谷 金玉滿贏 福澤深遠 사람됨이 그에 맑은 이름을 중후하게 바라보며 암곡(완벽한 곳)에 숨어서 피하리라. 금과 옥(재산)이 광주리(오늘날에 금고)에 가득하며 복이 윤택하게 깊고도 멀리라.)

이상의 본문에서 보는 바와 같이 남들로 하여금 그의 청명(淸名)을

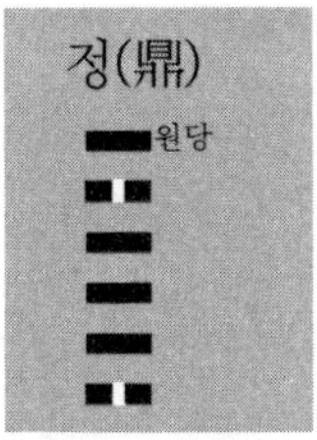

중후하게 바라보리라 말하고 있다. 또한 어려움에는 암곡에 숨어 피하듯이 안전하며 재산은 풍성하다 말하고 있으며, 이에 상응한 복택은 멀고도 깊으리란 말이다.

이상은 상수학적(象數學的) 하락리수(河洛理數)로써 앞의 명론(命論)을 알아보았다. 다음은 의리학적(義理學的) 주역(周易)의 정상구(鼎上九) 상사(象辭)를 통해 근기를 알아본다.

상왈 옥현재상 강유절야(象曰 玉鉉在上 剛柔節也 상에 말하기를 옥솥고리가 위에 있음은 강과 유가 절제하기 때문이다.)

주(註) : 강하면서 온유한 것은 절도가 있는 것이다. 「상구」가 공을 이루고 쓸 수 있는 처지에 있고, 강과 유가 절도에 맞으니 이 때문에 크게 길해서 이롭지 않음이 없다. 「정괘 : 井卦」와 「정괘 : 鼎卦」는 다 위로 내보내는 것으로써 공을 이루는데, 「정괘 : 鼎卦」는 원길(元吉)이라고 하지 않은 것은 어째서 입니까? 답하기를 우물의 공과 쓰임은 다 위에 있고 우물은 또한 널리 베풀고 항상 덕이 있으니, 이렇기 때문에 크게 착하고 길한 것이나 솥은 음식을 삶는 것으로 공(功)을 삼기 때문에 위에 있음이 이루는 것이 되니, 덕이 우물하고는 다르나 강과 유가 절도가 있기 때문에 크게 길함을 얻는 것이다.

(1) 운명(運命)상에서 본 재산(財産)의 유무(有無)

유족(裕足).....(소기업)의 명론(命論)

대장구이(大壯九二) 온실지인 의식요족 평생소화(穩實之人 衣食饒足 平生少禍 사람됨이 안온하고 실질적인 사람이며 의식이 넉넉하고 평생에 화가 적으리라.)

이상의 본문에서 보는 바와 같이 사람됨이 안온(평온)하고 실질적인 사람이 되리라 말하고 있다. 의식(재산)이 넉넉할 정도이며 평생에

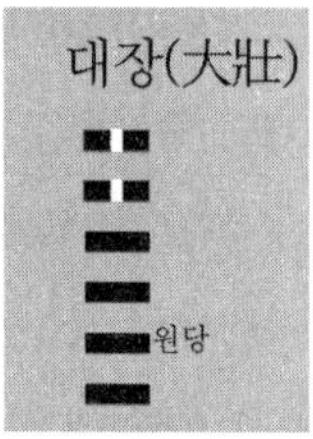

화(재앙)가 적으리란 말이다. 다시 말해서 재앙이 적다함은 아주 없지는 않다는 반론이다.

이상은 상수학(象數學)적 하락리수(河洛理數)로써 앞의 명론(命論)을 알아보았다. 다음은 의리학(義理學)적 주역(周易)의 대장구이(大壯九二) 효사(爻辭)를 통해 이의 근기를 알아본다.

구이 정길(九二 貞吉 구이는 굳고 바르게 해서 길하니라.)

주(註) : 구이(九二)가 비록 양강함으로써 대장(大壯)의 때를 당했으나 유한 자리에 거처하고 중에 있으니, 이것이 강과 유가 중도를 얻어서 장성(壯盛))함이 지나치니 않은 것이므로 굳고 바름을 얻어 길하다.

혹자가 말하기를 바르다(貞)는 것은 구(陽)가 이효 자리(음 자리)에 거처함을 경계한 것이 아닙니까? 대답하기를 역은 이기는 바를 취해서 뜻을 삼는다. 양강하고 굳센 몸체(乾)로써 (대장)의 때를 당해 거처함에 중도를 얻었으니 바르지 않음이 없는 것이고, (구사)에는 바르지 못할까 해서 경계가 있는 것이니, 사람이 때와 의리의 가볍고 무거움을 알 수 있으면 역을 배울 수 있는 것이다.

(2) 운명(運命)상 에서 본 재산(財産)의 유무(有無)

유족(裕足)--- (소기업)의 명론(命論)

진육오(晉六五) 심명지광 식원려심 득실부지자연 행지 개획기지(心明志廣 識遠慮深 得失付之自然 行止 皆獲其志 사람됨이 그 마음씨는 밝으며 뜻은 넓고 식견은 멀고 생각은 깊이하리라. 얻어지고 잃는 것을 자연에 부쳐두나, 행하고 뜻하는 바가 모두 그 뜻대로 얻어지리라.)

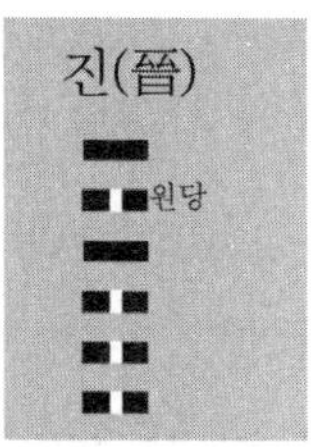

이상의 본문에서 보는 바와 같이 사람됨이 마음씨가 밝으며 뜻(포부)은 넓으리라. 또한 식견이 멀고 생각은 깊이 하리라 말하고 있다. 또한 얻어지고 잃는 일을 자연에 부쳐두나 행하고 그치는 바가 모두 그 뜻대로 되리라는 말이다.

이상은 상수학(象數學)적 하락리수(河洛理數)로써 앞의 명론(命論)을 알아보았다. 다음은 의리학(義理學)적 주역(周易)의 진육오(晉六五) 효사(爻辭)를 통해 이의 근기를 알아본다.

육오 회망 실득물휼 왕 길 무불리(六五 悔亡 失得勿恤 往 吉 无不利 육오는 뉘우침이 없을 것이니 잃고 얻음을 걱정하지 말아야 하니, 가면 길해서 이롭지 않음이 없으리라.)

주(註) : 주자본의(朱子本義) 음으로써 양 자리에 있으니 마땅히 후회가 있을 것이나, 크게 밝음으로써 위에 있고 아래가 순종하기 때문에 점치는 사람이 이 효를 얻으면, 그 후회가 없어질 것이고 또한 공을 계산하고 이익을 꾀하는 마음을 모두 버리면 가는데 길해서 이롭지 않음이 없는 것이다. 그러나 또한 반드시 그러한 덕이 있어야 그와 같은 점에 해당할 뿐이다.

(3) 운명(運命)상에서 본 재산(財産)의 유무(有無)

유족(裕足).....(소기업)의 명론(命論)의 사례

가인육사(家人六四) 속백풍후 위향리지길인(粟帛豊厚 爲鄕里之吉人 사람의 운명이 속백(재산)이 풍성하고 두터우며 향리(고장)에서 길한 사람이 되리라.)

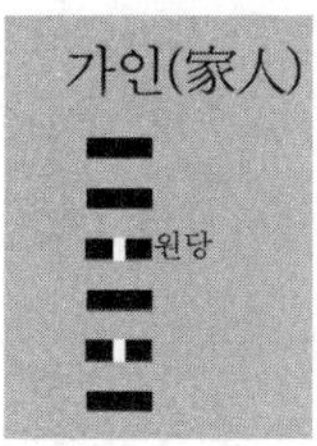

이상의 본문에서 보는 바와 같이 사람 된 운명이 속백(재산)이 풍성하고 후중하리라 말하고 있으며, 또한 향리(고장)에서 길한 사람이 되리라고 한다. 재산도 풍성하려니와 사람됨이 길한 사람이 되리라 하고 있다. 굳이 지적하면 길인이라 함은 본인의 실태와 환경적 여건이 험하게 조성되는 일이 없다는 논리이니, 쉽게 말해서 행운아를 의미하기도 한다.

이상은 상수학(象數學)적 하락리수(河洛理數)로써 앞의 명론(命論)을 알아보았다. 다음은 의리학(義理學)적 주역(周易)의 가인육사(家人六四) 효사(爻辭)를 통해 이의 근기를 알아본다.

육사 부가 대길(六四 富家 大吉 육사는 집을 부하게 하니 크게 길하니라.)

주(註) : 음(陰)이 손순한 괘체로 사효 자리에 거처해서 바른 자리를 얻었으니 거처함에 바름을 얻어서 편안히 거처한다는 뜻이며, 일에 순순히 해서 바른 도를 따라가니 그 부(富)를 보유할 수 있는 사람이다. 집에 거처하는 도가 부유함을 보유 할 수 있으면 크게 길하게 된다. 사효 자리는 높은 벼슬인데 부유(富裕)하다고만 말한 것은 집으로 말한 것이니, 높은 벼슬은 집안에 있어서 어른이고 그 부를 보유할 수 있음은 그 집안을 보존할 수 있는 것이니, 길함이 이것보다 큰 것이 있겠는가?

(4) 운명(運命)상에서 본 재산(財産)의 유무(有無)

유족(裕足).....(소기업)의 명론(命論)

해구이(解九二) 능친현원간 전산풍유 혼인중결 혹우부시인 역족의족식(能親賢遠奸 田産豊裕 婚姻重結 或虞夫矢人 亦足衣足食 사람됨이 어진 사람을 친히 하고 간사한 사람은 멀리하길 잘하리다. 전산(財産)이 풍성하고 넉넉하며 혼인(結婚)은 두 번 맺으리라. 혹 화살로 일하는 사람인가 생각되며 또한 의식이 넉넉하리라.)

이상의 본문에서 보는 바와 같이 사람됨이 인간관계에 있어 어진이는 친히 하고 간사한 사람은 멀리 하리라 말하고 있다. 전산(財産)

은 풍성하고 혼인은 두 번 맺으리라는 말이다. 혹 화살로 일하는 사람인가하며, 그렇더라도 또한 의식이 넉넉하리라는 말이다.

이상은 상수학(象數學)적 하락리수(河洛理數)로써 앞의 명론(命論)을 알아보았다. 다음은 의리학적(義理學)적 주역(周易)의 해구이(解九二) 효사(爻辭)를 통해 이의 근기를 알아본다.

구이 전획삼호 득황시 정 길(九二 前獲三狐 得黃矢 貞 吉 구이는 사냥해서 세 마리 여우를 잡아서 누런 화살을 얻으니 곧고 바르게 해서 길하도다.)

주(註) : 구이가 양강하고 득중한 재주로 위로 인군인 (육오)와 응했으니 때에 쓰이는 사람이다. 천하에는 소인이 항상 많으나 강명한 인군이 위에 있으면 밝게 비출 수 있고, 위엄으로 두렵게 할 수 있으며 강함으로 결단할 수 있기 때문에 소인이 감히 그 삿(邪)된 마음을 쓰지 못한다. 그러나 더욱 항상 경계를 해서 틈이 생겨서 바름을 해칠까 근심해야 한다.

<u>(육오)가 음유함으로써 높은 자리에 있으니 그 밝음이 가려지기 쉽다. 그 위엄이 범하기 쉬우며 그 결단이 과감하지 못해 유혹되기 쉬우니, 소인이 한번만 가까이 하면 그 마음을(삿(邪)된 마음으로) 바꾸어 놓을 것인데 하물며 어려움이 막 풀린 다스림의 초기에 변하기가 아주 쉬울 때랴</u>! (구이)가 이미 쓰임을 맡았으니 반듯이 소인을 제거해야 인군의 마음을 바르게 해서 강중(剛中)한 도를 행할 수 있을 것이다.

사냥한다(田)는 해로움을 제거하는 일이고 여우(狐)는 간사하고 아첨하는 동물이니 세 마리 여우(三狐)는 괘의 세음으로 때의 소인을 지칭한 것이다. 잡는다(獲)는 변화시키고 제거하기를 사냥해서 여우를 잡듯이 함을 말하니, 잡으면 중직(中直)한 도를 얻어서 굳고 바르

게 되어 길하다. 누런 것(黃)은 중앙의 색깔이고 화살(矢)은 곧은 물건이니, 누런 화살(黃矢)이라는 것은 중직(中直)하다는 말이다. 간사한 것이 제거되지 않아서 인군의 마음에 (간사함이) 한 번 들어가면 중직한 도가 행해질 수 없으니 환언범(桓彦範)과 경휘(敬暉)가 <무삼사>를 제거하지 못함이 이런 경우다.

(5) 운명(運命)상에서 본 재산(財産)의 유무(有無)

유족(裕足)....(소기업)의 명론(命論)

손구이(損九二) 돈본상실 불무부화 재용수족(敦本尙實 不務浮華 財用隨足 사람됨이 근본을 두텁게 하고 실질을 숭상하리라. 넘치고 화사함을 힘쓰지 않으며 재물은 써도 족히 따르리라.)

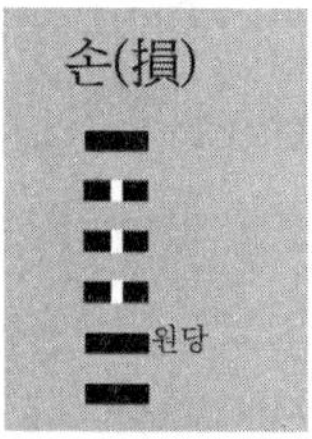

이상의 본문에서 보는 바와 같이 사람됨이 매사에 그 근본과 실질을 두텁게 하고 숭상하며 넘치는 언행이나 화사한 차림에는 힘쓰지 않으리라 말하고 있다. 소탈하고 정결하게 함이 본 명론(命論)의 특징이다. 재정적 여건은 써도 넉넉히 유지되리란 말이다.

이상은 상수학(象數學)적 하락리수(河洛理數)로써 앞의 명론(命論)을 알아보았다. 다음은 의리학(義理學)적 주역(周易)의 손구이(損九二) 상사(象辭)을 통해 이의 근기를 알아본다.

상왈 구이 이정 중이위지야(象曰 九二 利貞 中以爲志也 상에 말하기를 구이가 바름이 이로운 것은 중도로써 뜻을 삼음이라.)

주(註) : 구(陽)가 이효 자리에 있으니 바름이 아니고 기뻐하는데 거처하니 강한 것이 아니나, 득중해서 착함이 되니 만약 그 중덕(中德)을 지키면 무엇이 착하지 않음이 있겠는가? 어찌 중도로 하는데 바르지 못함이 있으며 중도로 하는데 지나침이 있으리요? <구이>가 굳고 바르게 함이 이롭다(利貞)는 중도로써 뜻을 삼는다는 말이니, 뜻이 중도에 있으면 스스로 바르게 될 것이다. 대개 중(中)은 정(正)보다 중요하니 중을 얻으면 바를 수 있으나, 바름이 반드시 중에 합당하지는 않으니 중도를 지킬 수 있으면 윗사람에게 더함이 있을 것이다.

(6) 운명(運命)상에서 본 재산(財産)의 유무(有無)

유족(裕足).....(소기업)의 명론(命論)

손육오(損六五) 유예망출군 위향방소경앙 영신기가 경지병증(有譽望出羣 爲鄕邦所景仰 榮身起家 慶祉竝增 사람됨이 명예와 인망이 무리에서 뛰어나고 향리(고장)에서 우러르는 바가 되리라. 영예로운 몸으로 가정을 일으키며 경사스럽고 복된 일이 아울러 더하리라.)

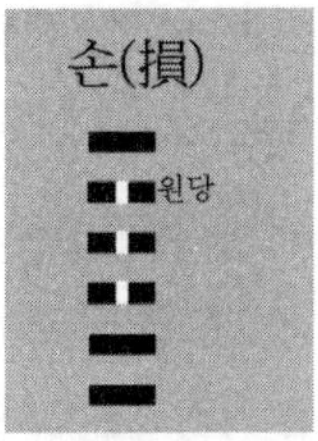

이상은 상수학(象數學)적 하락리수(河洛理數)로써 앞의 명론(命論)을 알아보았다. 다음은 의리학(義理學)적 주역(周易)의 손육오(損六五) 효사(爻辭)를 통해 이의 근기를 알아본다.

육오 혹익지 십붕지 구 불극위 원길(六五 或益之 十朋之 龜 弗克違 元吉 육오는 혹 더하면 벗이 열이라 거북이도 어기지 못하리니 크게 착하고 길하니라.)

주(註) : <육오>가 <손>의 때에 중순(中順)함으로써 높은 자리에 거처해서 자기의 마음을 비움으로써 강양한 <구이>와 응하니, 이것은 인군이 마음을 비우고 스스로를 덜어냄으로써 아래에 있는 어진 사람에게 순종할 수 있는 것이다. 이와 같이 할 수 있으면 천하 사람이 누가 자기를 스스로 다 덜음으로써 더해 주지 않겠는가? 그러므로 혹 더해야 할 일이 있으면 열 벗이 돕는 것이니 열은 많다는 말이다. 거북(龜)은 시비의 길흉을 결단(決斷)하는 물건이니 여러 사람의 공론이 반드시 바른 이치와 합치되어서 비록 거북점과 시초점이라도 어긋나지 않는 것이다. 이와 같으면 크게 착하고 길하다고 할 수 있다. 옛날 사람이 말하기를 꾀하는 일이 무리를 따라가면 하늘의 마음과 합치된다고 했다.

(7) 운명(運命)상에서 본 재산(財産)의 유무(有無)

유족(裕足).....(소기업)의 명론(命論)

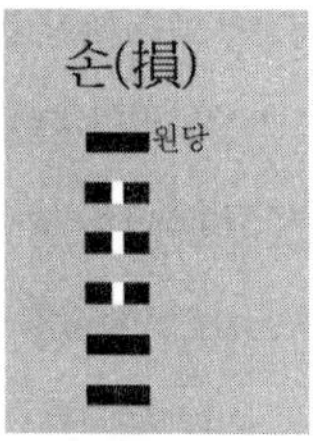

손상구(損上九) 불탐불모 자득포난 친근존귀 다호유담 혹위상려획리 혹위승도성가(不貪不謀 自得飽煖 親近尊貴 多好遊談 惑爲商旅獲利 惑爲僧道成家 사람됨이 탐내지 않고 꾀하지 않아도 스스로 배부르고 등 따스함이 얻어지리라. 존귀한 사람을 친히 가까이 하고 유담(노니는 말)을 많이 좋아하고, 혹 상려(떠돌이 장사)가 되어 이익을 얻으며 혹 승도(승려나 도인)가 되면 가정을 일으키리라.)

이상의 본문에서 보는 바와 같이 사람 된 운명이 탐내고 모사하지 않아도 자연스럽게 포난(재산)이 얻어지고, 존귀(출세한 사람)한 사람을 친근히 하고 유담(노니는 말)을 많이 좋아하리라 말하고 있다. 혹 상려(떠돌이 장사치)가 되면 이익이 얻어지고 혹 승도(승려나 도인)가 되면 가정을 일으키리라 말하고 있다.

이상은 상수학(象數學)적 하락리수(河洛理數)로써 앞의 명론(命論)을 알아보았다. 다음은 의리학(義理學)적 주역(周易)의 손상구(損上九) 효사(爻辭)를 통해 이의 근기를 알아본다.

상구 불손 익지 무구 정길 리유유왕 득신 무가(上九 弗損 益之 无咎 貞吉 利有攸往 得臣 无家 상구는 덜지 않고 더하면 허물이 없고 바르고 길하니 가는 바를 둠이 이로우니 신하를 얻으니 집이 없으리라.) <손괘>의 뜻이 세 가지가 있으니 자기를 비우고 남을 따르는 것과 자기 것을 덜어서 남을 더해 주는 것과 더는 도를 행해서 사람들을 덜어내는 것이다. 자기를 비워 남을 따름은 의리가 따라가는 것이고, 자기 것을 덜어서 다른 사람을 더해 줌은 남에게 미치게 하는 것이며, 더는 도를 행해서 사람들을 덜어냄은 의로운 일을 행하는 것이니, 각각 그 때에 따라 큰 것을 취해서 말했다.<육사>와 <육오> 두 효는 자기를 비워 남을 쫓아감을 취했고, 하체의 세효는 자기 것을 덜어서 남을 보태 줌을 취했으니 더는 때의 씀은 더는 도를 행함으로써 천하의 마땅히 덜어야 할 것을 더는 것이다.

<상구>는 더는 것을 시행하지 않음을 취해서 뜻을 삼았으니, 구(陽)가 <손괘>의 끝에 있어서 더는 것이 극에 달함에 마땅히 변하는 자이다. 강한 양으로써 위에 거처하니 만약 강을 써서 아랫사람의 것을 덜고 깎으면 윗 사람됨의 도리가 아니니 허물이 크다. 만약 아래를 덜어내는 것을 시행하지 않고 변해서 강양한 도로써 아랫사람에게 더해 주면 허물이 없어 바르고 또 길함을 얻을 것이니, 이와 같이 하면 가는 바를 둠이 이롭고 가면 유익함이 있을 것이다.

(8) 운명(運命)상에서 본 재산(財産)의 유무(有無)

유족(裕足).....(소기업)의 명론(命論)의 사례

구구이(姤九二) 비린부인 불호빈붕 손인익기 고집불통(鄙吝富人 不好賓朋 損人益己 固執不通 사람됨이 나직하고 인색한 부인(부자 사람)이며 손님과 벗을 좋아하지 않으리라. 남을 덜리게 하고 나만이 유익하게 하며 굳은 집념에 변통수가 없으리라.)

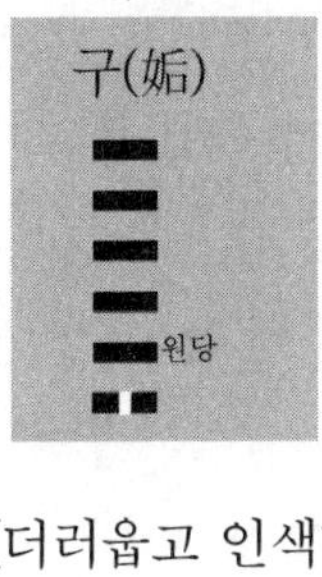

이상의 본문에서 보는 바와 같이 사람됨이 비린(더러웁고 인색함)한 부자이며, 오는 손님과 벗을 좋아하지 않으리라 말하고 있다. 남은 손해되든 나만이 유익하게 하며 한 가지 고집하면

변통수가 없으리란 말이다.

이상은 상수학(象數學)적 하락리수(河洛理數)로써 앞의 명론(命論)을 알아보았다. 다음은 의리학(義理學)적 주역(周易)의 구구이(姤九二) 효사(爻辭)를 통해 이의 근기를 알아본다.

구이 포유어 무구 불리빈(九二 包有魚 无咎 不利賓 구이는 꾸러미 속에 고기가 있는 것처럼 하면 허물이 없으리니 손(賓)에 이롭지 아니하니라.)

주(註) : <구>는 만나는 것이니 <구이>와 <초육>이 밀접하게 친하여 서로 만나는 것이다. 다른 괘는 초효가 사효와 정응이 되나 <구괘>는 만남으로 중요함을 삼는다. 서로 만나는 도는 전일함을 주로 하기 때문에 강중한 <구이>가 참으로 정성된 마음으로 만나나 음유한 <초육>은 뭇 양이 위에 있고, 또 응하는 자가 있으니 그 <초육>의 뜻이 원하는 것이고 음유한 기질은 능히 바르고 굳게 하기 힘드니 <구이>가 <초육>에게 그 정성스러운 마음을 얻기가 어렵다. 만남에 성심을 얻지 못하면 만나는 도가 어긋난 것이다.

포(包)는 꾸러미 속이고 물고기(魚)는 음한 물건 중 좋은 것이니 양에게 음은 기뻐하고 좋아하는 바이기 때문에 물고기의 상을 취했다. <구이>가 <초육>을 만일 굳게 그치게 해서 꾸러미 속에 고기를 둔 것 같이 하면 만남에 허물이 없을 것이다. 손님(賓)은 밖에서 오는 사람이다. 손님에게는 이롭지 않다(不利賓)함은 꾸러미 속에 물고기가 손님에게 까지 미치겠는가? 다시는 다른 사람에게 까지 미칠 수 없다는 말이다. 만나는 도는 전일(專一)해야 하기 때문에 둘 이상 만나면 잡된 것이다.

(9) 운명(運命)상에서 본 재산(財産)의 유무(有無)

유족(裕足).....(소기업)의 명론(命論)

췌구오(萃九五) 능반신수덕 수무작사지영 역능치기가업지흥(能反身修德 雖無爵士之榮 亦能致其家業之興 사람됨이 자기 몸을 반성하고 덕을 잘 닦으리라. 비록 작사(벼슬)의 영화는 없으나, 또한 그 가업(자기 사업)을 흥성하게 이르는데 잘하리라.)

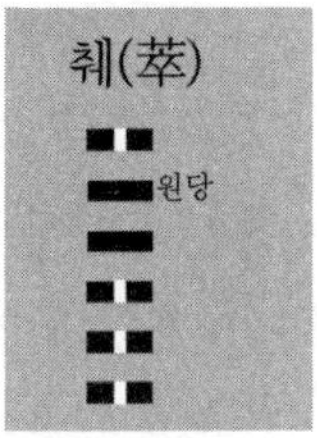

이상의 본문에서 보는 바와 같이 사람됨이 자기의 과거를 거울삼아 반성하고 덕행을 잘 수행하리라 말하고 있다. 비록 작사(벼슬)의 영화는 없으나, 또한 가업(자기 사업)을 흥성하게 이르게 하리라 한다.

이상은 상수학(象數學)적 하락리수(河洛理數)로써 앞의 명론(命論)을 알아보았다. 다음은 의리학(義理學)적 주역(周易)의 췌구오(萃九五) 효사(爻辭)를 통해 이의 근기를 알아본다.

구오 췌유위 무구 비부 원영정 회망(九五 萃有位 无咎 匪孚 元永貞 悔亡 구오는 모이는데 지위가 있고 허물이 없으나 믿지 않으면 원(元)하고 영원히 하고 바르게 하면 후회가 없어지리라.)

주(註) : 구오가 천하의 높은 자리에 거처해서 천하의 무리를 모아 인군으로 임했으니 마땅히 그 지위를 바르게 하고 덕을 닦아야 한다. 양강으로써 높은 자리에 거처해서 그 지위에 어울리니 그 지위가 있는 것이 되고, 중정한 도를 얻었으니 허물이 없는 것이다. 이렇게 해도 믿지 않고 돌아와 모이지 않는 사람이 있거든 마땅히 스스로 반성해서 원영정(元永貞)의 덕을 닦으면 불복할 것을 생각하는 사람이 없어 후회가 없어질 것이다. 원영정(元永貞)은 인군의 덕이니 백성이 귀의하는 바이기 때문에 천하를 돕는 도(道)와 천하를 모으는 도가 다 이 세 가지(元永貞)에 있다.

왕이 이미 그 지위가 있고, 또 그러한 덕(元永貞)이 있어서 중정하고 허물이 없는데도 천하에 아직도 믿고 굴복해서 돌아오지 않는 사람이 있음은 대개 그 도가 광대하지 못해서 원영정의 도가 지극하지 못한 것이니 덕을 닦으면 돌아올 것이다. 묘(苗)의 백성이 명을 거스를 때 <순임금>이 문덕(文德)을 편 것과 같으니 (순임금)의 덕이 지극하지 못한 것이 아니나 대개 원근(遠近)과 혼명(昏明)의 차가 있기 때문에 그 귀순(歸順)에 선후가 있으니 귀순하지 않는 사람이 있다면 마땅히 덕을 닦아야 할 것이다.

이른바 덕(德)이라는 것은 원영정(元永貞)의 도이다. 원(元)은 머리하는 것이며 어른 노릇하는 것이니, 인군의 덕이 만물에 으뜸으로 나서 모든 생물의 인군 노릇 어른 노릇 하는 것이 되므로 높고 크다는 뜻이 있으며 주관하고 통솔한다는 뜻이 있다. 또한 항영(恒永)하고 정고(貞固)하면 신명과 통하고 사해(온 세상)에 빛나서 불복할 생각을 안 할 것이니, 믿지 않는 사람이 없고 후회가 없어질 것이다. 이른바 후회(後悔)라 함은 뜻이 빛나지 못하고 마음이 흡족하지 못한 것이다.

(10) 운명(運命)상에서 본 재산(財産)의 유무(有無)

유족(裕足).....(소기업)의 명론(命論)

정상육(井上六) 양지유이적지후 수무종정지영 역유도주지산(養之裕而積之厚 雖無鐘鼎之榮 亦有陶朱之産 사람됨이 기르면 넉넉해지고 쌓여서 두터이 되리라. 비록 종정의 영화는 안 되지만 또한 도주의 재산만은 하리라.)

이상의 본문에서 보는 바와 같이 사람됨이 하는 일이 기르면 넉넉해지고 쌓으면 두터웁게 되리라 말하고 있다. 비록 종정(중국의 한때의 거부)의 영화는 없으나 또한 도주(중국의 한때

소부)의 재산만은 가지리라 말하고 있다.

이상은 상수학(象數學)적 하락리수(河洛理數)로써 앞의 명론(命論)을 알아보았다. 다음은 의리학(義理學)적 주역(周易)의 정상육(井上六) 효사(爻辭)를 통해 이의 근기를 알아본다.

상육 정수물막 유부 원길(上六 井收勿幕 有孚 元吉 상육은 우물을 길어 취해서 덮지 않고 믿음이 있는지라 크게 착하고 길하니라.)

주(註) : 우물은 위로 올라가는 것으로 쓰임을 삼으니 (정괘)의 위에 있음은 우물의 도가 이루어진 것이다. 거두다(收)는 물을 길어 취함이고 덮는다(幕)는 가리고 덮는 것이니, 취하면서 가리지 않아 그 이로움이 끝이 없으니 우물의 베품이 넓고 크다! 믿음이 있다(有孚)는 항상 함이 있어 변하지 않음이니 넓게 베풀면서 항상 함이 있으니 대인이 아니면 누가 능하겠는가! 다른 괘의 마지막(上爻)은 극함이 되고 변함이 되나 정괘(井卦)와 정괘(鼎卦)만은 마지막이 성공이 되니 이 때문에 길한 것이다.

(11) 운명(運命)상에서 본 재산(財産)의 유무(有無)

유족(裕足).....(소기업)의 명론(命論)

정구이(鼎 九二) 병성돈후 모위독실 가기풍후 득인투기(秉性敦厚 謀爲篤實 家基豊厚 得人妬忌 사람됨이 성품이 도타웁고 후중하게 가지며 꾀하는 일이 독실하게 되리라. 가정의 기반이 풍부하고 후중하지만 사람의 미워하고 기탄함을 얻으리라.)

이상의 본문에서 보는 바와 같이 사람됨이 성품이 매사에 도타웁고 후중하게 가지며 무슨 일을 모사하면 도타웁고 실속 있게 되리라는 말이다. 가정적으로 기반이 풍부하고 후중하게 되지만 인간관계가 나쁘게 돼 나를 미워하고 기탄함을 만날 것이라

말하고 있다.

이상은 상수학(象數學)적 하락리수(河洛理數)로써 앞의 명론(命論)을 알아보았다. 다음은 의리학(義理學)적 주역(周易)의 정구이(鼎九二) 상사(象辭)를 통해 이의 근기를 알아본다.

상왈 정유실 신소지야 아구유질 종무우야(象曰 鼎有實 愼所之也 我仇有疾 終无尤也 상에 말하기를 솥에 내용물이 있으나 가는 바를 삼가니 내 짝이 병이 있음은 마침내 허물이 없어지리라.)

주(註) : 솥에 내용물이 있음은 사람에게 재주와 업적이 있는 것이나 마땅히 나아가는 바를 삼가야 할 것이니, 가는 바를 삼가지 않으면 옳지 못한 데 빠질 것이다. (구이)가 (초육)에게 빠지지 않고 위로 정응인 (육오)를 좇아가니 가는 바를 삼가는 것이다. 내 짝이 병이 있다(我仇有疾)함은 위의 글을 들은 것이다. 내 짝(我仇)은 나와 상대되는 자이니 (초육)을 말한다. (초육)이 나와 상비관계이고 득정하지 못했으니 이것은 병이 있는 것이나, 이미 스스로를 바름으로써 지키면 상대(초육)가 나한테 오지 못할 것이니, 이 때문에 마침내 허물이 없는 것이다.

(12) 운명(運命)상에서 본 재산(財産)의 유무(有無)

유족(裕足).....(소기업)의 명론(命論)

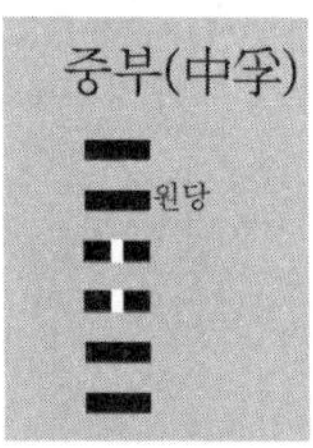

중부구오(中孚九五) 유덕지인 상자경신 하자복종 향용풍족 수산우장(有德之人 上者敬信 下者服從 享用豊足 壽算優長 사람의 됨됨이가 덕이 있는 사람으로 윗사람은 공경하여 믿고, 아랫사람은 승복하여 따르리라. 누리어 써도 풍족하고 수명을 계산하여 보매 넉넉하게 장수하리라.)

이상의 본문에서 보는 바와 같이 사람의 됨됨이가 덕망이 있는 사람으로써 윗사람은 공경하여 믿으며, 아랫사람은 나에게 승복하여 따르리라. 재물은 누리어 써도 풍족하고 수명을 계산하여 보매 넉넉하게 장수하리라는 말이다. 다시 말해서 위인이 덕망이 있어 윗사람과 아랫사람 사이가 매우 좋고 재산은 써도 풍족히 따르며 수명은 길다는 말이다.

이상은 상수학(象數學)적 하락리수(河洛理數)로써 앞의 명론(命論)을 알아보았다. 다음은 의리학(義理學)적 주역(周易)의 중부구오(中孚九五) 효사(爻辭)를 통해 이의 근기를 알아본다.

구오 유부연여 무구(九五 有孚攣如 无咎 구오는 믿음을 둠이 당기는 듯하면 허물이 없으리라.)

주(註) : 구오가 인군 자리에 거처하니 인군의 도는 마땅히 지극한 정성으로 천하를 감동시켜 천하 사람의 마음이 믿게 하기를 굳게 매어 붙들어 당기는 듯하게 하면 허물이 없을 것이나, 인군의 믿음이 능히 천하로 하여금 굳게 맺게 함이 이와 같지 못하면 억조 백성의 마음을 어떻게 지켜서 떠나지 않게 할 수 있겠는가?

(13) 운명(運命)상에서 본 재산(財産)의 유무(有無)

유족(裕足).....(소기업)의 명론(命論)

미제구이(未濟九二) 불실위근후지사 화이처중 여물무오 중이행정 이처사불편 재록의식 풍족불흠(不失爲謹厚之士 和以處衆 與物無忤 中以行正 而處事不偏 財祿衣食 豊足不欠 사람됨이 근엄하고 후중한 선비에 그릇되지 않으리라. 화합함으로써 뭇사람에 처하며 남과 같이 함에 거슬려 함이 없으리라. 마음으로써 바르게 행하며 일을 처리하는데 편벽되지 않으리라. 재록(록궁)과 의식은 풍부하고 넉넉해서 모자람이 없으리라.)

이상의 본문에서 보는 바와 같이 사람됨이 행동에 있어서는 근엄하고 맘씨가 후중한 선비에 그릇되지 않으리란 말이다. 나의 화합한 마음으로 여러 사람이 처하며 남으로 더불어 하는 일을 거슬러 함이 없으리라는 말이다. 마음으로써 바르게 행동하고 일을 처리하는 데는 편벽되게 치우치지 않으리라 말하고 있다. 재록과 의식은 풍족하여 모자람이 없으리라 말하고 있다.

이상은 상수학(象數學)적 하락리수(河洛理數)로써 앞의 명론(命論)을 알아보았다. 다음은 의리학(義理學)적 주역(周易)의 미제구이(未濟九二) 효사(爻辭)를 통해 이의 근기를 알아본다.

구이 예기륜 정 길(九二 曳其輪 貞 吉 구이는 그 바퀴를 당기면 바르게 해서 길하리라.)

주(註) : 다른 괘에는 구(陽)가 이효 자리에 있음이 유한 데 거처하고 득중함이 되여 지나치게 강한 뜻이 없으나 (미제)에는 성인께서 괘의 상을 깊게 취해 경계를 하여 <u>위를 섬기고 공순하게 하는 도리를 밝히신 것이다.</u>

(미제)는 인군의 도가 어려운 때이니 (육오)가 유로써 인군 자리에 있고 (구이)가 양강한 재질로 서로 응하는 자리에 있음으로 마땅히 쓰임이 되는 사람이나 강은 유를 능멸하는 뜻이 있고 물은 불을 이기는 상이 있으며 바야흐로 어려워진 때에 의지가 되는 바는 재주 있는 신하일 뿐이니, 더욱 마땅히 공순한 도리를 다해야 할 것이다. 그렇게 때문에 그 바퀴를 당기면 바름을 얻어 길하다고 경계한 것이다. 그 바퀴를 당겨 넘어뜨려서 그 세력을 줄이고 나아가는 것을 늦추는 것이니 강을 지나치게 쓰는 도를 경계한 것이다.

(14) 운명(運命)상에서 본 재산(財産)의 유무(有無)

유족(裕足).....(소기업)의 명론(命論)

손육사(巽六四) 선난후이 수비사로지빈 불실위전사옹 풍의족식 안락자여(先難後易 雖非仕路之賓 不失爲田舍翁 豊衣足食 安樂自如 사람됨이 먼저는 어려우나 뒤에는 쉬워지리라. 비록 벼슬길에 오를 빈객은 아니지만 전사(사냥하느라 지은 집)의 늙은이가 되는 데는 그릇되지 않으리라. 의식이 풍족해서 편안하고 즐거움이 자기 뜻과 같으리라.)

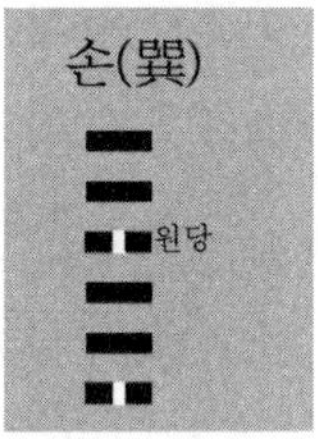

이상의 본문에서 보는 바와 같이 사람 된 운명이 먼저는 어려우나 뒤에는 쉬우리라 말하고 있다. 비록 벼슬길에 오를 빈객은 아니지만 전사(사냥하느라 지은 집)의 늙은이가 되는 데는 그릇되지 않으리라. 의식(재물)이 풍족하여 편안하고 즐거움이 자기 뜻과 같으리라 말하고 있다.

이상은 상수학(象數學)적 하락리수(河洛理數)로써 앞의 명론(命論)을 알아보았다. 다음은 의리학(義理學)적 주역(周易)의 손육사 (巽六四) 효사(爻辭)를 통해 이의 근기를 알아본다.

육사 회망 전획삼품(六四 悔亡 田獲三品 육사는 후회가 없어지니 사냥해서 삼품을 얻도다.)

주(註) : 음유함으로써 응원이 없으면서 받들고(承) 탄(乘) 것이다. 강하니 마땅히 후회가 있으나 (육사)가 음으로써 음 자리에 거처해서 겸손의 바름을 얻었고 상체의 아래에 있으니 위에 있으면서 능히 낮추는 것이다. 상체의 아래에 있으니 위에서 겸손한 것이고 겸손함으로써 아래에 임하니 아래에게 겸손한 것이다. 이와 같이 잘 처신하기 때문에 후회가 없어지는 것이다.

후회가 없어짐(悔亡)을 얻는 까닭은 사냥해서 삼품을 얻는 것과 같으니 사냥해 삼품을 얻는다(田獲三品)함은 위와 아래에 미치는 말이다. 사냥해서 얻은 물건을 셋으로 나눠 하나는 건두(乾豆--제사에 쓰는 마른고기)를 만들고, 하나는 손님 대접과 (인군의) 푸줏간에 채우며 하나는 나누어 몰이꾼에게 하사하니 (육사)가 능히 위와 아래의 양에게 겸손함이 사냥해서 삼품을 얻음과 같음으로 위와 아래에 두루 미친다는 말이다. (육사)의 처지는 본래 후회가 있으나 처신하기를 지극히 잘하기 때문에 후회가 없어지고 더욱이 공이 있는 것이니, 천하의 일이 잘 처리하면 후회가 혹 공이 될 수 있다.

(15) 운명(運命)상에서 본 재산(財産)의 유무(有無)

유족(裕足).....(소기업)의 명론(命論)

소과육이(小過六二) 겸공자지 근후자수 우지기 이모망극수 승조무 이가성익진(謙恭自持 謹厚自守 遇知己 而謀望克遂 繩祖武 而家聲益振 사람됨이 겸손과 공손을 스스로가 보지(自持)하며, 근엄하고 후중함을 옳게 지키리라. 지기(知己 : 서로가 잘 아는 사이)를 만나며 모사하고 소망함을 능히 이루리라. 조상의 굳셈을 본받아서 가성(집안의 명성 또는 명예)를 더 떨칠 것이다.)

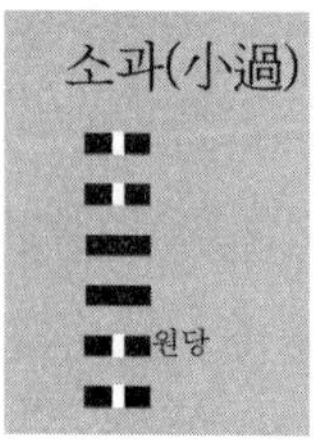

이상의 본문에서 보는 바와 같이 사람됨이 행동 면에 있어 겸손과 공손함을 자기 자신이 잘 보지하고 또한 몸가짐을 근엄하게 하며 마음씨가 후중(厚重)함을 잘 지키리라는 말이다. 또한 지피지기하는 사이를 만나서 모사하고 소망함이 능히 이루어지리라 말하고 있다. 조상의 굳셈을 본받아서 가성(집안의 명성)이 더더욱 진작되리라는 말이다.

이상은 상수학(象數學)적 하락리수(河洛理數)로써 앞의 명론(命論)을 알아보았다. 다음은 의리학(義理學)적 주역(周易)의 소과육이(小過六二) 효사(爻辭)를 통해 이의 근기를 알아본다.

육이 과기조 우기비 불급기군 우기신 무구(六二 過其祖 遇其妣 不及其君 遇其臣 无咎 육이는 그 할아버지를 지나서 그 할머니를 만남이니, 그 인군에 미치지 않고 그 신하를 만나면 허물이 없을 것이다.)

주(註) : 양이 위에 있음은 아버지의 상이고 아버지보다 높은 자는 할아버지의 상이니 (구사)가 (구삼)의 위에 있기 때문에 할아버지가 된다. (육이)와 (육오)가 서로 응하는 자리에 있고 똑같이 유중(柔中)한 덕이 있으니, 뜻이 (구삼)과 (구사)를 따르지 않기 때문에 (구사)를 지나 (육오)를 만남으로 이것이 그 할아버지를 지남이다. (육오)가 음으로 높으니 할머니의 상이고 (육이)와 같은 덕으로 서로 응하니 다른 괘에서는 음과 양이 서로 구하나 지나치는 때는 반드시 상리(常理)를 지나치기 때문에 다르다.

지나치지 않음이 없기 때문에 (육이)가 (육오)를 좇음에도 또한 그 지나침을 경계한 것이다. 그 인군에 미치지 않고 그 신하를 만남은 위로 올라가되 인군을 능멸하지 않음이니 신하의 도리에 마땅해서 허물이 없다는 말이다. 만남은 마땅한 것이니 신하의 분수를 지나치면 그 허물을 알 수 있다.

(16) 운명(運命)상에서 본 재산(財産)의 유무(有無)

유족(裕足).....(소기업)의 명론(命論)

기제육사(旣濟六四) 불실위근후지사 다의다려 방우두원 의식충족

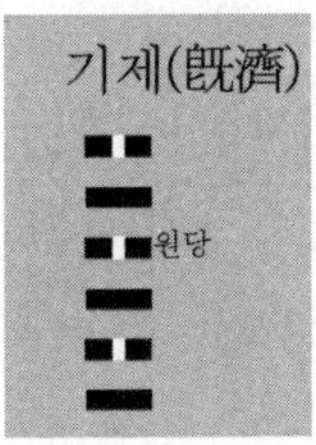

(不失爲謹厚之士 多疑多慮 防虞杜怨 衣食充足 사람됨이 근엄하고 후중한 선비에 그릇되지 않으리라. 그러나 의심이 많고 생각이 많으리라. 근심을 막고 원망을 막아야 하며 의식이 충족하리라.)

이상의 본문에서 보는 바와 같이 사람 됨됨이가 행동 면에 있어 근엄하고 맘씨가 후중한 선비로 그릇됨이 없다는 말

이다. 그러나 매사 하는 일에 의아스러움이 많고 또한 생각하는 바가 많으리라 말하고 있다. 그러므로 근심을 미리 막아야 하고 사람 사이에 원망스런 일을 미리 막아야 하며 의식(재산)은 충분하리란 말이다.

이상은 상수학(象數學)적 하락리수(河洛理數)로써 앞의 명론(命論)을 알아보았다. 다음은 의리학(義理學)적 주역(周易)의 기제육사(旣濟六四) 효사(爻辭)를 통해 이의 근기를 알아본다.

육사 유유의녀 종일계(六四 繻有衣袽 終日戒 육사는 젖는데 걸레를 두고 종일토록 경계함이니라.)

주(註) : (육사)가 건너는 괘에 있으면서 물의 체이기 때문에 배를 취해서 뜻을 삼았다. (육사)는 인군에 가까운 자리로 건넘의 소임을 맡은 자이니 (기제)의 때를 당해서 환난을 막고 변을 근심하는 것으로써 급함을 삼는다. 유(繻)는 마땅히 유(濡)로써 해야 하니 샌다는 말이다. 배가 새는 곳이 있으면 걸레로써 막으니 걸레가 있어 새는 곳을 대비하고, 또 종일토록 경계하고 두려워해서 게을리 하지 않는 것이니, 근심하고 걱정하기를 마땅히 이와 같이 해야 한다. 길하다고 말하지 않음은 이제 막 근심에서 면했으니 (기제)의 때에 근심을 면하면 족한 것인데 어찌 다시 무엇을 더 보태겠는가?

(17) 운명(運命)상에서 본 재산(財産)의 유무(有無)

유족(裕足).....(소기업)의 명론(命論)

겸육오(謙六五) 혹문중성명 무중립공 부개향린 위복완한(或文中成名 武中立功 富槪鄕隣 威服頑悍 사람됨이 혹 문(文)으로 해도 이름을 이루고 무(武)로 해도 공을 세우리라. 부(富)를 이루되 이웃 간에서 이며 그의 위품에는 미련하고 사나운 사람이라도 승복하리라.)

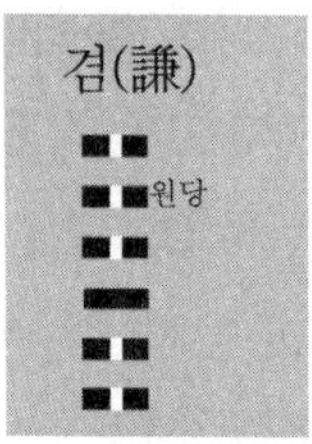

이상의 본문에 나타나 있는 바와 같이 사람 된 운명이 혹 문(文) 먼저 하는 일에도 이름을 이루고 무(武) 뒤에 하는 일에도 공을 세우리란 말이다. 다시 말해서 이의 어의는 하는 일이 전자도 성공하고 후자도 성공한다는 말이다. 또한 부를 누리되 향린(이웃)에서 부자라는 말이며 또한 사람 된 품위가 미련하고 사나운 자도 그 앞에서 승복하리라는 말이다.

이상은 상수학(象數學)적 하락리수(河洛理數)로써 앞의 명론(命論)을 알아보았다. 다음은 의리학(義理學)적 주역(周易)의 겸육오(謙六五) 효사(爻辭)를 통해 이의 근기를 알아본다.

육오 불부이기린 이용첨벌 무불리(六五 不富以其鄰 利用侵伐 无不利 육오는 부유하지 않고도 이웃과 같이 하는 것이니 침벌을 씀이 이로우니 이롭지 않음이 없으리라.)

주(註) : 부(富)는 무리가 모여드는 바니 오직 재물이라야 사람을 모을 수 있으나, (육오)는 인군의 높은 자리로써 겸순(謙順)함으로 아랫사람을 접대해니 무리가 모여드는 것이다. 그래서 부유하지 않고도 그 이웃을 둘 수 있는 것이다. 이웃(鄰)은 가까운 것이니 부유하지 않고도 사람의 친함을 얻는 것이다. 인군인데도 겸순함을 가지고 있으니 천하의 마음이 모인다. 그러나 인군의 도는 오로지 겸순하고 유하게 만은 할 수 없고 반드시 위엄과 무력이 서로 도움을 주어야 천하를 회유하고 승복시킬 수 있기 때문에 침벌을 행하는 것이 이로운 것이니 위엄과 덕이 아울러 나타나야 인군의 도의 마땅함을 다해서 이롭지 않음이 없다. 대개 (육오)의 겸순하고 유함이 지나친 것을 막아야 하기 때문에 이런 뜻을 밝힌 것이다.

(18) 운명(運命)상에서 본 재산(財産)의 유무(有無)

유족(裕足).....(소기업)의 명론(命論)

간구삼(艮九三) 부장금곡 필기강경 악사상행 선연불작(富藏金谷

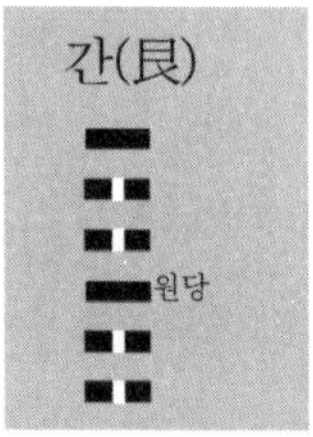

必起强梗 惡事常行 善緣不作 사람됨이 부를 누리되 금곡에 간직하여 반드시 굳세게 일으키리라. 모진 일도 떳떳이 행하며 착한 인연이라도 짓지 않으리라.)

이상의 본문에서 보는 바와 같이 사람됨이 부(富)를 누리되 금곡(金谷)에서 간직한다 말하고 있다. 금곡의 어의에 대해 알아본다. 중국 고사에 석숭(石崇)이가 금곡 땅에서 부자를 누리었다는 일화에서 연유된 문사이다. 반드시 강경하게 일으키니 모질고 악한 일이라도 재산이 있는 일에는 떳떳하게 주저하지 않고 감행하며 착한 일이라도 재산과 관계가 없으면 조작해서 하려고 하지 않으리라는 명론이다.

이상은 상수학(象數學)적 하락리수(河洛理數)로써 앞의 명론(命論)을 알아보았다. 다음은 의리학(義理學)적 주역(周易)의 간구삼(艮九三) 효사(爻辭)를 통해 이의 근기를 알아본다.

구삼 간기한 렬기인 려 훈심(九三 艮其限 列其夤 厲 薰心 구삼은 그 허리에 그친지라, 그 등뼈를 벌림이니 위태하여 마음이 찌는 듯하도다.)

주(註) : 한(限)은 나누는 경계막이니, 위와 아래가 접하는 곳이다. (구삼)이 강으로써 강한 자리에 거처하면서 득중하지 못함으로 그침을 이루는 주인이 되었으니, 그침을 결정하는 극에 있고 자신이 하체의 꼭대기에 있으면서 위와 아래의 경계에서 막혀 있으니 다 그치는 뜻이 된다. 그러므로 그 허리에 그침(艮其限)이 되는 것이니 이것은 확고하게 그쳐 다시 진퇴가 불가능한 것이다. 사람의 몸으로 말하면 등뼈를 벌린 것과 같으니 인(夤)은 등골뼈니 위아래가 이어지는 곳이다. 등골뼈를 끊어서 벌리면 위와 아래가 서로 떨어지니 아래에서 굳게 그쳐 있다는 말이다.

그치는 도는 마땅함을 얻음이 귀중하니 행하고 그침을 때에 따라하지 못하고 한곳에 정해져서 굳고 강하기가 이와 같으면 세상일 처리가 어긋나서 사물과 끊어질 것이니 그 위태함이 심하다. 사람이 한쪽에 굳게 그쳐서 온 세상 사람들이 더불지 않으면 어렵고 막히며, 분하고 두려워서 그 마음(中)이 타고 흔들릴 것이니 편할 이치가 있겠는가? 두려워 마음이 찐다(薰心)함은 불안한 형세가 그 속을 태운다는 말이다.

(19) 운명(運命)상에서 본 재산(財産)의 유무(有無)

유족(裕足).....(소기업)의 명론(命論)

귀매구이(歸妹九二) 과학이무명리 유도이처산림 재백풍족 복택고온 혹유목질 혹호담정(寡學而無名利 有道而處山林 財帛豊足 福澤固隱 或有目疾 或好淡靜 사람됨이 학문을 적게 하여 명예가 이롭지 못하며 도(道)가 있어 산림에 가서 거처하리라. 재백(재물)은 풍족하고 복택은 굳건하며 안온하리라. 혹 눈에 질병이 있으며 혹 담정(조용함)을 좋아하리라.)

이상의 본문에서 보는 바와 같이 사람됨이 학문을 적게 하여 명예가 이롭지 못하며 산림에 들어가 도를 가지리라 말하고 있다. 재백(재산)은 풍족하고 복택은 굳건하며 안온하리라는 말이다. 혹 눈에 질병이 있으며 혹 담정(談靜 : 조용함)을 좋아하리라는 말이다.

이상은 상수학(象數學)적 하락리수(河洛理數)로써 앞의 명론(命論)을 알아보았다. 다음은 의리학(義理學)적 주역(周易)의 귀매구이(歸妹九二) 효사(爻辭)를 통해 이의 근기를 알아본다.

구이 묘능시 리유인지정(九二 眇能視 利幽人之貞 구이는 애꾸눈이 능히 보는 것이니 유인의 바름이 이로우니라.)

주(註) : 구이는 양강하고 득중하니 여자가 어질고 바른 사람이고 위로 정응이 있으나 도리어 음유한 자질로 기쁨에 움직이는 사람이니 여자는 어진데 배필이 좋지 않은 것이다. 그러므로 (구이)가 비록 어지나 스스로 나아가 내조의 공을 이룰 수 없는 것이니, 자기 몸이나 착하게 하고 작게 베품을 애꾸눈이 능히 보는 것 같이 할 뿐이니 멀리 미치지 못한다는 말이다. 남녀의 교제는 마땅히 바른 예로써 해야 하니 (육오)가 비록 바르지 못하나 (구이)가 스스로 그윽하고 고요하며 바름을 지키므로 이로운 것이다.

(구이)가 강하고 바른 덕이 있으니 그윽하고 고요한 사람이다. (구이)의 재주가 이와 같은데 바름이 이롭다(利貞)함은 이와 같은 바름에 합당해서 이롭다는 말이고 부족해서 경계한 것이 아니다.

(20) 운명(運命)상에서 본 재산(財産)의 유무(有無)

유족(裕足).....(소기업)의 명론(命論)

려육오(旅六五) 유문장지미 성예지저 덕업지광 위향리지길사(有文章之美 聲譽之著 德業之廣 爲鄕里之吉士 사람됨이 문장(학문)의 아름다움이 있으며 이름난 명예가 있으리라. 덕업(자기 업)이 넓으며 향리(주변)에서 길한 선비라 할 것이다.)

이상의 본문에서 보는 바와 같이 사람됨이 학문에 아름다움이 있으며 이름난 명예가 나타나리란 말이다. 덕업(자기 업)이 넓으며 향리(주변)에서 길한 선비가 되리라 말하고 있다. 주안점 몇 가지를 들어본다. 이 명론은 학문을 아름답게 해서 그 명성을 나타낸다는 논리이며 덕업은 넓은데 비해서 실속이 빠져 있음을 의미하고 있으며 길사(吉士)에는 말쑥한 선비의 내면을 엿볼 수가 있다.

이상은 상수학(象數學)적 하락리수(河洛理數)로써 앞의 명론(命論)을 알아보았다. 다음은 의리학(義理學)적 주역(周易)의 려육오(旅六五) 상사(象辭)를 통해 이의 근기를 알아본다.

상왈 종이예명 상체야(象曰 終以譽名 上逮也 상에 말하기를 마침내 명예와 복록이 있음은 위로 미치기 때문이다.)

주(註) : 분명하고 유순한 덕이 있으며 위와 아래가 더불어 한다. 체(逮)는 더불어 하는 것이다. 능히 윗사람을 순하게 이어 받들어 윗사람이 더불어 하니 윗사람에게 미치는 바가 되고, 위에 있으면서 아랫사람의 마음을 얻으니 아랫사람에게 윗사람이 미치는 바가 되는 것이며, 나그네이면서 위와 아래가 더불어 하니 명예와 복록을 이루는 것이다. (려)는 곤하고 편치 못한 때이나 마침내 명예와 복록이 있음(終以譽名)은 마침내 명예와 복록을 이루게 된다는 것이다. 이미 명예와 복록이 있으면 나그네가 아니고, 곤해서 친한 사람이 적으면 나그네가 되니 반드시 밖에 있는 자만이 나그네는 아니다.

(1) 운명(運命)상에서 본 재산(財産)의 유무(有無)

자족(自足).....(자급자족)의 명론(命論)

둔상구(遯上九) 득의식자심 이무시무비 무영무욕(得衣食滋深 而無是無非 無榮無辱 사람됨이 의식(재산)이 점점 번성하며, 옳은 것도 없고 그른 것도 없으며 영화로움도 없고 욕된 일도 없으리라.)

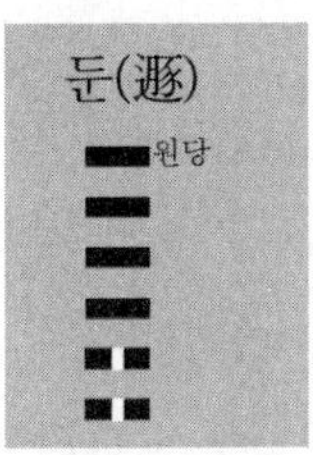

이상의 본문에서 보는 바와 같이 사람 된 운명이 의식(재산)이 점점 번성함을 얻으리란 말이다. 또한 좋은 일도 없으며 그른 일도 없고 영예로운 일도 없으며 욕된 일도 없으리라 말하고 있다. 이상의 명론(命論)으로 보아 지극히 평범함을 의미하고 있다. 의식(재산)도 많지도 않고 또한 아주 적지도 않으며 또한 좋은 것도 없으리라 말하고 있다.

이상은 상수학(象數學)적 하락리수(河洛理數)로써 앞의 명론(命論)을 알아보았다. 다음은 의리학(義理學)적 주역(周易)의 둔상구(遯上九) 효사(爻辭)를 통해 이의 근기를 알아본다.

상구 비돈 무불리(上九 肥遯 无不利 상구는 살찌게 도피함이니 이롭지 않음이 없으리라.)

주(註) : 살찐다(肥)는 가득차고 관유한 뜻이다. 도피하는 사람은 오직 표연히 멀리 가서 매이고 지체함이 없어야 좋은 것이다. (상구)는 (건체)이고 강하게 결단하는 것으로 괘의 바깥에 있고, 또한 아래로 매이는 데가 없으니 이것은 멀리 도망해서 연루된 데가 없는 것이고 너그럽고 여유 있다고 할 것이다. (둔)은 곤궁할 때이나 잘 처신하면 살찌게 되니 도피함이 이와 같으면 무엇이 이롭지 않겠는가?

(2) 운명(運命)상에서 본 재산(財産)의 유무(有無)

자족(自足).....(자급자족)의 명론(命論)

진육삼(晉六三) 성정선사 친현우능 찬조자다 구원자소 평생안락

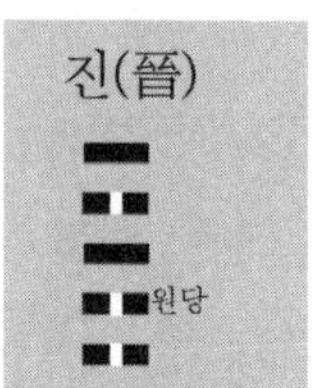

무수무우(誠正善士 親賢友能 贊助者多 仇怨者少 平生安樂 無憂無虞 사람됨이 매사에 성실하고 바르며 착한 선비로써 어진 사람을 친히 하고 능력 있는 사람을 벗으로 삼으리라. 나를 돕는 사람이 많으며 나를 원망하는 사람은 적으리라. 또한 평생을 통해 편안하고 즐거우며 우환도 없고 근심도 없으리라.)

이상의 본문에서 보는 바와 같이 우선에 사람 된 인간성이 매사에 성실하고 언행에 있어 바르며 마음씨가 착한 선비격이 되리라 말하고 있다. 이 선비라 함은 무의미한 용어가 아니다. 학문을 많이 하고 심

성이 바르며 내면의 운명이 외형으로 표출되니, 그 외형이 말쑥한 선비의 자태로 나타나는 것이다. 이러한 인사임으로 어질고 능력 있는 자와 벗을 삼으니 나를 돕는 자는 많고, 나를 원망하는 자는 적으리라 말하고 있다. 그러니 평생을 통해 안락하며 우환도 없고 근심도 없다는 말이다.

이상은 상수학(象數學)적 하락리수(河洛理數)로써 앞의 명론(命論)을 알아보았다. 다음은 의리학(義理學)적 주역(周易)의 진육삼(晉六三) 효사(爻辭)를 통해 이의 근기를 알아본다.

육삼 중윤 회망(六三 衆允 悔亡 육삼은 무리가 믿음이라 뉘우침이 없어지느니라.)

주(註) : 음(陰)으로써 삼효 자리에 거처해서 중정함을 얻지 못했으니 마땅히 후회와 허물이 있을 것이나, (육삼)이 순한 괘체의 위에 있으니 순함이 지극한 것이고 세 음효는 다 위를 순히 따르는 것이다. 이것은 (육삼)이 윗사람을 따름이 무리와 뜻이 같아서 무리가 믿고 좇는 바이므로 후회가 없어지는 것이다. 윗사람을 순히 따르며 밝은 데로 향하는 뜻이 있고 무리가 믿고 좇으면 어찌 이롭지 않겠는가? 혹자가 말하기를 중정하지 못하면서 무리와 같이함이 잘한 일이 됩니까? 대답하기를 무리가 믿는 것도 반드시 지극히 마땅한 것인데 하물며 위의 크게 밝은 것을 순히 따르니 어떻게 좋지 않음이 있겠는가? 이렇기 때문에 후회가 없어지는 것이니 중정하지 못한 실수를 없게 하는 것이다. 옛사람이 말하기를 꾀하는 일에 대중이 따르면 하늘의 마음과 합치된다고 했다.

(3) 운명(運命)상에서 본 재산(財産)의 유무(有無)

자족(自足).....(자급자족)의 명론(命論)

가인초구(家人初九) 근후지사 가급인족 일생안락(謹厚之士 家給人

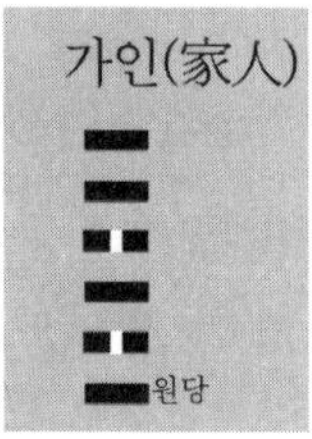

足 一生安樂 사람됨이 행동이 근엄하고 마음씨가 후중하며 인품의 자태가 말쑥한 선비가 되리라. 가계는 넉넉하고 가족 또한 갖추어 살며 일평생에 어려운 일없이 편안하고 즐겁게 지내리라.)

이상의 본문에서 보는 바와 같이 사람됨이 일반적인 행동에도 남다른 근신을 하려니와 특히나 이성간에 각별한 품위유지와 질서적 개념을 말하고 있다. 또한 남을 배려하는 후중한 심성으로 자기 회사를 앞세워 남에게 베푸는 특성을 보여주고 있으며, 또한 사람됨의 자태가 말쑥하게 수양된 선비의 품위를 간직하게 되리라 말하고 있다.

이상은 상수학(象數學)적 하락리수(河洛理數)로써 앞의 명론(命論)을 알아보았다. 다음은 의리학(義理學)적 주역(周易)의 가인초구(家人初九) 효사(爻辭)를 통해 이의 근기를 알아본다.

상왈 한유가 지미변야(象曰 閑有家 志未變也 집에서 먹고 익힘은 뜻이 변하지 않음이라.)

주(註) : 처음에 막고 익힘은 집안 사람들의 뜻이 변동하기 전이니, 뜻을 바르게 해서 흩어지고 변동하기 전에 막고 익히면 은혜를 상하지 않고 의리를 잃지 않을 것이니, 집안을 잘 다스리는 것이다. 이렇기 때문에 후회가 없어지는 것이니, 뜻이 변한 뒤에 다스리면 상하는 바가 많을 것이니 후회가 있게 된다.

(4) 운명(運命)상에서 본 재산(財産)의 유무(有無)

자족(自足).....(자급자족)의 명론(命論)

건상육(蹇上六) 의부존귀 탁연생애 내조유인 평생안일(依附尊貴 卓然生涯 內助有人 平生安逸 사람됨이 높고 귀한 사람에 의지해서 붙어 따르면 생애(일평생)가 탁연(뛰어남)하고 내조할 사람이 있으며

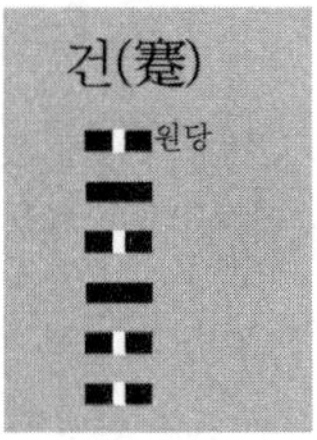

평생에 편안하리라.)

이상의 본문에서 보는 바와 같이 사람됨이 높고 귀한 사람(출세한 사람)에 의지해 붙어 따르면 평생의 삶이 뛰어나고, 내조할 사람이 있으며 일평생에 편안하리라는 말이다. 이상의 문장 속에서 몇 가지 확연한 뜻을 밝혀본다. 존귀(尊貴)는 높고 귀한 사람이란 말로 다시 말하면 출세한 사람을 일컬음이며 탁연(卓然)은 뛰어나다는 어의이고 내조는 안사람의 도움을 말합니다.

이상은 상수학(象數學)적 하락리수(河洛理數)로써 앞의 명론(命論)을 알아보았다. 다음은 의리학(義理學)적 주역(周易)의 건상육(蹇上六) 상사(象辭)를 통해 이의 근기를 알아본다.

상왈 왕건래석 지재내야 리견대인 이종귀야(象曰 往蹇來碩 志在內也 利見大人 以從貴也 상에 말하기를 가면 어렵고 오면 크다는 것은 뜻은 안에 있음이고, 대인을 봄이 이로움은 귀함을 좇음이다.)

주(註) : (상육)이 (구삼)과 응하고 (구오)를 따르니 뜻이 안에 있음이고 (건)이 이미 극에 달했고 돕는 이가 있으니 이렇기 때문에 커져서 길하다. 육(陰)이 음유함으로써 (건)의 극에 당해서 강양하고 중정한 인군과 매우 가까우니 자연히 그 뜻에 따라 붙어서 스스로 구제됨을 구할 것이다. 그러므로 대인을 봄이 이롭다 (利見大人)고 하니 (구오)의 구함을 따르라는 말이다. 귀함을 따르라(從貴)고 말한 것은 사람들이 대인이 (구오)를 가리킨 것임을 알지 못할까 두려워 한 것이다.

(5) 운명(運命)상에서 본 재산(財産)의 유무(有無)

자족(自足).....(자급자족)의 명론(命論)

해초육(解初六) 립심평이 거조득의 지기부좌 수용무군(立心平易

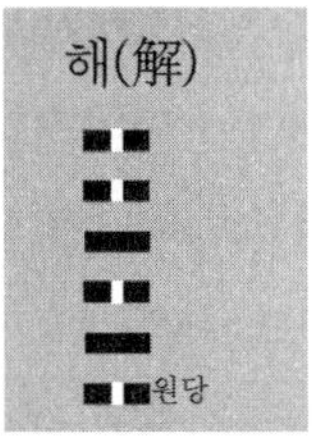

擧措得宜 知己扶佐 受用無窘 사람됨이 마음을 정해서 평평하고 쉽게 되며, 거조(시작과 끝맺음)가 마땅함을 얻으리라. 지기(지피지기하는 사람)가 붙들어 도와서 수용(나를 등용함)함에 궁색함이 없으리라.)

이상의 본문에서 보는 바와 같이 사람됨이 내가 무엇에 마음을 정해서 시행하면 평평하고 쉽게 되리라는 말이다. 시작과 끝맺음이 마땅하게 되며 지피지기하는 자가 붙들어 도와주며 무언가의 나를 수용하는 데는 궁색함이 없으리라는 말이다.

이상은 상수학(象數學)적 하락리수(河洛理數)로써 앞의 명론(命論)을 알아보았다. 다음은 의리학(義理學)적 주역(周易)의 해초육(解初六) 상사(象辭)를 통해 이의 근기를 알아본다.

상왈 강유지제 의무구야(象曰 剛柔之際 義无咎也 상에 말하기를 강과 유가 사귐이다. 의리가 허물이 없느니라.)

주(註) : (초육)과 (구사)가 서로 응하니 강과 유가 서로 사귀여 접하는 것이고, 강과 유가 서로 사귀니 그 마땅함을 얻음이 된다. 어려움이 이미 풀렸고 처신함에 강유의 마땅함을 얻었으니, 그 의리가 허물이 없다.

(6) 운명(運命)상에서 본 재산(財産)의 유무(有無)

자족(自足).....(자급자족)의 명론(命論)

해구사(解九四) 불능원소인 친군자 기우불홍 사공유한(不能遠小人 親君子 器宇不洪 事功有限 사람됨이 소인을 멀리하고 군자를 친히하기를 잘할 수가 없으리라. 타고난 그릇이 넓지 못하고 일의 공이 한계가 있으리라.)

이상의 본문에서 보는 바와 같이 사람됨이 소인을 멀리하고 군자를

친히 하기를 잘 할 수가 없다는 말이다. 이는 곧 이 운명자도 역시 소인배라는 내면을 표현하고 있다. 그러므로 군자는 그의 인격의 차이로 친히 할 수가 없다는 말이다. 그러므로 타고난 그릇이 넓지 못하고 무슨 일사에 공들여 하면 한계가 있다는 말이다.

이상은 상수학(象數學)적 하락리수(河洛理數)로써 앞의 명론(命論)을 알아보았다. 다음은 의리학(義理學)적 주역(周易)의 해구사(解九四) 상사(象辭)를 통해 이의 근기를 알아본다.

상왈 해이무 미당위야(象曰 解而拇 未當位也 상에 말하기를 너의 엄지발가락을 풀라는 것은 자리가 마땅치 않기 때문이다.)

주(註) : 구사가 비록 양강하나 음 자리에 있으니 바름에 부족함이 의심되는데, 만약 소인을 가깝게 하면 바름을 잃을 것이 틀림없다. 그러므로 반드시 그 엄지발가락을 푼 뒤에야 군자를 오게 할 수 있다고 경계한 것이니, 거처하는 자리가 마땅치 않기 때문이다. 푼다(解)는 본래 함께 있는 것을 떼어놓는 것이다. 반드시 엄지발가락을 푼 다음에 벗이 믿는 것은 군자가 사귀는데 소인이 그 사이에 낀 것이니 이것은 군자와 더불어 정성이 지극하지 못하기 때문이다.

(7) 운명(運命)상에서 본 재산(財産)의 유무(有無)

자족(自足).....(자급자족)의 명론(命論)

정구이(井九二) 학업지과 명리지박 혹생벽질 혹견투기 손루지다

근능양가(學業之寡 名利之薄 或生癖疾 或見妬忌 損漏之多 僅能養家 사람됨이 학업은 적게 하고 재주가 날래다는 이름이 얄팍하도다. 혹 고질병이 생기고 혹 미워하고 기탄하는 일을 보리라. 덜리고 새나가는 일이 많아서 겨우 집을 유지하리라.)

이상의 본문에서 보는 바와 같이 사람됨이 학업을 많이 할 수가 없으며 재주가 날래다는 이름이 얄팍하리라 말하고 있다. 다시 말해 학업을 많이 할 운도 없고 비교적 날래다는 재주가 있으나, 역시 얄팍해서 투철한 재주가 못 된다는 말이다. 혹은 고질병이 생겨서 고생하나 이는 현대적 의학의 혜택으로 많은 도움이 되리라. 혹은 인간관계가 나빠 나를 미워하고 기탄함을 보게 될 것이라 말하고 있다. 가정적으로 재산의 손실됨이 많아 겨우 가정을 유지하리라 말하고 있다.

이상은 상수학(象數學)적 하락리수(河洛理數)로써 앞의 명론(命論)을 알아보았다. 다음은 의리학(義理學)적 주역(周易)의 정구이(井九二) 상사(象辭)를 통해 이의 근기를 알아본다.

상왈 정곡사부 무여야(象曰 井谷射鮒 无與也 상에 말하기를 우물이 골짜기인지라 미물에게 쏟는다 함은 더불음이 없기 때문이다.)

주(註) : 우물은 위로 올라옴으로 공을 삼는데 (구이)가 양강한 재질임으로 본래 구제하는 쓰임이 될 수 있으나, 아래에 있고 위로 응원이 없기 때문에 아래로 (초육)과 친비해서 미물에게 쏟게 된다. 만약 위에 더부는 자가 있으면 (우물물을) 길어 올려서 우물의 공을 이룰 것이다.

(8) 운명(運命)상에서 본 재산(財産)의 유무(有無)

자족(自足).....(자급자족)의 명론(命論)

환구오(渙九五) 지대심고 호승출중 종비부귀 역유성예(志大心高 好勝出衆 縱非富貴 亦有聲譽 사람됨이 포부는 크고 입지는 높으며, 남을 이기여 뭇사람에 뛰어남을 좋아하리라. 비록 부자나 귀한사람은 아닐지라도 또한 명성(이름만 있음)만 있으리라.)

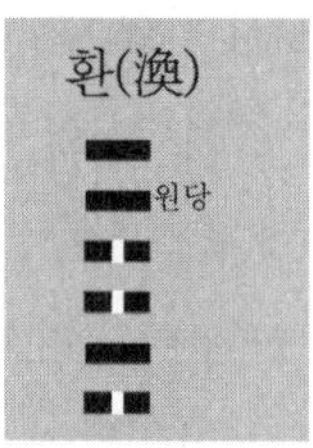

이상의 본문에서 보는 바와 같이 사람됨이 포부

는 크고 입지는 높으며 남을 이기고 무리에서 뛰어나길 좋아하지만, 실지로는 현실과 같이 부자나 귀한 사람이 되지 못하고, 또한 그 이름만이 무성하리라 말하고 있다. 실지 외형상으로는 그럴듯하지만 그의 내면과 다르다는 명론이다.

이상은 상수학(象數學)적 하락리수(河洛理數)로써 앞의 명론(命論)을 알아보았다. 다음은 의리학(義理學)적 주역(周易)의 환구오(渙九五) 효사(爻辭)를 통해 이의 근기를 알아본다.

구오 환한기대호 환왕거 무구(九五 渙汗其大號 渙王居 无咎 구오는 흩어짐에 그 큰 호령을 땀내며 왕의 거함(소유함)을 흩으리면 허물이 없으리라.)

주(註) : 주자본의(朱子本義) 양강하고 중정함으로 높은 지위에 거해서 흩어지는 때를 당했으니, 호령을 발산하고 쌓아놓은 물건을 흩어 나누워 주면 흩어짐을 구제할 수 있어 허물이 없기 때문에 그 상과 점이 이와 같다. (구오)는 (손체)이니 호령하는 상이 있고, 땀은 땀이 나면 다시 스며들지 않는 것과 같다는 말이다. 왕의 쌓음을 흐트린다(渙王居)함은 (육지이류)가 말한 조그마한 쌓음을 흩어서 큰 쌓음을 얻는다는 뜻이다.

(9) 운명(運命)상에서 본 재산(財産)의 유무(有無)

자족(自足).....(자급자족)의 명론(命論)

수상육(需上六) 처순안상 비목겸공 이득호인발거 가이출위위안 역험위이(處順安常 卑牧謙恭 而得好人拔擧 可以出危爲安 易險爲夷 사람됨이 일사를 순리로써 처리하며 행동에 있어 항상 함을 편안히 여기고 몸가짐을 나직하고 겸손과 공손으로 하리라. 좋은 사람이 나를 발거(빼어서 이끌어 줌)해 줌을 얻어서 위태로

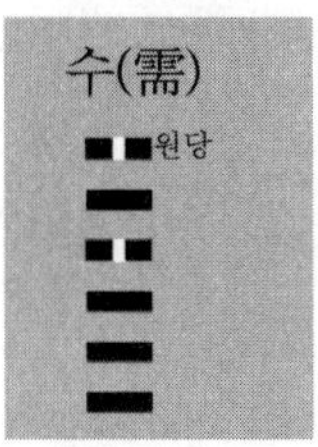

운 데서 벗어나와 편안하게 되고 험한 일이 바뀌어져 평평하게 되리라.)

이상의 본문에서 보는 바와 같이 사람됨이 일사를 순리로써 처리하며 행동에 있어 항상 함을 편안히 여기리라 말하고 있다. 행동 면에 있어는 자기 몸을 나직이하고 겸손과 공손하며 좋은 사람의 발거를 얻어 위태로움에서 편안한데로 바뀌어 지고 험한데서 평평하게 되리라 말하고 있다.

이상은 상수학(象數學)적 하락리수(河洛理數)로써 앞의 명론(命論)을 알아보았다. 다음은 의리학(義理學)적 주역(周易)의 수상육(需上六) 효사(爻辭)를 통해 이의 근기를 알아본다.

상육 입우혈 유불속지객삼인 래 경지 종길(上六 入于穴 有不速之客三人 來 敬之 終吉 상육은 구멍에 들어감이니 청하지 않은 손님 세 사람이 오리니, 공경하면 마침내 길하리라.)

주(註) : (수)는 험한 것이 앞에 있으니 때를 기다린 뒤에 나아가는 것이다. (상육)은 험함의 마지막에 거처하니 마지막은 변하는 것이고 기다림의 끝에 있으니 오래해서 얻을 것이며 음이 육(六)의 자리(음자리)에 그쳤으니 그 처소에 편안히 있는 것이다. 그러므로 구멍에 들어감(入于穴)이 되니 구멍(穴)은 편안한 곳이다. 편안히 그쳐 있으면 뒤에 오는 자가 반드시 이를 것이니 청하지 않은 손님 세 사람(不速之客三人)은 아래에 있는 세 양을 말한다.

건의 세 양은 아래에 있을 물건이 아니므로 때를 기다려서 나아간다. 기다림이 이미 극도에 달했기 때문에 다 위로 나아가니 청하지 않고 재촉하지 않아도 스스로 오는 것이다. (상육)이 자기의 편안한 곳을 기다려서 얻음에 뭇 강한 것이 오더라도 시기하고 질투하며 분하고 경쟁하는 마음을 일으키지 않으니, 지극한 정성으로 공경을 다해서 기다리면 비록 (세양이) 심히 강포하더라도 어찌 침범하고 능멸하는 이치가 있겠는가? 그렇기 때문에 길한 것이다.

혹자가 의심하기를 두음이 세 양의 위에 거처하는 것이 편안한 것입니까? 대답하기를 세 양은 (건)의 괘체로 뜻이 위로 올라가는데 있으나 육(六)은 음자리로 (건)이 그치는 바른 자리가 아니기 때문에 쟁탈하는 뜻이 없으니 공경하면 길한 것이다.

(10) 운명(運命)상에서 본 재산(財産)의 유무(有無)

자족(自足).....(자급자족)의 명론(命論)

송구오(訟九五) 중정겸공 지기고수 이불실위향리지선사(中正謙恭知機固守 而不失爲鄕里之善士 사람됨이 심성(心性)에 있어 중도적이고 정의로우며, 또한 겸손하고 공손하며 무슨 일을 그 빌미를 알아 굳건히 지키고 향리(고장)의 선사(착한 선비) 노릇에는 그릇되지 않으리라.)

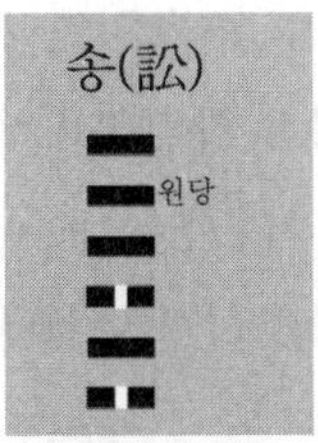

이상의 본문에서 보는 바와 같이 사람됨이 심성(心性)에 있어 중도적이며 바르고 동년 관계에는 겸손하고 연장자에게는 공손하리라는 말이다. 무슨 일을 미리 빌미를 알아 굳건히 지켜서 향리(고장)에서 착한 선비 노릇에는 그릇되지 않으리라는 말이다.

이상은 상수학(象數學)적 하락리수(河洛理數)로써 앞의 명론(命論)을 알아보았다. 다음은 의리학(義理學)적 주역(周易)의 송구오(訟九五) 효사(爻辭)를 통해 이의 근기를 알아본다.

구오 송 원길(九五 訟 元吉 구오는 송사에 크게 착하고 길하니라.)

주(註) : 중정(中正)으로써 높은 자리에 거처하니 송사를 다스리는 사람이고 송사를 다스림에 중정을 얻었으니 착하고 길한 것이다. 원길(元吉)은 크게 길하면서 더할 나위 없이 착함이니 크게 길하면서도 덜 착한 것도 있는 것이다.

(11) 운명(運命)상에서 본 재산(財産)의 유무(有無)

자족(自足).....(자급자족)의 명론(命論)

리구사(履九四) 혹간신기가 평이결과(或艱辛起家 平易結果 사람됨이 어렵고 고생스럽게 가정을 일으키나 결과는 평평하고 쉽게 되리라.)

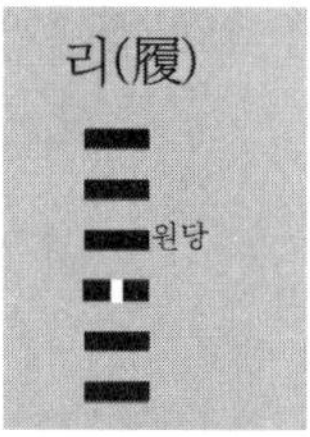

이상의 본문에서 보는 바와 같이 가정을 일으키는 데는 어렵고 고생스러우나 다른 일에는 평평하고 쉽게 되는 결과가 되리라 말하고 있다. 위의 논리는 자칫하면 일관성 없는 선명한 논리가 아닌가 싶으나, 말미에 기술되는 주석(註釋)에 그 의미를 탐득하면 논리의 체계가 확연하리라.

이상은 상수학(象數學)적 하락리수(河洛理數)로써 앞의 명론(命論)을 알아보았다. 다음은 의리학(義理學)적 주역(周易)의 리구사(履九四) 상사(象辭)를 통해 이의 근기를 알아본다.

상왈 삭삭종길 지행야(象曰 愬愬終吉 志行也 상에 말하기를 조심하고 조심하면 길하다 함은 뜻이 가는데 있는 것이다.)

주(註) : 조심하고 두려워하면 마침내 길함을 얻을 수 있다는 것은 뜻이 가는데 있고 그쳐있지 않음이니 위태한 데서 떠나면 길함을 얻을 것이다. 양강한 것은 갈 수 있는 것이고 유한 자리에 거처함은 순함으로써 스스로 처신하는 것이다.

(12) 운명(運命)상에서 본 재산(財産)의 유무(有無)

자족(自足).....(자급자족)의 명론(命論)

고육오(蠱六五) 심력불개 역능기가 향리앙망(心力不開 亦能起家 鄕里仰望 사람됨이 자기 마음과 역량을 펴지 못하리라. 그러나 또한 가정을 일으키는 데는 능히 할 수 있으며 향리(고장)에서 우러러보리

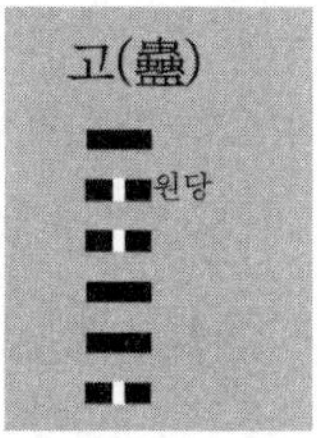

라.

이상의 본문에서 보는 바와 같이 사람됨이 능력이 있다 하더라도 마음과 역량을 다 펼 수가 없으리라 말하고 있다. 그러나 가정을 일으키는 데는 능히 할 수가 있으며 향리(고장)에서 우러러보리란 말이다. 정리하면 자기 역량을 크게 펼칠 수는 없다고 하더라도 내가 지낼만한 가정은 일으킨다는 말이며, 향리의 우러름의 대상이 된다는 말이다. 본란에서는 재산을 들어 지적하는데 그 의미를 가진다.

이상은 상수학(象數學)적 하락리수(河洛理數)로써 앞의 명론(命論)을 알아보았다. 다음은 의리학(義理學)적 주역(周易)의 고육오(蠱六五) 효사(爻辭)를 통해 이의 근기를 알아본다.

육오 간부지고 용예(六五 幹父之蠱 用譽 육오는 아버지의 일을 주관함이니 명예로우리라.)

주(註) : 육오가 높은 자리에 있으나 음유한 재질로써 인군의 일을 맡고 아래로 (구이)와 응했으니 이것은 강양한 신하에게 맡길 수 있는 것이다. 비록 아래로 강양한 어진 이와 응해서 의지하고 맡길 수 있으나 자기가 실제는 음유하기 때문에 창시(創始)하고 개기(開基)하는 일은 못하고 옛 사업을 이어받는 것은 가능함으로 아버지의 일을 주관함(幹父之蠱)이 된다.

대개 창업하고 전통을 세우는 일은 강명한 재질이 아니면 할 수 없고, 대를 잇는 인군은 비록 유약한 재질이라도 강하고 어진 신하에게 맡길 수 있으면 잘 이어서 훌륭한 명예를 이룰 수 있으니 (태갑)과 (성왕)이 다 신하 때문에 명예를 얻은 사람이다.

(13) 운명(運命)상에서 본 재산(財産)의 유무(有無)

자족(自足).....(자급자족)의 명론(命論)

간상구(艮上九) 주성실 불부화 혹전업지광 수산지고(主誠實 不浮華 或田業之廣 壽算之高 사람됨이 주로 성실하며 넘치고 화사하게 꾸미지 않으리라. 혹 전업(자기가 하고 있는 업)을 넓게 하며 수명을 계산해 보면 고수(高壽)하리라.)

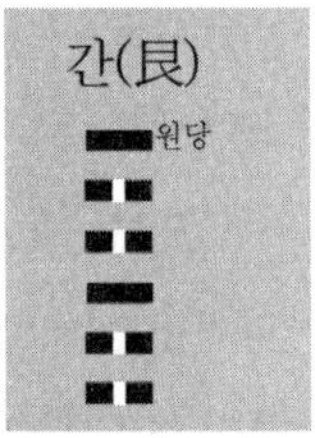

이상의 본문에서 보는 바와 같이 사람됨이 주로 성실함으로써 일반 사회적 평판이 보증수표와 같다는 평을 받게 된다. 또한 행동에 있어 넘치고 지나치는 행위와 화사하게 치장을 못하는 본질적 성품이 특징이라 하겠다. 또한 전업(田業)을 넓게 하리라 말하고 있으나, 이는 실질적으로 수익성이 많다는 논리와는 다르다. 폭넓게 경영하는데 비해 그의 내용이 부실함이 특징이라 하겠으며, 또한 수산지고(壽算之高)는 장수를 의미하는 것이다.

이상은 상수학(象數學)적 하락리수(河洛理數)로써 앞의 명론(命論)을 알아보았다. 다음은 의리학(義理學)적 주역(周易)의 간상구(艮上九) 효사(爻辭)를 통해 이의 근기를 알아본다.

상구 돈간 길(上九 敦艮 吉 상구는 도탑게 그침이니 길하니라.)

주(註) : 구(陽)가 강실함으로써 위에 있고 (간괘)를 이룬 주인이 되어 (간괘)의 마지막에 있으니 그침이 지극히 굳고 독실한 사람이다. 돈(敦)은 독실함이니 그침의 끝에 거처하고 있기 때문에 지나침이 되지 않고 독실함이 된다. 사람의 그치는 것이 마지막까지 오래하기 어렵기 때문에 절개(節介)를 만년(晩年)에 그침과 지킴을 마지막에 잃음과 일을 오래하게 되면 폐하게 되는 경우는 누구나의 걱정거린데 (상구)가 마지막까지 돈독하고 두텁게 할 수 있으니, 그치는 도의 지극히 착함이므로 길하다. 여섯 효의 덕 중에 오직 이 효가 길한 것이 된다.

(14) 운명(運命)상에서 본 재산(財産)의 유무(有無)

자족(自足).....(자급자족)의 명론(命論)

점육이(漸六二) 포난의식 위양선지사 혹일이처어암혈 혹산이유어강호(飽煖衣食 爲良善之士 或逸而處於巖穴 或散而遊於江湖 사람됨이 의식이 배부르고 등 더우며 선량한 선비 노릇을 할 것이다. 혹 평안하기가 암혈(완벽하다)에 처해 있는 것과 같고 혹 한산하기가 강호(한거한 곳)에서 노니는 것 같으리라.)

이상의 본문에서 보는 바와 같이 의식이 배부르고 등 더울 정도이니 이는 많이 쌓고 산다는 논리와는 다르다. 또한 그러면서 어질고 착한 선비가 되리라는 말이다. 혹은 편안함의 완벽하기가 암혈(바위틈)에 처한 것 같고, 혹 한산하기가 강호에서 노니는 것 같이 지내리라는 말이다. 다시 간추려 말하면 재산은 자기 지낼만하고, 어질고 착한 선비이며 편안함과 한산함은 완벽하다는 말이다.

이상은 상수학(象數學)적 하락리수(河洛理數)로써 앞의 명론(命論)을 알아보았다. 다음은 의리학(義理學)적 주역(周易)의 점육이(漸六二) 효사(爻辭)를 통해 이의 근기를 알아본다.

육이 홍점우반 음식 간간 길(六二 鴻漸于磐 飮食衎衎 吉 육이는 기러기가 반석에 나아감이라 마시고 먹는 것이 즐겁고 즐거우니 길하니라.)

주(註) : (육이)가 중에 거처하며 득정하고 위로 (구오)와 응했으니 나아감이 편안하고 넉넉한 자나 다만 (점)의 때에 있기 때문에 나아감이 빠르지 못하다. 반(磐)은 돌중에 평평한 것으로 강물 가장자리에 있는 것이니, 나아감이 편안함을 상징한 것이고 물가로부터 반석에 나아감이니 또한 점차 나아간 것이다. (육이)가 인군인 (육오)와 중정한 도로써 서로 응하니 그 나아감의 안고(安固)하고 평이(平易)함이 이보다 더한 것이 없기 때문에 그 먹고 마심이 화락해서 간간하니 길함을 가히 알 수 있다.

(15) 운명(運命)상에서 본 재산(財産)의 유무(有無)

자족(自足).....(자급자족)의 명론(命論)

점구오(漸九五) 유청예이 처어암곡 족의족식 지원만수 사속만성

(有淸譽而 處於岩谷 足衣足食 志願晩遂 嗣續晩成 사람됨이 맑은 명예가 암곡(완벽하게)에 처해 있는 것과 같고 의식(재산)이 넉넉하리라. 뜻하고 원하는 바가 늦게 이뤄지며, 계통을 이어감이 늦게 이뤄지리라.)

이상의 본문에서 보는 바와 같이 맑은(좋은) 명예가 암곡(완벽하게)에 처해 있는 것과 같고 의식(재산)은 넉넉하리라는 말이다. 다시 말해서 명예도 있고 재산이 풍부하지는 않지만 자족할만하다는 말이다. 뜻을 두어 원하는 바가 늦게 이뤄지고 계통을 이어감이 늦게 이뤄지리라 말하고 있다.

이상은 상수학(象數學)적 하락리수(河洛理數)로써 앞의 명론(命論)을 알아보았다. 다음은 의리학(義理學)적 주역(周易)의 점구오(漸九五) 효사(爻辭)를 통해 이의 근기를 알아본다.

구오 홍점우릉 부삼세불잉 종막지승 길(九五 鴻漸于陵 婦三歲不孕 終莫之勝 吉 구오는 기러기가 언덕에 나아감이니 지어미가 삼년을 잉태하지 못하니 마침내 이기지 못하는 까닭에 길하리라.)

주(註) : 능(陵)은 높은 언덕이니 기러기가 그치는 제일 높은 곳이며 인군의 자리를 상징하니, 비록 높은 자리를 얻은 것이나 (점)의 때에는 그 도의 행함을 또한 빠르게 해서는 안 된다. <u>(육이)와 정응이</u>

되고 중정한 덕이 같으나 (구삼)과 (육사)에게 막혔으니, (구삼)은 (육이)와 가깝고 (육사)는 (구오)와 가까워서 둘 다 (육이)와 (구오)의 사귐을 막는 자이다.

바로 합할 수 없기 때문에 삼년을 잉태하지 못하나 중정한 도는 반드시 형통하는 이치가 있으니 바르지 못한 것이 어찌 막고 해치겠는가? 그러므로 끝에 가서는 이기지 못하는 것이나 다만 그 합함이 점차로 될 뿐이니, 나중에 길함을 얻는 것이다. 바르지 못함으로써 중정한 것을 대적함은 한때의 이름일 뿐이니 오래되면 이길 수 있겠는가?

(1) 운명(運命)상에서 본 재산(財産)의 유무(有無)

빈곤(貧困).....(가난)의 명론(命論)

감육사(坎六四) 이성이파 취영홀산 의식검약(易成易破 驟榮忽散 衣食儉約 사람됨이 쉽게 이루어지고 쉽게 흩어지며 모였던 영화가 홀연히 흩어져서 의식(재산)이 검소하고 간략하리라.)

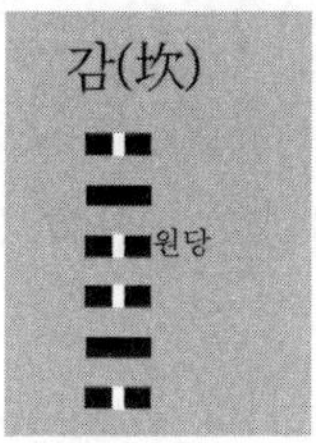

이상의 본문에서 보는 바와 같이 사람됨이 무슨 일이고 쉽게 이루어지며 쉽게 흩어지리라는 말이다. 그러고 보니 또한 의식(재산)이 검소하고 간략해서 넉넉지 못함을 의미하고 있다 하겠다. 이는 다른 일사도 크게 성취할 수가 없으나 특히나 재산상으로 보아 넉넉지 못한 명론(命論)이니 빈곤을 느끼게 되리라는 말이다.

이상은 상수학(象數學)적 하락리수(河洛理數)로써 앞의 명론(命論)을 알아보았다. 다음은 의리학(義理學)적 주역(周易)의 감육사(坎六四) 상사(象辭)를 통해 이의 근기를 알아본다.

상왈 준국궤이 강유제야(象曰 樽酒簋貳 剛柔際也 상에 말하기를 한

동이의 술과 대그릇 둘은 강과 유가 사귀는 것이다.)

주(註) : 소상전에 다만 머릿구절만 들었으니 이와 같은 것이 비교적 많다. 동이 술과 대그릇 둘(樽酒簋貳)은 실질적인 것이 지극함이니 강과 유가 교제하는 도가 이와 같이 하면 마침내 허물이 없을 것이다. 인군과 신하의 사귐이 굳고 항상 할 수 있는 것은 성실함에 있을 뿐이다. 강유(剛柔)는 (육사)와 (구오)를 가리킨 것이니 인군과 신하의 교제를 말한 것이다.

(2) 운명(運命)상에서 본 재산(財産)의 유무(有無)

빈곤(貧困).....(가난)의 명론(命論)

소축구오(小畜九五) 수부득독력자분 역필의부 이득수용 혹득찬조지력 응용부지복(雖不得獨力自奮 亦必倚富 而得受用 或得贊助之力 膺傭夫之福 사람됨이 비록 홀로의 힘으로 스스로가 분발은 못할지언정, 또한 반드시 부호(부자)에 의지해서 수용(쓰일수)할 수 있으며 혹 도와주는 힘을 얻으니 품팔이하는 사람의 복만한데 응하리라.)

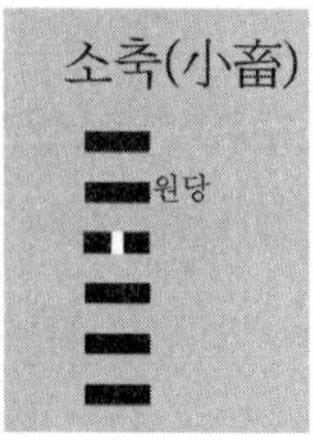

이상의 본문에서 보는 바와 같이 홀로의 힘으로 스스로가 분발할 수는 없으나 또한 반드시 부호(부자)에 의지하여 수용(쓰일수)할 수가 있다는 말이다. 혹 남이 도와주는 힘을 얻어 용부(품팔이 하는 사람)의 복만한 데 응할 수가 있다는 말이다. 이 명론(命論)자는 일정한 가정을 유지할 수 없이 이곳저곳을 떠돌아다님을 볼 수가 있으리라.

이상은 상수학(象數學)적 하락리수(河洛理數)로써 앞의 명론(命論)을 알아보았다. 다음은 의리학(義理學)적 주역(周易)의 소축구오(小畜九五) 효사(爻辭)를 통해 이의 근기를 알아본다.

구오 유부 련여 부이기린(九五 有孚 攣如 富以其鄰 구오는 믿음을 둠이다. 이끌어서 부(富)를 그 이웃으로써(같이) 하도다.)

주(註) : (소축)은 뭇 양이 음에게 그치는 바가 되는 때다. (구오)가 중정함으로써 높은 지위에 있음으로 믿음이 있으면 그 동류가 다 응할 것이기 때문에 당겨 끈다(攣如)고 말한 것이니, 끌고 연합해서 서로 따름을 말하다. (구오)가 반드시 당기고 끌어서 서로 도와 건너감이 부(富)함을 그 이웃으로써 함(富以其鄰)이고 (구오)가 높은 자리에 거처하는 형세가 부자가 자기의 재물을 써서 이웃 사람과 같이하는 것과 같다.

군자가 소인에게 곤한 바가 되고 바른 사람이 간사한 무리에게 액을 당하면 아랫사람은 반드시 윗사람에게 매달리고 당겨서 같이 올라가려 하고 윗사람은 반드시 아랫사람을 끌어당겨서 같이 힘을 써야하니 홀로 나만의 힘을 미루어서 남에게 미치는 것이 아니고 아랫사람의 도움을 힘입어서 그 힘을 이루는 것이다.

(3) 운명(運命)상에서 본 재산(財産)의 유무(有無)

빈곤(貧困).....(가난)의 명론(命論)

비상구(賁上九) 질직념정지인 수시의식(質直恬靜之人 隨時衣食 사람됨이 바탕이 곧으며 질박하고 조용한 사람이며 의식(재산)이 때에 따르리라.)

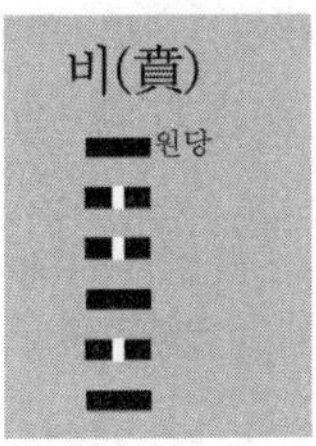

이상의 본문에서 보는 바와 같이 사람됨이 본바탕이 곧아서 직선적이며 평온하고 조용함을 좋아하리라는 말이다. 또한 재산(의식)은 때에 따라 있다가도 없고 없다가도 있으리라 말하고 있다.

이상은 상수학(象數學)적 하락리수(河洛理數)로써 앞의 명론(命論)을 알아보았다. 다음은 의리학(義理學)적 주역(周易)의 비상구(賁上九) 효사(爻辭)를 통해 이의 근기를 알아본다.

상구 백비 무구(上九 白賁 无咎 상구는 희게 꾸미면 허물이 없으리라.)

주(註) : (상구)는 (비)가 극한 것이니 꾸밈이 극하면 화려하고 거짓돼서 잃을 것이나, 오직 그 꾸밈을 질박하고 희게 하면 지나쳐서 잃는 허물이 없을 것이다. 흰 것은 소박한 것이니 질박하고 소박한 것을 숭상하면 그 본질을 잃지 않을 것이다. 질박하고 소박하다는 말은 꾸밈이 없는 것이 아니고, 화려하게 함으로 해서 실질을 없애지 않게 하는 것이다.

(4) 운명(運命)상에서 본 재산(財産)의 유무(有無)

빈곤(貧困).....(가난)의 명론(命論)

대유구삼(大有九三) 탐모사기 필유대해 성립간난 이만이소(貪謀私己 必有大害 成立艱難 易滿易消 사람의 됨됨이가 사기(자기)를 위하여 탐내서 모사함에 반드시 대해(크게 해로움)를 취하고 성사해서 존립하기 어려우리라. 또한 쉽게 가득차고 쉽게 소진되리라.)

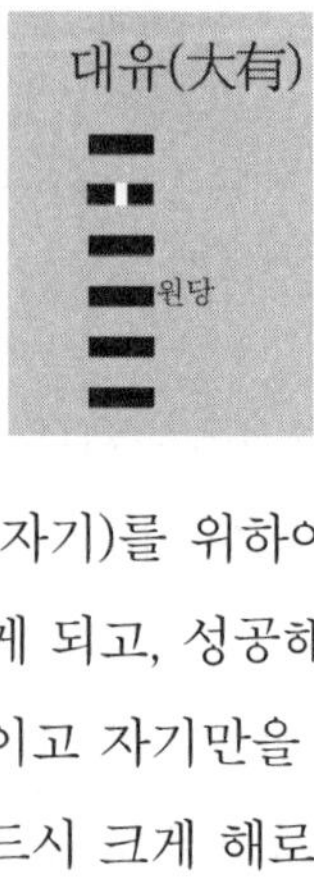

이상의 본문에서 보는 바와 같이 사람됨이 사기(자기)를 위하여 탐내어 모사함에 반드시 대해(크게 해로움)를 취하게 되고, 성공해서 존립하기가 어려우리란 말이다. 다시 말해 이기적이고 자기만을 위하는 파렴치한 행각을 의미하기도 한다. 그러나 반드시 크게 해로움을 만나게 되어 성공하기 어렵다 말하고 있다. 어느 땐가는 쉽게 가득 차고 또한 곧이어 쉽게 소진되어 망하리란 말이다.

이상은 상수학(象數學)적 하락리수(河洛理數)로써 앞의 명론(命論)을 알아보았다. 다음은 의리학(義理學)적 주역(周易)의 대유구삼(大有九三) 효사(爻辭)를 통해 이의 근기를 알아본다.

상왈 공용형우천자 소인해야(象曰 公用亨于天子 小人害也 상에 말하기를 공이 천자에게 형통하도록 함은 소인은 해로운 것이다.)

주(註) : 공(公)은 마땅히 천자에게 형통하도록 해야 하니 만약 소인이 그런 경우에 처하면 해가 된다. 예로부터 제후가 신하의 절개를 지켜서 충순함으로 윗사람을 받드는 자는 자기의 무리를 번성시켜서 왕의 병풍이 되고 재물을 풍부하게 늘려서 윗사람의 징부(徵賦)를 기다린다. 만약 소인이 처하면 신하가 되어 윗사람을 받드는 도리를 몰라서 그것을 자기의 사사로운 것으로 하고 , 백성이 많고 재물이 풍족하면 도리어 그 부강함을 마음대로 해서 더욱 불순한 일을 할 것이다. 이것이 소인이 크게 소유하면 해가 되는 것이고, 또한 크게 소유함이 소인의 해가 되는 것이다.

(5) 운명(運命)상에서 본 재산(財産)의 유무(有無)

빈곤(貧困).....(가난)의 명론(命論)

대축육오(大畜六五) 지기비미 소소규모 생계협애 역유희사(志氣卑微 小小規模 生計狹隘 亦有喜事 사람됨이 포부와 기품이 나직하고, 하는 일사에 작고 적은 규모로 하리라. 생활의 계책은 협애(좁다)하고 또한 기쁜 일이 있느니라.)

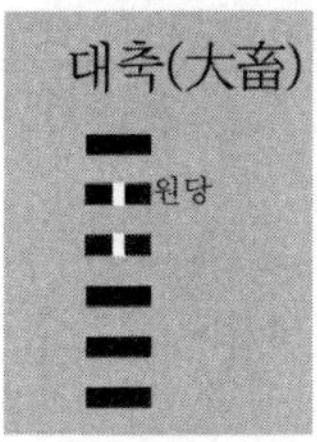

이상의 본문에서 보는 바와 같이 사람됨이 포부와 기품이 낮고 적으리라는 말이다. 이 명론(命論)의 특징은 사람 된 그릇이 적고 소심해서 무슨 큰 일에는 감히 이겨내서 시행할 수 없음이 두드러진 특징이라 하겠다. 그러므로 무엇을 시행해서 추진하려함에는 작고 적게 하게 된다. 일상의 생활에 계책은 협애(좁고 작음)해서 어려움이 뒤따르리라 말하고 있다. 그러나 또한 기쁜 일이 있으리라 말하고 있으니, 이는 대부분 이성관계가 특유하게 작용됨을 볼 것이다.

이상은 상수학(象數學)적 하락리수(河洛理數)로써 앞의 명론(命論)을 알아보았다. 다음은 의리학(義理學)적 주역(周易)의 대축육오(大畜六五) 효사(爻辭)를 통해 이의 근기를 알아본다.

육오 분시지아 길(六五 豶豕之牙 吉 육오는 불알을 깐 돼지의 어금니니 길하니라.)

주(註) : (육오)가 인군자리에 거처해서 천하의 사악한 것을 제지하되 만약 억조의 무리로써 사욕(私慾)의 마음을 뿜어내게 하면 인군이 힘으로써 제지 하고자 해서 법을 엄밀하게 하고 형벌을 엄하게 하드라도 이기지 못할 것이다. 모든 물건에 요처가 있고 일에는 기회가 있으니 성인이 그 요처를 잡으면 억조의 마음 보기를 한 마음같이 해서 인도하면 행하고 그치게 하면 그만두기 때문에 수고하지 않아도 다스리니 그 쓰임이 불알을 깐 돼지의 어금니 같다.

돼지(豕)는 강하고 조급한 물건으로 어금니가 맹렬하고 예리하니 만약 강제로 그 어금니를 제지시키려면 힘을 써서 수고해도 그 조급하고 사나움을 그치게 하지 못할 것이고, 비록 매고 얽어 변하게 할 수 없을 것이다. 만일 돼지의 불알을 까 거세하면 어금니가 비록 있더라도 강하고 조급한 것이 스스로 그치리니, 그 쓰임이 이와 같음으로 길한 것이다.

군자는 돼지의 불알을 까는 뜻을 개발해서 천하의 악한 것을 힘으로써 막을 수 없다는 것을 아니, 그 기틀을 살피고 요점을 파악해서 그 근본을 막아 없애기 때문에 형벌과 법을 엄하게 하지 않아도 악이 스스로 그치는 것이다. 또한 도적을 막더라도 백성은 욕심이 있어서 이익을 보면 움직이는데도 가르칠 줄 모르고 기한(飢寒)에 핍박되게 하면 비록 형살(刑殺)을 날마다 베푼다 하더라도 억조의 이익에 욕심내는 마음을 이길 수 있겠는가?

성인은 그치게 하는 도를 아셔서 위엄과 형벌을 숭상하지 않고 정치와 가르침을 닦으며 농사짓고 누에치는 업을 하게 해서 염치의 도를 알게 하시니, 비록 상을 준다고 하더라도 도적질을 하지 않는다. 그렇기 때문에 악을 그치게 하는 도는 그 근본을 알고 요체를 얻음에 있을 따름이다. 백성들에게 형벌을 엄하게 하지 않고 나의 정사를 잘 닦는 것이니, 이것이 돼지 어금니의 예리한 것을 근심하되 그 어금니를 제지하지 않고 불알을 까는 것과 같다.

(6) 운명(運命)상에서 본 재산(財産)의 유무(有無)

빈곤(貧困).....(가난)의 명론(命論)

감육삼(坎六三) 재약지단 동첩체주 빈난간고 종무출일(才弱志短 動輒掣肘 貧難艱苦 終無出日 사람됨이 재능은 약하고 포부는 짧아서 동할 때마다 체주(자유롭지 못하고 제지됨)되며 가난하고 어려운 고생이 있으며 마침내 벗어날 날이 없으리라.)

이상의 본문에서 보는 바와 같이 사람됨이 재능이 약하고 포부는 짧다는 말이다. 다시 말해 두뇌의 명석도가 둔탁하며, 그에 상응한 포부는 짧아서 큰 재질커녕 평점 이하를 내포하고 있다는 말이다. 그러므로 동할 때마다 자기의 기량을 펴서 자유롭게 할 수 없이 제지되리라는 말이다. 사람됨이 이와 같으니 가난과 어려운 고통이 따라서 여기에서 벗어날 날이 없다는 논리이다.

이상은 상수학(象數學)적 하락리수(河洛理數)로써 앞의 명론(命論)을 알아보았다. 다음은 의리학(義理學)적 주역(周易)의 감육삼(坎六三) 상사(象辭)를 통해 이의 근기를 알아본다.

상왈 래지감감 종무공야(象曰 來之坎坎 終无功也 오고 감에 구덩이와 구덩이라는 것은 끝내 공이 없는 것이다.)

주(註) : 나아가나 들어가나 다 험하고 또한 불안하니 만약 이와 같은 도리를 쓰면 마땅히 더욱 험한 데로 들어갈 것이니, 마지막에 어찌 공이 있겠는가? 음유함으로써 거처함이 중정하지 못하면 비록 평이한 곳이라도 오히려 뉘우치고 허물이 있을 것인데 하물며 험한데 거처함이랴. 험한 곳은 사람들이 빠져 나오고자 하나 반드시 그 방도를 알아야 나올 수 있으니 나오기를 바라면서 그 방도를 잃으면 더욱 곤궁할 뿐이다. 그러므로 성인께서 (육삼)처럼 처신함은 쓸 수 없다고 경계하신 것이다.

(7) 운명(運命)상에서 본 재산(財産)의 유무(有無)

빈곤(貧困).....(가난)의 명론(命論)

리상구(離上九) 혹위병졸 혹위상려 록록분주의식 혹두목대질 성명추악(或爲兵卒 或爲商旅 碌碌奔走衣食 或頭目帶疾 聲名醜惡 사람됨이 혹 군의 병사의 졸자나 혹 떠돌이 장사치나 떠돌이 나그네가 되서 록록(남에게 붙따라서)하게 의식(식생활)에 분주하리라. 혹 머리나 눈에 질병과 함께 하여 추악하다는 이름이 있으리라.)

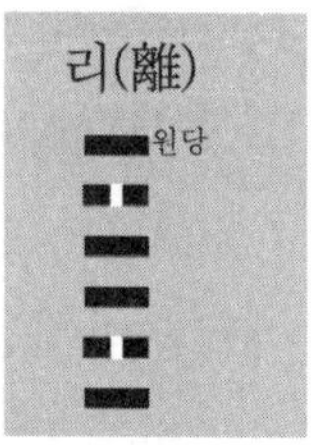

이상의 본문에서 보는 바와 같이 사람됨이 혹 병사의 졸자나 혹 떠돌이 장사치나 떠돌이 나그네가 돼서 남에게 붙어서 분주한 생활을 할 것이다 라고 예고하고 있다. 이 효는 양효가 꼭대기에 거처해 있어 강한 뜻이 있기 때문에 이와 같은 운명이 되는 것이다. 혹 머리나 눈에 질병과 함께 해서 추악하다는 이름이 있으리라 예고하고 있다.

이상은 상수학(象數學)적 하락리수(河洛理數)로써 앞의 명론(命論)을 알아보았다. 다음은 의리학(義理學)적 주역(周易)의 리상구(離上九) 효사(爻辭)를 통해 이의 근기를 알아본다.

상구 왕용출정 유가 절수 획비기추 무구(上九 王用出征 有嘉 折首 獲匪其醜 无咎 상구는 왕이 써서 나아가서 치면 아름다움이 있을 것이니, 괴수를 끊고 잡는 것이 그 졸개가 아니면 허물이 없으리라.)

주(註) : (상구)는 양으로써 위에 있어 (리괘)의 끝에 있으니 강하고 밝은 것이 극도에 달한 자이니라. 밝으면 비출 수 있고 강하면 결단할 수 있으니 비출 수 있으면 사악한 것을 살필 수 있고 결단할 수 있으면 위엄과 형벌을 행할 수 있다. 그러므로 왕 하는 사람이 마땅히 이와 같이 강하고 밝음을 써서 천하의 사악한 것을 분별하여 정벌(征伐)을 행하면 아름다운 공이 있을 것이다. 정벌(征伐)은 형벌을 쓰는 것 중에 큰 것이다.

대개 밝은 것이 극에 달하면 아무리 작은 것이라도 비추지 않음이 없고 처단함이 극에 달하면 너그러이 용서함이 없을 것이니, 중도(中道)로써 제약하지 않으면 엄하게 살핌에 의한 상함이 있을 것이다. 천하의 악을 제거함에 만약 그 물든 것과 그릇된 것을 다 규명하려 한다면 어떻게 다 베일 수 있겠는가? 상하고 다침이 또한 심할 것이기 때문에 다만 그 괴수만 끊어 취하고 졸개들을 잡지 않으면 잔학하고 사납게 되는 허물이 없을 것이다. (서경)에 말하기를 큰 괴수를 죽이고 마지못해 다른 졸개들은 다스리지 말라고 했다.

(8) 운명(運命)상에서 본 재산(財産)의 유무(有無)

빈곤(貧困).....(가난)의 명론(命論)

함육이(咸六二) 지대심고 탐득무염 분주의식 신고성가(志大心高 貪得無厭 奔走衣食 辛苦成家 사람됨이 포부는 크고 입지는 높으며 탐내어 얻어져도 실증이 없으리라. 의식(식생활)에 분주(바쁘게 함)하며 고생스럽게 가정을 이루리라.)

이상의 본문에서 보는 바와 같이 사람됨이 포부는 크고 입지가 높

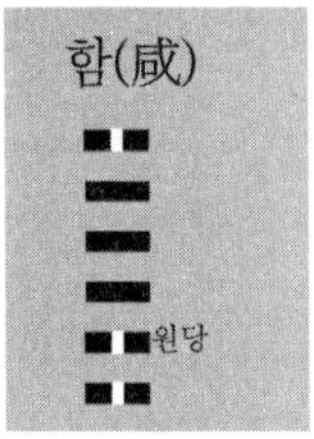

으며 무엇을 내어 얻어져도 실증이 없다 하니, 이는 지나친 허영심에 사로잡혀 있어 자신을 모르는 명론(命論) 자이다. 그러므로 성사되는 바 없이 의식생활이 분주하며 결과가 고생스런 가정이 될 것이라 예고하고 있다. 그렇다 고서에는 이러한 명언을 볼 수가 있으니 이를 들어본다.

분이정 부생 공자망(分已定 浮生 空自忙 분수가 이미 정해졌는데 창생들은 부질없이 스스로가 바쁘구나.)

이상은 상수학(象數學)적 하락리수(河洛理數)로써 앞의 명론(命論)을 알아보았다. 다음은 의리학(義理學)적 주역(周易)의 함육이(咸六二) 효사(爻辭)를 통해 이의 근기를 알아본다.

육이 함기비 흉 거 길(六二 咸其腓 凶 居 吉 육이는 장딴지에 느끼면 흉하니 거처해 있으면 길하니라.)

주(註) : (육이)가 음으로써 아래에 있어서 (구오)와 정응이 되기 때문에 장딴지에 느낀다는 경계를 말했다. 비(腓)는 장딴지니 가려면 먼저 움직여야 발이 들려가게 되니 (발은) 장딴지가 스스로 움직이는 것과는 다르다. (육이)가 만약 도를 지켜 윗사람의 구함을 기다리지 않고 장딴지가 움직이는 것 같이 하면 조급하고 망녕되어 스스로 잃을 것이니 흉한 것이다.

그 거처함을 편안히 하고 움직이지 않아서 윗사람의 구함을 기다리면 나아가고 물러나는 도를 얻어 길할 것이다. (육이)는 충정한 사람이나 (함괘)에 있으면서 (구오)와 응하기 때문에 이런 경계를 한 것이다. 다시 거하면 길하다(居吉)고 한 것은 만약 자기의 분수에 편안하게 해서 스스로 움직이지 않으면 길한 것이다.

(9) 운명(運命)상에서 본 재산(財産)의 유무(有無)

빈곤(貧困).....(가난)의 명론(命論)

항구사(恒九四) 모위무실 생애담박 전전포렵지자(謀爲無實 生涯淡泊 佃田捕獵之子 사람됨이 무슨 일을 모사하면 여물지 않으리라. 생애(평생의 생활)는 맑으며 밭에서 김매고 산에서 사냥하는 사람이도다.)

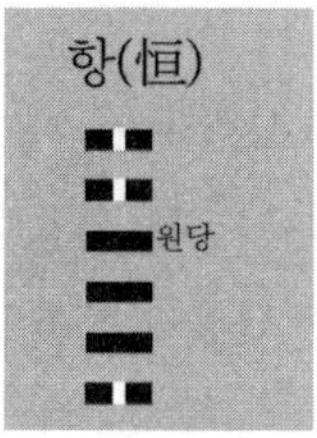

이상의 본문에서 보는 바와 같이 사람됨이 무슨 일이건 모사해서 추진하면 여물지가 않아 실패로 돌아간다는 말이다. 그러므로 평생의 생활은 맑아서 무엇을 소유하지 못한다는 말이니, 그러므로 밭에 나가 김매는 농부가 되거나 혹 산에 가서 생포하고 사냥하는 산사람이 가하다는 명론(命論)이다.

이상은 상수학(象數學)적 하락리수(河洛理數)로써 앞의 명론(命論)을 알아보았다. 다음은 의리학(義理學)적 주역(周易)의 항구사(恒九四) 효사(爻辭)를 통해 이의 근기를 알아본다.

구사 전무금(九四 田无禽 구사는 사냥하는 데 새가 없음이라.)

주(註) : 양으로써 음자리에 있어서 거처함이 제자리가 아니니 거처함이 자기의 처소가 아니면 비록 항상 하나 무슨 이익이 있겠는가? 사람이 행함에 그 도를 얻으면 오래해서 성공할 것이나, 그 도를 얻지 못하면 비록 오래하더라도 무엇이 유익하겠는가? 그렇기 때문에 사냥하는 것으로써 비유를 해서 구(陽)가 사효 자리에 거처함은 비록 항구하게 하더라도 사냥하는데 새와 짐승을 잡을 수 없음과 같다는 말이니 공연히 힘만 쓰고 공이 없음을 이른 것이다.

(10) 운명(運命)상에서 본 재산(財産)의 유무(有無)

빈곤(貧困).....(가난)의 명론(命論)

명이초구明夷初九) 지대심고 동필견좌 수유공명 난어식록(志大心

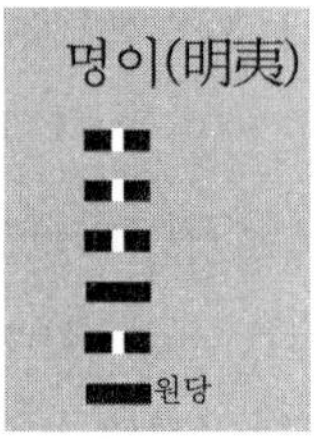

高 動必見挫 雖有功名 難於食祿 사람됨이 포부가 크고 입지는 높으나 움직여 무엇을 하면 반드시 꺾임을 만나리라. 비록 공명(잘한다는 이름)이 있으니 식록(식생활)이 어려우리라.)

이상의 본문에서 보는 바와 같이 사람됨이 포부가 크고 입지는 높으나 움직여 무슨 일을 영위하면 반드시 꺾임을 만나리라 말하고 있다. 그러므로 비록 잘한다는 이름(功名)이 있으되 식록(먹고 사는 록)이 어려우리라 말하고 있다.

이상은 상수학(象數學)적 하락리수(河洛理數)로써 앞의 명론(命論)을 알아보았다. 다음은 의리학(義理學)적 주역(周易)의 명이초구(明夷初九) 효사(爻辭)를 통해 이의 근기를 알아본다.

초구 명이우비 수기익 군자우행 삼일불식 유유왕 주인유언(初九 明夷于飛 垂其翼 君子于行 三日不食 有攸往 主人有言 초구는 명이가 나는 데 그 날개를 드리움이니 군자가 가는 데 사흘을 먹지 않아서 가는 바를 둠에 주인이 말이 있도다.)

주(註) 초구가 밝은 괘체로 명이괘의 처음에 있으니 傷하게 되는 시작이고 구는 양명해서 위로 올라가는 것이기 때문에 나는(飛) 상을 취했다. 어두운 것이 위에 있어서 양의 밝은 것을 손상시켜서 위로 나아가지 못하게 하니, 이것이 나는 데 날개를 손상한 것이고 날개가 손상되었기 때문에 늘어뜨리는 것이니 무릇 소인이 군자를 해친다 함은 군자의 행함을 하지 못하도록 해치는 것이다. 군자가 가는 데 사흘을 먹지 않는다 함은 군자는 밝게 비춰서 일의 미미한 데까지 보니, 비록 처음에 손상되는 단서가 나타나지 않았으나 군자는 볼 수 있기 때문에 떠나서 피하는 것이다. 군자가 간다는 녹과 벼슬을 버리고 물러남을 말하고 사흘을 먹지 않는다는 곤궁함이 극에 달함을 말하니, 일이 드러나기 전에 매우 어려운 듯이 처신함은 기미를 보는 밝은 사람이 아니면 할 수 없다. 기미를 안다 함은 군자가 혼자 보는 것이고 뭇사람들이 알 수 있는 것이 아니다. 그러므로 명이의 처음에 손상됨이 나타나지 않았을 때 떠나니 세속 사람이 누가 의심하면서 괴이하다 않겠는가? 그래서 가는 바를 두면 주인이 말이 있는 것이다. 그러나 군자는 세속 사람이 괴이하게 생각한다고 해서 가는 것을 지체하고 의심하지 않으니 만약 뭇사람이 다 알 때를 기다리면 손상됨이 이미 미치게 되어서 갈 수 없다.

(11) 운명(運命)상에서 본 재산(財産)의 유무(有無)

빈곤(貧困).....(가난)의 명론(命論)

건초육(蹇初六) 순도수철 안빈락도(循途守轍 安貧樂道 사람됨이

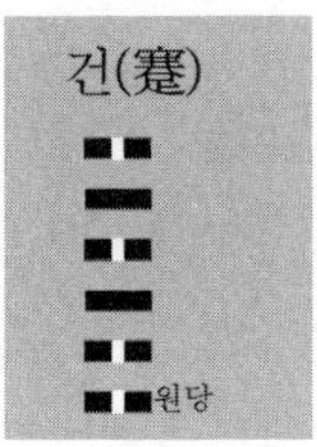

아주 비색하니 가는 길을 따라가고 수레바퀴 자국을 지켜라. 생활은 가난을 편안히 여기고 도를 즐기리라.)

이상의 본문에서 보는 바와 같이 운명이 비색하여 운명상에 정해진 길을 따르라는 말이니, 곧 길을 따라가고(循途) 길을 따라오라는 말이다. 가난을 편안히 여기고 도(道)를 즐기리라 말하고 있다.

이상은 상수학(象數學)적 하락리수(河洛理數)로써 앞의 명론(命論)을 알아보았다. 다음은 의리학(義理學)적 주역(周易)의 건초육(蹇初六) 상사(象辭)를 통해 이의 근기를 알아본다.

상왈 왕건래예 의대야(象曰 往蹇來譽 宜待也 상에 말하기를 가면 험난하고 오면 명예로움은 마땅히 기다려야 하는 것이니라.)

주(註) : (건)의 처음이니 나아가면 더욱 어려워진다. 때가 아직 나아갈 수 없기 때문에 마땅이 기미를 보고 그쳐서 행할 수 있는 때를

기다린 다음에 가야 하는 것이다. 모든 효가 다 가는 것은 어렵고 오는 것은 좋으니 그렇다면 어려운 데서 벗어나는 뜻은 없습니까? 대답하기를 (건)에 있으면서 가면 어려우나 (건)의 끝에서는 변할 것이다. 그렇기 때문에 (상육)에 이미 크다는 뜻을 두었다.

(12) 운명(運命)상에서 본 재산(財産)의 유무(有無)

빈곤(貧困).....(가난)의 명론(命論)

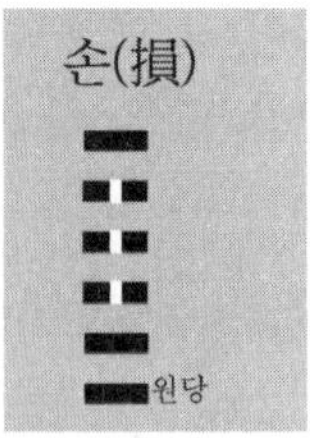

손초구(損初九) 수유재덕 설시역난 교어인모 졸어자위 욕진불달 욕퇴무기 분주의식 복량휴손(雖有才德 設施亦難 巧於人謀 拙於自爲 欲進不達 欲退無機 奔走衣食 福量虧損 사람됨이 비록 재능과 덕망이 있으나 설시(베풀어 하는 일)는 또한 어려우리라. 남의 모사에는 공교로이 하나 자기가 하는 일에는 졸필할 것이다. 전진하고자 하면 탁(통)하지 못하고 후퇴하려 하면 기회가 없으리라. 의식(식생활)에 분주하며 복량이 휴손(이지러져 덜림)되리라.)

이상의 본문에서 보는 바와 같이 사람됨이 재능과 덕망은 있으나 무슨 일을 베풀어 하면 또한 어려우리라 말하고 있다. 남의 일사를 모사하는 데는 공교로이 잘하나 내 일을 하면 졸피게 되리라. 전진해서 진행하려 하면 통하지 않고, 후퇴하려 하면 그럴 기회가 없으리란 말이다. 의식(식생활)은 분주해야 하며 복의 량은 휴손(이지러져 덜림)되리라 말하고 있다. 복(福)의 개념은 좋은 운을 일컫는 뜻이다.

이상은 상수학(象數學)적 하락리수(河洛理數)로써 앞의 명론(命論)을 알아보았다. 다음은 의리학(義理學)적 주역(周易)의 손초구(損初九) 효사(爻辭)를 통해 이의 근기를 알아본다.

초구 이사 천왕 무구 작손지(初九 已事 遄往 无咎 酌損之 초구는 일을 마치거든 빨리 가야 허물이 없으리니 참작하여 더느니라.)

주(註) : (손)의 뜻은 강을 덜어서 유에 더함과 아래를 덜어서 위에 더하는 것이다. (초구)가 양강함으로써 (육사)에 응하고 (육사)가 음유함으로써 윗자리에 거처하니 (초구)의 더함에 힘입는 사람이다. 아래가 위를 더함에 마땅히 자기를 덜어내되 스스로 공이라고 여겨서는 안 된다. 위를 유익하게 함에 일이 이미 마쳤으면 빨리 떠나서 그 공에 거처하지 말아야 허물이 없을 것이다. 만약 공을 이룬 아름다움을 누리려 하면 자기를 덜어서 위를 보태는 것이 아니니 아랫사람 된 도리에 허물이 있게 된다.

음유한 (육사)는 (초구)의 힘을 입는 사람이기 때문에 (초구)의 말을 들으니 (초구)가 마땅히 그 합당한 것을 참작하고 헤아려서 자기를 덜어서 더해야 하니 지나침과 미치지 못함은 다 옳지 않다.

(13) 운명(運命)상에서 본 재산(財産)의 유무(有無)

빈곤(貧困).....(가난)의 명론(命論)

절구오(節九五) 불쟁불경 불사불화 락도안빈 근신절용(不爭不競不奢不華 樂道安貧 謹身節用 사람됨이 다투지 않고 겨루지도 않으며 사치하지도 않고 화사하지도 않으리라. 도를 즐기며 가난을 편안히 여기고 몸을 삼가하고 씀씀이를 절제하리라.)

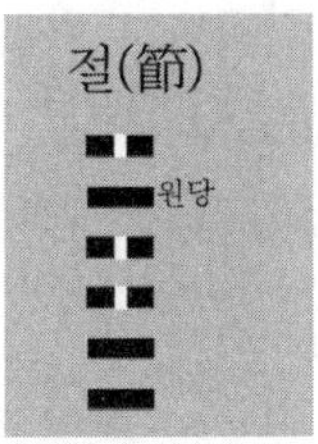

이상의 본문에 보다시피 사람됨이 누구와도 다투지 않고 겨루지도 않으며 사치하지도 않고 화사하게 하지 않는다는 말이니, 이는 누구와도 경쟁하지도 않고 자기 몸을 화사하게 치장을 않는다는 말이다. 도를 즐기고 가난을 편안히 해서 안빈락도를 몸소 이행하며 몸가짐에는 매번 삼가고 씀씀이는 절제한다 말하고 있다. 어느 면에서는 타의 모범인 듯하나 그의 이면에는 부족함을 의미하고 있는 것이다.

이상은 상수학(象數學)적 하락리수(河洛理數)로써 앞의 명론(命論)을 알아보았다. 다음은 의리학(義理學)적 주역(周易)의 절구오(節九五) 효사(爻辭)를 통해 이의 근기를 알아본다.

구오 감절 길 왕 유상(九五 甘節 吉 往 有尙 구오는 달콤한 절이라 길하니 가면 숭상함이 있으리라.)

주(註) : 「구오」가 강하고 중정함으로 높은 자리에 거처해서 「절」의 주인이 되니 이른바 (단전)의 지위를 받아서 절제하고 중정해서 통하는 사람(當位以節 中正以通)이다. 자기 자신은 편안히 행하고 천하는 기뻐하며 좇으니 절제의 달콤하고 아름다운 것이므로 그 길함을 알 수 있다. 이럼으로써 행하면 그 공이 클 것이므로 가면 칭송받음이 있을 것이다.

(14) 운명(運命)상에서 본 재산(財産)의 유무(有無)

빈곤(貧困).....(가난)의 명론(命論)

기제초구(旣濟初九) 심명지교 진퇴무정 기회다지 명리무실(心明志巧 進退無定 機會多遲 名利無實 사람됨이 마음씨가 밝으며 그 뜻을 가지는 바는 공교롭게 하나, 전진과 후퇴가 정할 수 없으리라. 기회가 많이 더디고 명예와 재리는 여물지 않으리라.)

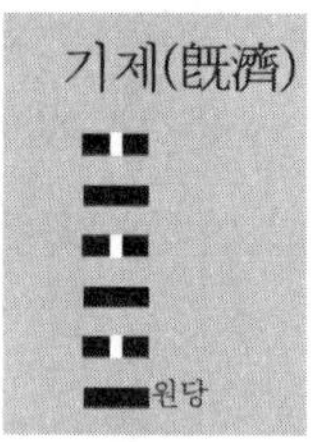

이상의 본문에서 보는 바와 같이 사람됨이 마음(정신)은 밝고 그 뜻(포부)을 가지는 바는 공교(교묘)롭게 하나, 전진과 후퇴가 일정하게 정할 수가 없다는 말인 바, 이는 일반적인 일에도 그러하려니와 특히나 부부 관계가 들쑥날쑥해서 어려움이 있으리라. 또한 좋은 기회를 만나는가 하면 더디게 되고 아무개 누구 하는 이름과 재리가 실속이 없음이 특징이라 하겠다.

이상은 상수학(象數學)적 하락리수(河洛理數)로써 앞의 명론(命論)을 알아보았다. 다음은 의리학(義理學)적 주역(周易)의 기제초구(旣濟初九) 효사(爻辭)를 통해 이의 근기를 알아본다.

초구 예기륜 수기미 무구(初九 曳其輪 濡其尾 无咎 초구는 수레바퀴를 당기며 그 꼬리를 적시면 허물이 없으리라.)

주(註) : 「초구」가 양으로써 아래에 거처해서 위로 「육사」와 응하고 또한 물의 체로 나아가려는 뜻이 조급하나, 그러나 때가 이미 다스려졌으니 나아감을 그치지 않으면 후회와 허물이 미칠 것이기 때문에 그 수레바퀴를 당기고 그 꼬리를 적시면 허물이 없게 된다.

수레바퀴(輪)는 이용해서 가는 것인데 당겨서 넘어뜨리니 나아가지 못하게 하는 것이고, 짐승이 물을 건넘에 반드시 그 꼬리를 위로 드는 것인데 그 꼬리를 적시니 건너가지 못한다. 바야흐로 「기제」의 처음에 그 나아감을 그치게 할 수 있으면 허물이 없을 것이나 그칠 줄 모르면 허물이 있게 된다.

(15) 운명(運命)상에서 본 재산(財産)의 유무(有無)

빈곤(貧困).....(가난)의 명론(命論)

진육삼(震六三) 유나불능립 경황실지 진퇴무정 이명개허(柔懦不能立 驚惶失志 進退無定 利名皆虛 사람됨이 유하고 나약해서 능히 자립할 수가 없으며 놀래고 두려워하며 그 뜻을 잃으리라. 전진과 후퇴를 정할 수 없으며 날래다는 이름은 모두 공허하리라.)

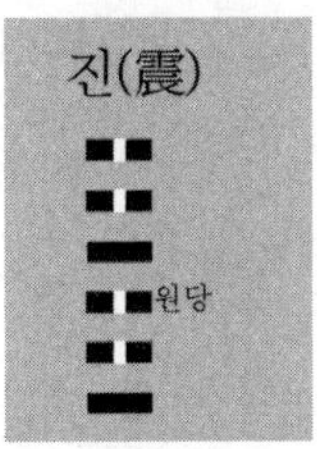

이상의 본문에서 보는 바와 같이 사람됨의 심성이 유약하고 체질이 나약해서 능히 자립할 수가 없으며 무슨 일에 잘 놀래고 평상시에도 두려워해서 자기가 마음 먹은 바가 어그러지리라. 그러므로 일사에 전진과 후퇴를 정할 수가 없으니 이는 일반적인

일에도 그러하려니와 특징적인 문제는 부부 관계가 원만치 못하다. 또한 일찍이 재주가 있다하나 날래다는 이름은 모두 공허해지리라고 말하고 있다.

이상은 상수학(象數學)적 하락리수(河洛理數)로써 앞의 명론(命論)을 알아보았다. 다음은 의리학(義理學)적 주역(周易)의 진육삼(震六三) 효사(爻辭)를 통해 이의 근기를 알아본다.

육삼 진소소 진행 무생(六三 震蘇蘇 震行 无眚 육삼은 우레쳐서 까무러침이니, 움직여 행하면 재앙이 없으리라.)

주(註) : 소소(蘇蘇)는 정신과 기운이 흩어져 스스로를 잃는 모양이다. 「육삼」이 음으로써 양 자리에 있어 바르지 못하니, 바르지 못한데 거처하면 평시에도 또한 불안한데 하물며 「진」의 때에 처해서랴? 그러므로 우레침에 두려워서 까무러치니 만약 우레침을 두려워해서 능히 행해 나아가데 부정함을 버리고 바른 길로 나아가면 허물을 없게 할 수 있다.

생(眚)은 허물이다. 「육삼」이 가면 사효 자리에 이르니 바른 자리이고, 움직임은 바른 데로 나아감을 선(善)으로 삼기 때문에 「육이」는 좇지 말아야 저절로 바름을 얻고 「육삼」은 행해 나아가야 허물이 없다. 부정함으로써 우레쳐서 두려운 곳에 있으니 허물이 있음을 알 수 있다.

(16) 운명(運命)상에서 본 재산(財産)의 유무(有無)

빈곤(貧困)......(가난)의 명론(命論)

진구사(震九四) 구처비하 괴실정체 진니골몰 생애담박(苟處卑下 乖失正體 塵泥汨沒 生涯淡泊 사람됨이 구차하게 비하한데 처하고 바른 체통을 어기고 잃을 것이다. 티끌과 진흙 속에 몰두되고 생애(평생의 생활)가 맑고 엷으리라.)

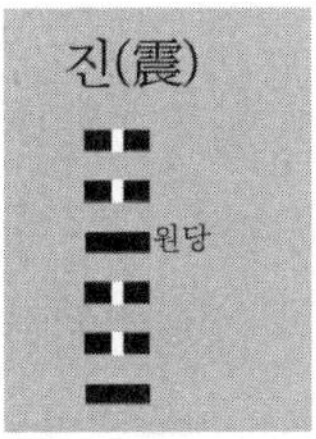

이상의 본문에서 보는 바와 같이 사람됨이 떳떳치 못하고 구차하게 비하(나직)한데 처하고 바른 체통을 잃을 것이라 말하고 있다. 몸이 티끌과 진흙 속에 몰두되고 평생의 생애는 맑고 얕으리(가난 이상의 빈곤)라 말하고 있다.

이상은 상수학(象數學)적 하락리수(河洛理數)로써 앞의 명론(命論)을 알아보았다. 다음은 의리학(義理學)적 주역(周易)의 진구사(震九四) 상사(象辭)를 통해 이의 근기를 알아본다.

상왈 진수니 미광야(象曰 震遂泥 未光也 상에 말하기를 우레가 드디어 빠진다 함은 빛나지 못함이로다.)

주(註) : 양은 강한 물건이고 우레는 움직이는 뜻이다. 강으로써 움직이는데 처했으니 본래 빛나고 형통한 도가 있는 것이나, 강과 바름을 잃고 거듭된 음에게 빠져서 드디어 막히고 빠지게 되었으니 어찌 빛난다고 하리오! 빛나지 못함(未光)이라 함은 양강한 것은 본래 능히 진동하는 것이나 덕을 잃었기 때문에 빠지게 되었음을 나타낸 것이다.

(17) 운명(運命)상에서 본 재산(財産)의 유무(有無)

빈곤(貧困).....(가난)의 명론(命論)

손초육(巽初六) 자처비하 진퇴무정 소소영모즉가 대모즉초재해 농공상기 역기본축말 상득공인지력(自處卑下 進退無定 小小營謀則可 大謀則招災害 農工商技 亦棄本逐末 常得工人之力 사람됨이 자기 자신이 비하한 데 처하고 전진과 후퇴를 정할 수가 없으리라. 소소(적게)하게 경영하고 모사한 즉 가하고 크게 모사한 즉 재해를 자초하리라. 농사와 공쟁이와 상업과 기술면에서는 또

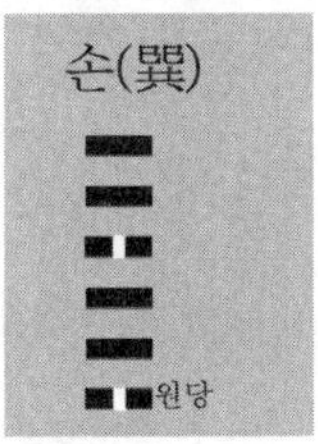

한 근본을 버리고 끝을 좇으리니 항상 공인의 힘을 얻어야 하도다.)

이상의 본문에서 보는 바와 같이 사람 됨됨이가 비하(나직한데)하게 처신하고 전진과 후퇴를 정할 수가 없으리라 말하고 있으니, 이는 일반적인 일사에도 그러하려니와 부부와의 관계가 매우 불합하리라. 아주 작게 경영하고 모사한 즉 겨우 이뤄지고 크게 모사한 즉 재앙의 손해를 불러들일 것이다. 농공상기는 또한 근본을 버리고 끝을 좇을 것이니 항상 공인의 힘을 얻어야 하도다.

이상은 상수학(象數學)적 하락리수(河洛理數)로써 앞의 명론(命論)을 알아보았다. 다음은 의리학(義理學)적 주역(周易)의 손초육(巽初六) 효사(爻辭)를 통해 이의 근기를 알아본다.

초육 진퇴 이무인지정(初六 進退 利武人之貞 초육은 나아가고 물러감이니 무인의 정고함이 이로우니라.)

주(註) : 음(陰)이 음유함으로써 낮고 겸손한데 거처하면서 부중(不中)하고 가장 낮은 곳에 거처하면서 강을 이어받으니 지나치게 낮고 겸손한 사람이다. 음유한 사람은 낮추고 겸손함이 너무 지나치면 마음이 두려워 편치 못하고 혹 나아가기도 하고 혹 물러나기도 해서 따라갈 바를 모르니 무인(군인)의 정고(굳굳)함이 이로울 것이다. 만약 무인과 같이 강하고 굳은 뜻을 쓸 수 있으면 마땅할 것이니, 강하고 굳건히 함을 힘써 행하면 지나치게 낮추고 두려워하는 실수가 없을 것이다.

(18) 운명(運命)상에서 본 재산(財産)의 유무(有無)

빈곤(貧困).....(가난)의 명론(命論)

손구이(巽九二) 소소규모 혹위무의승도 심서다단 탁립불일(小小規模 或爲巫醫僧道 心緖多端 卓立不一 사람됨이 무슨 일을 소소(작은)규모로 하리라. 혹 무당이나 의사, 승려나 도인이 되며 마음의 정서가

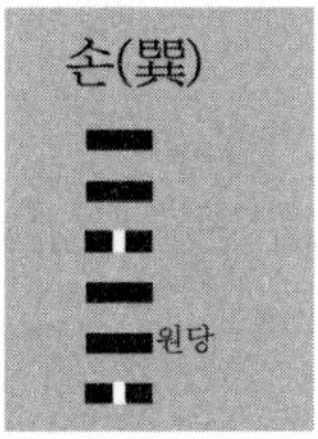

다단(할 일이 많음)하나 높이 서기에는 한결같지 않으리라.)

이상의 본문에서 보는 바와 같이 사람됨이 소소 규모로 하리라 말하고 있다. 이 운명자는 매사에 소심하여 규모를 작게 하는 것이 특징이라 하겠다. 혹 승려나 도인이 되리라는 말은 실제 이와 같이 처신하는 일도 있으려니와 이는 부부 관계를 의미하기도 하니, 이 명론(命論) 자가 상대의 배우자 측에서 부부 관계가 소흘한 자와 결합하면 해로하지 못함을 볼 것이다. 또한 마음의 정서가 이끝 저끝 불안하며 생애에 있어는 높이 서지 못한다는 말이다.

이상은 상수학(象數學)적 하락리수(河洛理數)로써 앞의 명론(命論)을 알아보았다. 다음은 의리학(義理學)적 주역(周易)의 손구이(巽九二) 효사(爻辭)를 통해 이의 근기를 알아본다.

구이 손재상하 용사무분약 길 무구(九二 巽在牀下 用史巫紛若 吉 无咎 구이는 겸손해서 평상 아래에 있으니 사와 무를 사용함이 많게 하면 길하고 허물이 없으리라.)

주(註) : 「구이」가 「손」의 때에 있어서 양으로써 음 자리에 거처하고 아래에 있으니 지나치게 겸손한 자이다. 평상(牀)은 사람이 편안한 바이고, 겸손해서 평상 아래 있음(巽在牀下)은 겸손이 지나친 것이니 편안한데 지나친 것이다. 사람이 지나치게 낮추고 겸손함은 두려워하고 겁냄이 아니면 아첨하며 기뻐함이니 다 바른 것이 아니다.

「구이」가 실제로는 강중하니 비록 「손체」이면서 유한 자리에 거처해서 지나치게 겸손하나 사심이 있는 것이 아니고, 지나치게 공손함이 비록 바른 예절은 아니나 치욕을 멀리하고 원망과 허물을 없앨 수 있으니 또한 길한 도리이다. 사무(史巫)는 성의가 신명에게 통하는 사람이고 분약(紛若)은 많음이다. 지성으로 겸손함을 편안히 행해서 그 성의를 통하게 하는 사람이 많게 하면 길해서 허물이 없을 것이니 그 성의가 사람을 감동시킬 수 있다는 말이다. 사람이 그 성의를 살피지 못하면 지나치게 겸손한 것이기 때문에 아첨이 된다.

(19) 운명(運命)상에서 본 재산(財産)의 유무(有無)

빈곤(貧困).....(가난)의 명론(命論)

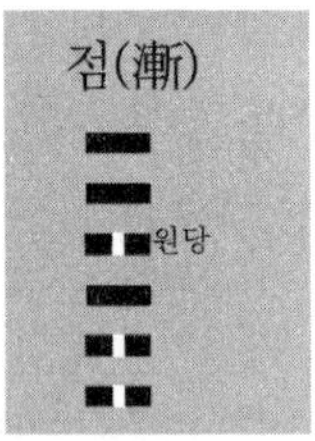

점육사(漸六四) 생계간고 상견우구 거류무정 공검자약 만유수용(生計艱苦 常見憂懼 去留無定 恭儉自約 晩有受用 사람됨이 생활의 계책이 어렵고 고생스러우며 항상 걱정스럽고 두려운 일을 만나리라. 떠나고 머무를 일을 정할 수가 없으며 공손하고 검소함을 스스로가 잘 지키리라. 많은 세월을 지내서 늦게라야 수용(쓰임)할 수가 있으리라.)

이상의 본문에서 보는 바와 같이 사람됨이 생활의 계책이 어렵고 고생스러우며, 항상 걱정스럽고 두려운 일들을 만나리라는 말이다. 이 명론에는 무엇을 영위함에 실패됨을 내포하고 있다. 그러므로 어디로 떠나가고 제자리에 머물기를 정할 수가 없다는 말이다. 사람 된 심성은 남에게 공손하고 또한 물질에 검소함을 스스로가 지키며 늦은 나이에 수용할 수가 있다는 말이다.

이상은 상수학(象數學)적 하락리수(河洛理數)로써 앞의 명론(命論)을 알아보았다. 다음은 의리학(義理學)적 주역(周易)의 점육사 (漸六四) 효사(爻辭)를 통해 이의 근기를 알아본다.

육사 홍점우목 혹득기각 무구(六四 鴻漸于木 或得其桷 无咎 육사는 기러기가 나무에 나아감이니 혹 그 평평한 가지를 얻으면 허물이 없으리라.)

주(註) : 「점」의 때를 당해서 「육사」가 음유함으로써 강한 양의 위에 나아가 있으니 양강이 위로 올라가면 어찌 음유한 것의 밑에 편안히 있겠는가? 그러므로 「육사」의 거처가 편치 않음이 기러기가 나무 위에 올라간 것 같으니 나무가 점점 높아짐에 불안한 상이다. 기러기는 발가락이 붙었으니 나뭇가지를 붙들지 못함으로 나무에 깃들지 않으나 각은 평평하게 가로 뻗은 가지이니 오직 평평한 가지 위라야 편안히 거처할 수 있다.

「육사」의 거처가 본래 위태하나 혹 스스로 편안한 도를 얻으면 허물이 없음을 말하니 기러기가 나무에는 본래 편치 못하나 혹 평평한 가지를 만나 거처하면 편안한 것과 같다. 「육사」는 바른 자리에 있고 손순하니 마땅히 허물이 없는 자이나 반드시 얻고 잃음으로써 말한 것은 얻고 잃음으로 인해서 그 뜻을 밝힌 것이다.

(20) 운명(運命)상에서 본 재산(財産)의 유무(有無)

빈곤(貧困).....(가난)의 명론(命論)

귀매육삼(歸妹六三) 지량천협 의탁세호 복택유한(志量淺狹 倚托勢豪 福澤有限 사람됨이 모사하면 머뭇거리게 되고 포부와 기량이 얕고 좁으리라. 형세가 큰집에 의탁해 살며 복택이 한도가 있으리라.)

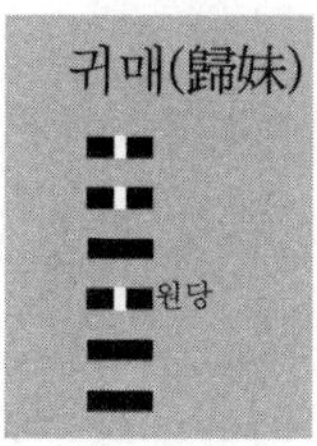

이상의 본문에서 보는 바와 같이 사람됨이 무슨 일을 모사하면 둔전(길이 험해 가기가 힘들다.)하고 사람 된 포부와 기량은 얕고 좁으리라 말하고 있다. 삶을 영위함에는 세호(형세가 큰집)에 의탁하며 복택은 한도가 있으리라 말하고 있다.

이상은 상수학(象數學)적 하락리수(河洛理數)로써 앞의 명론(命論)을 알아보았다. 다음은 의리학(義理學)적 주역(周易)의 귀매육삼(歸

妹六三) 효사(爻辭)를 통해 이의 근기를 알아본다.

육삼 귀매이수 반귀이제(六三 歸妹以須 反歸以娣 육삼은 누이동생을 시집보내는 데 기다림이니 돌아가서 첩으로써 시집보냄이라.)

주(註) : 「육삼」이 하괘의 위에 있으니 본래 천한 사람이 아니나 덕을 잃고 정응이 없기 때문에 시집가고자 하나 시집가지 못한다. 수(須)는 기다림이니 기다린다는 것은 갈 데가 없는 것이다. 음(陰)이 삼효 자리에 거처해서 자리가 마땅치 않으니 덕이 바르지 못하고 유하면서 강을 숭상하니 행동이 순하지 못하며 기쁜 괘의 주인이 돼서 기뻐함으로써 시집가기를 구하니 움직임에 예가 아니고 위에 응이 없으니 받아 주는 사람이 없는 것으로 갈 데가 없기 때문에 기다리는 것이다.

여자의 처지가 이와 같으면 사람이 누가 취하겠는가? 사람의 배필이 될 수 없다. 마땅히 되돌아가 첩으로 가면 옳을 것이니 바르지 못하기 때문에 그 처소를 잃은 것이다.

(21) 운명(運命)상에서 본 재산(財産)의 유무(有無)

빈곤(貧困).....(가난)의 명론(命論)

귀매상육(歸妹上六) 고고로신 다모유군(孤苦勞神 多謀愈窘 사람됨이 외롭고 고생스러우며 정신이 피로하고, 많이 모사하나 너무 궁색하리라.)

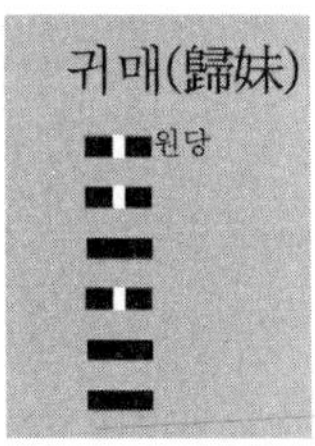

이상의 본문에서 보는 바와 같이 사람됨이 반려자도 없고 자식도 없으며 정신적으로 피로하기만 하다는 말이다. 또한 무슨 일을 많이 모사하지만 성사되는 일 없이 너무나 곤궁하리라 말하고 있다. 보다시피 이 명론(命論)은 첫째에 인간 복이 없이 홀로서 지내야 할 운명이며, 둘째로 모사함에 되는 일 없이 궁색하기만 하다 말하고 있다.

이상은 상수학(象數學)적 하락리수(河洛理數)로써 앞의 명론(命論)을 알아보았다. 다음은 의리학(義理學)적 주역(周易)의 귀매상육(歸妹上六) 효사(爻辭)를 통해 이의 근기를 알아본다.

상육 녀승광무실 사규양무혈 무유리(上六 女承筐无實 士刲羊無血 无攸利 상육은 여자가 광주리를 받드는데 실물이 없음이라. 선비가 양을 찔러서 피가 없으니 이로울 바가 없느리라.)

주(註) : 「상육」은 여자가 시집가는 괘의 마지막이고, 응이 없으니 여자가 시집가는데 마침이 없는 자이다. 지어미(婦)는 선조를 잇고 제사를 받드니 제사를 받들지 못하면 지어미가 될 수 없다. 광주리의 실물은 지어미가 맡아서 바치는 것이니, 옛날에 방 가운데 제기(祭器)류와 김치류는 부인이 맡아 바치고 제후의 제사는 (제후가) 친히 희생을 베어 내니 경과 대부도(경대부는 중국의 고대에 벼슬 이름이다)다. 그렇게 한다.

베는 것은 피를 빼서 제사지내는 것이니 「예기」에 희생의 피로 제사지냄은 기운이 왕성함을 바치는 것이다 라고 했다. 여자가 마땅히 광주리를 이어 바쳐야 하는데 실물이 없으니, 실물이 없으면 제사를 지낼 수 없음으로 제사를 받들 수 없다는 말이다.

부부가 같이 종묘를 이어 받드니 지어미가 능히 제사를 받들지 못함은 지아비가 제사를 잇지 못함이 됨으로 양을 찔러 피가 없다고 한 것이다. 또한 제사를 지낼 수 없는 것이니 제사를 이을 수 없다는 말이다. 지어미가 제사를 받들 수 없으면 마땅히 이별해서 헤어질 것이다. 이것은 부부의 마침이 없는 것이니 어디 간들 이롭겠는가?

(22) 운명(運命)상에서 본 재산(財産)의 유무(有無)

빈곤(貧困).....(가난)의 명론(命論)

풍육이(豊六二) 무소비음 고친과권 야방초의 선역후순(無所庇蔭

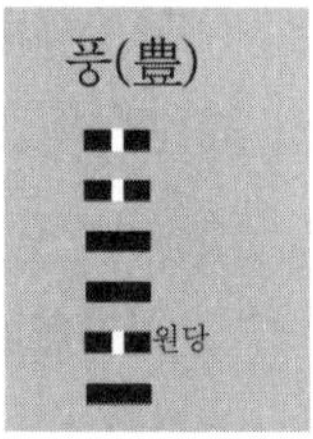

孤親寡眷 惹謗招疑 先逆後順 사람됨이 나를 보호해 줄 사람이 없어 외로운 어버이에 일가가 적으리라. 비방함을 이끌고 의아스러움을 불러들이며 먼저는 역행되나 뒤에는 순조로우리라.)

이상의 본문에서 보는 바와 같이 사람됨이 나를 보호해 줄 사람이 없어 어버이가 외로우며 일가가 적다 말하고 있다. 다시 부연 설명하면 부모 중에 한 어버이가 외로이 되고 일가가 적다는 말이며, 나 자신이 남의 비방을 이끌게 되며 의아스런 일을 불러들일 것이다 라고 말하고 있다,

이상은 상수학(象數學)적 하락리수(河洛理數)로써 앞의 명론(命論)을 알아보았다. 다음은 의리학(義理學)적 주역(周易)의 풍육이(豊六二) 효사(爻辭)를 통해 이의 근기를 알아본다.

육이 풍기부 일중견두 왕 득의질 유부 발약 길(六二 豊其蔀 日中見斗 往 得疑疾 有孚 發若 吉 육이는 그 포장이 풍성함이라 한낮에 두수를 봄이니 가면 의심의 병(의심과 질투)을 얻으리니 믿음을 두어 뜻을 펴나가면 길하리라.)

주(註) : 밝음과 움직임이 서로 도와야 풍성함을 이룰 수 있게 된다. 「육이」가 밝음의 주인이고 또한 중정을 얻었으니 밝은 사람이라고 할 수 있으나, 「육오」가 정응이 되는 자리에 있으면서 음유하고 바르지 못하니 능히 움직일 수 없는 사람이다. 「육이」와 「육오」가 비록 다 음으로 밝음과 움직임이 서로 힘입는 때에 있고, 서로 응하는 지위에 있으나 「육오」가 재질이 모자라니 이미 응하는 자의 재질이 도움이 되지 못하면 자기 혼자의 밝음만으로 풍성함을 이룰 수 없고 이미 풍성함을 이룰 수 없으면 그 밝음의 공도 잃을 것이기 때문에 포장이 풍성함이 된다.

한낮에 두수(斗宿)를 본다(日中見斗)함은 「육이」가 지극히 밝은 재질이나 응하는 바가 더불기에 부족해서 그 풍성함을 이룰 수 없어 밝은 공을 잃게 되니 밝은 공이 없으면 어둡기 때문에 두수를 봤다(中見)고 하니, 두수는 어두울 때 보이는 것이다 포장(蔀)은 두루 돌려 가리는 뜻이니 가려 막는 물건을 써서 밝음을 가려 어둡게 하는 것이다.

두수(斗)는 음에 속하고 평년의 운행을 주관하니 「육오」가 음유함으로써 인군 자리에 있는 것을 표상한 것이다. 대낮의 밝은 때에 두수를 보는 것은 풍대한 때에 유약한 인군을 보는 것과 같다. 두수는 어두울 때 보이는 것인데도 낮에 두수를 보았다는 것은 밝음을 잃어 어두워졌다는 말이다. 「육이」가 비록 지극히 밝고 중정한 재질이나 만나는 바가 유암(柔暗)하고 바르지 못한 인군인 까닭에 자기(육이)에게 낮추어 구하지 않는다. 만약 가서 구하면 도리어 의심하고 시기하는 병을 얻을 것이니 어두운 인군은 이런 것이다.

그렇다면 어떻게 하여야 옳은가? 무릇 군자가 윗사람을 섬김에 윗사람의 마음을 얻지 못하면 그 지극한 정성을 다해서 윗사람의 뜻을 감동시켜야 할 뿐이다. 성의로 감동이 되면 비록 어둡고 몽매하나 개발할 수 있고 비록 유약하나 보필할 수 있으며 비록 바르지 못하나 바르게 할 수 있으니 옛사람이 용렬한 인군과 보통 인군을 섬김에 능히 그 도를 행한 사람은 자기의 성의가 위로 통해서 인군의 신임함이 독실한 것이다. <관중>이 <환공>에게 재상 노릇 한 것과 <공명>이 후주(劉禪)를 보필한 것이 이런 것이니, 정성과 신의로써 윗사람의 뜻을 감발시키면 그 도의 행함을 얻어 길하게 되는 것이다.

(1) 운명(運命)상에서 본 재산(財産)의 유무(有無)

파산(破産).....(패망)의 명론(命論)

혁구삼(革九三) 경거망동 성소패다 탁립간신 영모둔좌(輕擧妄動 成少敗多 卓立艱辛 營謀頓挫 사람 됨됨이가 무슨 일을 가볍게 거행하고 망령되이 움직여서 성공하는 일은 적고 실패하는 일은 많으리라. 남보다 우뚝하게 뛰어나기는 어렵고 경영하고 모사하는 데는 갑자기 꺾이리라.)

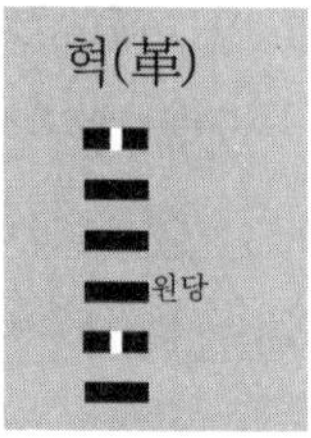

이상의 본문에서 보는 바와 같이 사람됨이 무슨 일을 가볍게 거행하고 망령되이 움직여서 성공하는 일은 적고 실패하는 일은 많으리라 말하고 있다. 그러므로 일반적으로 우뚝 서기에는 어려우며 경영하고 모사하는 데는 갑자기 꺾여서 실패로 이어지리라는 말이다. 그러므로 가산은 탕진되고 험지로 추락됨을 암시하고 있다는 말이다.

이상은 상수학(象數學)적 하락리수(河洛理數)로써 앞의 명론(命論)을 알아보았다. 다음은 의리학(義理學)적 주역(周易)의 혁구삼(革九三) 효사(爻辭)를 통해 이의 근기를 알아본다.

구삼 정 흉 정려 혁언 삼취 유부(九三 征 凶 貞厲 革言 三就 有孚 구삼은 가면 흉하고 바르게 하면 위태하니 고친다는 말이 세 번 이뤄지면 미더움이 있으리라.)

주(註) : 「구삼」은 양강함으로써 하괘의 위에 있고 또 「리」의 위에 있으면서 득중하지 못했으니 변혁하려고 조급히 움직이는 사람이다. 아래에 있으면서 변혁에 조급하니 이럼으로써 행하면 흉하다. 그러나 하괘의 위에 있어서 일을 변혁할 때를 당했으니 어찌 하지 않을 수 있겠는가? 곧고 바름을 지키고 항상 위태하고 두려워하는 마음을 가져서 공론(公論)에 순종하면 행함을 의심하지 않을 수 있다.

변혁의 말(革言)은 마땅히 변혁해야 한다는 의논과 같은 것이고, 취(就)는 이루며 합한다는 말이니 마땅히 변혁한다는 말을 자세히 살피되 세 번까지 이르러 다 합당하면 믿을 수 있다. 신중함의 지극함을 말한 것이니 이와 같으면 변혁할 수 있다. 변혁하는 때에 하괘의 위에 있으니 마땅히 변혁해야 할 일을 두려워해서 하지 않는다면 때를 잃어 해가 될 것이다. 오직 지극히 신중함이 마땅하니 강명하다고 함부로 하지 말고 공론을 살피고 참고해서 세 번 이뤄진 뒤에 변혁하면 허물이 없다.

(2) 운명(運命)상에서 본 재산(財産)의 유무(有無)

파산(破産).....(패망)의 명론(命論)

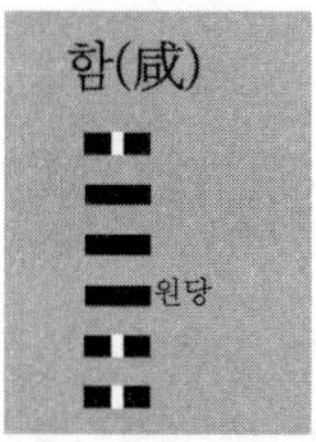

함구삼(咸九三) 모교견졸 지재수인 다치패실(謀巧見拙 志在隨人 多致敗失 사람됨이 무슨 일에 모사함을 교묘히 하나 졸피게 됨을 보게 되리라. 뜻하는 바가 남에게 있으니 많이 실패하는데 이르리라.)

이상의 본문에서 보는 바와 같이 사람 된 운명이 무슨 일에 교묘하게 모사하나 졸피게(옹졸) 나타나며 뜻이 남을 따르는데 있고 독창적이지 못하리라 말하고 있다. 하는 바 일에 많이 실패하여 어려운 지경에 이르리란 말이다.

이상은 상수학(象數學)적 하락리수(河洛理數)로써 앞의 명론(命論)을 알아보았다. 다음은 의리학(義理學)적 주역(周易)의 함구삼(咸九三) 효사(爻辭)를 통해 이의 근기를 알아본다.

구삼 함기고 집기수 왕 린(九三 咸其股 執其隨 往 吝 구삼은 넓적다리에 느낌이라, 따르는 데만 집착하니 가면 인색하리라.)

주(註) : 구삼이 양으로써 강 자리에 거처하니 강양한 재주가 있어 내괘의 주인이 되고 하괘(內卦)의 위에 있으니 마땅히 스스로 바른 도를 지켜야 한다. 그럼에도 물건에게 감동되어 「상육」과 응하니 양은 올라가기를 좋아하고 음은 기뻐하며 「상육」은 느끼고 기뻐함의 극한 데 있기 때문에 「구삼」이 감응해서 「상육」을 좇는 것이다.

넓적다리(股)는 몸과 발의 사이에 있어서 자유롭지 못하고, 몸을 따라서 움직이는 것이기 때문에 상으로 삼았다. 「구삼」이 스스로 주장하지 못하고 물건을 따라 움직임이 넓적다리와 같아서 「구삼」이 집착해서 지키는 것이 물건을 따라 가는 것이다. 양강한 재주가 기뻐하는 것에 감응하여 따라가니 이와 같이 해서 가면 부끄럽고 인색한 것이다.

(3) 운명(運命)상에서 본 재산(財産)의 유무(有無)

파산(破産).....(패망)의 명론(命論)

항상육(恒上六) 호대희공 위법망작 분경다사 반성복패지화(好大喜功 違法妄作 紛更多事 反成覆敗之禍 사람됨이 큰 것을 좋아하고 공을 기뻐하며, 법을 위반하고 망령된 일을 조작하리라. 어수선하게 고쳐서 할 일이 많아지고 도리어 복패(망함)하는 화를 이루리라.)

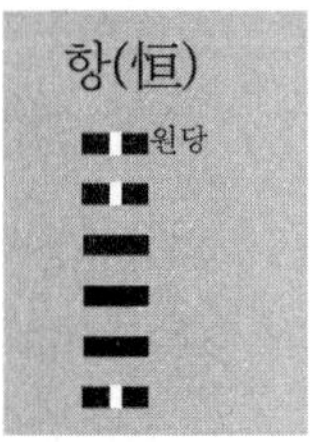

이상의 본문에서 보는 바와 같이 사람됨이 무슨 일이고 욕심이 많아 큰 것을 좋아하고 공을 기뻐하며 법규를 위반하고 비리적인 일을 조작하리라는 말이다. 무슨 일을 어수선하게 고쳐서 해야 할 일이 많아지며 도리어 복패(망함)하는 화를 이루리라 말하고 있다. 이는 남녀의 이성문제가 다사로움을 볼 것이다.

이상은 상수학(象數學)적 하락리수(河洛理數)로써 앞의 명론(命論)을 알아보았다. 다음은 의리학(義理學)적 주역(周易)의 항상육(恒上六) 상사(象辭)를 통해 이의 근기를 알아본다.

상왈 진항재상 대무공야(象曰 振恒在上 大无功也 상에 말하기를 항상 함을 떨침으로 위에 있으나 크게 공이 없도다.)

주(註) : 위에 거처하는 도는 반드시 항상 한 덕이 있어야 공이 있을 수 있으니, 만약 조급하게 움직여 항상 하지 못하면 어떻게 이루는 바가 있겠는가? 위에 거처해서 항상 하지 못하니 그 흉함이 심하다. 상에 또한 성립할 것이 있을 수 없음을 말했음으로 크게 공이 없다고 했다.

(4) 운명(運命)상에서 본 재산(財産)의 유무(有無)

파산(破産).....(패망)의 명론(命論)

대장구삼(大壯九三) 다령혈기지강 이호용투한 초우계흔 손재패가

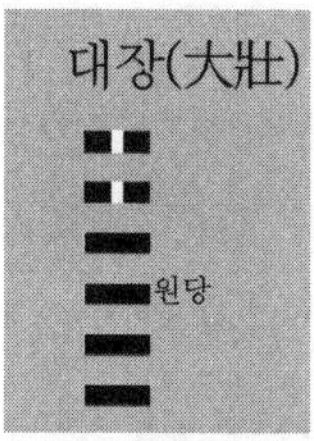

(多呈血氣之剛 而好勇鬪狠 招尤啓釁 損財敗家 사람됨이 자기의 혈기(기운)가 강함을 많이 드러내서 용감하고 사납게 싸움을 좋아하며 탈을 불러들이고 죄를 지으며 재물을 손실케 하고 가정을 패(망함)하게 하리라.)

이상의 본문에서 보는 바와 같이 사람됨이 지나치게 강해서 혈기(기운)의 강함을 많이 드러내며 용감하고 사납게 싸우기를 좋아하리라 말하고 있다. 잘못된 탈을 불러들이고 죄를 지어, 그것으로 인해 재산을 손실케 하고 가정을 패(망하게)하게 하리라는 말이다. 이는 이 밖에도 부부와의 관계가 해로 못함을 암시하고 있다 하겠다.

이상은 상수학(象數學)적 하락리수(河洛理數)로써 앞의 명론(命論)을 알아보았다. 다음은 의리학(義理學)적 주역(周易)의 대장구삼(大壯九三) 효사(爻辭)를 통해 이의 근기를 알아본다.

구삼 소인용장 군자용망 정 려 저양촉번 리기각(九三 小人用壯 君子用罔 貞 厲 羝羊觸藩 羸其角 구삼은 소인은 장성함을 쓰고 군자는 업신여김을 쓰나 고집하면 위태하니, 숫양이 울타리를 받아서 그 뿔이 걸림이로다.)

주(註) : 「구삼」이 강으로써 양 자리에 있으면서 「대장」의 때에 처에 있고, 또한 「건체」의 마지막을 당했으니 장성(壯盛)함이 극에 달한 것이다. 장성함이 극에 달한 것이 이와 같으니 소인은 장성함을 쓰는 것이고 군자는 업신여김을 쓰게 된다. 소인은 힘을 숭상하기 때문에 장성한 용맹을 쓰고, 군자는 뜻이 강하기 때문에 업신여김을 쓰는 것이다. 망(罔)은 없는 것이니 멸시한다는 것과 같다. 자기의 지극히 강함으로써 일을 멸시하니 거리낌이 없는 것이다.

군자(君子) 소인(小人)이라는 것은 지위로써 말한 것이니 군자가 용맹만 있고 의리가 없으면 어지러워진다와 같은 말이다. 강유(剛柔)가 중도를 얻으면 부러지지도 않고 굽히지도 않아서 천하에 베풀어도 마땅하지 않음이 없을 것이지만, 강이 너무 지나치면 화순(和順)한 덕이 없고 다치는 데가 많아 더불지를 못하니 이런 것을 굳게 지키면 위태한 도리이다. 모든 물건이 자기의 장성함을 쓰지 않음이 없으니 이(齒)가 있는 것은 물어뜯고 뿔이 있는 것은 받으며 발굽이 있는 것은 찬다. 양(羊)은 머리가 장성해서 숫양은 받기를 좋아하기 때문에 취해서 상을 삼은 것이다.

<u>양은 울타리 받기를 좋아하는데 울타리로 그 앞을 막으면 대개 막는 것을 반드시 받고 장성(壯盛)함 쓰기를 좋아함이 이와 같이 하면 반드시 그 뿔이 걸려 곤할 것이니, 사람이 강하고 장성함만을 숭상해서 당하는 곳마다 사용하면 반드시 꺾이고 곤궁해짐과 같다</u>.

「구삼」이 장성함의 심함이 이와 같은데 흉한데 까지 이르지 않음은 어째서 입니까? 대답하기를 「구삼」과 같이 하면 그 행함에 흉함을 이룰 것이나 이제 막 위태하다고 말했기 때문에 흉한 데까지 이르지는 않는 것이니 흉하게 될 것이나 아직 거기까지 이르지 않은 것을 위태하다(厲)고 말한 것이다.

(5) 운명(運命)상에서 본 재산(財産)의 유무(有無)

파산(破産).....(패망)의 명론(命論)

태상육(泰上六) 과기령강 가파신망 자대화소(誇己逞强 家破身亡 自大化小 사람됨이 자기의 강함을 드러내어 자랑하리라. 가정이 파괴되고 몸을 망치며 큰 것으로부터 작게 되리라.)

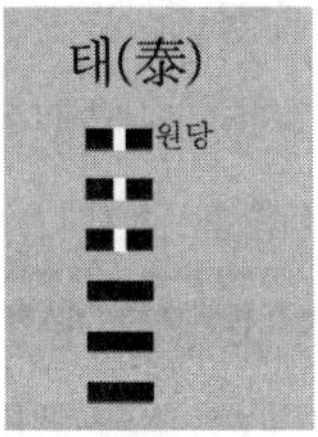

이상의 본문에서 보는 바와 같이 자기 자신의 강함을 드러내서 자랑하리라 말하고 있다. 이는 불법적인 폭력주의자라고 지탄의 대상이 되기도 한다. 그러므로 가정이 파괴되어 재산의 탕진도 의미하거니와 부부가 동반 해로를 못함을 의미하기도 한다. 또한 자기 몸을 망치려니와 이미 커졌든 것으로부터 모두 작게 축소된다는 불운을 말하고 있다.

이상은 상수학(象數學)적 하락리수(河洛理數)로써 앞의 명론(命論)을 알아보았다. 다음은 의리학(義理學)적 주역(周易)의 태상육(泰上六) 효사(爻辭)를 통해 이의 근기를 알아본다.

상육 성복우황 물용사 자읍고명 정 린(上六 城復于隍 勿用師 自邑告命 貞 吝 상육은 성이 터에 돌아옴이라. 군사를 쓰지 말고 읍으로부터 명을 고함이니 바르고 굳게 하더라도 인색하니라.)

주(註) : 성터를 판 흙이 여러 번 쌓여 성을 이루는 것은 다스리는 도가 누적되어 태평한 때를 만드는 것 같고, 태평한 때의 마지막에 장차 비색한 데로 돌아가는 것은 성의 흙이 무너져서 다시 성터로 돌아오는 것과 같다. 「상육」은 태의 마지막인데 육(六)이 소인으로써 거처하니 행함이 장차 비색하게 될 것이다. 군사를 쓰지 말라(勿用師)고 함은 인군이 그 무리를 부릴 수 있음은 위와 아래의 정이 통해서 마음으로 따라야 하는데 지금 태평한 시대가 장차 마치려함에 태평하게 하는 도리를 잃어서 위와 아래의 뜻이 통하지 않고 민심이 떠나 흩어져서 그 윗사람을 따르지 않으니 어떻게 쓸 수 있겠는가?

쓰면 어지러울 것이다. 무리를 쓸 수 없음에 그 친근한 테로부터 명을 고하니, 비록 명을 고함이 바름을 얻었다 하더라도 또한 부끄럽고 인색하다. 읍(邑)은 거처하는 곳으로 친근한 데를 말하니 대개 명을 고함은 반드시 가까운 데로부터 시작한다.

정흉 정린(貞凶 貞吝)이라고 한 것이 두 가지 뜻이 있으니 굳게 이것을 지키면 흉하고 인색하다는 것이 있고, 바름을 얻었더라도 흉하고 인색하다는 것이 있다. 여기에는 정흉(貞凶)이라 하지 않고 정린(貞吝)이라 함은 장차 비색해지려 하는 데도 방금 명을 고한 것이 부끄럽고 인색한 것이 되는 것이니 비색한 것이 명을 고한데 연유한 것이 아니다.

(6) 운명(運命)상에서 본 재산(財産)의 유무(有無)

파산(破産).....(패망)의 명론(命論)

대유구사(大有九四) 탐소이영 수성참절지화 신가난보(貪小易盈 遂成僭竊之禍 身家難保 사람됨이 무엇을 영위함에 조금만 탐내도 쉽게 넘치고 드디어 분수에 넘치게 높은 지위에 있게 되면 화를 이뤄서 몸과 가정을 보존하기 어려우리라.)

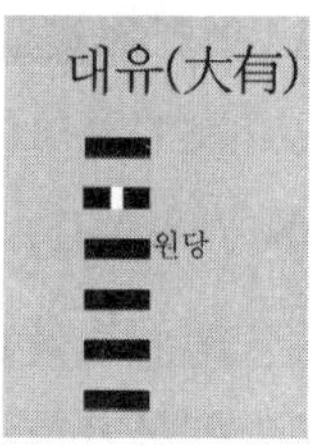

이상의 본문에서 보는 바와 같이 사람됨의 그릇이 작아서 조금만 탐내도 쉽게 넘치고 드디어 분수에 넘치게 높은 지위에 있게 되면 화가 이뤄져서 자기의 몸과 가정을 보존하기 어려우리라 말하고 있다. 이 어의 속에는 부부가 해로를 못하고 중도에 서로가 이산됨을 내포하고 있다 하겠다.

이상은 상수학(象數學)적 하락리수(河洛理數)로써 앞의 명론(命論)

을 알아보았다. 다음은 의리학(義理學)적 주역(周易)의 대유구사(大有九四) 효사(爻辭)를 통해 이의 근기를 알아본다.

구사 비기팽 무구(九四 匪其彭 无咎 구사는 너무 성하지 않게 하면 허물이 없으리라.)

주(註) : 구사는 대유의 때에 있어서 이미 중간을 지났으니, 「대유」의 풍성한 것이다. 지나치게 풍성하면 흉과 허물이 말미암아 생길 것이기 때문에 처해 나가는 도리가 그 풍성하지 않게 하면 허물이 없다고 한 것이니, 겸손해서 너무 풍성하게 처신하지 않으면 허물이 없다는 말이다. 「구사」는 인군의 높은 자리에 가까우니 너무 풍성하게 처신하면 흉과 허물을 이룰 것이다. 팽(彭)은 성하고 많은 모습이니 「시경」의 「재구載驅」시에 말하기를 「문수」가 세차게 흐르거늘 행인이 많고 많도다 라고 하니 행인이 성하고 많은 형상이다. 「대아大雅」의 「대명大明」에 말하기를 사원(駟騵)이 많고 많도다 하니 <무왕>의 싸움 말이 성하다는 말이다.

(7) 운명(運命)상에서 본 재산(財産)의 유무(有無)

파산(破産).....(패망)의 명론(命論)

리구이(履九二) 다작청한지인 영욕불가 포난무구(多作淸閑之人 榮辱不可 飽暖無求 사람됨이 청한(한가한 사람)하기가 오래토록 하며 영예와 욕됨을 가하지 않고 배부르고 등 더운 일을 구하지 않으리라.)

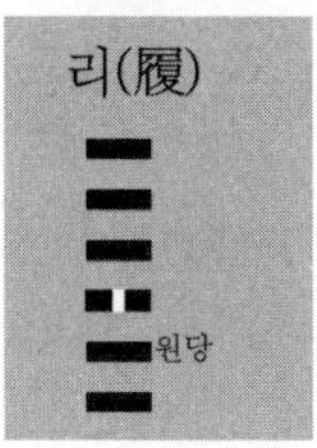

이상의 본문에서 보는 바와 같이 맑고 한가한 사람이 되어 영예와 욕된 일에 가담하지 않고 배부르고 등 더웁게 하는 일을 구하지 않으리라 말하고 있다. 이 명론(命論)의 흐름을 보아 마치 세상사에 초탈한 느낌을 가지게 한다. 온 세상 사람들은 상류사회나 하류사회를 막론하고 나름대로 영욕(榮辱)과

포난(飽暖)을 위해 온갖 노력을 다하는 게 인류인데, 이와는 무관하다 하니 한번 알아 볼만한 일이 아닐 수 없다. 직설적으로 이는 타인에 의지해 살아가는 기식(寄食) 인생이라 하겠다.

이상은 상수학(象數學)적 하락리수(河洛理數)로써 앞의 명론(命論)을 알아보았다. 다음은 의리학(義理學)적 주역(周易)의 리구이(履九二) 상사(象辭)를 통해 이의 근기를 알아본다.

상왈 유인정길 중불자란야(象曰 幽人貞吉 中不自亂也 상에 말하기를 그윽한 사람이라야 바르고 굳어서 길하다 함은 중이 스스로 어지럽지 않음이라.)

주(註) : 리(履)의 도는 안정하는 데 있으니 속마음이 편안하고 바르면 밟음이 편안히 하겠는가? 그러므로 반드시 그윽한 사람(幽人)이라야 (마음을) 굳고 단단하게 해서 길할 수 있으니, 그 속마음이 안정해서 이익과 욕심으로써 스스로를 어지럽히지 않는 것이다.

(8) 운명(運命)상에서 본 재산(財産)의 유무(有無)

파산(破産).....(패망)의 명론(命論)

예상육(豫上六) 락극생비 종불능구(樂極生悲 終不能久 사람됨이 무슨 일이든 즐거움이 극에 달했다가 슬픔이 생기리니 오래가지 못하리다.)

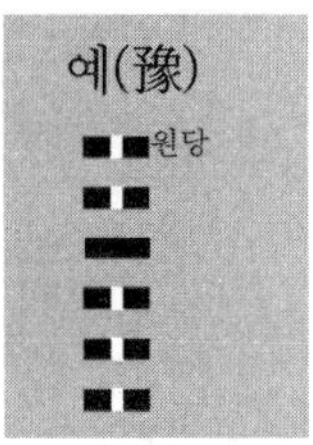

이상의 본문에서 보는 바와 같이 영위하는 일이 모두 즐거움이 극에 달했다가 슬픔이 생기리라. 그러면서 그런 일사가 장구하지 못하리라는 말이다.

다시 구체적으로 반복 설명하면 인간의 가장 큰 일 몇 가지를 들어 지적해 본다.

첫째, 백 가지 행복의 근원이 되는 부부 관계에 있어 극도의 애정이 식기도 전에 곧바로 이별을 하게 되며 둘째, 인간 생애의 필수적인 재산의 여건이 때로는 뜻밖의 성공으로 즐거움이 극진한가 하면 기간이 오래지 않아 모두 탕진 되어 백지로 돌아감을 볼지니 이것이 이 명론(命論)의 비극적 논리이기도 하다.

이상은 상수학(象數學)적 하락리수(河洛理數)로써 앞의 명론(命論)을 알아보았다. 다음은 의리학(義理學)적 주역(周易)의 예상육(豫上六) 효사(爻辭)를 통해 이의 근기를 알아본다.

상육 명예 성 유투 무구(上六 冥豫 成 有渝 无咎 상육은 즐거움에 어두워졌으나 변함이 있으면 허물이 없으리라.)

주(註) : 「상육」은 음유함으로 중정한 덕이 있는 자가 아니며, 음으로써 제일 위에 거처하니 바른 것이 아닌데 즐거움이 극한 때를 당했으니 군자가 이런 때에 처하더라도 또한 경계하고 두려워해야 할 것인데 하물며 음유한자랴!

즐거움을 탐하고 방자해서 혼미하여 돌이킬 줄 모르는 사람이다. 「예괘」의 마지막에 있기 때문에 어둠(昏冥)이 이미 이루어진 것이나 만약 변할 수 있으면 허물이 없을 수 있다. 「예」의 마지막에 있어서 변하는 뜻이 있으니 사람의 실수를 스스로 변경할 수 있으면 허물이 없을 수 있다. 그러므로 즐거움이 어두워진 것이 비록 이미 이루어졌으나 변할 수 있으면 좋을 것이다. 성인이 이런 뜻을 일으킨 것은 착한 데로 옮기도록 권하려는 것이다. 그러므로 어두워서 흉하다는 것은 말하지 않고 오로지 변하면 허물이 없다고 말씀하신 것이다.

(9) 운명(運命)상에서 본 재산(財産)의 유무(有無)

파산(破産).....(패망)의 명론(命論)

복상육(復上六) 우매혼몽 위질액상잔 위파조파가 위오국루주(愚昧昏蒙 爲疾厄傷殘 爲破祖破家 爲誤國累主 사람됨이 우둔하고 암매하며 혼몽(어두움)하고 질액(질병)이 있으며 상잔(다침)이 있으리라. 조

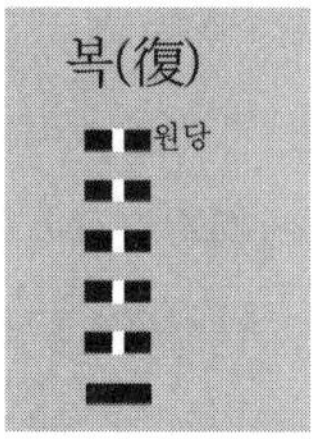

상을 흐트리고 가정이 패망하여 사회를 그릇치고 주인에게 누를 끼치리라.)

이상의 본문에서 보는 바와 같이 사람의 됨됨이가 우매하고 혼몽하며 질병와 상해를 입으리라 말하고 있다. 부모 이전의 조상들이 하던 일을 흐트리고 가정이 패망하며 사회에 그릇치고 누가 되리라 말하고 있다. 이 파조파가는 조상들이 하던 전례를 이어가지 못하며 가정이 패하다의 어의에는 부부가 해로 못함을 내포하고 있기도 하다.

이상은 상수학(象數學)적 하락리수(河洛理數)로써 앞의 명론(命論)을 알아보았다. 다음은 의리학(義理學)적 주역(周易)의 복상육(復上六) 효사(爻辭)를 통해 이의 근기를 알아본다.

상구 무망 행 유생 무유리(上九 无妄 行 有眚 无攸利 상구는 망령됨이 없는데 행하면 재앙이 있어서 이로운 바가 없느니라.)

주(註) : 「상구」가 괘의 마지막에 있으니 「무망」의 지극한 사람이다. 극에 달했는데도 또 행하면 이치에 지나친 것이니 이치에 지나치면 망령된 것이다. 그러므로 「상구」가 행하면 허물과 재앙이 있어서 이로운 바가 없다.

(10) 운명(運命)상에서 본 재산(財産)의 유무(有無)

파산(破産).....(패망)의 명론(命論)

이육삼(頤六三) 부양위정 패의방사 화불선종 신가파손(扶揚違正 悖義放肆 禍不旋踵 身家破損 사람됨이 바른 일을 부양(붙들어)해서 어기고 의리를 거스르며 방자(放恣)하리라. 또한 잘못된 화가 발꿈치를 떠나지 않고 몸과 가정이 파손되리라.)

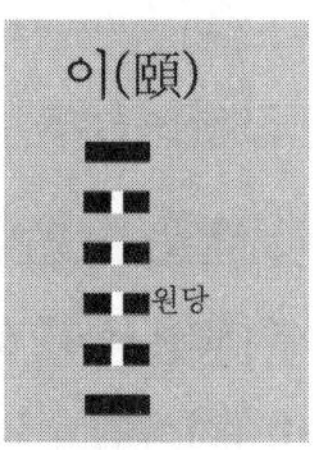

이상의 본문에서 보는 바와 같이 사람됨이 바른

일에는 어기기를 잘하며, 옳은 의리를 거스르고 방자한 행동을 자행하리라 말하고 있다. 그러므로 그에 수반되는 화가 떠나지 않으며 몸과 가정이 파손되리란 말이다. 이 신가파손의 논리 속에는 재산을 흐트리는 반면에 부부가 해로를 못함을 내포하고 있다 하겠다.

이상은 상수학(象數學)적 하락리수(河洛理數)로써 앞의 명론(命論)을 알아보았다. 다음은 의리학(義理學)적 주역(周易)의 이육삼(頤六三) 효사(爻辭)를 통해 이의 근기를 알아본다.

육삼 불이정 흉 십년물용 무유리(六三 拂頤貞 凶 十年勿用 无攸利 육삼은 기르는 바름을 거스른 것이다. 흉해서 십년을 쓰지 못한다. 이로운 바가 없느니라.)

주(註) : 기르는 도는 오직 바르게 하면 길하다. 「육삼」이 음유한 자질로써 거처함이 중정하지 못하고 또한 움직이는 괘의 끝에 있으니, 이것은 부드럽고 사특해서 바르지 못하게 움직이는 사람이다. 그 기르는 것이 이와 같으면 기름의 바른 도를 거스렸기 때문에 십년을 쓰지 못한다(十年勿用)고 경계한 것이다. 열(十)은 수의 마침이니 끝끝내 쓸 수 없어서 가더라도 이로운 바가 없다는 말이다.

(11) 운명(運命)상에서 본 재산(財産)의 유무(有無)

파산(破産).....(패망)의 명론(命論)

가인구삼(家人九三) 희노불상 존비실서 종욕패도 가업조령(喜怒不

常 尊卑失序 縱欲敗度 家業凋零 사람됨이 기뻐하고 노여워함이 범상치가 않으며, 높은 사람과 낮은 사람의 차서를 모르리라. 비록 무슨 일을 하고자 하나 법도를 어기고 가업(가정을 꾸리는 업)이 시들어지고 영락하리라.)

이상의 본문에서 보는 바와 같이 사람됨이 정서적으로 불안하여 희노(喜怒)의 감성이 범상치가 않으며 높고 낮음의 서열을 모른다는 말이다. 아울러 비록 무엇을 하고자 하나 법도에 어긋나서 실패로 이어지며 가업(가정적 업)이 시들어지고 영락되어서 피폐되리라는 말이다.

이상은 상수학(象數學)적 하락리수(河洛理數)로써 앞의 명론(命論)을 알아보았다. 다음은 의리학(義理學)적 주역(周易)의 가인구삼(家人九三) 효사(爻辭)를 통해 이의 근기를 알아본다.

구삼 가인 학학 회려 길 부자 희희 종린(九三 家人嗃嗃 悔厲 吉 婦子 嘻嘻 終吝 구삼은 가인이 엄하게 하니 뉘우치고 위태하나 길하니 부녀자가 희희덕거리면 마침내 인색하리라.)

주(註) : 학학(嗃嗃)은 글자 뜻이 자세하지 않으나 글과 음의 뜻으로 보면 오오(嗷嗷)와 서로 비슷하고 또한 급하게 속박하는 뜻과 같다. 「구삼」이 내괘의 위에 있으니 안을 주장하여 다스리는 자이고 양으로써 강한데 거처하고 부중(不中)하니 비록 득정(得正)했으나 지나치게 강한 사람이다. 집안을 지나치게 강하게 다스리면 엄하고 급함으로 인해 상할 것이기 때문에 가인이 엄하게 함과 같다.

집을 다스리는데 지나치게 엄하면 상함이 없을 수 없기 때문에 반드시 엄하고 두려워하게 함으로 인한 뉘우침이 있을 것이다. 골육지간은 은혜가 이기게 되는데도 지나치게 엄하게 하는 까닭에 후회하게 된다. 엄려(嚴厲)로 인한 뉘우침이 있어서 너그럽고 사나움의 중도를 얻지는 못했으나 가도가 가지런해져 엄숙하고 사람의 마음이 공경하고 두려워하니 오히려 집안의 길함이 될 것이다. 그러나 만약 며느리가 웃고 즐기면 마침내 부끄럽고 인색한 데 이를 것이다. 괘에 있어서는 웃고 즐기는(嘻嘻)상이 없으나 학학(嗃嗃)에 대귀로 해서 말한 것이다. 흩어지고 방자해서 잃는 것 보다는 차라리 엄함이 지나친 것이

낫다는 말이다.

희희(嘻嘻)는 웃고 즐겨서 절제가 없는 것이다. 스스로 방자해서 절제함이 없으면 마침내 집을 망칠 것이니 부끄럽고 인색한 일이다. 대개 엄하고 삼가 함이 지나치면 비록 인정에는 상함이 있을 것이나 법도가 서고 윤리가 바르게 되니 은혜와 의리가 있게 되는 것이다.

그러나 만약 웃고 즐겨서 절도가 없으면 이로 인해 법도가 없어질 것이며, 윤리가 어지럽게 될 것이니 어떻게 그 집안을 보존할 수 있겠는가?

웃고 즐김이 심하면 집을 망치는 흉함에 이를 것인데도 다만 인색하다(吝)고만 한 것은 인색함이 심하면 흉한데 이르는 것이기 때문에 곧바로 흉하다고 말하지 않은 것이다.

(12) 운명(運命)상에서 본 재산(財産)의 유무(有無)

파산(破産).....(패망)의 명론(命論)

익상구(益上九) 험사 이기손인 재화병지 신가난보(險詐 利己損人 災禍竝至 身家難保 사람됨이 음흉하게 속이고 나만을 이롭게 하며, 남의 손해는 아랑곳없으리라. 재앙과 화환이 아울러 이르며 몸과 가정을 보전키 어려우리라.)

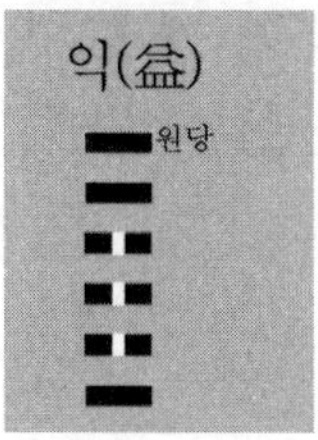

이상의 본문에서 보는 바와 같이 사람됨이 음흉하게 남을 속이고 유일한 이기주의적 심산이 밑바닥에 상존하여, 남이야 손해가 나건말건 나의 이익만을 챙기는 데만 급급하다는 말이다. 그러나 하는 일은 재앙과 화앙이 아울러 이르러서 몸과 가정을 보존키 어렵다 말하고 있으니, 이 신가난보(身家難保)에는 부부가 동반 해로하지 못함을 내포하고 있다.

이상은 상수학(象數學)적 하락리수(河洛理數)로써 앞의 명론(命論)

을 알아보았다. 다음은 의리학(義理學)적 주역(周易)의 익상구(益上九) 상사(象辭)를 통해 이의 근기를 알아본다.

상왈 막익지 편사야 혹격지 자외래야(象曰 莫益之 偏辭也 或擊之 自外來也 상에 말하기를 더하는 이가 없다는 것은 치우쳤다는 말이고, 혹 친다는 것은 밖으로부터 오는 것이다.)

주(註) : 이치는 천하의 지극히 공변된 것이고, 이익은 뭇사람이 똑같이 욕심내는 것이다. 진실로 자기의 마음을 공변되게 해서 바른 이치를 잃지 않으면 무리와 더불어 이익을 같이 해서 사람들을 침해하지 않으니, 사람들 또한 주려고 할 것이나, 만약 이익을 좋아함이 간절하고 자기의 사사로움에 가려져서 자신의 유익함을 구해서 타인을 손해 보게 하면 사람들 역시 힘으로 다툴 것이기 때문에 유익하게 하려 않고 뺏을 사람이 있을 것이다.

더하는 사람이 없다(莫益之)는 자기에게만 치우침을 나무란 것이다. 진실로 자기에게만 치우치지 않아서 공변된 도에 합치하면 사람들 역시 유익하게 할 것이니, 무엇을 위해 치겠는가? 사람들에 유익하게 해 주기를 구함이 극심한 데까지 이르렀으니 사람들이 다 미워해서 치고자 할 것이기 때문에 치는 사람이 밖으로부터 오는 것이다.

사람이 착한 일을 하면 천리 밖에서도 응하니 「육이」가 중정하고 자기를 비우기 때문에 유익하게 하는 사람이 밖으로부터 이르는 것이고, 착하지 못한 일을 하면 천리 밖에서도 어기니 「상구」가 유익함을 구함이 극심하므로 치는 사람이 밖으로부터 이르는 것이다.

「계사전」에 말하기를 군자가 그 몸을 편안하게 한 뒤에야 움직이며 그 마음을 편안하게 한 뒤에야 말하며 그 사귐을 정한 뒤에야 구하나니, 군자가 이 세 가지를 닦는 까닭에 온전하다. 위태함으로써 움직이면 백성이 더불지 않고 두려움으로써 말하면 백성이 응하지 않으며 사귐이 없다. 구하면 백성이 주지 않는다.

주는 이가 없으면 곧 해치는 이가 이를 것이니 「주역」에 말하길 더할 이가 없다. 혹 칠 것이니 마음을 세움이 항상 하지 않아 흉하다고 했다. 군자의 언동과 주고 구함을 다 도로써 해야 완전하게 착한 것이고, 그렇지 않으면 상하고 흉하게 될 것이다.

(13) 운명(運命)상에서 본 재산(財産)의 유무(有無)

파산(破産).....(패망)의 명론(命論)

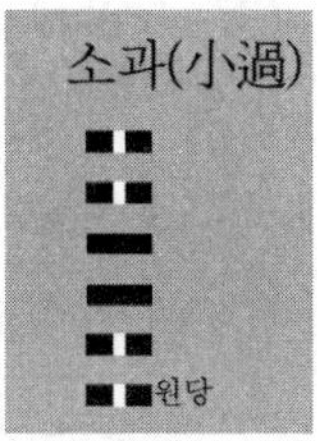

소과초육(小過初六) 시세오물 초우계흔 파가손명 추회막급(恃勢傲物 招尤啓釁 破家損命 追悔莫及 사람됨이 형세를 믿고 남에게 오만하게 하며, 탈을 불러들이고 죄를 지으리라. 가정을 흩트리고 수명을 덜리게 해서 좇아 후회해 봐도 미치지 못하리라.)

이상의 본문에서 보는 바와 같이 사람됨이 자기의 형세를 믿고 남에게 오만하게 하며 자기 자신이 탈을 불러들이고 죄를 지으리라 말하고 있다. 문제는 자기 잘못으로 법망에 저촉(抵觸)되어 영어(囹圄)의 신세가 되리라. 그러므로 가정이 파괴되고 수명이 손상되어 후회한들 무얹하리요 라고 말하고 있다.

이상은 상수학(象數學)적 하락리수(河洛理數)로써 앞의 명론(命論)을 알아보았다. 다음은 의리학(義理學)적 주역(周易)의 소과초육(小過初六) 효사(爻辭)를 통해 이의 근기를 알아본다.

초육 비조 이흉(初六 飛鳥 以凶 초육은 나는 새라 그래서 흉하니라.)

주(註) : 「초육」이 음유함으로 아래에 있으니 소인의 상이며 또한 위로 「구사」에 응하고 더욱이 「구사」는 움직이는 체이니 소인이 조급하고 경솔하면서 위로 응조(應助)함이 있으면 마땅히 지나쳐야 할 때도 반드시 심하게 지나치게 될 것인데 하물며 마땅히 지나치지 않아야 할 때 지나침이랴? 그 지나침이 나는 새의 빠름과 같음으로 흉한 것이다. 조급하고 빠름이 이와 같은 까닭에 지나가는 것이 빠르고 또 멀어서 구원하고 그치게 할 수 없다.

(14) 운명(運命)상에서 본 재산(財産)의 유무(有無)

파산(破産).....(패망)의 명론(命論)

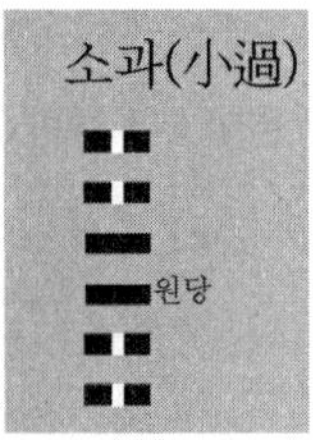

소과구삼(小過九三) 자시강강 다초투기 화해질생 신가난보(自恃剛强 多招妬忌 禍害迭生 身家難保 사람됨이 자신의 강강함을 믿어서 남의 미워하고 꺼려함을 많이 불러들이리라. 그럼으로 잘못된 재화와 환란이 번갈아 생겨오니 몸과 가정을 보존하기 어려우리라.)

이상의 본문에서 보는 바와 같이 사람됨이 자기 자신의 강강함을 믿어서 남들이 미워하고 꺼려함을 많이 자초하리라 말하고 있으며, 그러므로 화환이 겹겹이 번갈아들어 발생하리라 말하고 있다. 이 어의 속에는 법망에도 저촉되며 부부가 동반 해로 못함을 의미하기도 한다.

이상은 상수학(象數學)적 하락리수(河洛理數)로써 앞의 명론(命論)을 알아보았다. 다음은 의리학(義理學)적 주역(周易)의 소과구삼(小過九三) 효사(爻辭)를 통해 이의 근기를 알아본다.

구삼 불과방지 종혹장지 흉(九三 弗過防之 從或戕之 凶 구삼은 지나치게 막지 않으면 혹 따라와 해침으로 흉하니라.)

주(註) : 「소과」는 음이 지나치고 양이 자리를 잃은 때니, 「구삼」이 홀로 바른데 거처하나 아래에 있어 일을 할 수 있는 능력이 없고,

음의 꺼리고 미워하는 바가 되었기 때문에 마땅히 지나쳐야 할 것이 소인을 지나치게 막는데 있다. 만약 지나치게 막지 않으면 혹 따라와 해칠 것이니 이렇게 하면 흉하다.

「구삼」이 지나친 때에 양으로써 강한데 거처하여 강한데 지나친 것이니 이미 지나치게 막는 것을 경계했으면 지나치게 강한 것도 또한 경계해야 한다. 소인을 막는 도는 자기를 바르게 함이 먼저이니 「구삼」이 바름을 잃지 않았기 때문에 반드시 흉한 뜻이 없음으로 지나치게 막으면 면할 것이다. 「구삼」이 하괘의 위에 있으니 위에 있어 아래를 다스림이 다 이와 같다.

(15) 운명(運命)상에서 본 재산(財産)의 유무(有無)

파산(破産).....(패망)의 명론(命論)

소과상육(小過上六) 시강망작 탐고도원 재해병지 신가난보(恃强妄作 貪高圖遠 災害竝至 身家難保 사람됨이 강함을 믿고 망령된 짓을 조작하며 높은 것을 탐내고 먼 것을 도모하리라. 재앙과 해로움이 아울러 이르며 몸과 가정을 보존하기 어려우리라.)

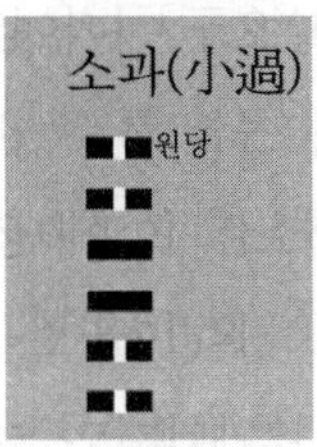

이상의 본문에서 보는 바와 같이 사람됨이 자기의 강함을 믿어 망령된 짓으로 허튼 수작을 자행하며 분수에 지나치게 높고 또한 먼 곳을 바라보고 허세를 자행하리라 말하고 있다. 그러므로 재해가 아울러 이르러 몸과 가정을 보존키 어렵다 하니 땅에 닿은 불운이라 하겠다. 이 신가난보의 어의 속에는 부부가 해로 못함이 공존하고 있다. 본난에서는 재산을 들어 지적하는데 그 의미를 가진다.

이상은 상수학(象數學)적 하락리수(河洛理數)로써 앞의 명론(命論)을 알아보았다. 다음은 의리학(義理學)적 주역(周易)의 소과상육(小

過上六) 효사(爻辭)를 통해 이의 근기를 알아본다.

상육 불우과지 비조리지 흉 시위재생(上六 弗遇過之 飛鳥離之 凶 是謂災眚 상육은 만나지 않아서 나는 새가 떠남이라 흉하니 이것을 재생이라고 이른다.)

주(註) : 「상육」이 음이면서 움직이는 체로 「소과」의 극에 처해서 도리로써 만나지 않고 움직임이 다 지나쳐서 이치를 어기고 상도(常道)를 지나침이 나는 새의 빠름과 같음으로 흉한 것이다. 떠난다(離)고 함은 멀리 지나간 것이고 이것을 재생이라고 이른다(是謂災眚)고 함은 이것은 마땅히 재생이 있다는 것이니, 재(災)는 하늘의 재앙이고 생(眚)은 사람이 만든 것이다. 이미 지나침이 극했으니 어찌 사람의 재앙뿐이겠는가? 하늘의 재앙도 또한 이를 것이니 그 흉함을 알 수 있다. 하늘의 이치와 사람의 일이 다 그렇다.

(16) 운명(運命)상에서 본 재산(財産)의 유무(有無)

파산(破産).....(패망)의 명론(命論)

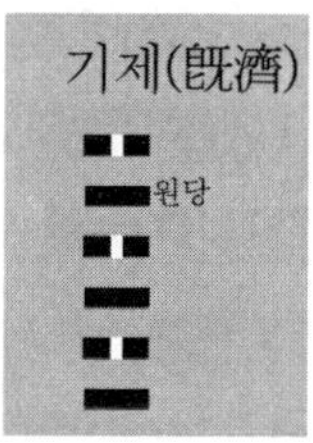

기제구오(旣濟九五) 다무화미 이소성실 종무익우세교 손물해인 신가난전 유산림유객 가수기복(多務華靡 而少誠實 終无益于世敎 損物害人 身家難全 惟山林幽客 可受其福 사람됨이 화려한데 많이 힘쓰고 성실성이 적어서, 마침내 세상에 가르침에는 유익함이 없으리라. 물건을 손실하고 남에게 해하며 몸과 가정을 보전하기 어려우리라. 오직 산림의 그윽한 객이 되면 가히 그 복을 받으리라.)

이상의 본문에서 보는 바와 같이 사람의 됨됨이가 화려한데 많이 힘써서 외형에 치중하고 성실성은 적어서 인간의 요체인 신의가 적으니, 마침내 세교(세상에 가르침)에는 유익할 바가 없다는 말이니 내실

보다 외형의 허세에 치우친다는 말이다. 남을 손해되게 하고 몸과 가정을 보전하기 어렵다는 말이니, 이 어의(語義) 속에는 부부의 불화가 내재 되어 있다 하겠다. 오직 산속에 들어가 그윽한 객이 되어야 그 복을 받으리라는 말이다.

이상은 상수학(象數學)적 하락리수(河洛理數)로써 앞의 명론(命論)을 알아보았다. 다음은 의리학(義理學)적 주역(周易)의 기제구오(旣濟九五) 효사(爻辭)를 통해 이의 근기를 알아본다.

구오 동린살우 불여서린지약제 실수기복(九五 東鄰殺牛 不如西隣之禴祭 實受其福 구오는 동쪽 이웃의 소를 잡음이 서쪽 이웃의 간략한 제사가 실제로 복을 받음만 못하니라.)

주(註) : 「구오」는 중이 실하니 믿음이 있고, 「육이」는 중이 허하니 정성이 있음으로 다 제사지내는 뜻을 취했다. 동쪽 이웃(東鄰)은 양이니 「구오」를 말하고 서쪽 이웃(西隣)은 음이니 「육이」를 말한다. 소를 잡는다(殺牛) 함은 성대한 제사이고 약(禴)은 간소한 제사니 성대함이 간소함만 못한 것은 때가 같지 않은 것이다.

「육이」와 「구오」가 다 부성(孚誠)과 중정한 덕이 있으나 「육이」는 「기제괘」의 아래에 있으니 아직도 나아감이 있음으로 복을 받는 것이고, 「구오」는 「기제괘」의 극에 처하니 나아갈 데가 없다.

지성(至誠)과 중정함으로써 지키면 반대에(미제) 이르지는 않으나 이치가 극했는데도 마침내 돌이키지 않는 것이 없으니 이미 극에 이르면 비록 잘 처신하드라도 어떻게 할 수가 없다. 그렇기 때문에 효의 「소상전」에 오직 그 때를 말한 것이다.

제 17 장

운명(運命)상으로 보아 자식(子息)의 도움 없이 외로운 부모(父母)의 명론(命論)

제자는 묻는다. 스승님 오늘은 자식(子息)의 도움 없이 외로이 살아가는 부모에 대하여 알고 싶습니다.

스승은 말한다. 그렇다, 인간 세상에는 계계승승 부모는 자식을 보호하여 양육하고 자식은 부모를 존경하여 보호함이 인륜의 천리로써 존속되고 있으나, 불행하게도 이 범주에 벗어나서 자식의 도움 없이 외로이 지내야 하는 운명이 있으니 이를 대별하면 다음 종류가 있으니,

첫째, 슬하에 자식이 없어 근본적으로 갖추지 못한 상태와

둘째, 자식이 있으나 불행하게도 자식 노릇을 못하는 처지가 있으니

이 모두가 부모 된 처지로써 보건대 외로운 점은 대등하다 하겠다.

세상에 어느 사람인들 왕성한 삶을 가지는 자식을 원치 않는 자가 어디 있으리요마는 운명인지라 저마다의 뜻대로 이루어지지 않음이

천리인 것이다. 누군가는 외로움에 못 이겨 가출하여 제3의 인생을 설계도 해보지만, 이는 하나의 방편일 뿐, 인생 여정의 운명을 바꾸기는 어려운 일로 생각되니 이는 분이정(分已定)의 숙명인 까닭이다 하겠다.

(1) 운명(運命)상으로 보아 자식(子息)의 도움 없이 외로운 부모(父母)의 명론(命論)

수육삼(隨六三) 수유명리 이무자력 여명 필조귀부 혹상자식(雖有名利 而無子力 女命 必遭貴夫 或傷子媳 사람 됨됨이가 비록 재주가 날래다는 이름이 있으나 자식의 힘이 없으리라. 여인의 운명이면 반드시 귀한 부군을 만날지나 혹 자식이 상하리라.)

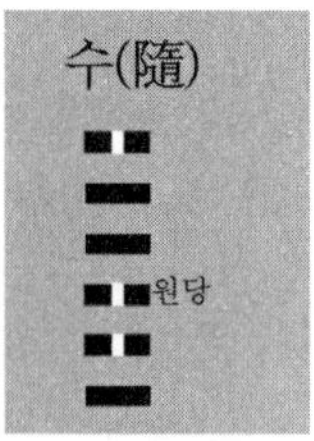

이상의 본문에서 보는 바와 같이 사람됨이 비록 재주에 있어 날래다(걸만 약다)는 이름이 있으나 자식의 힘은 없으리라 말하고 있다. 여인의 운명이라면 반드시 귀부(출세하는 지아비)를 만날 것이나 혹 자식은 상하리라는 말이다.

이상은 상수학(象數學)적 하락리수(河洛理數)로써 앞의 명론(命論)을 알아보았다. 다음은 의리학(義理學)적 주역(周易)의 수육삼(隨六三) 효사(爻辭)를 통해 이의 근기를 알아본다.

육삼 계장부 실소자 수 유구 득 이거정(六三 係丈夫 失小子 隨 有求得 利居貞 육삼은 장부에 매이고 소자를 잃으니 따름에 구하는 것을 얻으나 바른데 거처함이 이로우리라.)

주(註) : 장부(丈夫)는 「구사」이고 소자(小子)는 초구니 양이 위에 있는 것은 장부고 아래에 있는 것은 소자다. 「육삼」이 비록 「초구」와 같은 괘체이나 구사에 매우 가깝기 때문에 「구사」에 매이는 것이니 대개 음유는 자립하지 못해 아래로 「초구」를 잃은 것이니 「초구」를 버리고 위를 좇음은 따름의 마땅함을 얻는 것이다. 위를 따름은 잘하는 것이니 어둠이 밝음을 따름과 일이 착함을 좇아가는 것은 위를 따르는 것이며 옳은 것을 배반하고 그른 것을 따름과 밝음을 버리고 어둠을 좇음은 아래를 따르는 것이다.

「구사」 또한 응이 없어서 따를 사람이 없으니 가까이 있는 「육삼」의 따름을 얻으면 반드시 더불어 잘 친할 것이다. 그러므로 「육삼」이 「구사」를 따름에 구하는 것을 반드시 얻는 것이다. 사람이 위를 따름에 더불어 하니 이것이 구하는 것을 얻음이고 또 모든 구하는 바를 얻을 수 있다.

그러나 이치가 아니고 도에 어긋나는 것으로 윗사람을 따르거나 구차하게 사랑하고 기뻐함을 취해서 구하는 바를 이루어서는 않되니 이와 같이 하면 소인의 사특하고 아첨해서 이익을 따르는 행위이므로 바른데 거처함이 이롭다(利居貞)고 했다. 스스로 바르게 처신하면 이른바 구함이 있으면 반드시 얻는 것이니 바른 일이고 군자의 따름이다.

(2) 운명(運命)상으로 보아 자식(子息)의 도움 없이 외로운 부모(父母)의 명론(命論)

곤육삼(困六三) 무재무덕 출입돈좌 신고세위 대곤급박(無才無德 出入頓挫 身孤勢危 大困急迫 사람됨이 재능이 없고 덕망도 없으며, 나아가고 드는 일에 꺾이리라. 몸은 외롭고 형세는 위태하며 크게 곤한 일이 급히 닥쳐오리라.)

이상의 본문에서 보는 바와 같이 사람됨이 재능이 없고 덕망도 없으며 나아가고 드는 일이 막히고 꺾이리라 말하고 있다. 몸이 외로이 되고 형세는 위태롭게 되며 크게 곤궁한 일이 닥쳐

오리라 말하고 있으며, 이 신고세위(身孤勢危)는 부부와의 외로움의 의미를 가지기도 하나, 이 어의 속에는 사속(嗣續)할 자식도 없음을 의미하기도 한다.

이상은 상수학(象數學)적 하락리수(河洛理數)로써 앞의 명론(命論)을 알아보았다. 다음은 의리학(義理學)적 주역(周易)의 곤육삼(困六三) 효사(爻辭)를 통해 이의 근기를 알아본다.

육삼 곤우석 거우질려 입우기궁 불견기처 흉(六三 困于石 據于蒺藜 入于其宮 不見其妻 凶 육삼은 돌에 곤하며 가시나무에 거처함이라. 그 집에 들어가도 아내를 볼 수 없으니 흉하다.)

「육삼」이 음유하고 중정하지 못한 자질로 험함의 끝에 처해서 강함을 쓰고 양 자리에 거해서 강함을 쓰니 「곤」의 때에 잘못 처신함이 심한 자이다. 돌(石)은 굳고 무거워서 이기기 힘든 물건이고 가시나무(蒺藜)는 찔려서 거처할 수 없는 물건이다. 「육삼」이 강하고 험한데 있으면서 위로 나아가면 두양이 위에 있으니 힘으로 이기지 못하고 굳세어 침범할 수 없어 더욱 곤해짐으로 돌에 곤함(困于石)이고, 착하지 못한 덕으로써 강중한 「구이」의 위에 있으니 불안함이 가시를 깔고 앉은 것과 같음으로 가시에 거처함(據于蒺藜)이다. 나아가나 물러나나 다 더욱 곤해지니 편안코자 하나 더욱 할 수 없다.

궁(宮)은 살기 편한 곳이고 처(妻)는 편안케 해 주는 주체이니 진퇴가 불가능함을 알고 편안히 있으려고 하나 그 편안한 바를 잃는 것이다. 진퇴와 거처가 다 가능하지 않아 오직 죽을 따름이니 그 흉함을 알만하다. 「계사전」에 말하기를 곤한 곳이 아닌데 곤하니, 이름이 반드시 욕되고 거처할 곳이 아닌데 거처하니 몸이 반드시 위태하리니 이미 욕되고 또 위태해서 죽을 기약이 장차 이르니 아내를 볼 수 있겠는가? 라고 하니, 두 양을 침벌할 수 없는데도 범해서 곤하게 되었으니 곤할 곳이 아닌데 곤함(非所困而困)이고 이름이 욕된다 함은 그 일이 나쁘다는 말이다.

「육삼」이 「구이」의 뒤에 있어서 거처하는 것이 되나 겸손하고 부드러움으로써 곤해졌음으로 가시나무에 거처하는 것과 같다. 이렇게 하면 죽을 기약이 장차 올 것이니 편안케 하는 사람을 볼 수 있겠는가?

(3) 운명(運命)상으로 보아 자식(子息)의 도움 없이 외로운 부모(父母)의 명론(命論)

정초육(鼎初六) 다개조외립 선역후순 명경리중 유첩유자(多改祖外立 先逆後順 名輕利重 有妾有子 사람됨이 마침내 조상들이 하던 일을 고쳐서 밖에 가서 자립하며 먼저는 역행되나 나중에는 순조로우리라. 그의 명예는 가볍고 재리는 두터우며 첩이 있고 아들을 두리라.)

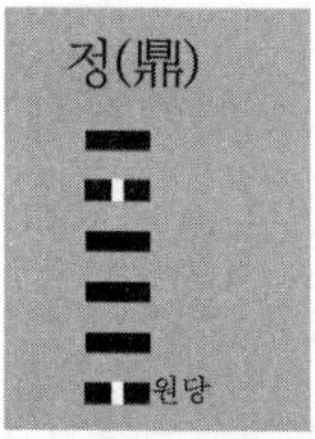

이상의 본문에서 보는 바와 같이 사람 된 운명이 조상들이 하던 일을 밖에 나가 고쳐서 자립하리라 말하고 있다. 이는 농경사회에서 자자손손 수대를 이어 가며 살아가던 풍속에서 나온 어원이며, 또한 조상들이 하던 전통을 고쳐서 자립적 가계를 세운다는 말이다. 또한 명예는 가벼우나 재리는 중후하다. 이는 학문을 많이 해도 출세길은 미약하나 재물을 취하면 넉넉하리라는 말이다. 유첩유자는 첩실을 둬야 자식을 두리라는 뜻으로써 본실에서 자식을 둘 수 없음을 시사하고 있는 것이다.

이상은 상수학(象數學)적 하락리수(河洛理數)로써 앞의 명론(命論)을 알아보았다. 다음은 의리학(義理學)적 주역(周易)의 정초육(鼎初六) 효사(爻辭)를 통해 이의 근기를 알아본다.

초육 정 전지 리출비 득첩 이기자 무구(初六 鼎 顚趾 利出否 得妾 以其子 无咎 초육은 솥이 발꿈치가 엎어지니 비색한 것을 내놓음이 이로우니 첩을 얻으면 그 주인으로써 허물이 없어지리라.)

주(註) : 음이 솥의 밑에 있으니 발꿈치의 상이고 위로 「구사」와 응해서 발꿈치가 위로 향했으니 엎어지는 상이다. 솥이 엎어지면 발꿈치도 엎어지고 발꿈치가 엎어지면 솥의 내용물도 엎을 것이니 순한 도리가 아니다. 그러나 마땅히 엎어야 할 때가 있으니 상하고 나쁜 것을 쏟아 버려 깨끗하게 하고 새로운 것을 취하면 옳다는 말이다. 그러므로 발꿈치가 엎어짐(顚趾)이나 이로움이 비색한 것을 내보내는데 있으니 비색함(否)이라고 함은 나쁜 것을 뜻한다.

「구사」는 인군과 가까운 대신의 자리이고, 「초육」은 아래에 있는 사람인데 서로 응하니 이것은 윗사람이 아랫사람에게 구하고 아래는 그 윗사람을 따르는 것이다. 윗사람이 능히 아랫사람의 착함을 쓰고 아랫사람이 능히 윗사람의 일을 도우면 일과 공을 이룰 수 있으니 착한 도가 된다. 마치 솥의 발꿈치가 엎어지는 것 같으나 마땅히 엎어져야 할 때가 있으니 이치를 거스른 것은 아니다.

첩을 얻으면 그 주인(子)으로써 허물이 없다(得妾 以其子 无咎) 함은 육음(六陰)이 낮기 때문에 첩이 되고 첩을 얻는다(得妻) 함은 그 사람을 얻는다는 것이니, 만일 어진 첩을 얻으면 능히 그 주인을 보조해서 허물이 없게 할 수 있다. 자(子)는 주인이니 그 주인으로써(以其子)는 그 주인을 허물이 없게 한다는 것이다. 육음이 아래에 있으면서 낮추고 공손해서 양을 좇아가니 첩의 상이고 음(陰)으로써 위로 「구사」와 응하니 발꿈치가 엎어지는 것이 됨으로 이런 뜻을 밝힌 것이다. 「초육」이 본래 취할 만한 재질과 덕이 없기 때문에 첩을 얻었다(得妾)고 한 것이니, 그 사람을 얻으면 이와 같다는 말이다.

제 18 장

운명(運命)상으로 보아 부모(父母)의 도움 없이 외로운 자식(子息)의 명론(命論)

제자는 묻는다. 스승님 오늘은 부모의 도움 없이 외로이 살아가는 자식에 대하여 알고 싶습니다.

스승은 말한다. 그렇다, 이도 또한 운명(運命)적 소관이니 외로이 된 형태나 그 근본적 문제는 다를 수가 있으나 결과적 귀결점은 유년기에 부모로부터 받아야 할 음덕(蔭德)없이 태어남을 예견할 수가 있느니라. 이 외로이 되는 양상도 형태별로 나누어 보면,

첫째, 아주 영아(嬰兒)기에 부모로부터 버림을 받고 어느 양부모(養父母)의 도움으로 자라나는 형태와

둘째, 유아(幼兒)기에 생부모가 불행하게 되어 부모(父母)의 도움 없이 전전긍긍 타인의 보살핌으로 살아가는 고아도 있을지니,

외롭게 된 형태는 다를지나 부모로부터 도움을 받지 못한 점은 대등할 것이다. 풍부한 가정에서 화합한 부모의 도움을 받아 각별한 양육으로 성장함도 또한 부모의 도움 없이 철부지의 영아(嬰兒)기에 양

부모의 양육으로 끈질긴 생명을 유지해 감이 어찌 운명(運命)밖의 일이겠느냐 말이다. 이 모두가 분이정(分已定)의 숙명(宿命)적 연출이라 하겠다.

(1) 운명(運命)상으로 보아 부모(父母)의 도움 없이 외로운 자식(子息)의 명론(命論)

규구사(睽九四) 혈연자립 겸공지기 시수규리 종득제우(孑然自立 謙恭持己 始雖睽離 終得際遇 사람됨이 외로이 스스로가 독립하여 살아가며 잘 아는 사이에 겸손하고 공손하리라. 처음에는 어기고 떠나나 종국에는 만나게 되리라.)

이상의 본문에서 보는 바와 같이 외로이 자신만이 서서 살아가게 되리라 말하고 있다. 이는 부부와의 관계가 평탄치 않은 이면에 어린 시절부터 부모의 도움 없이 외롭게 자립하여 살리라 말하고 있다. 그러나 지피지기하는 사이에 겸손과 공손을 유지한다는 말이며, 부부 관계에 있어는 비록 처음에는 어그러져서 헤어지나 나중에는 만날 수가 있다는 말이다.

이상은 상수학(象數學)적 하락리수(河洛理數)로써 앞의 명론(命論)을 알아보았다. 다음은 의리학(義理學)적 주역(周易)의 규구사(睽九四) 효사(爻辭)를 통해 이의 근기를 알아본다.

구사 규고 우원부 교부 려 무구(九四 睽孤 遇元夫 交孚 厲 无咎 구사는 어긋남에 외로워서 착한 지아비를 만나서 미덥게 사귐이니 위태하나 허물이 없으리라.)

주(註) : 「구사」가 어긋나는 때를 당해서 거처함이 편안치 않고 응함이 없으면서 두 음의 사이에 있으니, 이것은 어긋나고 떠나서 외롭게 있는 사람이다. 강양한 덕으로서 어긋나 떠나는 때를 당해서 고립

되어 더불어 사는 이가 있으니 반드시 같은 기운과 동류로써 서로 구해서 합하게 된다. 이런 까닭에 착한 지아비를 만난다(遇元夫)고 했다. 지아비(夫)는 양(陽)을 말한 것이고 원(元)은 착한 것이다. 「초구」가 「규」의 처음을 맞아 「구사」와 덕을 같이해서 어긋나는 후회를 없앨 수 있으니 「규」에 처신함을 지극히 잘하는 사람이다. 그러므로 일컬어 착한 지아비(元夫)라고 한 것이니 착한 선비라고 하는 말과 같다.

「구사」는 (괘)의 중간을 넘어서 어긋남이 매우 심하니 「초구」의 착함만은 못하나, 「구사」와 「초구」는 다 양으로써 괘의 아래에 거처하여 서로 응하는 위치에 거처하니 규괴(睽乖)하는 때를 당해서 각각 응원하는 이가 없으면 자연히 덕이 같은 사람끼리 서로 친할 것이기 때문에 모여서 만나는 것이다. 덕이 같아서 서로 만남은 반드시 지극한 정성으로 서로 더불어야 하니, 믿음으로 사귐(交孚)은 위와 아래가 믿음과 정성이 있는 것이다. 위와 아래의 두 양이 지성으로 합하면 어느 땐들 행하지 못하며 어떤 위태함인들 구제하지 못하겠는가? 그렇기 때문에 비록 위태하고 두려운 데 거처해도 허물이 없는 것이다.

어긋나고 떠나는 때를 당해서 외롭게 두 음의 사이에 거처해서 거처하는 자리가 마땅치 않으니 위태하고 또한 허물이 있으나 착한 지아비를 만나서 믿음으로 사귀기 때문에 허물이 없음을 얻는 것이다.

(2) 운명(運命)상으로 보아 부모(父母)의 도움 없이 외로운 자식(子息)의 명론(命論)

풍구사(豊九四) 개조외립 선암후명 다의귀척 이구활계(改祖外立 先暗後明 多倚貴戚 以求活計 사람됨이 조상들이 하던 일을 고쳐서 밖에 나가 자립하리라. 먼저는 암담하나 뒤에는 명료하며 귀척(일가들)에 많이 의지해서 살아나갈 계책을 구하리라.)

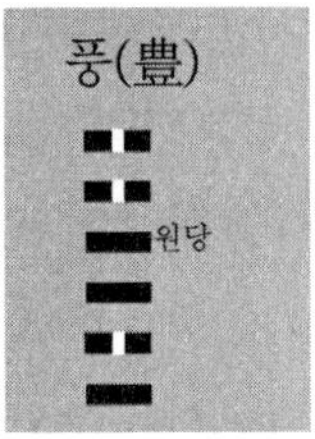

이상의 본문에서 보는 바와 같이 사람됨이 조상들이 하던 일을 고쳐서 밖에 나가 자립하며 먼저는 암담하나 뒤에는 명료하고 귀척(일가들)에 많이 의지해서 살아나갈 계책을 구하리라 말하고 있다. 이는 전체 명론의 흐름을 보아 일찍이 부모의 영향권에서 벗어나 일가들에 의지해 살아나감을 알 수가 있다.

이상은 상수학(象數學)적 하락리수(河洛理數)로써 앞의 명론(命論)을 알아보았다. 다음은 의리학(義理學)적 주역(周易)의 풍구사(豊九四) 효사(爻辭)를 통해 이의 근기를 알아본다.

구사 풍기부 일중견두 우기이주 길(九四 豊其蔀 日中見斗 遇其夷主 吉 구사는 그 포장을 풍성하게 한지라 한낮에 두수를 보니 평등한 주인을 만나면 길하리라.)

주(註) : 「구사」가 비록 양강으로 움직임의 주인이 되고, 또 대신의 자리를 얻었으나 중정하지 못함으로써 음암하고 유약한 인군을 만났으니 어찌 풍대(豊大)함을 이룰 수 있겠는가? 그럼으로 그 포장이 풍성함(豊其蔀)이 된다. 부(蔀)는 주위를 가리는 물건이니 두루 돌아 가리면 크지 못하고 가려서 덮으면 밝지 못하다. 한 낮에 두수를 봄(日中見斗)은 마땅히 성하게 밝아야 할 때에 도리어 어두운 것이다.

평등한 주인(夷主)이라 함은 동동한 무리이나 서로 응하기 때문에 주인(主)이라고 한 것이다. 「초구」와 「구사」가 다 양이면서 (각각 상하괘의) 처음에 있으니 이것은 그 덕이 같은 것이고 또한 서로 응하는 자리에 있기 때문에 평등한 주인(夷主)이 된다. 대신의 지위에 있으면서 아래에 있는 어진 사람을 얻어 같은 덕으로 서로 도우니 그 도움이 어찌 적겠는가? 그렇기 때문에 길하다.

「구사」와 같은 재질이 아래에 있는 어진 사람을 얻어 도움을 받으면 풍대(豊大)함을 이룰 수 있습니까? 답하기를 아래에 있는 사람은 위로 정당한 지위에 있는 사람이 더불어 주고 위에 있는 사람은 아래로 어질고 재주 있는 사람이 있어 도와주면 어찌 유익하지 않겠는가? 그렇기 때문에 길한 것이다. 그러나 천하의 풍성함을 이룸은 인군이 있어야 가능한데 육오가 음유함으로 높은 자리에 있고 「진체」라서 마음을 비워 손순히 어진 이에게 낮추는 기상이 없으니 아래에 비록 어진이가 많으나 무엇을 할 수 있겠는가? 대개 양강하고 중정하지 않으면 천하의 풍성함을 이룰 수 없다.

(3) 운명(運命)상으로 보아 부모(父母)의 도움 없이 외로운 자식(子息)의 명론(命論)

췌육삼(萃六三) 육친냉담 가업적료 리조외립 방득수지(六親冷淡

家業寂寥 離祖外立 方得遂志 사람됨이 육친(부모 형제 처자)이 쓸쓸하고 가업이 적요(적막함)하며 조상을 떠나 외방(외지)에 가야 그 뜻을 얻으리라.)

이상의 본문에서 보는 바와 같이 육친(부모 처자 형제)이 쓸쓸하고 조상들을 떠나 외방(외지)에 나가야 자기가 가지고 있는 뜻을 얻으리라 말하고 있다. 이 명론(命論)의 흐름으로 보아 일찍이 부모의 영향력 없이 외지로 떠나서 자기의 뜻을 얻으리라 말하고 있다.

이상은 상수학(象數學)적 하락리수(河洛理數)로써 앞의 명론(命論)을 알아보았다. 다음은 의리학(義理學)적 주역(周易)의 췌육삼(萃六三) 효사(爻辭)를 통해 이의 근기를 알아본다.

육삼 췌여차여 무유리 왕무구 소린(六三 萃如嗟如 无攸利 往无咎 小吝 육삼은 모이다가 슬퍼하니라. 이로운 바가 없으니 가면 허물이 없거니와 조금 인색하니라.)

주(註) : 육삼은 음유하고 중정(中正)하지 못한 사람이니 사람과 모이려고 구하나 사람이 더불지 않는다. 구사를 구하면 정응이 아니고 또한 동류가 아니니 이는 불정 함으로 「구사」의 버림을 당한 것이고 「육이」와 더불려고 하면 「육이」는 중정해서 「구오」와 응하니 이는 부정하기 때문에 「육이」가 더불지 않는 것이다. 그러므로 모이려고 하면 사람들에 의해 버리고 끊음을 당해 슬퍼함(嗟如)이니 모임을 얻지 못해 슬퍼하고 한탄하는 것이다. 위와 아랫사람이 다 같이 더불지 않으니 이로울 것이 없으나 오직 「상육」을 좇아가면 모임을 얻어 허물이 없게 된다. 「육삼」과 「상육」은 비록 음양의 정응은 아니나 모이는 때엔 동류끼리 서로 좇아가는 것이니 둘 다 유(柔)로써 상체와 하체의 가장 위에 있고 또 둘 다 더부는 사람이 없으면서 서로 응하는 자리에 있으며 더욱이 「상육」은 기뻐하는 체와 순한 체의 끝에 있기 때문에 모임을 얻어도 허물이 없는 것이다.

역의 도는 변동하고 항상 함이 없으니 사람에 따라 깨달아야 하니 조금 인색하다(小吝) 함은 어째서 인가? 「육삼」이 처음에 「구사」와 「육이」에게 모임을 구하다가 얻지 못한 뒤에야 「상육」을 좇아가니 사람의 행실이 이와 같으면 비록 구하는 바를 얻었다 하더라도 또한 조금 부끄럽고 인색한 것이다.

(4) 운명(運命)상으로 보아 부모(父母)의 도움 없이 외로운 자식(子息)의 명론(命論)

중부육사(中孚六四) 도유기모 이지난수 종유원성지시 복유결손지일 혹혼인유상 혹부친유손(徒有機謀 而志難遂 縱有員成之時 復有缺損之日 或婚姻有傷 或父親有損 사람됨의 운명이 한갓 기회와 모사는 있으나 뜻을 이루기는 어려우며, 비록 이룰 때가 있으되 다시 일그러지고 덜릴 날이 있도다. 혹 혼인에 상함이 있고 혹 부친이 손상되리

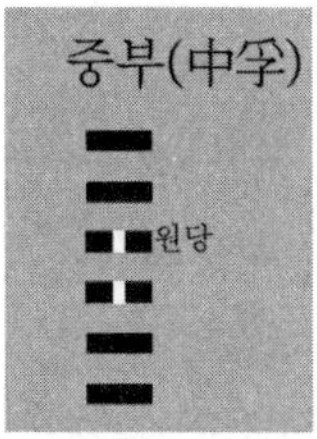

라.)

이상의 본문에서 보는 바와 같이 무슨 일에 임해서 한갓 기회와 모사는 있으되 자기 뜻을 이루기는 어렵고 또 무슨 일에 성사되어 이루어질 때가 있는가 하면 다시 결여되고 손실될 날이 있으리라 말하고 있다. 혹은 결혼생활에 해로운 일이 있으며 혹 부친이 손상됨이 있으리라 말하고 있다.

이상은 상수학(象數學)적 하락리수(河洛理數)로써 앞의 명론(命論)을 알아보았다. 다음은 의리학(義理學)적 주역(周易)의 중부육사(中孚六四) 효사(爻辭)를 통해 이의 근기를 알아본다.

육사 월기망 마필 망 무구(六四 月幾望 馬匹 亡 无咎 육사는 달이 거의 보름이고 말의 짝이 없어짐이니 허물이 없으리라.)

주(註) : 「육사」가 믿음을 이루는 주인으로 인군과 가까운 자리에 거처하고 처함에 바름을 얻어 윗사람의 신임이 지극하니 믿음의 소임을 맡은 사람이다. 달이 거의 보름(幾望)인 것 같음은 성(盛) 함이 지극한 것이다. 이미 보름(已望)이면 대적하는 것이니 신하가 인군을 대적하면 재앙과 실패가 반드시 올 것이기 때문에 거의 보름으로써 지극한 정성을 삼은 것이다. 말의 짝이 없어짐(馬匹亡)은 「육사」가 「초구」와 정응이 되니 짝(匹)이다.

옛날 수레에 멍에를 맬 때 말 네 마리를 쓰되 모두 순일한 색으로 못하면 안쪽의 두 마리와 바깥쪽의 두 마리를 각각 같은 색으로 하고, 또한 작고 큰 것이 반드시 서로 맞아야 한다. 그러므로 두 말이 짝(匹)이 되니 상대된다는 말이다.

말(馬)은 가는 물건이다. 「초구」가 위로 「육사」와 응하고 「육사」 또한 나아가 「구오」를 따르니 다 위로 가기 때문에 말로써 상을 삼은 것이다.

믿음의 도는 한결 같아야 하는데 「육사」가 이미 「육오」를 좇고 「초구」에게 매이지 않으면 이것은 그 짝을 없게 하는 것이고 「초구」에 매이면 나아가지 못하니 믿음의 공을 이룰 수 없다.

(5) 운명(運命)상으로 보아 부모(父母)의 도움 없이 외로운 자식(子息)의 명론(命論)

환육삼(渙六三) 원친향소 리조업 립외기 무영무욕 역시근상지길인 혹위승도 수심양성(遠親向疎 離祖業 立外基 无榮无辱 亦是近上之吉人 或爲僧道 修心養性 사람됨이 친한 곳을 어기고 성긴 곳을 향하며, 조업(부모가 하던 전통)을 떠나서 밖에 나가 기틀을 세우리라. 하등의 영예도 없고 욕됨도 없으나 또한 사람됨이 길한 사람에 가까우며 혹은 승려나 도인의 부류가 되어 심성을 수양하리라.)

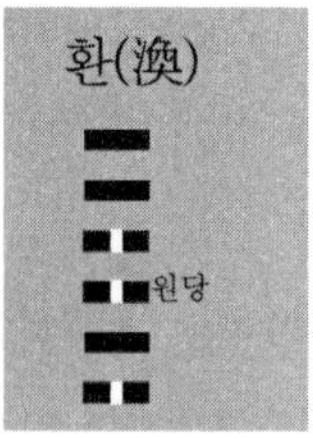

이상의 본문에서 보는 바와 같이 친한 곳을 어기고 성긴 곳을 향한다 하니, 이가 곧 친인척을 떠난다는 어의이며 조업을 떠난다고 하니, 이는 곧 부모 이전의 조상들이 하던 가통과 전례를 의미하는 것이다. 또한 밖에 나가 기틀을 세운다 하니, 이와 같이 외지로 나가 살아나갈 방책을 세운다는 어의이라.

이상은 상수학(象數學)적 하락리수(河洛理數)로써 앞의 명론(命論)을 알아보았다. 다음은 의리학(義理學)적 주역(周易)의 환육삼(渙六三) 효사(爻辭)를 통해 이의 근기를 알아본다.

육삼 환기궁 무회(六三 渙其躬 无悔 육삼은 그 몸을 흩뜨리니 후회가 없다.)

주(註) : 「육삼」이 흩어지는 때에 있어 홀로 응이 있으니 흩어지는 후회가 없다. 그러나 음유한 자질로 중정하지 못한 재주이고 (정응인) 「상구」는 지위가 없는 자리에 거처하니 어떻게 「구삼」이 흩어지는 때에 남까지 구제하겠는가? 그 몸이 후회가 없는 데서 그칠 뿐이다. 첫머리에 환(渙)을 놓은 것은 흩어지는 때에 있어 몸이 흩어지는 후회가 없다는 말이다.

(6) 운명(運命)상으로 보아 부모(父母)의 도움 없이 외로운 자식(子息)의 명론(命論)

환구이(渙九二) 필리조분축 자영독수 근고간신 초년실지 안정풍태 만경득원(必離祖奔逐 自營獨修 勤苦艱辛 初年失志 安靜豊泰 晚景得願 사람됨이 반드시 조상(가정)을 떠나 바쁘게 이루며 스스로 영위하고 홀로서 닦아서 부지런히 하고 고생스러우며 어려움을 겪으리라. 초년에는 자기 뜻을 잃으나 점점 안정되고 풍요로우며 태연해져서 늦은 나이에는 원하는 바를 얻으리라.)

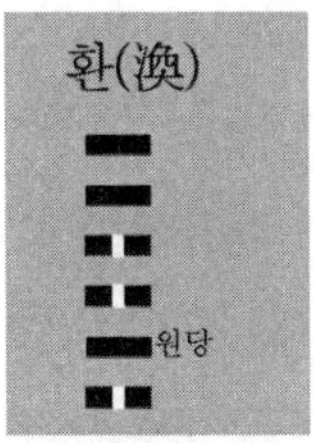

이상의 본문에서 보는 바와 같이 일찍이 조상(祖上 : 가정)을 떠나 바쁘게 움직여서 스스로가 영위하며 홀로서 닦아 나가리라 말하고 있다. 또한 부지런히 하고 고생스러우며 어려움이 있어 초년에는 자기가 하고자 하는 뜻을 얻지 못하나, 점점 안정되고 풍요로우며 태연해져서 늦은 나이에는 자기가 원하는 바를 얻으리라 말하고 있다.

이상은 상수학(象數學)적 하락리수(河洛理數)로써 앞의 명론(命論)을 알아보았다. 다음은 의리학(義理學)적 주역(周易)의 환구이(渙九二) 효사(爻辭)를 통해 이의 근기를 알아본다.

구이 환 분기궤 회망(九二 煥 奔其机 悔亡 구이는 흩어짐에 그 평상에 달려감이니 후회가 없어지리라.)

주(註) : 모든 효가 흩어짐(渙)을 말한 것은 흩어지는 때임을 이른다. 흩어지는 때에 있어 험한 곳의 중심에 처하니 후회가 있음을 알 수 있으나 만약 편안한 곳으로 달려가면 후회가 없어질 것이다. 궤(机)는 구부려 의지해서 안락하게 하는 것이니 구부림은 아래로 나아가는 것이고 달려감(奔)은 급히 가는 것이다.

「구이」가 「초육」과 바른 응은 아니나 흩어지는 때를 당해서 둘 다 응이 없으니 음과 양으로써 친하고 가깝게 해서 서로 구하면 서로 의지가 된다. 그러므로 「구이」는 「초육」을 평상(杭)으로 보고 「초육」은 「구이」를 말(馬)이라고 하니 「구이」가 급히 「초육」에게 나아가서 편안하면 후회를 없앨 수 있다. 「초육」은 비록 감체이나 험한 곳의 중심에 있는 것이 아니다.

혹자가 의심하기를 유약하고 미미한 「초육」이 무슨 힘이 되리요? 하니, 대개 흩어지는 때는 힘을 합치는 것이 제일 좋은데 이전의 선비가 다 「구오」로 평상(机)을 삼으니 잘못이다. 바야흐로 흩어지는 때에 두 양이 어떻게 같이 할 수 있겠는가? 만약 같이 할 수 있으면 흩어짐을 구원하는 공을 이루어 마땅히 커질 것이니 후회를 없애는데 그칠 뿐이겠는가? 평상(杭)은 구부려 나아감을 말한다.

(7) 운명(運命)상으로 보아 부모(父母)의 도움 없이 외로운 자식(子息)의 명론(命論)

수육사(需六四) 주위친향소 출가작려 유실시호 노의부호 하즉위

노비사령지인(主違親向疎 出家作旅 幼失恃怙 老倚富豪 下則爲奴婢使令之人 사람됨이 어버이를 떨어져서 소원한 데로 향하며 주로 가정을 떠나서 나그네가 되고 어려서는 시호(부모)를 잃을 지며 늙어서는 부호(부자)에 의지하며 나직한 즉 노비(부림종)이나 불리는 사람 노릇을 하리라.)

이상의 본문에서 보는 바와 같이 주로 가정을 떠나 떠돌이 나그네가 되리라는 말이다. 어려서 부모의 의지할 곳을 잃어버리고 늙어서는 부자에 의지하며 나직하게 되면 노비나 또한 불리는 사람이 되리라는 말이다. 이 명론은 흐름으로 보아 어려서 부모를 잃고 떠돌이 생활을 하든가 나직하게 되면 노비나 혹 불리는 사람이 되리라는 말이다.

이상은 상수학(象數學)적 하락리수(河洛理數)로써 앞의 명론(命論)을 알아보았다. 다음은 의리학(義理學)적 주역(周易)의 수육사(需六四) 효사(爻辭)를 통해 이의 근기를 알아본다.

육사 수우혈 출자혈(六四 需于血 出自穴 육사는 피에서 기다림이니 구멍으로부터 나오도다.)

주(註) : 육사는 음유한 자질로써 험한데 거처해서 아래로 세 양이 올라오는 것을 맞으니 험난한 데서 상하는 것임으로 피에서 기다린다(需于血)고 했다. 이미 험난한 데서 상했으니 편안히 거처할 수 없어서 반드시 그 거처를 잃을 것임으로 구멍으로부터 나온다고 했으니 구멍(穴)은 물건이 편안히 있는 곳이다.

순하게 때를 좇아서 험난한 데서 다투지 않으니 흉한 데까지 이르지 않는 것이며 유로써 음 자리에 거처하였으니 다툴 능력이 없는 것이다. 만약 양이 거처했다면 반드시 흉할 것이니 중정(中正)의 덕이 없으면서 한갓 강한 것으로써 험한데서 다투면 반드시 흉함을 이루게 될 것이다.

제 19 장

운명(運命)상으로 본 장수(長壽)와 단명(短命)의 명론(命論)

제자는 묻는다. 스승님 오늘은 장수(長壽)와 단명(短命)의 수명에 대하여 알고 싶습니다. 스승은 말한다. 그렇다 세상에는 수많은 인구(人口)가 생장로병사(生長老病死)의 천리에 따라 일단 부모의 영향권에서 출생하여 세월 따라 성장하고 또한 늙고 병들면 일단 사망해서 하나의 인생에 생애(生涯)가 마감되는 자연의 섭리가 이것이니, 이러한 과정 속에서 생(生)의 결과를 일컫는 말이라 하겠다. 이 세상에 태어나면 동년(同年)생이라 하더라도 각기 나름대로 유년(幼年)기에 생을 마감하는 사람이 있는가 하면, 혹자는 천수를 누리며 장수(長壽)하는 자가 있으니 이도 또한 운명(運命)적 천리의 연출이라 하게 되는 것이다.

다만 우리나라뿐이 아니라 전 세계적으로 인구통계상 점점 수명이 연장되는 노령화 사회니 고령사회니 하는 보도를 접할 수가 있으니, 이 원인은 다음의 몇 가지를 들 수가 있다고 생각되는 바이다.

첫째, 세계적으로 많은 인구가 급속한 경제 발전에 힘입어 생활환경이 좋아지고 또한 의식 생활이 호전되어 개인의 체질이 향상된 주된 원인을 들 수가 있으며,

둘째, 고도의 의학 기술의 발달로 병적인 원인을 수술 제거하며 양질의 양약으로써 사경에서 거의 완치적 의약을 들 수가 있다 하겠다. 지금부터 약 반세기 전만 하더라도 구제 불능한 인명에 재생의 길이 열렸음을 들 수가 있다는 말이다.

이상에서 지적된 원인도 반드시 핵심적 이유가 되겠지만 이는 다른 또 하나의 지대한 원천적 천리가 있으니 부모로부터 물려받을 때에 자연의 섭리(攝理)로부터 부여받은 신공(神功)적 천리가 있으니 여기에서 지적되는 바는 아무리 고도의 숙련된 의료진이 최첨단 장비로써 최고의 의술을 발휘한다 하더라도 타고난 수명(壽命)이 짧으면 과학기술의 효과도 발휘되지 못함을 말해 두고자 하는 바이다. 이는 단적으로 과학 기술의 효과는 자연적 신공을 앞지를 수가 없다는 대변인 것이다.

이 장수와 단명에 논리는 하나의 생애를 말하고 있으니 오래 살고 요절함은 원인이 섭리가 지배하고 있으나 이를 조절적 역할도 또한 공유한다 하겠다.

(1) 운명(運命)상으로 본 장수(長壽)의 명론(名論)

대유구이(大有九二) 유복유수 거적치부 무우무화(有福有壽 居積致富 無憂無禍 사람됨이 복이 있고 장수할 수 있으며, 살아가며 쌓여서 부를 누리리라. 아무런 근심도 없고 잘못된 화도 없으리라.)

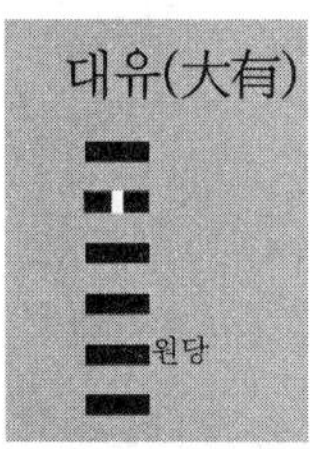

이상의 본문에서 보는 바와 같이 복이 있고 수명이 있으리라 말하고 있다. 이 복의 개념에 대하여

알아본다. 고서에는 이러하게 정의하고 있다.

심여언 언여사 삼상일치(心如言 言如事 三相一致 마음에 먹은 일을 말로(현대적 사업계획) 나타내고, 말로 나타냄을 일사에 옮기면 이 세 가지 사안(事案)이 하나같이 귀결됨을 의미한다고 한다. 또한 수명이 있다함은 건강하면서 보통 평균 연령을 넘게 산다는 말이다.

이상은 상수학(象數學)적 하락리수(河洛理數)로써 앞의 명론(命論)을 알아보았다. 다음은 의리학(義理學)적 주역(周易)의 대유구이(大有九二) 효사(爻辭)를 통해 이의 근기를 알아본다.

구이 대거이재 유유왕 무구(九二 大車以載 有攸往 无咎 구이는 큰 수레로 실음이니 가는 바를 두어 허물이 없으리라.)

주(註) : 구(陽)가 양강함으로써 이효 자리에 있어서 인군인 「육오」가 책임을 맡기는 바가 되었는데 강건하니 재질이 뛰어나고 유(柔)한 자리에 있으니 겸순(謙順)하며 중을 얻었으니 지나치지 않는다. 그 재질이 이와 같아서 「대유」의 소임을 다할 수 있음을 마치 큰 수레가 강하고 튼튼해서 무거운 물건을 실을 수 있는 것과 같으니 무거운 책임을 맡고 멀리 갈 수 있는 까닭에 가는 바를 두어도 허물이 없는 것이다.

대유(大有)하고 풍성한 때에 소유함이 극에 이르지 않았기 때문에 「구이」의 재질로 가서 허물이 있을 수 있지만 풍성한 것이 극에 이르면 갈 수 없다.

(2) 운명(運命)상으로 본 장수(長壽)의 명론(名論)

이상구(頤上九) 유복수지인 추대앙망자다 위향리지선사(有福壽之人 推戴仰望者多 爲鄕里之善士 사람됨이 복이 있고 장수할 수 있는 사람이며 나를 추대해 주고 우러러보는 사람이 많고 향리의 착한 선비가 되리라.)

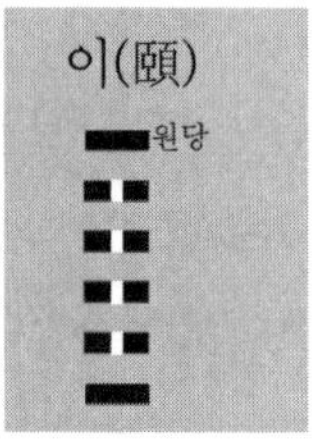

이상의 본문에서 보는 바와 같이 사람됨이 복(좋은 운)이 있고 장수할 수 있는 사람으로 나를 추대하고 우러러보는 사람이 많으며, 향리(주변)에서 착한 선비라 할 것이다. 이 명론의 특징은 문장의 흐름으로 보아 복이 있으며 장수하고 추대해 주는 사람과 우러러보는 사람이 많다 하니 이는 특유한 인간관계가 독특하다 하겠다.

이상은 상수학(象數學)적 하락리수(河洛理數)로써 앞의 명론(命論)을 알아보았다. 다음은 의리학(義理學)적 주역(周易)의 이상구(頤上九) 효사(爻辭)를 통해 이의 근기를 알아본다.

상구 유이 려 길 리섭대천(上九 由頤 厲 吉 利涉大川 상구는 자기로 연유해서 기름이니 위태롭게 여기면 길하니 큰 내를 건넘이 이로우리라.)

「상구」가 강양한 덕으로서 사부의 책임을 맡고 인군인 「육오」가 유순하게 자기(上九)를 좇아서 자기의 기름에 힘입으니 이것은 천하의 소임을 맡은 것이므로 천하가 「상구」에 연유해서 길러지는 것이다. 신하로써 이런 소임을 맡으면 반드시 항상 위태로워하고 두렵게 생각하면 길할 것이니, <이윤>과 <주공>이 언젠들 근심하고 부지런히 하며 두려워하지 않았겠는가? 그렇기 때문에 마침내 길함을 얻은 것이다.

인군이 재주가 부족하기 때문에 자기에게 의뢰해서 자신이 천하의 큰 책임을 맡으니 마땅히 자기의 재주와 힘을 다해 천하의 간위(艱危)를 건져서 천하의 치안을 이뤄야 할 것이기 때문에 큰 내를 건넘이 이롭다(利涉大川)고 하였다. 인군에게 이와 같은 전권을 얻고 이와 같이 중한 책임을 받았는데도 천하의 간위를 구제하지 못하면 어떻게 위임해서 대우해 주는 것에 보답할 것이며 어진 사람이라고 하겠는가? 마땅히 성의를 다하고 힘을 다해서 한눈팔지 말아야 할 것이니 조심하고 두려워하는 것을 잊어서는 안 된다.

(3) 운명(運命)상으로 본 장수(長壽)의 명론(名論)

간상구(艮上九) 주성실 불부화 혹전업지광 수산지고(主誠實 不浮華 或田業之廣 壽算之高 사람됨이 주로 성실하고 넘치는 말이나 또한 넘치는 행동을 하지 않으며 몸을 화사하게 치장하지 않으리라. 혹 전업(자기 사업)을 넓게 하며 수명이 길어서 장수하리라.)

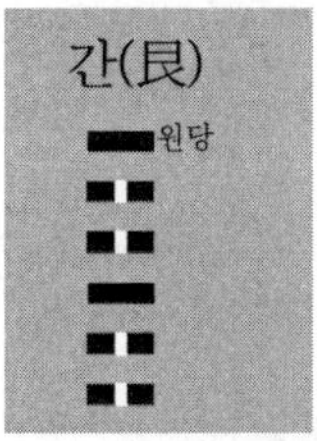

이상의 본문에서 보는 바와 같이 사람 됨됨이가 주로 매사에 성실해서 일명 보증수표라는 별칭이 붙기도 한다. 사람을 상대하는 언사나 행동에 있어 넘치는 허세나 거짓이 없이 아주 본질적인 면이 있으며 몸을 가꾸되 소탈하면서 깨끗하게 해서 화사하지 않게 한다는 말이다. 무엇인가의 자기 영업을 영위하되 폭넓은데 비하여 실속이 적은편이 특징이라 하겠다.

이상은 상수학(象數學)적 하락리수(河洛理數)로써 앞의 명론(命論)을 알아보았다. 다음은 의리학(義理學)적 주역(周易)의 간상구(艮上九) 효사(爻辭)를 통해 이의 근기를 알아본다.

상구 돈간 길(上九 敦艮 吉 상구는 도타웁게 그침이라 길하니라.)

주(註) : 구(陽)가 강실함으로써 위에 있고 「간괘」를 이룬 주인이 되어 「간괘」의 마지막에 있으니 그침이 지극히 굳고 독실한 사람이다. 돈(敦)은 독실함이니 그침의 끝에 거처하고 있기 때문에 지나침이 되지 않고 독실함이 된다. 사람의 그치는 것이 마지막까지 오래하기 어렵기 때문에 절개(節介)를 만년에 고침과 지킴을 마지막에 잃음과 일을 오래하게 되면 폐하게 되는 경우는 누구나의 걱정거린데 「상구」가 마지막까지 돈독하고 두텁게 할 수 있으니 그치는 도의 지극히 착함이므로 길하다. 여섯 효의 덕 중에 오직 이 효가 길한 것이다.

(4) 운명(運命)상으로 본 장수(長壽)의 명론(名論)

중부구오(中孚九五) 유덕지사 상자경신 하자복종 향용풍족 수산우장(有德之士 上者敬信 下者服從 享用豊足 壽算優長 사람 됨됨이가 덕이 있는 선비로써 윗사람은 공경하여 믿으며 아랫사람은 승복해서 따르리라. 누리어 써도 풍성하고 족하며 수명을 계산해 봄에 장수하리라.)

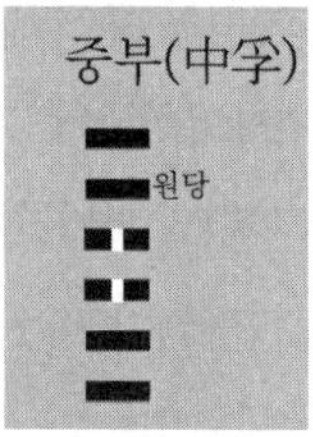

이상의 본문에서 보는 바와 같이 사람의 됨됨이가 덕이 있는 선비로써(선비라 함은 사람 된 외양이 말쑥한 신사의 품위) 윗사람과 아랫사람 사이의 인간관계가 매우 좋다고 말하고 있으며, 재산은 써도 풍족하며 수명은 장수를 누리리라 말하고 있다.

이상은 상수학(象數學)적 하락리수(河洛理數)로써 앞의 명론(命論)을 알아보았다. 다음은 의리학(義理學)적 주역(周易)의 중부구오(中孚九五) 상사(象辭)를 통해 이의 근기를 알아본다.

상왈 유부련여 위정당야(象曰 有孚攣如 位正當也 상에 말하기를 믿음을 둠이 당기는 듯함은 자리가 바르고 마땅하기 때문이다.)

주(註) : 「구오」가 인군의 높은 자리에 거처하고, 중정한 도로써 천하로 하여금 믿게 하기를 잡아당겨 굳게 하듯이 하니 그 지위에 맞게 한 것이다. 인군의 도가 마땅함이 이와 같아야 한다.

(1) 운명(運命)상으로 본 단명(短命)의 명론(命論)

사육삼(師六三) 수산난원(壽算難遠 사람됨이 수명을 계산해 봄에 멀기 어려우리라.)

이상의 본문에서 보는 바와 같이 수명을 계산해 봄에 오래 살기가

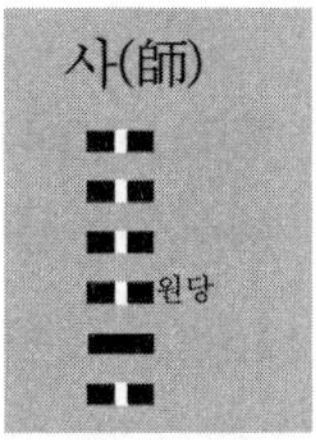

어려우리라.

이상은 상수학(象數學)적 하락리수(河洛理數)로써 앞의 명론(命論)을 알아보았다. 다음은 의리학(義理學)적 주역(周易)의 사육삼(師六三) 효사(爻辭)를 통해 이의 근기를 알아본다.

육삼 사혹여시 흉(六三 師或輿尸 凶 육삼은 군사가 혹 송장을 싣고 오니 흉하니라.)

주(註) : 주자본의(朱子本義) 여시(輿尸)는 군사의 무리가 어지러워지고 패해서 송장을 싣고 돌아오는 것이다. 음으로써 양의 자리에 거처하니 재질은 약하되 뜻은 강하고 중정하지 못하니 자신의 분수가 아닌데 범함으로 그 상과 점이 이와 같다.

(2) 운명(運命)상으로 본 단명(短命)의 명론(命論)

감상육(坎上六) 상친파조 골육난합 수산난도(傷親破祖 骨肉難合 壽算難逃 사람됨이 어버이를 상하게 하고 조상을 흩트리며 골육과의 화합이 어렵고 수명을 계산해 봄에 멀리 살기 어려우리라.)

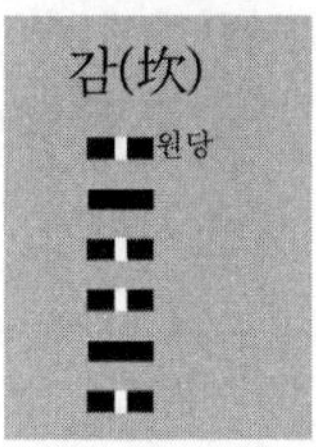

이상의 본문에서 보는 바와 같이 사람됨이 어버이(부모)의 마음을 상케 하며 조상(선조)들이 하던 가통(家統)과 전례(前例)를 흩트려서 지키지 못하리라는 말이다. 골육(형제자매)과의 화합이 어려우며 수명을 계산해 봄에 멀리(장수) 살기 어려우리라는 말이다.

이상은 상수학(象數學)적 하락리수(河洛理數)로써 앞의 명론(命論)을 알아보았다. 다음은 의리학(義理學)적 주역(周易)의 감상육(坎上六) 상사(象辭)를 통해 이의 근기를 알아본다.

상왈 상육실도 흉삼세야(象曰 上六失道 凶三歲也 상에 말하기를 상육이 도를 잃음은 삼년을 흉할 것이다.)

주(註) : 음유함으로써 스스로 지극히 험한 곳에 거처하니 이것은 그 도를 잃은 것이다. 그러므로 그 흉함이 삼년까지 이르는 것이니 삼년 씩이나 면할 수 없는 것은 끝까지 흉하다는 말이다. 오래된다는 말에 열(10)이라고 한 것이 있고 셋(3)이라고 한 것이 있음은 그 일에 따라서 말한 것이니 옥에 들어가서 삼년까지 이름은 극도로 오래 있는 것이다.

다른 괘에 햇수로써 말한 것도 또한 각각 그 일에 따라 말하였으니 삼년을 일어나지 않는다. 십년 만에 시집간다고 한 것들이 이러한 예이다.

(3) 운명(運命)상으로 본 단명(短命)의 명론(命論)

진초육(晉初六) 욕유모이루견조 재사즉 정사태이 작난구 재상인즉

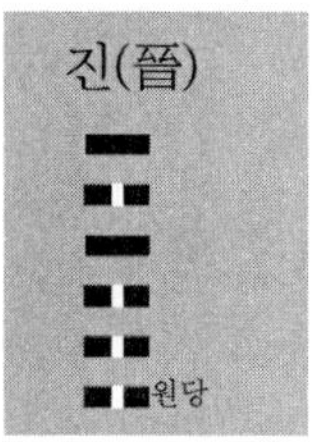

작위졸이 수난영(欲有謀而屢見阻 在仕則 政事怠而 爵難久 在常人則 作爲拙而 壽難永 사람됨이 무엇을 하고자 모사하면 여러 번 막히는 일을 만나며 벼슬에 있을 경우 정사를 게을리 해서 오래가기 어렵고 보통 사람인 즉 하는 일이 졸렬하게 되며 수명이 길기 어려우리라.)

이상의 본문에서 보는 바와 같이 사람 된 운명이 무슨 일이고 여러 번 모사를 하더라도 여러 번 막힘을 만나리라 말하고 있으며, 벼슬에 있으면 정사를 게을리 하여 오래가기 어렵고 보통 사람의 경우 하는 일이 졸렬하게 되며 수명이 길기 어려우리란 말이다.

이상은 상수학(象數學)적 하락리수(河洛理數)로써 앞의 명론(命論)을 알아보았다. 다음은 의리학(義理學)적 주역(周易)의 진초육(晉初六) 효사(爻辭)를 통해 이의 근기를 알아본다.

초육 진여최여 정 길 망부 유 무구(初六 晉如摧如 貞 吉 罔孚 裕 无咎 나아가다가 꺾임이니 바르게 하면 길하고 믿지 않드라도 너그럽게 하면 허물이 없으리라.)

주(註) : 주자본의(朱子本義) 음으로써 아래에 거처하고 응하는 것이 중정하지 못하니 나아가려다 꺾이는 상이다. 점치는 사람이 이와 같더라도 바름을 지킬 수 있으면 길하고 설사 사람들이 믿지 못하더라도 또한 마땅히 너그럽고 넉넉하게 처신하면 허물이 없을 것이다.

(4) 운명(運命)상으로 본 단명(短命)의 명론(命論)

대장육오(大壯六五) 나이무립 약이무위 복량천박 수산유손(儒而無立 弱而無爲 福量淺薄 壽算有損 사람됨이 나약해서 자립할 수가 없고 신체가 약해서 무엇을 영위할 수가 없으리라. 복된 기량이 얕고 엷으며 수명을 계산해 봄에 손상됨이 있으리라.)

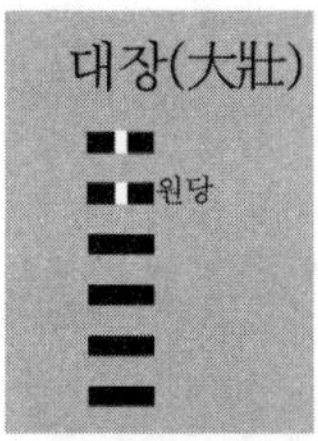

이상의 본문에서 보는 바와 같이 사람됨이 나약해서 자립할 수가 없고 신체적 여건이 허약해서 무슨 일을 영위 할 수가 없다는 말이다. 복된 그릇은 얕고 엷으며 수명을 계산해 봄에 손상됨이 있으리라 말하고 있다.

이상은 상수학(象數學)적 하락리수(河洛理數)로써 앞의 명론(命論)을 알아보았다. 다음은 의리학(義理學)적 주역(周易)의 대장육오(大壯六五) 상사(象辭)를 통해 이의 근기를 알아다.

상왈 상양우이 위부당야(象曰 喪羊于易 位不當也 상에 말하기를 양을 쉬운 방법으로 해서 잃게 한다 함은 자리가 마땅치 않기 때문이다.)

주(註) : 반드시 부드럽고 온화함을 써야 하는 까닭은 음유함으로써 높은 자리에 있기 때문이다. 만약 양강하고 중정함으로써 높은 자리를 얻었으면 아랫사람이 장성할 수 없으나 「육오」의 자리가 마땅치 않기 때문에 양을 쉬운 방법으로 해서 잃게 한다는 뜻을 베풀어 놓았다. 그러나 대개 장성한 것을 다스리는 것은 강함을 쓰는 것이 옳지 않다.

인군과 신하는 윗사람과 아랫사람의 형세가 서로 대등하지 않으니 참으로 인군의 권한이 아랫사람을 제재할 수 있다면 비록 강하고 장성해서 발호하는 사람이 있더라도 장성하다고 말할 수 없을 것이고 반드시 인군의 세력이 부족해야 만이 장성함을 다스린다고 말하는 것이다. 그러므로 장성함을 다스리는 도는 강으로써는 할 수 없다.

※ 문자의 주석 발호(跋扈 : 세력이 강대하여 제멋대로 하는 일)

제 20 장

운명(運命)상으로 본 좋은 교우(交友)와 그른 교우(交友)

제자는 묻는다. 스승님 오늘은 「좋은 교우」관계와 「그른 교우」관계를 알고 싶습니다. 답해 주시기 바랍니다.

스승은 말한다. 그렇다, 교우(交友)란 나와 대등한 인교(人交) 관계를 말함이다. 그러나 대체적으로 사회에서 인간관계를 통틀어 이르는 사교를 말하고 있는 것이라 정의할 수가 있느리라. 약 반세기 전만 하더라도 유학(儒學)도들이 학문을 통해서 배웠으니 오륜(五倫)의 윤리 중에는 붕우유신(朋友有信)이란 강령의 한 대목을 들 수가 있다.

다시 말해서 나와 대등한 붕우 사이에는 반드시 신의(信義)가 첫째로 중요시 된다는 말이다. 이는 어디까지나 도덕적 신의를 바탕으로 겸양(謙讓)과 공평(公平)을 말하고 있는 것이라 하겠다. 이와는 반대적 논리로써 「그른 교우」란 상대를 앞에 두고 무슨 일사에 임해서 성품이 난폭해서 상대를 불쾌하게 하거나, 또한 자기 일방적인 이기주의와 위선(僞善)을 앞세운 편파적 행위를 들 수가 있다는 말이다.

어쨌든 앞에서 언급한 두 종류는 오직 선천적 운명으로써 자기가 타고난 길을 걸어갈 뿐이다. 이러한 기질적 요인을 도외시하고 오직 후천에 교육을 통해 교정을 시도함은 마치 하나의 쇠토막을 갈아서 바늘을 만들어 보려는 시도와 같다는 이치라고 말할 수 있는 것이다. 이는 더 이상에 할 수 없는 고육지책(苦肉之策)이라 할 것이다.

(1) 운명(運命)상으로 본 좋은 교우(交友) 관계의 명론(命論)

곤육이(坤六二) 충실지인 다동소정 위향리지소추중(忠實之人 多動少靜 爲鄕里之所推重 사람됨이 매사에 충실한 사람이며, 많이 활동하고 적게 정지하니 향리(고장)에서 중추적으로 추대하리라.)

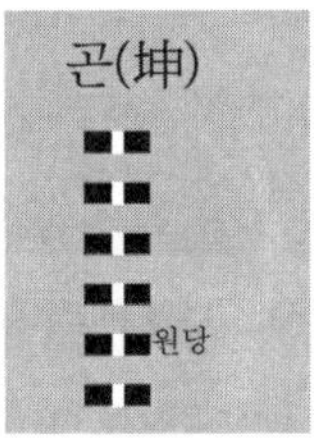

이상의 본문에서 보는 바와 같이 사람됨이 매사에 충실하며 활동성이 많고 정지함은 적으리라 말하고 있다. 인간은 반드시 서로의 인교(人交)가 있게 되어 있다.

이 명론(命論)의 흐름으로 보아 사람됨이 충실하며, 향리에서 중추적으로 추대되리라 말하고 있다. 이러한 인사는 자기와 대등(對等)한 인교(人交)가 있음을 추측이 가능하다.

이상은 상수학(象數學)적 하락리수(河洛理數)로써 앞의 명론(命論)을 알아보았다. 다음은 의리학(義理學)적 주역(周易)의 곤육이(坤六二) 상사(象辭)를 통해 이의 근기를 알아본다.

상왈 육이지동 직이방야 불습무불리 지도광야(象曰 六二之動 直以方也 不習无不利 地道光也 상에 말하기를 육이의 행동이 곧고 방정하니 익히지 않아도 이롭지 않음이 없다는 것은 땅의 도가 빛남이다.)

주(註) : 하늘을 받들어서 움직임이 곧고 방정한 것이고 곧고 방정하면 커지게 되니 곧고 방정한 뜻은 그 큼이 무궁한 것이다. 땅의 도가 빛나게 나타남에 그 공을 순하게 이루니 어찌 익힌 후에 이로우랴.

(2) 운명(運命)상으로 본 좋은 교우(交友) 관계의 명론(命論)

송구오(訟九五) 중정겸공 지기고수 이불실위향리지선사(中正謙恭 知機固守 而不失爲鄕里之善士 사람됨이 중도적이고 정의로우며 겸손하고 공손하리라. 매사에 기미를 알아서 굳건히 지키며 향리(고장)의 착한 선비가 됨에 그릇되지 않으리라.)

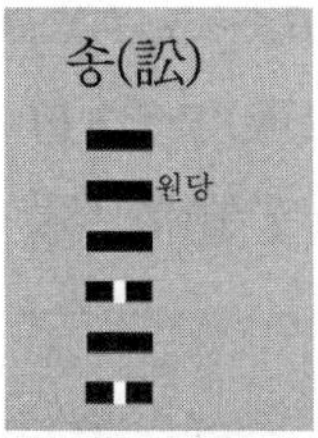

이상의 본문에서 보는 바와 같이 사람 된 성품과 행동이 중도적으로 한쪽에 편벽되지 않고, 정의로우며 겸손하고 공손하리라 말하고 있다. 매사에 일찍이 그 기미를 보아 굳건히 지키며 향리(고장)에서 착한 선비에 그릇되지 않으리라 말하고 있다.

이상은 상수학(象數學)적 하락리수(河洛理數)로써 앞의 명론(命論)을 알아보았다. 다음은 의리학(義理學)적 주역(周易)의 송구오(訟九五) 효사(爻辭)를 통해 이의 근기를 알아본다.

주(註) : 주자본의(朱子本義) 양강 중정 함으로써 높은 자리에 거처하니 송사를 들음에 그 공평함을 얻은 사람이다. 점치는 사람이 이 효를 만나면 송사를 함에 이유가 있으니 반드시 이길 것이다.

(3) 운명(運命)상으로 본 좋은 교우(交友) 관계의 명론(命論)

사구이(師九二) 일향지선 이상장하예지유지(一鄕之善 而上奬下譽之有地 사람됨이 한 고장의 착한 사람으로 윗사람은 권장하고 아랫사람은 예찬하리라.)

이상의 본문에서 보는 바와 같이 한 고장의 착한 사람으로서 윗사람은 권장하고 아랫사람은 예찬할 만한 사람이라 말하고 있다. 다시 말해서 인간성이 이와 같으니 교분을 맺어 좋은 교우가 될 만하다는 말이다.

이상은 상수학(象數學)적 하락리수(河洛理數)로써 앞의 명론(命論)

을 알아보았다. 다음은 의리학(義理學)적 주역(周易)의 사구이(師九二) 상사(象辭)를 통해 이의 근기를 알아본다.

상왈 재사중길 승천총야 왕삼석명 회만방야(象曰 在師中吉 承天寵也 王三錫命 懷萬邦也 상에 말하기를 군사에 있어 중도로 해서 길하다 함은 하늘의 총애를 이음이요, 왕이 세 번 명을 줌은 만방을 품음이라.)

주(註) : 군사에 있어 중도로 해서 길함(在師中吉)은 하늘이 총애와 신임을 있었기 때문이니 하늘(天)은 왕을 말한 것이다. 신하가 인군의 총애하고 신임함이 없으면 어떻게 정벌하는 권한을 전제해서 공을 이루는 길함이 있을 것인가? 「소상전」에 「구이」가 전적으로 군사 일을 주관하기 때문에 이런 뜻을 밝힌 것이니, 앞에서 말한 세상 선비들의 견해와는 다르다. 왕이 세 번 은혜로운 명령을 내림으로써 그 성공을 포상함은 이렇게 함으로써 만방을 회유하는 것이다.

(4) 운명(運命)상으로 본 좋은 교우(交友) 관계의 명론(命論)

비육이(比六二) 성실지인 득처가지력 귀인의부세(誠實之人 得妻家之力 貴人倚附勢 사람의 됨됨이가 성실한 사람이며 처가의 힘을 얻으리라. 또한 귀인에 의지해서 그 세력에 붙따르리라.)

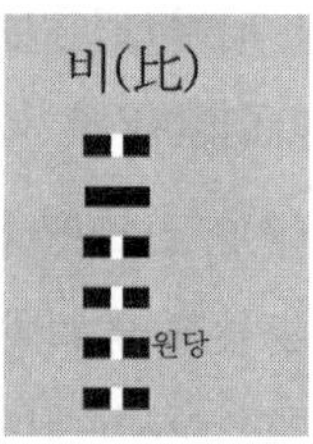

이상의 본문에서 보는 바와 같이 사람의 됨됨이가 매사에 성실하리라 말하고 있다. 또한 처가의 힘을 얻을 것이며 귀인(출세한 사람)에 의지해서 그 세력에 붙따르리란 말이다.

이상의 명론(命論)을 보다시피 사람됨의 성실성은 무엇보다도 인간의 존엄한 가치 형성에 있어 요체가 됨으로 인교상에 유일한 신의의 표상이기도 한다. 그러므로 교우 관계에 있어 무엇보다 우선한 가치적 상징이라 할 것이다.

이상은 상수학(象數學)적 하락리수(河洛理數)로써 앞의 명론(命論)을 알아보았다. 다음은 의리학(義理學)적 주역(周易)의 비육이(比六二) 상사(象辭)를 통해 이의 근기를 알아본다.

상왈 비지자내 불자실야(象曰 比之自內 不自失也 상에 말하기를 안으로부터 도움은 스스로 잃지 않는 것이다.)

주(註) : 나의 중정한 도를 지켜서 위의 구함을 기다리니 스스로 잃지 않는 것이다. 「주역」의 경계함이 엄밀하니 「육이」가 비록 중정하나 재질이 유하고 체가 순하기 때문에 바르게 해서 길하다. 스스로 잃는다(自失)는 경계를 둔 것이다. 경계하면서 스스로 지켜 윗사람의 구함을 기다리면 뒤에 온 것이 되어 흉하지 않겠습니까?

대답하기를 선비가 자기 몸을 닦는 것은 윗사람을 구하는 도이나 뜻을 낮추고 몸을 욕되게 함은 자중하는 도리가 아니다. 그렇기 때문에 <이윤>과 <무후(제갈량)>가 천하를 구원하고자 하는 마음이 간절하지 않은 것이 아니니, 반드시 예우를 갖추기를 기다린 뒤에 나아간 것이다.

(5) 운명(運命)상으로 본 좋은 교우(交友) 관계의 명론(命論)

진육삼(晉六三) 성정선사 친현우능 찬조자다 구원자소 평생안락 무우무우(誠正善士 親賢友能 贊助者多 仇怨者少 平生安樂 無憂無虞 사람됨이 성실하고 정의로우며 선량한 선비격이 되며, 현명한 벗을 잘 친히 하리라. 나를 도와주는 사람이 많고 원망스런 사람은 적으며 평생에 편안하고 즐거우며 우환도 없고 근심도 없으리라.)

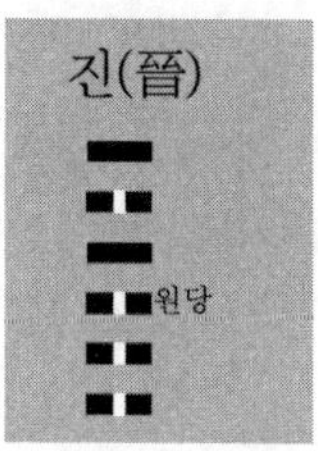

이상의 본문에서 보는 바와 같이 사람됨이 마음씨가 성실하고 정의

로우며 선량한 선비격으로써 현명한 벗들과 잘 친히 하리라 말하고 있다. 나를 도와주는 사람은 많고 원망하는 사람은 적으리라 말하고 있으며, 평생을 통해 편안하고 즐거울 것이며 우환도 없고 근심도 없으리란 말이다. 이상의 명론(命論)의 흐름으로 보아 사람 된 인간성에 착실함을 나타내고 있어 이가 좋은 교우(交友)관계를 형성하게 되는 기본 요건이 되리라 사려 된다.

이상은 상수학(象數學)적 하락리수(河洛理數)로써 앞의 명론(命論)을 알아보았다. 다음은 의리학(義理學)적 주역(周易)의 진육삼(晉六三) 상사(象辭)를 통해 이의 근기를 알아본다.

육삼 중윤 회망(六三 衆允 悔亡 육삼은 무리가 믿음이라 뉘우침이 없어지느리라.)

주(註) : 주자본의(朱子本義) 「육삼」이 중정하지 못하니 마땅히 후회가 있으나 「육삼」이 아래의 두 음과 같이 다 위로 올라가려고 하기 때문에 무리의 믿는 바가 되어서 후회가 없어지는 것이다.

(6) 운명(運命)상으로 본 좋은 교우(交友) 관계의 명론(命論)

해육오(解六五) 성신족이협상인지심 자혜족이득소인지력 덕업융성 복량관굉(誠信足以協上人之心 慈惠足以得小人之力 德業隆盛 福量寬宏 사람됨이 성실과 신의가 족함으로써 윗사람의 마음과 맞으며 사랑과 은혜가 족함으로써 소인의 힘을 얻으리라. 덕업이 융창하고 성대하며 복된 량이 넓고 크리라.)

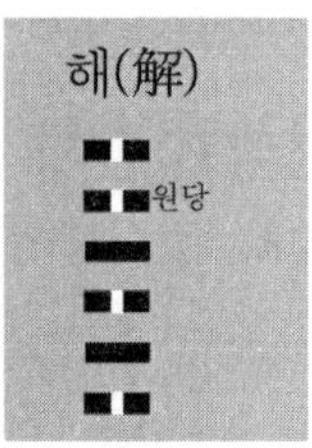

이상의 본문에서 보는 바와 같이 사람됨이 성실과 신의가 족함으로써 윗사람의 마음과 맞으며 사랑과 은혜가 족함으로써 소인의 힘을 얻으리라 말하고 있다. 덕업(하고 있는 업)이 융성하고 성대하며 복(좋은 운)된 량이 크고 넓으리란 말이다.

이상의 명론(命論)으로 보아 성신(誠信)과 자혜(慈惠)로써 사람을 상대하니 이는 그 인간성의 진실함을 나타내고 있는 이면에 교우(交友) 관계가 착실할 것이 예견된다 하겠다.

이상은 상수학(象數學)적 하락리수(河洛理數)로써 앞의 명론(命論)을 알아보았다. 다음은 의리학(義理學)적 주역(周易)의 해육오(解六五) 상사(象辭)를 통해 이의 근기를 알아본다.

상왈 군자유해 소인퇴야(象曰 君子有解 小人退也 상에 말하기를 군자의 풀음이 있음은 소인이 물러가는 것이다.)

주(註) : 군자가 푸는 것은 소인을 물러나게 함을 말하니, 소인이 제거되면 군자의 도가 행하게 됨으로 길한 것이다.

(7) 운명(運命)상으로 본 좋은 교우(交友) 관계의 명론(命論)

손육삼(損六三) 선교제 부조득인 이영모이취 복택무손(善交際 扶助得人 而營謀易就 福澤無損 사람됨이 교제를 잘하며 나를 부조하는 사람을 얻어서 경영하고 모사함이 쉽게 이뤄지고 복이 윤택하며 덜림이 없으리라.)

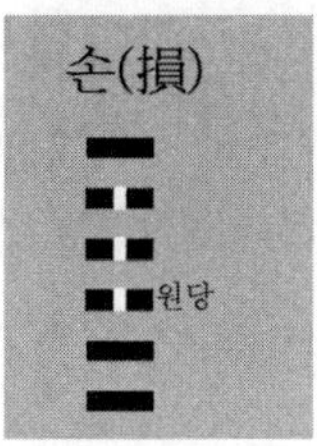

이상의 본문에서 보는 바와 같이 사람 사귀기를 잘하며 나를 부조(도와줌)하는 사람을 얻어서 경영하고 모사함이 쉽게 이루어지고, 복(좋은 운)이 윤택하며 덜리는 일이 없으리라 말하고 있다. 명론(命論)의 흐름으로 보아 인간관계가 잘 형성됨을 나타내고 있다. 그러므로 이 어의 속에는 좋은 교우(交友) 관계를 내포하고 있다 하겠다.

이상은 상수학(象數學)적 하락리수(河洛理數)로써 앞의 명론(命論)을 알아보았다. 다음은 의리학(義理學)적 주역(周易)의 손육삼(損六三) 상사(象辭)를 통해 이의 근기를 알아본다.

상왈 일인행 삼 즉의야(象曰 一人行 三 則疑也 상에 말하기를 한 사람이 감은 셋이면 의심하리라.)

주(註) : 한 사람이 가는데 한 사람을 얻음은 벗을 얻는 것이나 만약 세 사람이 가면 더불어 할 바를 의심하게 될 것이다. 이치가 마땅히 한 사람을 덜어버려야 할 것이니 남는 것을 덜어버리는 것이다.

(8) 운명(運命)상으로 본 좋은 교우(交友) 관계의 명론(命論)

승구이(升九二) 립심이성 결교이정 청명일저 덕업흥륭(立心以誠 結交以正 淸名日著 德業興隆 사람됨이 정성으로써 마음을 가지며 바름으로써 교분을 맺으리라. 맑은 이름이 날마다 더 나타나며 덕업이 홍성하고 융창하리라.)

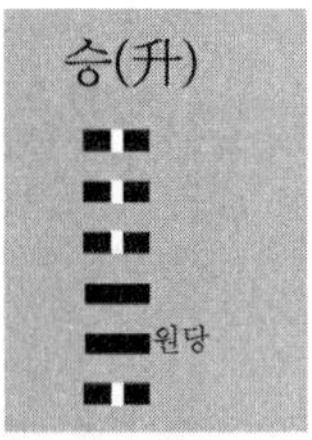

이상의 본문에서 보는 바와 같이 사람됨이 매사에 정성으로써 마음을 가지며 인교 관계에 있어 바름으로써 교분을 맺으리라 말하고 있다. 사람 됨됨이가 맑은 이름은 날로 더 나타나고 덕업(자기가 하고 있는 업)은 흥성하고 융창하리라 말하고 있다. 이상의 명론(命論)에서 인간의 됨됨이로 보아, 이는 교우(交友) 관계가 매우 좋은 것으로 예견된다.

이상은 상수학(象數學)적 하락리수(河洛理數)로써 앞의 명론(命論)을 알아보았다. 다음은 의리학(義理學)적 주역(周易)의 승구이(升九二) 상사(象辭)를 통해 이의 근기를 알아본다.

상왈 구이지부 유희야(象曰 九二之孚 有喜也 상에 말하기를 구이의 미더움은 기쁨이 있음이라.)

주(註) : 「구이」가 능히 믿음과 정성으로 윗사람을 섬기면, 신하되는 도리가 허물없을 뿐 아니라 강중한 도를 행해서 혜택이 천하에 미칠 것이니 이것이 기쁨(有喜)이다. 무릇 「소상전」에 경사가 있다

(有慶)고 말한 것은 이렇게 하면 복과 경사가 만물에 미친다는 말이고, 기쁨이 있다(有喜)고 말한 것은 일이 이미 잘되고 또한 기뻐할 수 있다는 것이다.

(1) 운명(運命)상으로 본 그른 교우(交友) 관계의 명론(命論)

건상구(乾上九) 자존자대 기공완법 초우계흔 난우성립 약시여명

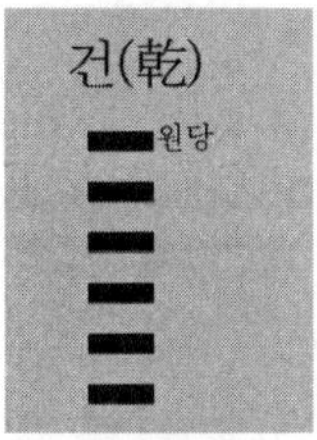

기성필한 내조간신(自尊自大 欺公玩法 超尤啓釁 難于成立 若是女命 其性必悍 內助艱辛 사람의 됨됨이가 자신을 높이고 크게 여기며 공정성을 속이고 법을 경시하며 탈을 자초하고 죄를 지으며 하는 일이 성립되기 어려우리라. 만약 여인의 운명이면 그 성품이 반드시 사나워서 내조하기 어려우리라.)

이상의 본문에서 보는 바와 같이 사람의 됨됨이가 자기 자신을 자기가 높이 존대하고 크게 생각하며 공적인 일에 당연히 공정해야 함에도 기만하며 법을 준수해야 함에도 이를 경시하리라는 말이다. 그럼으로 잘못된 탈을 자초하고 죄를 지으며 하는 일이 성공하기 어렵다는 말이니, 이는 명론(命論)의 내용으로 보아 인간관계가 원만치 않아 다른 일사에도 그러하려니와 교우(交友) 관계가 부적절하다 하겠다.

이상은 상수학(象數學)적 하락리수(河洛理數)로써 앞의 명론(命論)을 알아보았다. 다음은 의리학(義理學)적 주역(周易)의 건상구(乾上九) 효사(爻辭)를 통해 이의 근기를 알아본다.

상구 항용 유회(上九 亢龍 有悔 상구는 높은 용이니 뉘우침이 있느리라.)

주(註) : 「구오」는 자리가 지극히 중정한 것이며 때의 지극함을 얻은 것이니, 이를 지나면 지나치게 높아진다. 「상구」는 지나치게 높고

극한 데 이르른 것이므로 후회가 있으니, 지나침이 있으면 뉘우침이 있는 것이다. 오직 성인이라야 나아가고 물러나며 존하고 망하는 것을 알아 지나침이 없으니 뉘우침에 이르지 않는 것이다.

(2) 운명(運命)상으로 본 그른 교우(交友) 관계의 명론(命論)

몽육사(蒙六四) 과여인교 자과기덕 의승의도 자손난속(寡與人交 自誇己德 宜僧宜道 子孫難續 사람됨이 사람과 더불어 사귀는 일이 적으며 자기 덕을 자신이 자랑하리라. 중되는 일이 마땅하고 도인되는 일이 마땅하며 자손을 이어가기가 어려우리라.)

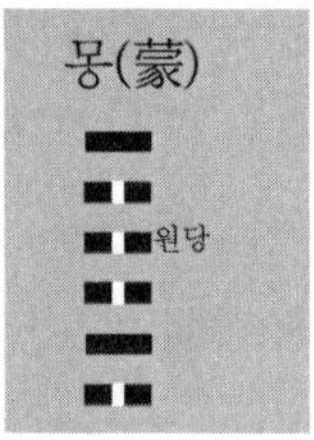

이상의 본문에서 보는 바와 같이 사람 됨됨이가 사람과 더불어 사귀는 일이 적으며 자기 덕을 스스로가 자랑하리라는 말이다. 승려되는 일이 마땅하며 도인되는 일이 마땅하다 하니 이는 부부가 화합하여 해로하지 못함을 내포하고 있는 것이다.

그러므로 자손을 이어가기가 어렵다는 말이다. 이상의 명론(命論)에 나타나 있는 바와 같이 인교 관계가 그르며, 인도적인 미덕상의 겸양지덕은커녕 자기 덕을 스스로가 자랑하니 좋은 교우(交友)는커녕 인과 관계에 덕을 쌓아야 할 것이다.

이상은 상수학(象數學)적 하락리수(河洛理數)로써 앞의 명론(命論)을 알아보았다. 다음은 의리학(義理學)적 주역(周易)의 몽육사(蒙六四) 상사(象辭)를 통해 이의 근기를 알아본다.

상왈 곤몽지린 독원실야(象曰 困蒙之吝 獨遠實也 상에 말하기를 몽에 곤해서 인색함은 홀로 실(양)에서 멀게 있음이라.)

주(註) : 몽의 때에는 강양(剛陽)이 「몽」을 개발하는 자가 된다. 육사가 음유하면서 강(剛)에서 가장 멀어서 어리석고 몽매한 사람인데도 현명한 사람을 가까이 하지 못하니 밝음을 얻는 연고가 없기 때문에「몽」에 곤한 것이다. 부끄럽고 인색함은 홀로 현명한 사람에게서 멀기 때문이니 현명한 사람을 친하지 못함으로써 곤함을 이루면 인색함이 심한 것이다. 실(實)은 양강「구이」와「상구」를 이른다.

(3) 운명(運命)상으로 본 그른 교우(交友) 관계의 명론(命論)

송구이(訟九二) 동즉위난 심불복인 진즉조체 퇴즉수기 역불실위수상지사(動則爲難 心不服人 進則阻滯 退則守己 亦不失爲守常之士 사람됨이 움직여 무엇을 한 즉 어렵게 되고 사람들이 마음적으로 따르지 않으리라. 무슨 일에 전진하면 막히며 물러서면 내 몸을 지키게 되나, 또한 상도(常道)를 잘 지키는 선비에 그릇되지는 않으리라.)

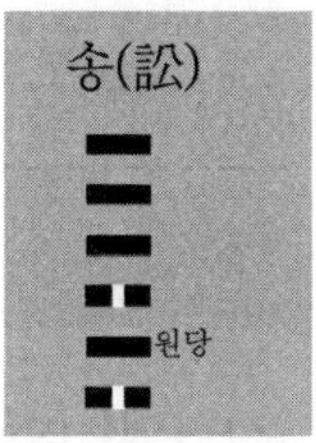

이상의 본문에서 보는 바와 같이 사람 된 운명이 움직여 무엇을 한 즉 어렵게 되고 남들이 마음적으로 따르지 않으며 앞으로 나아간 즉 막히고 물러선 즉 내 몸을 지킬 정도라 말하고 있다. 이 명론 속에는 다른 일도 그러하려니와 인간관계가 사람들이 마음적으로 따르지 않는다 하니 그러므로 교우(交友) 관계가 좋지 않음을 내포하고 있다 하겠다.

이상은 상수학(象數學)적 하락리수(河洛理數)로써 앞의 명론(命論)을 알아보았다. 다음은 의리학(義理學)적 주역(周易)의 송구이(訟九二) 상사(象辭)를 통해 이의 근기를 알아본다.

상왈 불극송 귀포찬야 자하송상 환지 철야(象曰 不克訟 歸逋竄也 自下訟上 患至 掇也 상에 말하기를 송사를 이기지 못해서 돌아가 피해 숨음이니 아래로부터 위와 송사하는 것이 환난의 이름을 취하는 것 같으리라.)

주(註) : 의리가 이미 대적할 수 없기 때문에 송사를 하지 못하니 돌아가 피해 숨음은 그 자리를 피해 가는 것이다. 아래로부터 그 위와 송사하니 의리가 어긋나고 형세가 굽혀져서 화와 근심의 이르름이 스스로 주워서 취한 것 같다는 것이니, 쉽게 얻음을 말한다.

(4) 운명(運命)상으로 본 그른 교우(交友) 관계의 명론(命論)

태상육(泰上六) 과기령강 가파신망 자대화소(誇己逞强 家破身亡 自大化小 자기의 강함을 드러내서 자랑하고 가정을 파괴하며 몸을 망치고 큰 것으로부터 작게 되게 하리라.)

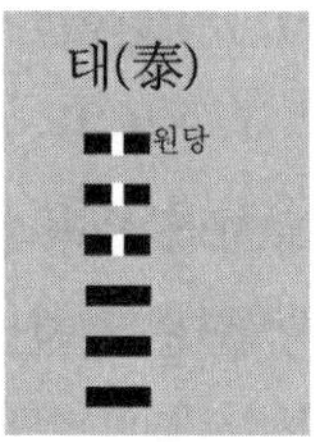

이상의 본문에서 보는 바와 같이 자기의 강한 것을 드러내서 자랑하고 가정을 파괴하며 몸을 망치고 큰 것으로부터 작게 되게 하리라 말하고 있다. 이 문장 속에는 무엇보다도 인간 본연의 자태가 보통 사람과는 달리 기본적인 예의에 벗어나고 있다 하겠다. 일반적인 사회에는 한걸음 겸손하고 사양함을 미덕으로 삼는 바, 이는 자기의 강한 점을 드러내어 자랑삼는다 하니, 세칭 폭력에 가깝다는 말이며 교우(交友) 관계는 무엇보다도 겸양지덕이 선행되어야 할 것이다.

이상은 상수학(象數學)적 하락리수(河洛理數)로써 앞의 명론(命論)을 알아보았다. 다음은 의리학(義理學)적 주역(周易)의 태상육(泰上六) 효사(爻辭)를 통해 이의 근기를 알아본다.

상육 성복우황 물용사 자읍고명 정 린(上六 城復于隍 勿用師 自邑告命 貞 吝 상육은 성이 터에 돌아옴이라. 군사를 쓰지 말고 읍으로부터 명을 고함이니 바르고 굳게 하더라도 인색하니라.)

주(註) : 주자본의(朱子本義) 태평함이 끝남에 비색해지는 것이 터로 돌아오는 상이다. 점치는 사람이 힘으로 다툴 수는 없고 다만 스스로를 지킴이 옳으니, 비록 바름을 얻었더라도 또한 부끄럽고 인색함을 면할 수 없다고 경계한 것이다.

(5) 운명(運命)상으로 본 그른 교우(交友) 관계의 명론(命論)

대유구삼(大有九三) 탐모사기 필유대해 성립간난 이만이소(貪謀私己 必有大害 成立艱難 易滿易消 사람의 됨됨이가 사사로운 자기를 위해 탐내어 모사하며 반드시 큰 해로움이 있으리라. 하는 일을 성공하여 존립하기 어려우며 쉽게 가득 차고 쉽게 소진되리라.)

이상의 본문에서 보는 바와 같이 사람 됨됨이가 자기의 사욕을 위해 탐내어 모사하고 반듯이 큰 손해가 있으리라 말하고 있다. 하는 일에 성공하며 존립하기 어려우며 쉽게 가득 차고 쉽게 소진되리라는 말이다. 문장 속에는 인간관계에 있어 자기를 위해 사사로이 탐내어 모사한다 하니 이러한 반대의 명론 속에는 공기공인(公己公人.....내 일도 공정하게 하고 남의 일에도 공정하게 한다.)의 명론(命論)이 있으니, 이와는 대조적이며 이는 교우(交友) 관계에 있어 매우 부적절하다 하겠다.

이상은 상수학(象數學)적 하락리수(河洛理數)로써 앞의 명론(命論)을 알아보았다. 다음은 의리학(義理學)적 주역(周易)의 대유구삼(大有九三) 상사(象辭)를 통해 이의 근기를 알아본다.

상왈 공용형우천자 소인해야(象曰 公用亨于天子 小人害也 상에 말하기를 공이 천자에게 형통토록 함은 소인은 해로울 것이다.)

주(註) : 공(公)은 마땅히 천자에게 형통토록 해야 하니 만약 소인이 그런 경우에 처하면 해가 된다. 예로부터 제후가 신하의 절개를 지켜서 충순함으로 윗사람을 받드는 자는 자기의 무리를 번성시켜서 왕의 병풍이 되고 재물을 풍부하게 늘려서 윗사람의 징부(徵賦)를 기다린다. 만약 소인이 처하면 신하가 되어 윗사람을 받드는 도리를 몰라서 그것을 자기의 사사로운 것으로 하고 백성이 많고 재물이 풍족하면 도리어 그 부강함을 마음대로 해서 더욱 불순한 일을 할 것이다. 이것이 소인이 크게 소유하면 해가 되는 것이고 또한 크게 소유함이 소인의 해가 되는 것이다.

(6) 운명(運命)상으로 본 그른 교우(交友) 관계의 명론(命論)

명이상육(明夷上六) 시세망행 손인리기 조세창궐 만수파도(恃勢妄行 損人利己 早歲猖獗 晚受波濤 사람됨이 형세를 믿고 망령된 행동을 하며 남은 손실되게 하고 나는 유리하게 하리라. 이른 나이에는 함부로 날뛰고 늦게는 파도(크게 어려움)가 있으리라.)

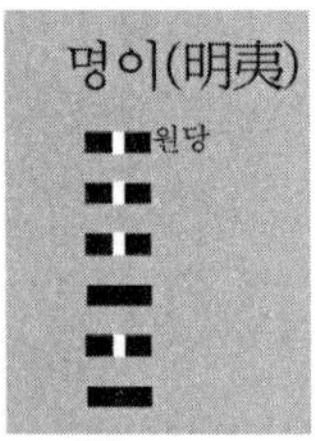

이상의 본문에서 보는 바와 같이 사람됨이 무언가의 형세를 믿고 망령된 행동(제멋대로)으로 비리와 부정을 감행하며 남이야 손실되던말던 나만이 이롭게 하리라는 말이다. 일찍이는 함부로 날뛰고 늦은 나이에는 크게 어려움이 있으리라는 말이다.

위의 명론의 문장은 모두 정중하지 못한 부조리함을 나타내고 있으나 그 중에서 손인리기(損人利己)에는 교우(交友) 관계가 좋지 못함을 나타내고 있다는 말이다.

이상은 상수학(象數學)적 하락리수(河洛理數)로써 앞의 명론(命論)을 알아보았다. 다음은 의리학(義理學)적 주역(周易)의 명이상육(明夷上六) 상사(象辭)를 통해 이의 근기를 알아본다.

상왈 초등우천 조사국야 후입우지 실칙야(象曰 初登于天 照四國也 後入于地 失則也 상에 말하기를 처음에 하늘에 올랐다는 것은 사방의 나라를 비춤이고 뒤에는 땅으로 들어갔다는 것은 법을 잃음이라.)

주(註) : 처음에는 하늘에 오름(初登于天)이 높은데 거처하면서 밝으니 마땅히 사방을 비출 것이고 곧 상함을 당해서 어둡게 되니 이것은 뒤에는 땅으로 들어감(後入于地)이므로 밝은 도를 잃은 것이다. 법칙을 잃었다(失則)함은 그 도를 잃은 것이다.

(7) 운명(運命)상으로 본 그른 교우(交友) 관계의 명론(命論)

익상구(益上九) 험사 리기손인 재화병지 신가난보(險詐 利己損人 災禍竝至 身家難保 사람됨이 험한 사기 행각으로 자기에게는 유리하게 하고 남에게는 손실되게 하리라. 재앙과 손해가 아울러 이르며 몸과 가정을 보존하기 어려우리라.)

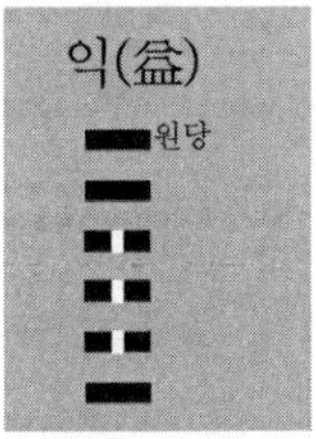

이상의 본문에서 보는 바와 같이 사람됨이 험한 사기 행각으로 자기에게는 유리하게 하고 남에게는 손실되게 하리라 말하고 있다. 재앙과 손해가 아울러 이르며 몸과 가정을 보존키 어렵다는 말이다. 이는 문장적으로 보아 사람 된 바 가장 존엄하게 해야 할 신의를 저버려 험한 사기행각을 자행한다 하니, 그의 인격이야 더 이상 논평할 의미가 없다 하겠다.

교우(交友) 관계에 있어 무었보다도 가장 중요하게 해야 할 상호주의를 저버리고 자기에만 유익하게 함은 교우상에 가장 경계의 대상이라 하겠다.

이상은 상수학(象數學)적 하락리수(河洛理數)로써 앞의 명론(命論)을 알아보았다. 다음은 의리학(義理學)적 주역(周易)의 익상구(益上九) 상사(象辭)를 통해 이의 근기를 알아본다.

상왈 막익지 편사야 혹격지 자외래야(象曰 莫益之 偏辭也 或擊之 自外來也 상에 말하기를 더하는 이가 없다는 것은 치우쳤다는 말이고, 혹 친다는 것은 밖으로부터 오는 것이다.)

주(註) : 이치는 천하의 공변된 것이고 이익은 뭇사람이 똑같이 욕심내는 것이다. 진실로 자기의 마음을 공변되게 해서 바른 이치를 잃지 않으면 무리와 더불어 이익을 같이 해서 사람들을 침해하지 않으니 사람들 또한 주려고 할 것이나, 만약 이익을 좋아함이 간절하고 자기의 사사로움에 가려서 자신의 유익함을 구해서 타인을 손해 보게 하면 사람들 역시 힘으로 다툴 것이기 때문에 유익하게 하려 않고 빼앗는 사람이 있을 것이다.

더하는 사람이 없다(莫益之)는 자기에게만 치우침을 나무란 것이다. 진실로 자기에게만 치우치지 않아서 공변된 도에 합치하면 사람들 역시 유익하게 할 것이니 무엇을 위해 치겠는가? 이미 사람들에게 나를 유익하게 해 주기를 구함이 극심한 데까지 이르렀으니 사람들이 다 미워해서 치고자 할 것이기 때문에 치는 사람이 밖으로부터 오는 것이다.

사람이 착한 일을 하면 천리 밖에서도 응하니 「육이」가 중정하고 자기를 비우기 때문에 유익하게 하는 사람이 밖으로부터 이르는 것이고, 착하지 못한 일을 하면 천리 밖에서도 어기니 「상구」가 유익함을 구함이 극심함으로 치는 사람이 밖으로부터 이르는 것이다.

「계사전」에 말하기를 군자가 그 몸을 편안하게 한 뒤에야 움직이며 그 마음을 평이하게 한 뒤에야 말하며 그 사귐을 정한 뒤에야 구하나니, 군자가 이 세 가지를 닦는 까닭에 온전하다. 위태함으로써 움직이면 백성이 더불어 하지 않고 두려움으로써 말하면 백성이 응하지 않으며 사귐이 없이 구하면 백성이 주지 않는다. 주는 이가 없으면 곧 해치는 이가 이를 것이니 「주역」에 말하기를 더할 이가 없다. 혹 칠 것이니 마음을 세움이 항상 하지 않다 흉하다고 했다. 군자의 언동과 주고 구함을 다 그 도로써 해야 완전하게 착할 것이고, 그렇지 않으면 상하고 흉하게 될 것이다.

(8) 운명(運命)상으로 본 그른 교우(交友) 관계의 명론(命論)

구구이(姤九二) 비린부인 불호빈붕 손인익기 고집불통(鄙吝富人

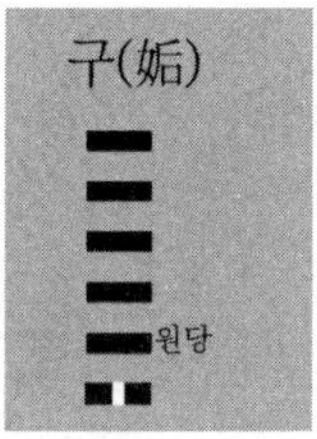

不好賓朋 損人益己 固執不通 사람됨이 더럽고 인색한 부인(富人)이며 손님과 벗을 좋아하지 않으리라. 남은 손실되더라도 나만이 유익하게 하며 고집해서 변통치 않으리라.)

이상의 본문에서 보는 바와 같이 사람됨의 심리와 행동에 있어 더러움과 인색하게 하며, 오가는 손님과 벗들을 좋아하지 않으리라 말하고 있다. 하는 행위가 남이야 손해되던 말던 나만이 유익하게 하고 고집스레 융통성이 없으리란 말이다.

이상의 명론에서 무엇보다도 불호빈붕(不好賓朋) 손인익기(損人益己)를 들어 좋은 교우가 못된다고 단정할 수가 있다 하겠다.

이상은 상수학(象數學)적 하락리수(河洛理數)로써 앞의 명론(命論)을 알아보았다. 다음은 의리학(義理學)적 주역(周易)의 구구이(姤九二) 상사(象辭)를 통해 이의 근기를 알아본다.

상왈 포유어 의불급빈야(象曰 包有魚 義不及賓也 상에서 말하기를 꾸러미 속의 고기는 의리가 손에게 미치지 못함이라.)

주(註) : 「구이」가 「초육」을 만남에 「초육」이 밖으로 두 마음을 품지 못하게 해서, 꾸러미 속에 물고기를 두는 것과 같이 해야 하니, 꾸러미 속에 둔 물고기는 의리가 손님에게 미칠 수 없는 것이다.

제 21 장

운명(運命)상으로 본 복(福)과 화(禍)의 명론(命論)

제자는 묻는다. 스승님 오늘은 복(福)과 화(禍)에 대하여 알고 싶습니다. 말씀해 주시기 바랍니다.

스승은 말한다. 그렇다, 복(福)과 화(禍)라는 개념은 우리들 사회에서 많이 통용하고 있는 아주 쉬운 언어(言語)인지라 대의에 대하여는 그리 어두운 바가 아니지만, 직설적으로 설명하기에는 좀 자세한 해설이 필요할 것으로 생각이 되는구나. 우선에 「복(福)」의 개념에 대하여 알아본다.

고서에는 이렇게 정의하고 있음을 볼 수가 있다.

심여언 언여사 삼상일치(心與言 言與事 三相一致 마음에 가진 바를 말로(근대적 사업계획)하며 말로 한 바가 사업과 더불어 세 가지의 양상이 일치됨을 복(福)의 개념으로 정의하고 있느니라. 또한 「화(禍)」의 개념은 뜻밖에 예기치 않았던 사고 재해 등을 일컫는 말이니, 이 두 종류를 고전의 학문을 통에 그의 사례를 들어 알아보기로 하자.

※「복(福)」의 개념의 사례

고서에 말하기를 시래 풍송등왕각(時來 風送滕王閣 시운이 돌아오니 바람은 등왕각 쪽으로 불어 보냈다.) 이는 중국 당(唐) 때에 나이 13세의 약관으로 어린 문장이 등왕각 서문 경시대회에서 일어난 고사이다.

당시 등왕각을 신축하고 전국 문장 시인을 초청하여 등왕각(滕王閣) 서문을 공모하게 된 바 나이 13세의 약관 문장 왕발(王勃)이가 장도에 발해(渤海)를 건너 신축 경시장에 가기에는 너무나 시간이 촉박하였다. 현대적 사회라면 동력선을 활용해서 기일 안에 목적지에 임할 것이나, 그 당시에는 사정이 지금과 같지 않았다. 고작해서 풍랑을 이용하는 풍선임으로 이는 도저히 사람의 인력으로는 당해 내지 못할 시대임을 말해 두는 바이다.

한데 갑자기 바람은 발해를 건너 등왕각 쪽으로 불어대니 정시 이전에 도착하여 등왕각 서문에 응시하여 당당 장원급제하니 이를 후세 사람들은 하나의 큰 복(福)으로써 전해지고 있는지라 하나의 비유의 사례로써 전해지고 있다는 말이다.

※「화(禍)」의 개념의 사례

또한 고서에 복(福)에 이어 말하기를 운퇴 뢰굉 천복비(運退 雷轟 薦福碑 운수가 물러가니 우뢰는 복을 천거하는 비를 깨뜨렸도다.)

앞에서 언급한 복(福)의 고사에 이어 또한 화(禍)를 만난 하나의 고사를 알아본다.

때는 당(唐)대에 한 석공(石工)이 어느 부호의 욕심찬 복(福)을 천거하는 비석을 위탁받아 완성과 동시에 내일이면 물품을 이송과 동시에 상당한 대가를 입수하게 되는 그 날 밤중에 하늘에서는 천둥의 진동과 동시 벼락은 밝은 날에 옮기어 가면 상당한 천복비(薦福碑)의 대가를 입수할 예정이던 비석을 산산조각 내서 기대에 부풀었던 석공은 한갓 몽상으로 사라진 화(禍)의 사례를 들어 후세 사람들에게 하나의 교훈으로써 전해지고 있는 사실이다.

이와 같이 「복(福)」과 「화(禍)」는 보통 사람의 상식으로는 헤아릴 수 없고 예기치 못할 순간에 찾아오게 되니, 바로 이와 같은 상상 밖에 일어난 일들을 신비의 고전(古典) 주역(하락리수)은 미리 예고하고 있음을 볼 수가 있다는 말이다.

(1) 운명(運命)상으로 보아 복(福.....좋은 운)이 있는 명론(命論)

미제육오(未濟六五) 정대고명지군자 대업륭 부유지성 경복유창치지미(正大高明之君子 大業隆 富有之盛 慶福有昌熾之美 사람됨이 정의롭고 격이 크며 고상하고 명철한 군자이도다. 큰 사업이 융성하며 빛나는 복이 창성(아름답게 성함)한 미가 있으리라.)

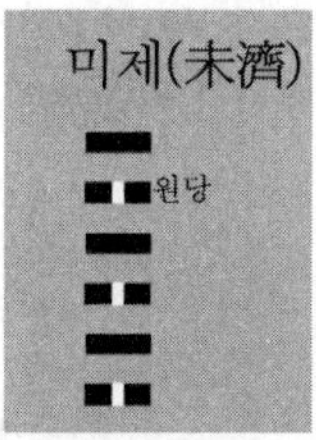

이상의 본문에서 보는 바와 같이 사람됨이 매사에 정의적이며, 그의 격이 크고 생각을 고상하게 하여 머리가 명철한 군자(대인)이도다. 크게 하는 사업이 융성하며 부(富)함을 성하게 가지리라 말하고 있다. 또한 빛나는 복이 창성하고 치열한 미가 있으리라 한다.

본난에서는 다른 논리보다 복을 들어 중점적으로 다루고 있는 바, 앞의 명론(命論)에서는 다른 논리도 모두 고차원적 이치로써 구성되었으나 경복을 들어 말하고 있음이 두드러진다는 말이다.

이상은 상수학(象數學)적 하락리수(河洛理數)로써 앞의 명론(命論)을 알아보았다. 다음은 의리학(義理學)적 주역(周易)의 미제육오(未濟六五) 상사(象辭)를 통해 이의 근기를 알아본다.

상왈 군자지광 기휘 길야(象曰 君子之光 其暉 吉也 군자의 빛은 그

빛남이 길하다.)

주(註) : 빛이 성하면 빛남이 있으니 빛남(暉)은 빛이 발산된 것이다. 군자가 (공을) 쌓아 충실함에 빛이 성해서 빛나는 데까지 이르니 지극히 착한 것이기 때문에 거듭 길하다고 했다.

(2) 운명(運命)상으로 보아 복(福.....좋은 운)이 있는 명론(命論)

익구오(益九五) 후인존심 은혜급물 유우유후복 혹위승도 유총혜지예 혹위상고 유혜아지리(厚仁存心 恩惠及物 有優遊厚福 或爲僧道 有聰惠之譽 或爲商賈 有惠我之利 사람됨이 후중하고 인자한 마음씨가 상존하며 은혜로운 마음씨가 물건에까지 미치리라. 넉넉하고 두터운 복이 있으며, 혹 승려나 도인이 되어 총혜(현명함)의 명예가 있으며, 혹 상고(장사치)가 돼서 은혜로운 나의 이익을 두리라.)

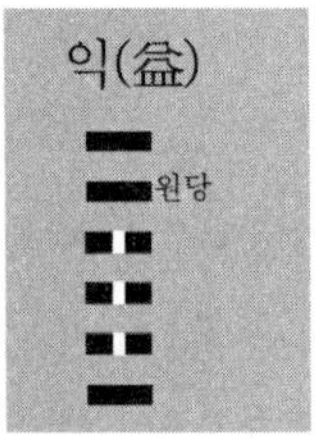

이상의 본문에서 보는 바와 같이 사람됨이 후중하고 인자한 마음씨가 상존하며, 혹 승도(僧道)나 상고(商賈)에 있으면 모두 은혜로움으로 처사하게 되리라는 말이다. 본 장에서는 주로 복(福)을 들어 분석하고 있으나, 이도 역시 후복(厚福.....두터운 복)을 지칭하고 있어 이는 매우 강도 높은 의미를 나타내고 있다 하겠다.

이상은 상수학(象數學)적 하락리수(河洛理數)로써 앞의 명론(命論)을 알아보았다. 다음은 의리학(義理學)적 주역(周易)의 익구오(益九五) 상사(象辭)를 통해 이의 근기를 알아본다.

상왈 유부혜심 물문지의 혜아덕 대득지야(象曰 有孚惠心 勿問之矣 惠我德 大得志也 상에 말하기를 은혜를 베푸는 마음에 믿음을 둠이라 묻지 않으며, 나의 덕을 은혜롭게 생각함이 크게 뜻을 얻음이라.)

주(註) : 인군이 지성으로 천하에 은혜를 베풀고 유익하게 하고자 하는 마음을 두면 크게 착하고 길함을 말할 것이 없기 때문에 묻지 않는다(勿問之矣)고 말했고, 천하가 지성으로 나의 덕을 생각해서 은혜로 생각하면 이것은 그 도가 크게 행한 것이니 인군의(백성을 위하고자 하는) 뜻을 얻은 것이다.

(3) 운명(運命)상으로 보아 복(福......좋은 운)이 있는 명론(命論)

예구사(豫九四) 복덕지인 득중존흠 부처해로 약음명 처협괘자 득복득수 단불거정위(福德之人 得衆尊欽 夫妻偕老 若陰命 妻叶卦者 得福得壽 但不居正位 사람됨이 복과 덕망 있는 사람이며 부부가 함께 늙으리라. 만약 음명이면 처와 합할 수 있는 괘이니, 복을 얻고 수명을 얻으리라. 다만 바른 자리에 거처 할 수가 없으리라.)

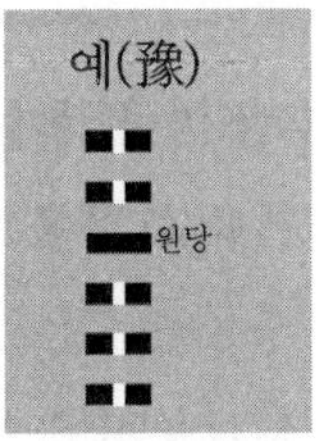

이상의 본문에서 보는 바와 같이 사람됨이 복(좋은 운)이 있으며 인덕 있는 사람으로서 부부가 늙도록 함께 하리라 말하고 있다.

이상은 상수학(象數學)적 하락리수(河洛理數)로써 앞의 명론(命論)을 알아보았다. 다음은 의리학(義理學)적 주역(周易)의 예구사(豫九四) 상사(象辭)를 통해 이의 근기를 알아본다.

상왈 유예대유득 지대행야(象曰 由豫大有得 志大行也 상에 말하기를 즐거움이 말미암음이라, 크게 얻음이 있음은 뜻이 크게 행해지는 것이다.)

주(註) : 자기로 연유해서 천하의 즐거움을 이룰 수 있기 때문에 크게 얻음이 있다(大有得)고 한 것이니, 그 뜻이 크게 행함을 얻었다는 말이다.

(4) 운명(運命)상으로 보아 복(福.....좋은 운)이 있는 명론(命論)

대유구이(大有九二) 유복유수 거적치부 무우무화(有福有壽 居積致

富 無憂無禍 사람됨이 복이 있고 수명이 있으며 살면서 쌓아서 부자에 이르리라. 근심도 없고 환난도 없으리라.)

이상의 본문에서 보는 바와 같이 복(좋은 운)이 있고 수명(장수)이 있으며, 재산은 살아가며 점진해서 쌓아서 부자에 이른다 말하고 있다. 또한 근심할 바가 없고 아울러 화앙(그른 재앙)이 없으리라 말하고 있다.

이상은 상수학(象數學)적 하락리수(河洛理數)로써 앞의 명론(命論)을 알아보았다. 다음은 의리학(義理學)적 주역(周易)의 대유구이(大有九二) 상사(象辭)를 통해 이의 근기를 알아본다.

상왈 대거이재 적중불패야(象曰 大車以載 積中不敗也 상에 말하기를 큰 수레로 실음은 가운데 쌓아서 패하지 않는 것이다.)

주(註) : 튼튼하고 큰 수레는 가운데 무겁게 싣고도 부서지고 망가지지 않으니, 「구이」의 재질과 힘이 강해서 「대유」의 소임을 이겨낼 수 있는 것과 같다.

(5) 운명(運命)상으로 보아 복(福.....좋은 운)이 있는 명론(命論)

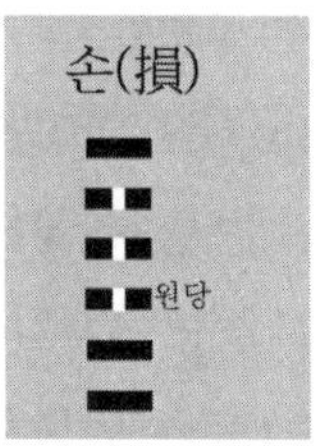

손육삼(損六三) 선교제 부조득인 영모이취 복택무손(善交際 扶助得人 營謀易就 福澤無損 사람됨이 교제를 잘하며 붙들어 도와줄 사람을 얻어서 경영하고 모사하면 쉽게 이루어지고 복택은 손됨이 없으리라.)

이상의 본문에서 보는 바와 같이 사람됨이 사람과 사람 사이에 교제를 잘 하며 붙들어 도와주는 사람을 얻어서 경영하고 모사함에 쉽게 이루어지리라는 말이다. 또한 복(좋은 운)이 윤택하며 손실됨이 없으리라 말하고 있다.

이상은 상수학(象數學)적 하락리수(河洛理數)로써 앞의 명론(命論)을 알아보았다. 다음은 의리학(義理學)적 주역(周易)의 손육삼(損六三) 상사(象辭)를 통해 이의 근기를 알아본다.

상왈 일인행 삼 즉의야(象曰 一人行 三 則疑也 상에 말하기를 한 사람이 감은 셋이면 의심하리라.)

주(註) : 한 사람이 가는데 한 사람을 얻음은 벗을 얻는 것이나, 만약 세 사람이 가면 더불어 할 바를 의심하게 될 것이다. 이치가 마땅히 한 사람을 덜어버려야 할 것이니, 남는 것을 덜어버리는 것이다.

(6) 운명(運命)상으로 보아 복(福.....좋은 운)이 있는 명론(命論)

가인육이(家人六二) 족의족식 우유형복(足衣足食 優遊亨福 사람됨이 입을 것이 넉넉하고 먹을 것이 족하며 넉넉히 노닐만하며 복을 누리리라.)

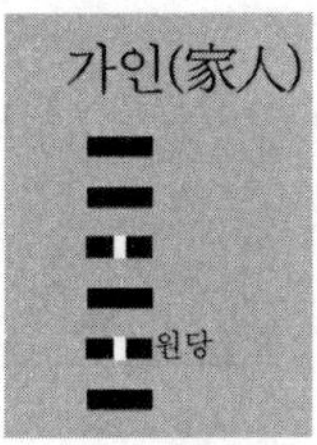

이상의 본문에서 보는 바와 같이 사람됨이 입을 것과 먹을 것이 유족하며 넉넉히 노닐만하고 복(좋은 운)을 누려 잘 살 것이라는 말이다.

이상은 상수학(象數學)적 하락리수(河洛理數)로써 앞의 명론(命論)을 알아보았다. 다음은 의리학(義理學)적 주역(周易)의 가인육이(家人六二) 상사(象辭)를 통해 이의 근기를 알아본다.

상왈 육이지길 순이손야(象曰 六二之吉 順以巽也 상에 말하기를 육이의 길함은 순하고 공손함으로서 하기 때문이다.

주(註) : 「육이」가 음유함으로써 중정한데 거처하니 순종하고 낮추어 공손할 수 있기 때문에 길한 것이 된다.

(7) 운명(運命)상으로 보아 복(福.....좋은 운)이 있는 명론(命論)

이상구(頤上九) 유복수지인 추대앙망자다 위향리지선사(有福壽之人 推戴仰望者多 爲鄕里之善士 사람됨이 복과 수명이 있는 사람으로

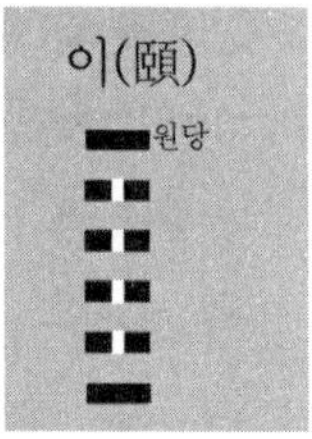

나를 추대하고 우러르는 사람이 많으며 향리의 착한 선비가 되리라.)

이상의 본문에서 보는 바와 같이 복이 있고 수명(장수)있는 사람이 되리라 말하고 있다. 또한 나를 추대하며 우러르는 사람이 많고 향리(고장)에서 착한 선비가 되리란 말이다. 여기에서 선비라 함은 물론 학문도 갖추게 되려니와 외양(外様)이 청순하며 수양된 인사를 연상케 한다.

이상은 상수학(象數學)적 하락리수(河洛理數)로써 앞의 명론(命論)을 알아보았다. 다음은 의리학(義理學)적 주역(周易)의 이상구(頤上九) 상사(象辭)를 통해 이의 근기를 알아본다.

상왈 유이려길 대유경야(象曰 由頤厲吉 大有慶也 상에 말하기를 자기로 연유해서 기름이니 위태로워하면 길함은 크게 경사가 있는 것이다.)

주(註) : 「상구」의 큰 책임을 맡음이 이와 같고 조심하고 두려워하기를 이와 같이 할 수 있으면 천하가 그 덕택을 입게 되니 이것은 크게 복과 경사가 있는 것이다.

(8) 운명(運命)상으로 보아 복(福.....좋은 운)이 있는 명론(命論)

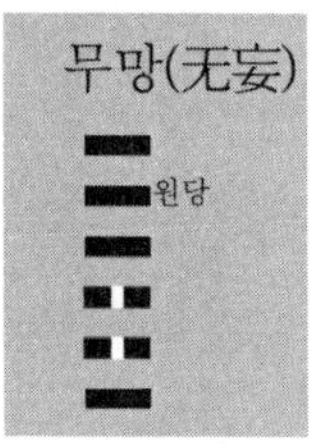

무망구오(无妄九五) 유복지인 재해불생 희경다지(有福之人 災害不生 喜慶多至 사람됨이 복이 있는 사람이며 재해(재앙)가 생기지 않고 기쁜 경사가 많이 이르리라.)

이상의 본문에서 보는 바와 같이 우선 복이 있는 사람이라 말하고 있다. 재해(재앙으로 인한 피해)가 생기지 않으며 기쁘고 경사스런 일이 많이 있으리란 말이다. 앞에서도 이 복의 개념에 대하여 언급한 바 있거니와 다시 한 번 알아보면 고서에는 다음과 같이 밝히고 있다.

심여언 언여사 삼상일치(心與言 言與辭 三相一致 마음에 있는 생각을 말(사업계획)로 옮기고, 말로 옮긴 일사의 세 가지가 일치됨을 복이라 칭한 바 있다.

이상은 상수학(象數學)적 하락리수(河洛理數)로써 앞의 명론(命論)을 알아보았다. 다음은 의리학(義理學)적 주역(周易)의 무망구오(无妄九五) 효사(爻辭)를 통해 이의 근기를 알아본다.

구오 무망지질 물약 유희(九五 无妄之疾 勿藥 有喜 구오는 무망의 병이니 약을 쓰지 않아도 기쁨이 있으리라.)

주(註) : 주자본의(朱子本義) 「건」의 강함과 중정한 것으로 높은 자리에 거처하고 아래로 응하는 것도 또한 중정하니 「무망」의 지극한 것이다. 이와 같은 데도 병이 있으면 약을 쓰지 않아도 저절로 낫게 됨으로 그 상과 점이 이와 같다.

(9) 운명(運命)상으로 보아 복(福.....좋은 운)이 있는 명론(命論)

비구사(否九四) 유복수 유전원 다동소정(有福壽 有田園 多動少靜 사람됨이 복이 있고 수명이 있으리라. 전원(재산)이 있으며 많이 움직이고 정지함이 적으리라.)

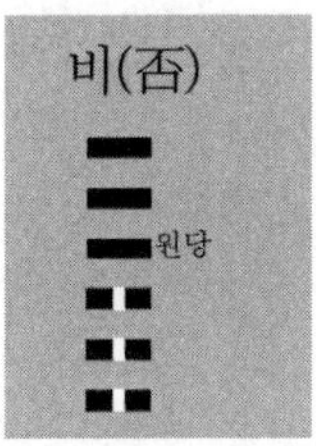

이상의 본문에서 보는 바와 같이 사람됨이 첫째에 복(좋은 운)이 있고 수명(장수)이 있으며 전원(재산)이 있으리라 말하고 있다. 또한 활동이 많으며 정지해 있음은 적으리라는 말이다.

이상은 상수학(象數學)적 하락리수(河洛理數)로써 앞의 명론(命論)을 알아보았다. 다음은 의리학(義理學)적 주역(周易)의 비구사(否九四) 효사(爻辭)를 통해 이의 근기를 알아본다.

구사 유명 무구 주리지(九四 有命 无咎 疇離祉 구사는 군명(君命)

을 두면 허물이 없어 짝이 복을 받을 것이다.)

주(註) : 주자본의(朱子本義) 「비」의 중간을 지났으니 이제 막 다스려지는 때다. 「구사」가 양으로써 음 자리에 있어서 강함을 극도로 하지 않기 때문에 그 점이 천명이 있고 허물이 없으며 동류의 세 양이 다 복을 받음이 된다. 명(命)은 천명(天命)을 말한 것이다.

(10) 운명(運命)상으로 보아 복(福.....좋은 운)이 있는 명론(命論)

임육사(臨六四) 유복지인 이안일소재 유기예 유성명(有福之人 而安逸少災 有技藝 有聲名 사람됨이 복이 있는 사람이며 편안하고 재앙은 적으리라. 또한 기능이나 예능으로 이름을 두리라.)

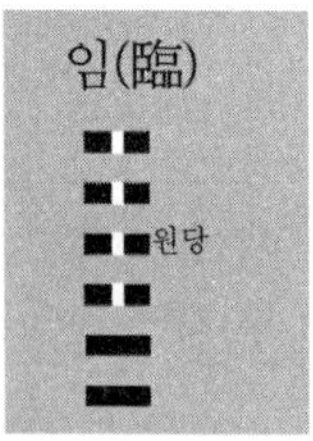

이상의 본문에서 보는 바와 같이 사람됨이 첫째에 복(좋은 운)이 있는 사람이며 편안하고 재앙은 적으리라 말하고 있다. 또한 직업에 있어서는 기능이나 예능으로 매진하면 성명(이름)이 있으리란 말이다.

이상은 상수학(象數學)적 하락리수(河洛理數)로써 앞의 명론(命論)을 알아보았다. 다음은 의리학(義理學)적 주역(周易)의 임육사(臨六四) 상사(象辭)를 통해 이의 근기를 알아본다.

상왈 지임무구 위당야(象曰 至臨无咎 位當也 상에 말하기를 지극히 임해서 허물이 없음은 위가 마땅하기 때문이다.)

주(註) : 인군과 가까운 자리에 거처하니 그 신임을 얻은 것이 되고, 음으로써 사효 자리에 거처하니 바름을 얻은 것이 되며 「초구」와 서로 응하니 어진 사람에게(자신을) 낮추는 것이 된다. 그래서 허물이 없는 것이니 대개 위(位)가 마땅하기 때문이다.

(11) 운명(運命)상으로 보아 복(福.....좋은 운)이 있는 명론(命論)

임육오(臨六五) 복인 개변절괘 불상재 불해민야(福人 蓋變節卦 不

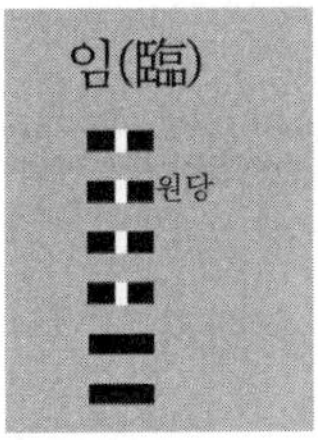

傷財 不害民也 복된 사람이라 대개 변해서 절(節)괘가 되면 재물을 상케 하지 않으며 뭇사람에 해롭게 하지 않으리라.)

이상의 본문에서 보는 바와 같이 무엇보다 우선에 복(좋은 운)된 사람이라 말하고 있다. 이 논리 속에는 다양한 의미를 함축하고 있다. 우선 한 가정의 근간이 되는 부부와의 관계가 아무 탈이 없음을 가진다. 다음은 한 가정을 영위하려 함에 재정적 뒷받침이 있고, 이에 수반하는 제반 여건이 별 문제 없음을 함유하고 있다 하겠다.

이상은 상수학(象數學)적 하락리수(河洛理數)로써 앞의 명론(命論)을 알아보았다. 다음은 의리학(義理學)적 주역(周易)의 임육오(臨六五) 상사(象辭)를 통해 이의 근기를 알아본다.

상왈 대군지의 행중지위야(象曰 大君之宜 行中之謂也 상에 말하기를 대군의 마땅함은 중도를 행함을 말한다.)

주(註) : 인군과 신하가 도를 합함은 대개 그 기운이 같은 것끼리 서로 구하는 것이다. 「육오」가 중덕(中德)이 있기 때문에 능히 강중한 어진 사람에게 맡겨서 대군의 마땅함을 얻는 것이다. 지혜로 임하는 공을 이루는 것은 대개 그 중덕을 행하기 때문이니, 인군이 재주 있는 사람과 도가 같고 덕이 합치되지 않으면 어떻게 쓸 수 있겠는가?

(12) 운명(運命)상으로 보아 복(福.....좋은 운)이 있는 명론(命論)

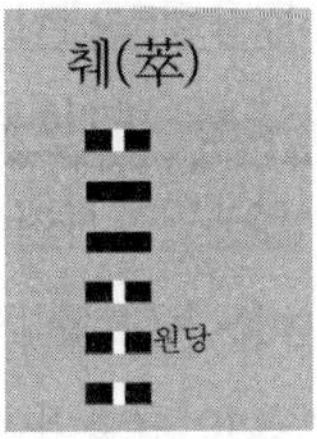

췌육이(萃六二) 존심성실 교접호인 다득존귀접인 모위리달 복택무휴(存心誠實 交接好人 多得尊貴接引 謀爲利達 福澤無虧 사람됨이 마음에 성실성을 가지며 좋은 사람과 사귀어 접하리라. 또한 존귀한 사람과 사귀고 이끌어 줌을 많이 얻어서 모

사 하는 일이 이롭게 달해서 복이 윤택하여 이지러짐이 없으리라.)

이상의 본문에서 보는 바와 같이 사람됨이 마음으로 성실함을 가지며 좋은 사람과 또한 존귀한 사람들의 이끌어 사귐을 많이 얻으리라 말하고 있다. 그러므로 모사함이 이롭게 달해서 복이 윤택하게 이지러짐이 없으리란 말이다.

이상은 상수학(象數學)적 하락리수(河洛理數)로써 앞의 명론(命論)을 알아보았다. 다음은 의리학(義理學)적 주역(周易)의 췌육이(萃六二) 상사(象辭)를 통해 이의 근기를 알아본다.

상왈 인길무구 중 미변야(象曰 引吉无咎 中 未變也 상에 말하기를 이끌면 길해서 허물이 없다 함은 중도로 해서 변함이 없기 때문이다.)

주(註) : 「췌」의 때는 모임을 얻는 것으로 길함이 되기 때문에 「구사」가 상하의 모임을 얻음이 되고 「육이」와 「구오」가 비록 정응이나 따로 떨어져 틈이 있으니 「췌」의 때를 당해서 합하지 못함이 된다. 그러므로 서로 이끌어 모일 수 있어야 길하고 허물이 없게 된다.

「육이」와 「구오」가 중정한 덕이 있어서 마음이 갑자기 변하지 않기 때문이니 변하면 서로 끌지 않을 것이다. 혹자가 묻기를 「육이」가 이미 중정한 덕이 있는데 「소상전」에 변하지 않았다(未變)고 하니, 말이 (중정한 「육이」의 덕에) 부족한 듯함은 왜 그렇습니까? 대답하기를 뭇 음이 가깝게 있음에 끼리끼리 모이고, 모이는 때에 음 사이에 끼었다. 능히 스스로를 지켜 변하지 않으면서 멀리 정응을 기다림은 강하게(마음을) 세운 자만이 할 수 있는데 「육이」는 음유한 재질로 중정한 덕이 있으니 마음이 변하는 데까지 이르지 않음을 바랄 수 있다. 그러므로 상에 그 뜻을 담아서 경계한 것이다.

(1) 운명(運命)상으로 보아 화(禍.....재난)를 타고난 명론(命論)

둔구오(屯九五) 호대희공 필조흉화(好大喜功 必遭凶禍 사람됨이

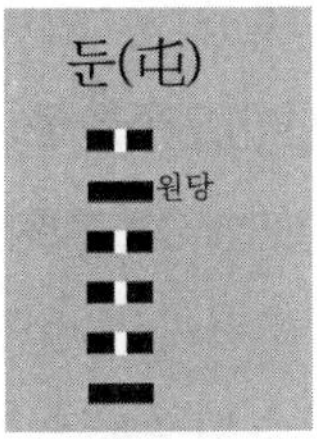

큰 것을 좋아하고 공을 기뻐하며 반드시 흉한 화를 만나리라.)

이상의 본문에서 보는 바와 같이 사람됨이 매사에 큰 것을 좋아하고 자기의 하는 일에 공이 있음을 기뻐하리라 말하고 있다. 또한 반드시 흉한 화를 만나리라 예고하고 있으니, 이 운명(運命) 자는 욕심이 많아 지나친 과욕으로 자기 위치와 처지를 망각하여 관철되지 않을 일에 몰두하는 일이 많다. 그러나 끝없는 불행으로 이어져서 부모로부터 유산이 있다고 해도 이를 유지할 수가 없으며 하는 일사마다 실패의 연속에 한숨을 돌릴 날이 없는 게 특징이라 하겠다. 또한 부부의 인연이 좋지 않아 평생을 통해 불안과 근심으로 살아가야 함이 유별나다 하겠다.

이상은 상수학(象數學)적 하락리수(河洛理數)로써 앞의 명론(命論)을 알아보았다. 다음은 의리학(義理學)적 주역(周易)의 둔구오(屯九五) 효사(爻辭)를 통해 이의 근기를 알아본다.

구오 둔기고 소정 길 대정 흉(九五 屯其膏 小貞 吉 大貞 凶 구오는 고택이 베풀어지기 어려우니, 작은 일에는 바르게 하면 길하고 큰 일에는 바르게 하더라도 흉하리라.)

주(註) : 주자본의(朱子本義) 「구오」가 양강하고 중정함으로써 존귀한 지위에 처했으나 「둔」의 때를 맞아 험한 가운데 빠졌으니, 비록 아래로 정응인 「육이」가 있지만 음유하고 재질이 약해서 다스리지는 못한다. 「초구」가 아래에서 백성을 얻어 모든 민중이 「초구」에게 돌아가니 「구오」가 「감」의 체에 있어서 고택의 윤택함이 있으나, 베풀지 못하여 정치함에 있어서 어려움(屯其膏)의 상이 된다. 점치는 자가(이 효를 얻을 때) 작은 일이면 바름을 지켜 오히려 길함을 얻거니와 큰 일이면 비록 바르게 하더라도 흉함을 면치 못할 것이다.

(2) 운명(運命)상으로 보아 화(禍.....재난)를 타고난 명론(命論)

송상구(訟上九) 화기소장 회생의외 시득종실 이신가난보(禍起蕭牆悔生意外 始得終失 而身家難保 사람됨이 쓸쓸한 담안(울안)에서 화가 일어나고 뜻밖에 뉘우칠 일이 생기며, 처음에는 얻어지나 종국에는 잃게 되며 몸과 가정을 보전하기 어려우리라.)

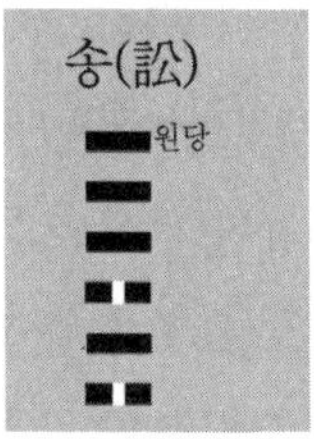

이상의 본문에서 보는 바와 같이 사람됨이 기구하기 짝이 없다. 설명보다 하나의 사례로써 그의 내면을 알아보자. 쓸쓸한 울안에서 화가 일어나리라. 이에 실지적 사례로써 유년기에 부모의 사별로 삼남매가 고아로써 지냈으며 동생의 오토바이 사고사로 또 하나의 사건이 있었으며, 설상가상으로 동거하던 매제의 자살 등 이중삼중으로 환난이 이어졌다는 말이다.

이상은 상수학(象數學)적 하락리수(河洛理數)로써 앞의 명론(命論)을 알아보았다. 다음은 의리학(義理學)적 주역(周易)의 송상구(訟上九) 효사(爻辭)를 통해 이의 근기를 알아본다.

상구 혹석지반대 종조삼치지(上九 或錫之鞶帶 終朝三褫之 상구는 혹 반대(띠)를 주더라도 조회를 마치는 동안 세 번 빼앗으리라.)

주(註) : 주자본의(朱子本義) 반대(鞶帶)는 명복(命服)의 장식이고 치(褫)는 뺏는 것이다. 강(剛)으로써 「송괘」의 끝에 거처하니 끝까지 송사를 해서 이길 수 있는 것이다. 그러므로 명을 받고 관복을 받는 상이 있으나 송사로써 얻은 것이니 어떻게 오래 갈 수 있겠는가? 그렇기 때문에 또한 조회를 마치는 동안 세 번 빼앗기는(終朝三褫) 상이 있다. 그 점(占)이 끝까지 송사를 무리하게 해서 혹 이기기는 하나 그 얻은 것을 마침내는 반드시 잃을 것이라고 하시니 성인께서 경계를 하시는 뜻이 깊다.

(3) 운명(運命)상으로 보아 화(禍.....재난)를 타고난 명론(命論)

리구오(履九五) 인정과합 도급급진도 이화환선종 성립간고(人情寡合 徒汲汲塵途 而禍患旋踵 成立艱苦 사람됨이 인정의 화합이 적으리라. 진도(험지)에서 급급(서둔다)하며 화환(화로 인한 환란)이 발꿈치에 따르며 성공해서 존립하기 어려우리라.)

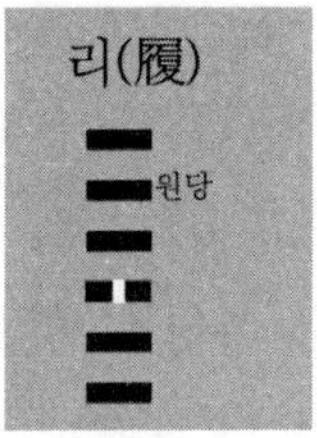

이상의 본문에서 보는 바와 같이 사람됨이 인정도 적고 하는 일이 진도(험지)에서 급급하리라 말하고 있다. 화환이 발꿈치에 따르며 무슨 일을 성공하여 존립하기 어려우리란 말이다.

이상은 상수학(象數學)적 하락리수(河洛理數)로써 앞의 명론(命論)을 알아보았다. 다음은 의리학(義理學)적 주역(周易)의 리구오(履九五) 효사(爻辭)를 통해 이의 근기를 알아본다.

구오 쾌리 정 려(九五 夬履 貞 厲 구오는 쾌하게 밟음이니 바르더라도 위태하리라.)

주(註) : 주자본의(朱子本義) 「구오」가 강하고 중정한 것으로써 제왕의 자리(帝位)를 밟음에 아래서는 「태」의 기뻐함으로써 응하니, 모든 일이 반드시 행해져서 의심나고 막힘이 없다.

그러므로 그 상이 그 밟음을 쾌하게 결단함이 되니, 비록 바름을 얻어 행하드라도 또한 위태한 도리이기 때문에 점이 비록 바르게 하더라도 위태한 것이니 경계를 하심이 깊으시다.

(4) 운명(運命)상으로 보아 화(禍.....재난)를 타고난 명론(命論)

동인구삼(同人九三) 방일위비 완법패의 심즉초화조형 이회불급(放溢爲非 玩法悖義 甚則招禍遭刑 而悔不及 사람됨이 제멋대로 분수에 넘치게 하여 그르게 되고, 법률을 희롱하며 의리를 어긋나게 하리라.

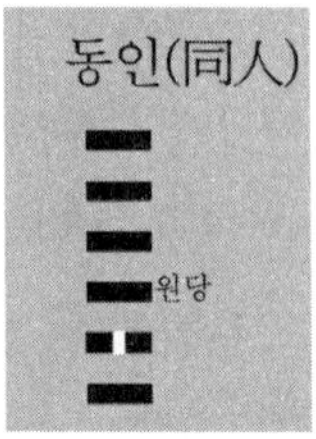

심하게 된 즉 화를 부르고 형벌을 만나니 후회해도 미치지 못하리라.)

이상의 본문에서 보는 바와 같이 사람됨이 제멋대로 하여 분수에 넘치게 하고 법을 희롱하며 의리에 거슬리는 패륜적인 운명이라 말하고 있다. 이보다 심하게 된 즉 화를 자초하여 형벌을 만나리란 말이다.

이상은 상수학(象數學)적 하락리수(河洛理數)로써 앞의 명론(命論)을 알아보았다. 다음은 의리학(義理學)적 주역(周易)의 동인구삼(同人九三) 효사(爻辭)를 통해 이의 근기를 알아본다.

구삼 복융우망 승기고릉 삼세불흥(九三 伏戎于莽 升其高陵 三歲不興 구삼은 군사를 숲에 매복시키고 높은 언덕에 올라서 삼 년을 일어나지 못하리라.)

주(註) : 구삼이 양으로서 강한데 거처하고 중을 얻지 못하니 이것은 강포한 사람이다. 동인(同人)의 때에 있으니 뜻이 같이 하는데 있고 괘에 오직 한 음이 있으니, 모든 양의 뜻이 다 같이 하고자 하며 「구삼」도 또한 「육이」와 가깝게 있다. 그러나 「육이」가 중정(中正)한 도로써 「구오」와 서로 통하니 「구삼」이 강하고 굳셈으로써 「육이」와 「구오」 사이에 있어서 빼앗아 같이 하고자 하니, 이치가 바르지 못하고 의리가 이기지 못하기 때문에 감히 나타나서 발하지 못하고 군사를 숲 속에 매복시켜 감추는 것이고 나쁜 마음을 품었고 안에 바르지 못한 것을 가지고 있기 때문에 또한 두려워해서 때로 높은 언덕에 올라서 돌아보는 것이다. 이렇게 해서 삼 년이라는 오랜 세월까지 가는 것은 끝내 감히 일어나지 못하는 것이다. 이 효는 소인의 정상을 깊이 살핀 것이나 흉하다고 말하지 않은 것은 감히 발하지 못하기 때문에 흉한 데까지는 이르지 않는 것이다.

(5) 운명(運命)상으로 보아 화(禍.....재난)를 타고난 명론(命論)

동인구오(同人九五) 선력간신 조견형상 만수유우 복천화심(先歷艱辛 早見刑傷 晩雖有遇 福賤禍深 사람됨이 먼저 어려움과 고생이 지나가며 일찍이 형벌로 상하는 일을 만나리라. 늦은 나이에 비록 만남이 있으나 복은 얇고 화는 심하리라.)

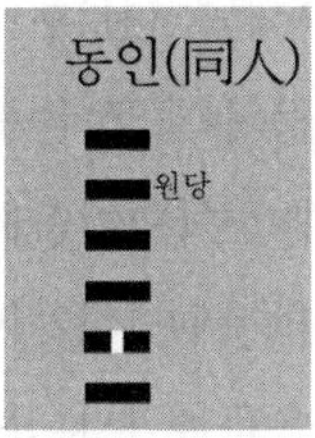

이상의 본문에서 보는 바와 같이 사람됨이 먼저는 어려움과 고생을 지내야 하며, 이른 나이에 몸이 형상되리라 말하고 있다. 늦은 나이에 비록 기회를 만남이 있으나 총체적으로 복(좋은 운)은 얇고 화(재앙)은 심하리란 말이다.

이상은 상수학(象數學)적 하락리수(河洛理數)로써 앞의 명론(命論)을 알아보았다. 다음은 의리학(義理學)적 주역(周易)의 동인구오(同人九五) 효사(爻辭)를 통해 이의 근기를 알아본다.

구오 동인 선호도 이후소 대사극 상우(九五 同人 先號咷 而後笑 大師克 相遇 구오는 동인(同人)이 먼저는 울부짖고 뒤에는 웃으니 큰 군사로 이겨야 서로 만날 것이다.)

주(註) : 주자본의(朱子本義) 「구오」가 강하고 중정하며 「육이」는 유하고 중정함으로써 서로 아래에서 응했으니 마음을 함께 한 사람이나 「구삼」과 「구사」에게 막힌 바가 되어서 함께 함을 얻지 못했다. 그러나 의리가 함께 함에는 물건이 이간질하지 못하기 때문에 이런 상이 있다. 그러나 「육이」는 유약한데 「구삼」과 「구사」가 강하고 굳세기 때문에 반드시 큰 군사를 써서 이긴 후에야 만날 수 있다.

(6) 운명(運命)상으로 보아 화(禍.....재난)를 타고난 명론(命論)

대유구사(大有九四) 탐소이영 수성참절지화 신가난보(貪小易盈 遂成僭竊之禍 身家難保 사람됨이 적게 탐내도 쉽게 넘치며, 드디어 분

수에 넘치는 화를 이루며 몸과 가정을 보존하기 어려우리라.)

이상의 본문에서 보는 바와 같이 사람됨이 조금만 탐내도 쉽게 넘치며, 드디어 분수에 넘치는 화를 만나고 몸과 가정을 보존하기 어려우리라 말하고 있다.

이상은 상수학(象數學)적 하락리수(河洛理數)로써 앞의 명론(命論)을 알아보았다. 다음은 의리학(義理學)적 주역(周易)의 대유구사(大有九四) 효사(爻辭)를 통해 이의 근기를 알아본다.

구사 비기팽 무구(九四 匪其彭 无咎 구사는 너무 성하지 않게 하면 허물이 없으리라.)

주(註) : 「구사」는 대유의 때에 있어서 이미 중간을 지났으니 「대유」의 풍성한 것이다. 지나치게 풍성하면 흉과 허물이 말미암아 생길 것이기 때문에 처해 나가는 도리가 그 풍성하지 않게 하면 허물이 없다고 한 것이니, 겸손해서 너무 풍성하게 처신하지 않으면 허물이 없다는 말이다. 「구사」는 인군의 높은 자리에 가까우니 너무 풍성하게 처신하면 흉과 허물을 이룰 것이다. 팽(彭)은 성하고 많은 모습이다.

(7) 운명(運命)상으로 보아 화(禍.....재난)를 타고난 명론(命論)

서합상구(噬嗑上九) 위강량 위강악 리위도험 시비괄뇨 화환선종 형옥리신(爲强梁 爲剛惡 履危蹈險 是非括撓 禍患旋踵 刑獄罹身 사람됨이 강양(强梁 : 힘이 셈)하고 강악(剛惡 : 모질음)하리라. 위태함을 밟고 험한 데를 밟으며 시비가 어지러우리라. 화환(재앙)이 발꿈치에 따르며 형옥(옥살이)이 몸에 따르리라.

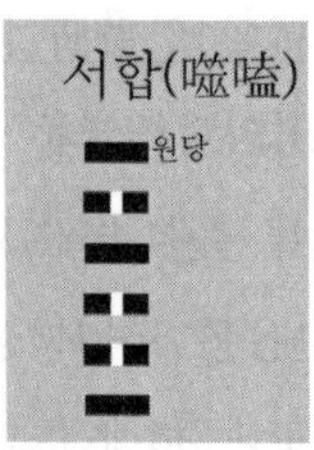

이상의 본문에서 보는 바와 같이 사람됨이 지나치게 강악하며 위험한 일에 빠져서, 시비가 어지러우리라는 말이다. 그럼으로 화환이 항시 발꿈치에 따르고 감옥의 신세가 되리라는 말이다.

이상은 상수학(象數學)적 하락리수(河洛理數)로써 앞의 명론(命論)을 알아보았다. 다음은 의리학(義理學)적 주역(周易)의 서합상구(噬嗑上九) 효사(爻辭)를 통해 이의 근기를 알아본다.

상구 하교 멸이 흉(上九 何校 滅耳 凶 상구는 형틀을 씌워서 귀를 멸하니 흉하도다.)

주(註) : 「상구」가 높은 자리를 지났으니, 지위가 없는 사람이기 때문에 형을 받는 사람이 되고 괘의 마지막에 거처하니 이것은 그 틈이 큰 것이며 씹음이 극한 것이다. 「계사」전에 말한 악한 것이 쌓여 가릴 수 없고 죄가 커져서 풀지 못하는 것이기 때문에 형틀을 씌워서 죄를 멸한 것이니 흉한 것을 알 수 있다. 하(何)는 짊어진다는 것이니 목에 씌운다는 것이다.

(8) 운명(運命)상으로 보아 화(禍.....재난)를 타고난 명론(命論)

박육사(剝六四) 기심화대 작얼자장 종유리명 종무사속(機深禍大 作孽自戕 縱有利名 終無嗣續 사람됨이 틀은 깊고 화가 크리라. 스스로가 죽을 죄를 지으며 비록 날래다는 이름이 있으나 끝까지 이어 나갈 수가 없으리라.)

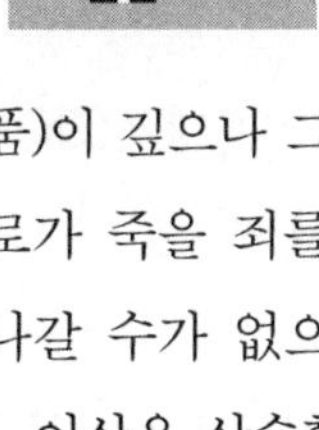

이상의 본문에서 보는 바와 같이 사람됨이 틀(기품)이 깊으나 그에 따르는 화(禍.....재앙)가 크리라 말하고 있다. 스스로가 죽을 죄를 지으며 비록 날래다는 이름이 있으나 끝까지 이어 나갈 수가 없으리라는 말이다.

이상은 상수학(象數學)적 하락리수(河洛理數)로써 앞의 명론(命論)

을 알아보았다. 다음은 의리학(義理學)적 주역(周易)의 박육사(剝六四) 효사(爻辭)를 통해 이의 근기를 알아본다.

육사 박상이부 흉(六四 剝床以膚 凶 육사는 상의 다리를 깎아 피부까지 옴이니 흉하리라.)

주(註) : 처음에 상의 다리를 깎아서 점점 살까지 이르니 피부(皮膚)는 몸의 거죽이다. 장차 몸을 멸한 것이니 흉함을 알 수 있다. 음의 자람이 이미 성하고 양의 깎임이 이미 심하니 바른 도가 이미 사그러졌다. 그럼으로 다시 바른 것을 멸한다는 말을 하지 않고 바로 흉하다고 말했다.

(9) 운명(運命)상으로 보아 화(禍.....재난)를 타고난 명론(命論)

무망육삼(无妄六三) 분파궤사 초우계화 득실무상 우락불일 가업난

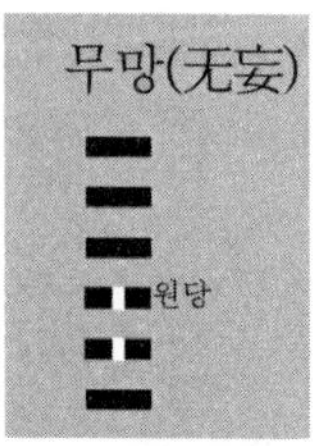

흥(奔波詭詐 招尤啓禍 得失無常 憂樂不一 家業難興 사람됨이 남을 속이기에 바쁘고 세차며 탈을 자초하고 화를 열어서 얻어지고 잃는 것이 범상치가 않으리라. 걱정스럽고 즐거운 일들이 한결같지 않으며 가업을 일으키기에는 어려우리라.)

이상의 본문에서 보는 바와 같이 사람됨이 남을 속이는 일에 세차게 하고 바쁘다는 말이다. 그럼으로 탈을 불러들이고 화를 열어서 얻어지고 잃는 바가 범상치 않다는 말이며, 근심스럽고 즐거운 일들이 한결같지 않고 가업(자기가 하고 있는 업)을 일으켜서 일어나기에는 어렵다 말하고 있다.

이상은 상수학(象數學)적 하락리수(河洛理數)로써 앞의 명론(命論)을 알아보았다. 다음은 의리학(義理學)적 주역(周易)의 무망육삼(无妄六三) 효사(爻辭)를 통해 이의 근기를 알아본다.

육삼 무망지재 혹격지우 행인지득 읍인지재(六三 无妄之災 或擊之

牛 行人之得 邑人之災 육삼은 무망의 재앙이니 혹 소를 끌고 갔으나 행인의 얻음이 읍 사람의 재앙이로다.)

주(註) : 읍 사람이 음유하고 중정하지 못하니 망령된 사람이고, 또 뜻이 상구와 응하려 함은 욕심이니 역시 망령된 것이다. 「무망」의 도에 있어서는 재앙과 해가 되니 사람이 망령되이 움직이는 것은 욕심이 있기 때문이다. 망령되어 움직여 얻더라도 또한 반드시 잃을 것이며 설사 이득을 얻는다 하더라도 그 움직임이 망령되면 잃음이 이미 큰 것인데 하물며 흉하고 뉘우칠 일이 다름에랴!

지혜로운 사람은 망령되어 얻음을 보면 잃음도 반드시 상응하게 따를 것을 알기 때문에 성인께서 「육삼」에 망령됨이 있는 상을 보고 그 이치를 밝히셔서 무망의 재앙이니, 혹 소를 끌고 갔으나 행인이 얻음이 읍 사람의 재앙(无妄之災 或繫之牛 行人之得 邑人之災)이라고 하셨다. 「육삼」과 같이 망령된 일을 하면 무망의 재해가 되니 설사 얻음이 있더라도 잃는 것이 뒤따라서 혹 소를 끌고 간 것과 같다고 말한 것이다.

혹(或)은 설혹이라는 것이다. 설혹 소를 끌고 가서 얻음에 행인은 얻은 것으로써 득을 삼으나 읍 사람은 소를 잃었으니 재앙이고 가령 읍 사람이 말을 끌고 가서 얻었다 하더라도 행인은 말을 잃었으니 재앙이 된다. 말하자면 얻음이 있으면 잃음이 있으니, 얻는 것이 될 수 없다는 것이다. 행인 읍인이라고 한 것은 다만 얻음이 있으면 잃음이 있다는 것을 말한 것이고, 이편저편을 말한 것은 아니다. 망령되이 얻은 복은 재앙도 또한 따르고 망령되이 얻은 득은 잃음도 또한 상응하니 진실로 얻음이 될 수 없다. 사람이 이것을 안다면 망령되이 움직이지 않을 것이다.

(10) 운명(運命)상으로 보아 화(禍.....재난)를 타고난 명론(命論)

대축상구(大畜上九) 지대심고 기심화중 변태상효 유성복우황지상

(志大心高 機深禍重 變泰上爻 有城復于隍之象 사람됨이 뜻(포부)은 크고 마음(입지)은 높으며 틀은 깊고 화(재앙)는 중하리라. 변해서 태(泰)괘의 상효가 되면 성에 다시 해자(성 밖에 둘러서 판 물 없는 못)의 상이 있으리라.)

이상의 본문에서 보는 바와 같이 사람됨이 포부는 크고 입지는 높으나 화가 중대하리라는 말이다. 그 위에 대축(大畜)괘 상구(上九)가 변하여 태상효(泰上爻)가 되면 성 밖에 둘러 판 물 없는 연못과 같이 그 화가 갑절이 된다는 말이다.

이상은 상수학(象數學)적 하락리수(河洛理數)로써 앞의 명론(命論)을 알아보았다. 다음은 의리학(義理學)적 주역(周易)의 대축상구(大畜上九) 효사(爻辭)를 통해 이의 근기를 알아본다.

상구 하천지구 형(上九 何天之衢 亨 상구는 하늘의 거리니 형통하리라.)

주(註) : 내가 호선생에게 들으니 천지구형(天之衢亨)에 잘못 하(何)자가 붙었다고 한다. 일이 극에 달하면 돌아오는 것은 이치의 떳떳함이기 때문에 그치게 함이 극에 달하면 형통한 것이다. 「소축괘」는 그치게 함이 적은 것이기 때문에 극에 달하면 이루어지고, 「대축괘」는 그치게 함이 크기 때문에 극에 가면 흩어지니, 이미 극해서 변할 때를 당했고 또 양의 성질이 위로 가기 때문에 흩어지는 것이다.

하늘의 거리(天衢)는 하늘의 길이니 허공 가운데 구름과 나는 새가 오가는 데를 말하기 때문에 하늘의 거리라고 했다. 하늘의 거리니 형통하다고 함은 확 트이고 광활해서 가리고 막힘이 없는 것을 말하니, 그치게 하는 도에 있어서는 변하는 것이다. 변해서 형통하니 그치는

도의 형통함이 아니다.

(11) 운명(運命)상으로 보아 화(禍.....재난)를 타고난 명론(命論)

이육삼(頤六三) 부양위정 패의방사 화불선종 신가파손(扶揚違正悖義放肆 禍不旋踵 身家破損 사람됨이 정의에 위배됨을 부양(도와 칭찬)하고 의리를 거슬리며 방자하리라. 화가 발꿈치를 떠나지 않으며 몸과 가정을 보존키 어려우리라.)

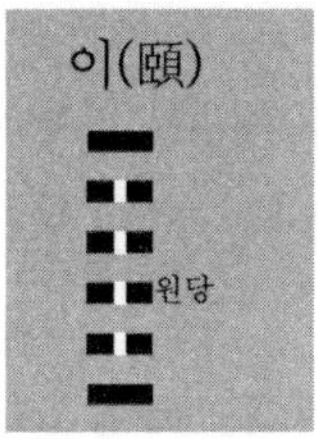

이상의 본문에서 보는 바와 같이 사람됨이 정의(正義)를 위배하고 의리(義理)를 거슬리며, 그의 행위가 방자하리라는 말이다. 그러므로 그에 수반한 화(禍)가 발꿈치에서 떠나지 않으며 자기의 몸과 가정을 보존키 어려우리라 말하고 있다. 이 신가난보(身家難保)의 어의 속에는 부부가 동반 해로하지 못함을 내포하고 있다 하겠다.

이상은 상수학(象數學)적 하락리수(河洛理數)로써 앞의 명론(命論)을 알아보았다. 다음은 의리학(義理學)적 주역(周易)의 이육삼(頤六三) 효사(爻辭)를 통해 이의 근기를 알아본다.

육삼 불이정 흉 십년물용 무유리(六三 拂頤貞 凶 十年勿用 无攸利 육삼은 기르는 바름을 거스른 것이다. 흉해서 십 년을 쓰지 못한다. 이로운 바가 없느니라.)

주(註) : 기르는 도는 오직 바르게 하면 길하다. 「육삼」이 음유한 자질로써 거처함이 중정하지 못하고 또한 움직이는 괘의 끝에 있으니, 이것은 부드럽고 사특해서 바르지 못하게 움직이는 사람이다. 그 기르는 것이 이와 같으면 기름의 바른 도에 어긋나니 흉한 것이다.

기르는 것이 바름을 얻으면 기르는 바가 다 길하니 기름을 구해서 사람을 기르면 의리에 합당하고 스스로를 기르면 그 덕을 이룰 것이나, 육삼은 바른 도를 거스렸기 때문에 십 년을 쓰지 못한다(十年勿用)고 경계한 것이다. 열(十)은 수의 마침이니, 끝끝내 쓸 수 없어서 가더라도 이로운 바가 없다는 말이다.

(12) 운명(運命)상으로 보아 화(禍.....재난)를 타고난 명론(命論)

이초구(頤初九) 위불의지인 필조흉화(爲不義之人 必遭凶禍 사람됨이 의롭지 못한 사람이며, 반드시 흉한 화를 만나리라.)

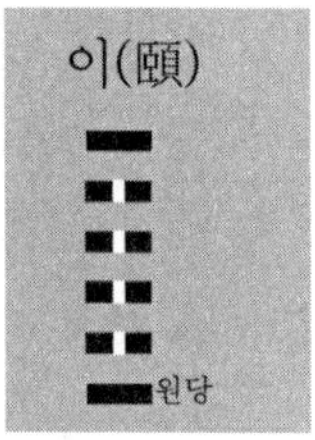

이상의 본문에서 보는 바와 같이 사람됨이 의롭지 못한 사람이라 말하고 있다. 이 의리에 대하여 대표적인 어의 몇 가지를 들어 본다.

의리하면 사람이 지켜야 할 준칙을 들 수가 있으니, 우선 군신간의 도덕적 의리를 들 수가 있으며, 부모에 대한 효행도 또한 부모와 자식이 각기 그 의리를 잘 지킴으로써의 부자자효(父慈子孝)가 이루어지며, 나아가서 부부간의 의리 또한 붕우간의 의리 인륜의 상하간의 의리를 잘 지킴으로써 인간다운 가치가 형성되는 것이라 말할 수 있다. 그러나 이 명론(命論)에서는 이와 같이 바른 의인에 위배 된다는 말이니 박덕한 운명이기도 하다. 그러므로 혹시가 아니라 반드시 흉한 화를 만나리라 말하고 있다.

이상은 상수학(象數學)적 하락리수(河洛理數)로써 앞의 명론(命論)을 알아보았다. 다음은 의리학(義理學)적 주역(周易)의 이초구(頤初九) 상사(象辭)를 통해 이의 근기를 알아본다.

상왈 관아타이 역불족귀야(象曰 觀我朶頤 亦不足貴也 상에 말하기를 나를 보고서 턱을 벌림이니 또한 귀하지 못하도다.)

주(註) : 「초구」는 움직이는 괘체니 턱을 벌린다(朶頤)고 함은 음을 좋아해서 뜻이 통한다는 말이다. 이미 욕심에 움직이는 바가 되면 비록 강건하고 명지(明智)한 재질이 있더라도 마침내 반드시 스스로 잃게 되기 때문에 그 재질이 또한 귀한 것이 없다.

사람이 강함을 귀하게 여기는 것은 자립해서 욕심에 굽히지 않기 때문이고 밝음을 귀하게 여기는 것은 밝게 비춰서 바름을 잃지 않기 때문인데 이미 욕심에 유혹되어 바름을 잃었으니, 강하고 밝은 것이 어디에 있겠는가? 천하다고 할 수 있다.

(13) 운명(運命)상으로 보아 화(禍.....재난)를 타고난 명론(命論)

대과구삼(大過九三) 흉포시한 화환질지 차변곤우석지상 이기형상

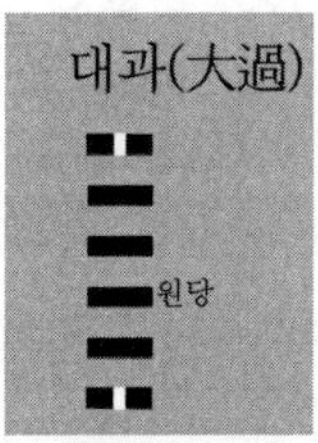

손절가지(凶暴猜狠 禍患迭至 且變困于石之象 而其刑傷損折可知 사람됨이 흉학하고 포악하며 투기하여 화환(재앙)이 번갈아 이르리라. 또 변하면 돌에 곤한 상이니 그 형벌로 상하며 손절(꺾임)을 가히 알 수 있도다.)

이상의 본문에서 보는 바와 같이 사람됨이 흉포하고 잔인하며 화환(재앙)이 번갈아 이르리라는 말이다. 또 변하면 택수곤(澤水困)이 되니 이와 같으면 그 형벌로 몸을 상하고 다치리라 말하고 있다.

이상은 상수학(象數學)적 하락리수(河洛理數)로써 앞의 명론(命論)을 알아보았다. 다음은 의리학(義理學)적 주역(周易)의 대과구삼(大過九三) 상사(象辭)를 통해 이의 근기를 알아본다.

상왈 동요지흉 불가이유보야(象曰 棟橈之凶 不可以有輔也 상에 말하기를 기둥이 흔들려서 흉함은 돕는 것이 있을 수 없기 때문이다.)

주(註) : 강한 것이 지나치면 사람을 취할 수 없고 사람들 또한 친하고 도울 수 없으니, 기둥이 흔들리고 부러져서 지탱하고 도울 수 없는 것과 같다. 기둥은 집 가운데 있어서 보조하는 것을 세울 수 없으니 이것이 돕는 것이 있을 수 없다는 것이다.

(14) 운명(運命)상으로 보아 화(禍.....재난)를 타고난 명론(命論)

대과상육(大過上六) 지대모소 경동망거 취화초얼 난용어세(志大謀小 輕動妄擧 取禍招孽 難容於世 사람됨이 뜻은 크고 모사는 적으며 무슨 일에 가벼이 움직이고 망령되이 거행하리라. 그러므로 화를 취하고 죄를 자초하여 세상에서 용서받기 어려우리라.)

이상의 본문에서 보는 바와 같이 사람됨이 뜻(포부)는 크고 그에 수반하는 모사함은 적게 하며 하는 일에 가벼이 움직이고 망령되이 거행하리라는 말이다. 그러므로 화를 취하고 잘못된 죄를 자초하여 세상에서 용서받기 어려우리라 말하고 있다.

이상은 상수학(象數學)적 하락리수(河洛理數)로써 앞의 명론(命論)을 알아보았다. 다음은 의리학(義理學)적 주역(周易)의 대과상육(大過上六) 효사(爻辭)를 통해 이의 근기를 알아본다.

상육 과섭멸정 흉 무구(上六 過涉滅頂 凶 无咎 상육은 지나치게 건너다 이마를 멸함이라. 흉하니 허물할 데 없느니라.)

주(註) : 「상육」이 음유함으로써 지나침이 극한데 거처하니 이것은 소인이 상도를 지나침이 극한 사람이다. 소인이 크게 지나치다고 함은 보통 사람보다 크게 지나친 일을 할 수 있다는 뜻이 아니고, 바로 상도(常道)를 지나치고 이치에 벗어나서 위태하고 망할 것을 생각지 않고 험한 곳을 밟고 화환(禍患)에 빠질 뿐이니, 물을 지나치게 건너다가 그 이마까지 빠지는 것과 같다. 그 흉함을 알 수 있으며 소인이 광란스럽고 조급하게 해서 스스로 화를 부르는 것은 당연한 것이니, 다시 장차 무었을 허물하겠는가? 그렇기 때문에 허물할 데 없다(无咎)고 한 것이니, 스스로 한 것이어서 원망하고 허물할 데 없다는 말이다. 못(澤)의 상으로 인해서 건넌다는 뜻을 취한 것이다.

(15) 운명(運命)상으로 보아 화(禍.....재난)를 타고난 명론(命論)

함상육(咸上六) 고황구이란속 초우계화 진세난용(鼓簧口以亂俗 招尤啓禍 塵世難容 사람됨이 입으로써 북치고 피리 불듯이 하여 세속을 어지럽히어 탈을 자초하고 화를 열어서 속된 세상에서 용서받기 어려우리라.)

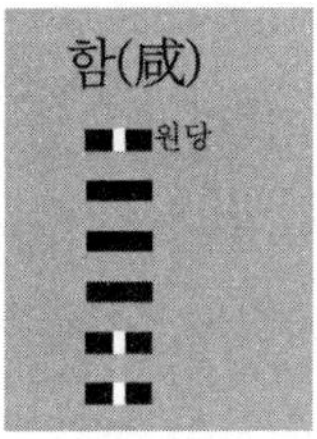

이상의 본문에서 보는 바와 같이 입으로써 북치고 피리 불듯이 세속을 어지럽게 하리라 말하고 있다. 그러므로 탈을 자초하고 화를 열어서 속된 세상에서 용서받기가 어려우리라는 말이다.

이상은 상수학(象數學)적 하락리수(河洛理數)로써 앞의 명론(命論)을 알아보았다. 다음은 의리학(義理學)적 주역(周易)의 함상육(咸上六) 상사(象辭)를 통해 이의 근기를 알아본다.

상육 함기보협설(上六 咸其輔頰舌 상육은 볼과 뺨과 혀로 느끼는 것이다.)

주(註) : 상육은 음유하고 기뻐하는 체로 기뻐함의 주인이 되고 또한 느끼는 체의 끝에 거처하니, 이것은 사물을 감동하고자 하는 욕심이 극도에 달한 것이다. 그러므로 지성으로 사물을 감동시키지 못하고 입과 혀 사이에 나타난 것이니, 소인과 여자의 보통 하는 행동이다. 어떻게 사람을 감동시키겠는가? 바로 입(口)이라고 말하지 않고 볼과 뺨과 혀(輔頰舌)라고 말한 것은 또한 요새 사람이 실언(失言)하는 것을 입술을 놀린다, 혀를 놀린다 라고 이르는 것과 같으니 볼과 뺨과 혀는 다 말 하는데 쓰이는 부분이다.

(16) 운명(運命)상으로 보아 화(禍.....재난)를 타고난 명론(命論)

항상육(恒上六) 호대희공 위법망작 분경다사 반성복패지화(好大喜功 違法妄作 紛更多事 反成覆敗之禍 사람됨이 큰 것을 좋아하고 공을

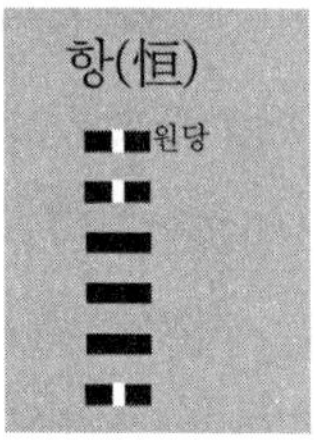

기쁘하며 법을 위반하고 망령된 짓을 하리라. 어지럽게 고쳐하는 일이 많으며 도리어 복패(망함)의 화를 이루리라.)

이상의 본문에서 보는 바와 같이 사람됨이 허욕이 많아 큰 것을 좋아하고 공을 기쁘하며 법을 위반하고 망령(비리)된 짓을 잘 하리라 말하고 있다. 어지럽게 고쳐하길 잘하며 (이성관계가 복잡함) 도리어 복패(망함)하는 화를 이루리라고 한다.

이상은 상수학(象數學)적 하락리수(河洛理數)로써 앞의 명론(命論)을 알아보았다. 다음은 의리학(義理學)적 주역(周易)의 항상육(恒上六) 효사(爻辭)를 통해 이의 근기를 알아본다.

상육 진항 흉(上六 振恒 凶 상육은 항상 함을 떨침이니 흉하니라.)

주(註) : 음(陰)이 「항괘」의 끝에 거처하고 진의 마지막에 있다. 「항괘」의 끝이니 항상 하지 못하고 「진」의 마지막이니 움직임의 극치이며 음으로써 제일 위에 거처하니 그 편안한 처소가 아니고, 또한 음유해서 자기의 지키는 것을 굳게 할 수 없으니 다 항상 하지 못하는 뜻이다. 그래서 항상 함을 떨침(振恒)이 되니 떨치는 것으로써 항상 함을 삼는 것이다.

떨치다(振)는 움직임이 빠른 것으로 옷을 턴다, 책을 턴다는 것과 같으니 털어버리고 움직인다는 뜻이다. 위에 있으면서 그 움직임이 절제가 없어 이런 것으로써 항상 함을 삼으니 흉함이 마땅하다.

(17) 운명(運命)상으로 보아 화(禍.....재난)를 타고난 명론(命論)

익상구(益上九) 험사 이기손인 재화병지 신가난보(險詐 利己損人 災禍並至 身家難保 사람됨이 험하게 속여서 나만을 이롭게 하며 남은 손해 보게 하리라 재앙과 화가 아울러 이르며 몸과 가정을 보존하기

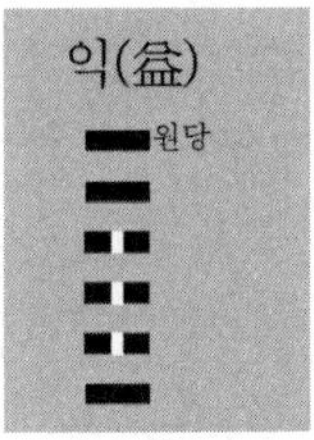

어려우리라.)

이상의 본문에서 보는 바와 같이 사람됨이 험난한 사기 행각으로 나만을 이롭게 하고 남에게는 손해를 끼치리라는 말이다. 또한 재앙과 화가 아울러 이르며 몸과 가정을 보존하기 어려우리라는 말이다. 이 명론의 신가난보(身家難保)에는 부부가 동반하여 해로 못함을 암시하고 있다 하겠다.

이상은 상수학(象數學)적 하락리수(河洛理數)로써 앞의 명론(命論)을 알아보았다. 다음은 의리학(義理學)적 주역(周易)의 익상구(益上九) 상사(象辭)를 통해 이의 근기를 알아본다.

상왈 막익지 편사야 혹격지 자외래야(象曰 莫益之 偏辭也 或擊之 自外來也 상에 말하기를 더하는 이가 없다는 것은 치우쳤다는 말이고, 혹 친다는 것은 밖으로부터 오는 것이다.)

주(註) : 이치는 천하의 공변된 것이고, 이익은 뭇사람이 똑같이 욕심내는 것이다. 진실로 자기의 마음을 공변되게 해서 바른 이치를 잃지 않으면 무리와 더불어 이익을 같이해서 사람들을 침해하지 않으니 사람들 또한 주려고 할 것이나, 만약 이익을 좋아함이 간절하고 자기의 사사로움에 가리어서 자신의 유익함을 구해서 타인을 손해 보게 하면 사람들 역시 힘으로 다툴 것이기 때문에 유익하게 하려 않고 빼앗는 사람이 있을 것이다.

더하는 사람이 없다(莫益之)는 자기에게만 치우침을 나무란 것이다. 진실로 자기에게 치우치지 않아서 공변된 도에 합치하면 사람들 역시 유익하게 할 것이니 무엇을 위해 치겠는가? 이미 사람들에게 유익하게 해 주기를 구함이 극심한 데까지 이르렀으니, 사람들이 다 미워해서 치고자 할 것이기 때문에 치는 사람이 밖으로부터 오는 것이다.

사람이 착한 일을 하면 천리 밖에서도 응하니 「육이」가 중정하고 자기를 비우기 때문에 유익하게 하는 사람이 밖으로부터 이르는 것이고 착하지 못한 일을 하면 천리 밖에서도 어기니 「상구」가 유익함을 구함이 극심함으로 치는 사람이 밖으로부터 이르는 것이다.

「계사전」에 말하기를 군자가 그 몸을 편안하게 한 뒤에야 움직이며, 그 마음을 편이하게 한 뒤에야 말하며, 그 사귐을 정한 뒤에야 구하나니, 군자가 이 세 가지를 닦는 까닭에 온전하다. 위태함으로써 움직이면 백성이 더불지 않고 두려움으로써 말하면 백성이 응하지 않으며 사귐이 없이 구하면 백성이 주지 않는다. 주는 이가 없으면 곧 해치는 이가 이를 것이니 「주역」에 말하기를 더할 이가 없다. 혹 칠 것이니 마음을 세움이 항상 하지 않아 흉하다고 했다. 군자의 언동과 주고 구함을 다 그 도로써 해야 완전하게 착할 것이고, 그렇지 않으면 상하고 흉하게 될 것이다.

(18) 운명(運命)상으로 보아 화(禍.....재난)를 타고난 명론(命論)

승상육(升上六) 위소인 탐리지절 난면욕신지화(爲小人 貪利之切 難免辱身之禍 사람됨이 소인으로써 이익을 간절히 탐내며 몸을 욕되게 하는 화를 면하기 어려우리라.)

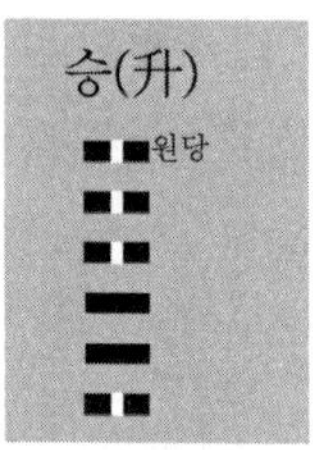

이상의 본문에서 보는 바와 같이 사람의 됨됨이가 소인으로써 재리를 간절히 탐내리라 말하고 있다. 이 명론(命論)자는 액면이 큰 재리보다 소액에 지나친 절제로써 타인에 인색한 감을 끼치는 게 특징이라 하겠다. 이는 「위소인탐리지절(爲小人貪利之切)」의 작용이며, 또한 「난면욕신지화(難免辱身之禍)」에는 이상스레 이성관계가 평범을 뛰어넘어 오히려 수치스런 불륜적 치욕을 가져오게 됨을 보게 되는 게 특징이라 하겠다. 이는 모두 가 타고난 숙명적 소관으로 특징을 나타내게 되는 것이다.

이상은 상수학(象數學)적 하락리수(河洛理數)로써 앞의 명론(命論)을 알아보았다. 다음은 의리학(義理學)적 주역(周易)의 승상육(升上六) 상사(象辭)를 통해 이의 근기를 알아본다.

상왈 명승재상 소불부야(象曰 冥升在上 消不富也 상에 말하기를 오르는데 어두워서 위에 있으니 사그러져서 부하지 못함이라.)

주(註) : 「승괘」의 끝에서 어두워 올라감에 그칠 줄 모르면 오직 사그러지고 망함이 있을 뿐이니, 어찌 다시 유익함을 더하겠는가? 부하지 못하다(不富) 함은 다시는 더해 보태지 않음이니 올라감이 이미 극했으면 물러감이 있고 나아감은 없는 것이다.

(19) 운명(運命)상으로 보아 화(禍.....재난)를 타고난 명론(命論)

소과구삼(小過九三) 자시강강 다초투기 화해질생 신가난보(自恃剛强 多招妬忌 禍害迭生 身家難保 사람됨이 자기 자신이 강한 줄로 믿고서 투기(미워함)함을 많이 자초하리라. 화환(재앙)이 번갈아 생기며 몸과 가정을 보존키 어려우리라.)

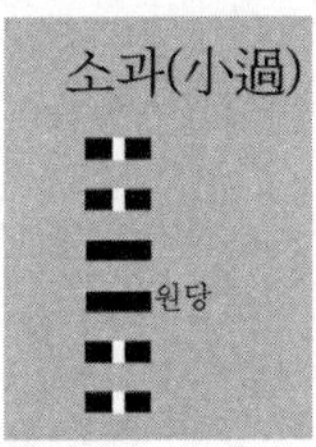

이상의 본문에서 보는 바와 같이 사람됨이 자기 자신이 강강한 줄로 믿고서 남들 한데서 투기(미워함)을 많이 자초하리라 말하고 있다. 그러므로 화환(재앙)이 번갈아 생기며 몸과 가정을 보존하기 어려우리라는 말이다. 이 신가난보에서는 부부간에 해로하지 못함이 내재되어 있다 하겠다.

이상은 상수학(象數學)적 하락리수(河洛理數)로써 앞의 명론(命論)을 알아보았다. 다음은 의리학(義理學)적 주역(周易)의 소과구삼(小過九三) 효사(爻辭)를 통해 이의 근기를 알아본다.

구삼 불과방지 종혹장지 흉(九三 弗過防之 從或戕之 凶 구삼은 지나치게 막지 않으면, 혹 따라와 해침으로 흉하니라.)

주(註) : 소과는 음이 지나치고 양이 자리를 잃은 때니, 구삼이 홀로 바른 데 거처하나 아래에 있어 일을 할 수 있는 능력이 없고 음의 꺼려하고 미워하는 바가 되었기 때문에 마땅히 지나쳐야 할 것이 소인을 지나치게 막는데 있다. 만약 지나치게 막지 않으면 혹 따라와 해칠 것이니 이렇게 하면 흉하다.

「구삼」이 음이 지나친 때에 양으로써 강한데 거처하여 강한데 지나친 것이니, 이미 지나치게 막는 것을 경계했으면 지나치게 강한 것도 또한 경계해야 한다. 소인을 막는 도는 자기를 바르게 함이 먼저이니 「구삼」이 바름을 잃지 않았기 때문에 반드시 흉한 뜻이 없음으로 지나치게 막으면 변할 것이다. 「구삼」이 하괘의 위에 있어 아래를 다스림이 다 이와 같다.

부 록 (附 錄)

※ 토정비결(土停秘訣)에 숨어 있는 괘상(卦象)의 비화(秘話)

머리의 주제(主題)에 비화(秘話)를 알아본다.

우리 한민족(韓民族)은 구랍(舊臘)이 지나가고 신정(新正)이 돌아오면 의례적(儀禮的)으로 삼삼오오 모이는 곳마다 토정비결을 펼쳐놓고 각기 자기 나름대로의 길흉화복 간에 미래를 점쳐서 새로운 한 해를 설계함에 마음적으로 자구의 노력과 피흉의 경계를 삼아왔다.

토정비결의 구본(舊本)을 펼쳐보면 매 괘마다 원괘(原卦)와 변괘(變卦)가 자리하고 있으며, 바로 그 옆에는 괘상(卦象)이라 기록되어 있고 한자(漢字) 네 글자씩의 사자어로써 그 괘상에 따른 한 해의 운명론이 표기되어 있음을 볼 수가 있다. 그러면 위에서 언급한 괘상이란 명칭에 대하여 우선 그의 원리를 살펴보자. 토정비결을 이지함(李芝函)선생께서 서술하실 때에 복서(卜筮)적인 원서(原書)의 대전(大典)인 주역(周易)에 그 근간(根幹)을 두고 서술하신 것이다.

그러면 왜 매괘(每卦)마다 괘상(卦象)이라 기록되었을까? 이 비화(秘話)에 대하여 그 논리 속에 숨어있는 심층적 논조를 표출시켜 분석해 본다. 대체로 주역에는 괘사(卦辭)의 논리와 괘상(卦象)에 따른 논리가 각기 구현되어 있으니 이는 두 개의 논리 중 후자에 속하는 것이다. 그러면 괘사(卦辭)와 괘상(卦象)의 실질적 논리의 개요에 대하여 알아본다.

괘사(卦辭)는 역경(易經)의 매 괘마다 그 괘의 서두에 기술되어 있으니 중국의 주문왕(周文王)이 서술한 바 내외괘(內外卦)의 상탕(相盪)된 원리에서 시발하여 주역의 괘가 형성된 천리를 담고 있다 하겠다. 허나 토정비결의 괘상은 이와는 달리 이지함 선생께서 내외(內外)의 두 괘와 이에 수반된 납갑(納甲) 및 이에 따른 육친(六親)과 신살(神殺) 또한 주역 전체에서 도출된 특유(特有)의 괘상(卦象)을 관측(觀測)하여 도출(導出)시킨 것이니, 이를 풍부한 역량과 마치 풍운(風雲) 조화를 일으키는 문장(文章)력 으로써 조리있게 구사하여 네 글자 씩의 사자어(四字語)로써 구현(俱現)해서 몽매(蒙昧)한 창생(蒼生)들의 앞날을 조명(照明)하는데 크게 기여한 바 있으니, 그의 큰 기량(器量)과 풍운조화를 이룬 논조(論調)에 대하여는 높은 경의를 표하는 바이며, 다음의 몇 괘에 걸쳐 그 격조 높은 논조를 괘상 해설을 통해 알아보기로 한다. 다음은 토정비결(土停秘訣) 첫째 장에 수록돼 있는 중건괘(重乾卦)의 초구

(1) 초구(初九)효가 변하여 구초육(姤初六)효가 된 사례. 도표(1)

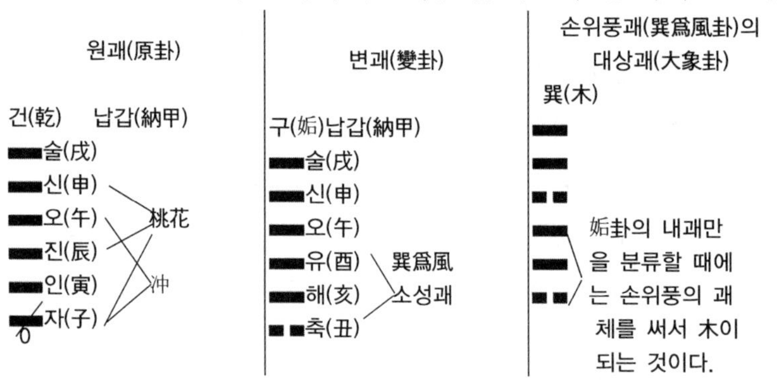

괘상본문 (卦象本文)	어원(語源)의 분석(分析)
동풍해동 (東風解凍)	이상의 표에 나타나 있는 바와 같이 주제의 원괘(原卦)는 중건괘(重乾卦)이다. 이의 초효(初爻)가 변(變)하여 천풍구(天風姤)를 이루었음을 볼 수가 있다.

해설 동녘바람에 얼음풀리니	그러면 이 괘상에 동풍(東風)의 어원(語源)을 살펴보자. 건(乾)의 초구(初九)는 주역의 세응정국(世應定局) 변성(變成) 법칙에 따라 양효(陽爻)가 음효(陰爻)로 변하니 소상내괘(小象內卦)가 손풍(巽風)이 된다. 손(巽)은 곧 이십사방의 방향적(方向的)으로 보아 동남간방(東南間方)이며, 손위풍괘(巽爲風卦)의 풍(風)을 인용하여 동풍(東風)이라 지칭한 것이다. 다음은 해동(解凍)의 어원에 대하여 알아본다. 역경하권(易經下卷)의 설괘전(說卦傳)을 살펴보면 건(乾)은 위빙(爲氷) 곧 얼음으로도 본다고 되어있다. 그럼으로 이상의 논리를 정리해 보면 동녘 바람에 얼음이 풀리니의 문사(文辭)로써 표현한 것이다.
괘상본문 (卦象本文) 고목봉춘 (枯木逢春) 해설 마른나무가 봄을 만났다	다음은 고목(枯木)에 대한 어원(語源)을 살펴보자. 위에 부설되어 있는 원괘(原卦)는 건괘(乾卦)이다. 건(乾)은 일명 마르다는 뜻으로도 되어 있으며 목(木)은 도표에 나타나 있듯이 변내괘(變內卦)의 손풍괘체(巽風卦體)가 목(木)임으로 고목(枯木)이라 지칭한 것이다. 다음은 봉춘(逢春)에 대하여 이는 봄을 만났다는 뜻으로 지금에 손방(巽方)에 이르렀다는 뜻이니 늦은 봄을 의미하는 것이다.

괘상본문 (卦象本文) 수류성변 (水流城邊) 해설 물 흐르는 성가에	다음은 성변(城邊)의 어원(語源)에 대하여 보다시피 원괘(原卦)의 중건괘(重乾卦)는 여섯 개의 양효(陽爻)로써 구성돼 있음으로 이를 성돌이라 지칭한 것이며, 수류(水流)의 어원은 앞의 건괘(乾卦)표에서 보다시피 제일 하단에 위치한 납갑(納甲)이 자수(子水)이다. 그러므로 물이 흐르는 것으로 보아 물 흐르는 성가이다 라고 지칭한 것이다.
괘상본문 (卦象本文) 積小成大 (적소성대) 해설 적은것을 쌓아서 크게 이루도다	다음은 적소(積小)의 어원(語源)을 분석해 본다. 본 괘는 표에서 보는 바와 같이 중건천(重乾天)의 초효(初爻)가 변하여 손풍괘(巽風卦)로 바꾸어졌다. 곧 다시 말해서 초구(初九)의 양효(陽爻)가 제일 밑에서 음육(陰六)으로 변했음으로 이는 세응정국(世應定局)상의 순서로 보아 앞으로 이효(二爻) 삼효(三爻) 사효(四爻) 오효(五爻) 순으로 음(陰)이 쌓아질 것임을 예측하여 처음에 초효에 적은 것으로부터 시작하여 점진하게 됨으로 적소(積小)로써 성대(成大)됨을 예측한 것이다.
괘상본문 (卦象本文) 호화춘모 (好花春暮) 해설 좋은꽃에 봄이 저무니	다음은 호화(好花)의 어원을 분석해 본다. 전장의 표에서 보는 바와 같이 원괘(原卦) 중건(重乾)의 납갑(納甲) 신자진 (申子辰九五, 初九, 九三)효에 도화(桃花)가 변구(變姤)의 유(酉九三)를 만나서 광채가 나니, 좋은 꽃이라 지칭했고, 춘모(春暮)의 어원은 간인(艮寅)방으로부터 초춘이 시작되어 갑묘(甲卯)의 중춘(仲春)을 지나 지금에 진손(辰巽)의 계춘(季春)에 이르렀으니 만발한 좋은꽃(好花)에 봄이 저물어감(春暮)을 표의한 것이다.

괘상본문 (卦象本文) 몽각남천 (夢覺南天) 해설 꿈은 남천에 깨었도다	괘상으로 보아 건천초구(乾天初九)의 납갑(納甲)인 자(子)는 응(應)자리인 구사(九四)의 남방(南方)에 오(午)와 상충(相冲)하니 잠잠하고 나른했든 봄꿈은 자오(子午)의 상충(相冲)으로 깨어났다는 어의임을 상상해본다.
괘상본문 (卦象本文) 낙양성동 (洛陽城東) 해설 낙양성 동편에는	락양(洛陽)의 어원을 분석해 보자. 지금의 중국하남성(中國河南省)의 옛 고도(古都)를 말함이니 중국의 지리적(地理的)으로 보아 동남간방(東南間方)에 위치(位置)하고 있으며 이 성(城)이라 함은 앞에서 언급한 바와 같이 건괘(乾卦)에 여섯 개의 양효(陽爻)를 성(城)돌로 본 것이라 하겠으며 동(東)이라 함은 곧 손방(巽方)을 말하고 있는 것이다.
괘상본문 (卦象本文) 도화생광 (桃花生光) 해설 복숭아 꽃이 빛나도다	도화(桃花)의 어원을 분석해 본다. 본 괘는 중건(重乾)의 납갑(納甲) 신자진(申子辰)의 도화(桃花)가 변하여 구괘(姤卦)의 구삼납갑(九三納甲)인 유(酉)를 만났으니 광채가 더욱 돋보인다는 어의이다.

※다음은 토정비결(土亭秘訣) 제 2쪽에 수록되어 있는 중건괘(重乾卦) 구이(九二)효가 변하여 동인육이(同人六二)효가 된 사례이다. 도표(2-1)

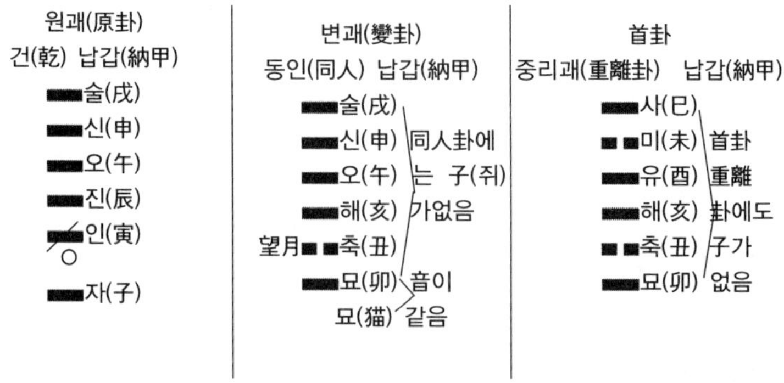

괘상본문 (卦象本文) 망월원만 (望月圓滿) 해설 보름달이 둥글고 가득 하니	망월(望月)의 어원(語源)을 분석(分析)해 보자. 망월(望月) 이는 보름달을 말함이니, 동인괘(同人卦)에 음이효(陰二爻)가 세 개의 효점(爻点) 중간에 높이 떠 있음을 말한 것이다. 태극도설(太極圖說)에 의하면 해(日)는 양(陽)이고 달(月)은 음(陰)으로 정의(定義)하고 있으니 동인육이(同人六二)가 음효(陰爻)로써 소상내괘(小象內卦)의 중간에 떠 있으니 이를 망월(望月 : 보름달)이라 했으며 원만(圓滿)은 둥글고 가득하다는 어의로써 동인육이(同人六二) 효는 초구(初九)와 구삼(九三)효 중간에 아무 곳에도 치우치지 않았으니 이를 가득차고 둥글다의 망월(보름달)로 지칭한 것이다.

괘상본문 (卦象本文) 갱유휴시 (更有虧時) 해설 다시 이지러질 때가 올 것이다	갱유휴시(更有虧時)를 분석(分析) 해 본다. 역(易)의 변성(變成)하는 순서에 따라 다시 삼효(三爻,,,,,,陰爻)로 옮기어 가면 둥글던 보름달이 기망(旣望 : 열엿새)을 지나 중순이 넘어가면 가득한 모양이 한쪽으로부터 이지러져 다시 기우는 때가 온다고 하는 논리이다. 역(易)에 말하기를 사극즉필변(事極則必變 : 일이 극도에 달하면 반드시 변하고), 物極則必反(물극즉필반 : 물건은 극도에 달하면 반드시 되돌아간다)의 천리를 드러내고 있다 하겠다.
괘상본문 (卦象本文) 서입심고 (鼠入深庫) 해설 쥐가 깊은 창고에 드니	서입신고(鼠入深庫)를 분석(分析)해 본다. 이는 쥐가 창고에 깊이 들어가 있다고 하는 말이니 이 동인괘(同人卦)에는 십이지(十二支) 중의 쥐에 해당하는 납갑(納甲)의 자(子)가 나타나 있지 않으며 (도표참조) 또한 동인(同人)의 수괘(首卦) 중리괘(重離卦)에서도 이 쥐(子)를 찾아볼 수가 없으므로 쥐가 곳간에 깊이 들어가 있다고 하는 강도 높은 논조(論調)는 폭넓은 시야(視野)가 돋보이는 바이다.
괘상본문 (卦象本文) 반묘거문 (班猫踞門)	우선 반묘(班猫)를 분석(分析)해 보자. 이는 알록달록한 아롱진 고양이의 모양을 말함이니 실제 상황을 분석해 본다. 동인소상내괘(同人小象內卦)는 초구(初九)와 구삼(九三)이 같은 양효(陽爻)로써

해설 아롱진 고양이가 문간에 걸터앉아있도다	동질색(同質色)인가 하면 육이효(六二爻)는 색채가 다른 음효이기 때문에 아롱지다는 묘의(妙意 : 묘한 뜻)로써, 표현한 것이며 또한 고양이란 말은 음사동종(音似同宗)으로 구사한 말이다 곧 동인초구(同人初九)의 납갑(納甲)이 묘(卯)임으로 묘(卯)의 음(音)을 살려 고양이묘(猫)로 표의(表意)한 것이다. 거문(踞門) 이는 문가에 걸터앉아 있다는 말로써 초구납갑(初九納甲)인 묘(卯)의 위치가 이 괘의 첫 자리이기 때문에 문(門)에 걸터앉아 있다고 묘리 있는 표의로써 나타낸 것이다.
괘상본문 (卦象本文) 계명산하 (鷄鳴山下) 해설 닭이 우는 산 아래에	계명(鷄鳴)의 어원을 분석(分析)해 본다. 이 동인괘(同人卦)에는 납갑(納甲)중에 유(酉)가 은복(隱伏)되어 있음으로 수괘(首卦)를 빌려 살펴보면 리괘구사효(離卦九四爻)로써 복신(伏神)으로 숨어 있으니, 이 닭의 울음은 필시 자경(子境)을 지나 축시(丑時)일 것이다. 이어서 산하(山下)의 어원을 분석(分析)해 본다. 중리구사효(重離九四爻) 밑에 복신(伏神)을 찾아내기 위하여 발동(發動)하므로 六四, 六五, 上九 상으로 보아 간산소상괘(艮山小象卦)가 이루어진 것임으로 산하(山下)라 지칭한 것이다.

다음 도표로써 나타내 본다. 도표(2-2)

토정비결 본문의 동인이효(同人二爻) 원괘(原卦) 건(乾) 납갑(納甲) ━━ 술(戌) ━━ 신(申) ━━ 오(午) ━━ 진(辰) ━━ 인(寅) 0 ━━ 자(子)	아래와 같이 닭(酉)이 은복되었음 변괘(變卦) 동인(同人) 납갑(納甲) ━━ 술(戌) ━━ 신(申) ━━ 오(午) ━━ 해(亥) ━ ━ 축(丑) ━━ 묘(卯) 音이 묘(猫) 같다	닭(酉)을 찾기 위해 수괘(首卦)를 찾음 은복된 닭(酉)을 찾기 위한 수괘리(首卦離) 납갑(納甲) ━━ 사(巳) 새벽 ━ ━ 미(未) 에 ━━ 유(酉)伏神 첫닭 ━━ 해(亥) 소리 ━ ━ 축(丑) ━━ 묘(卯)	닭(酉)을 찾은 뒤에 간산(艮山)이 된다. 닭(酉)을 찾은 뒤에 간산(艮山) 艮山 ━━ ━ ━ 艮山卦 ━ ━ ━━ ━ ━ ━━

괘상본문 (卦象本文) 감동초심 (感動楚心) 해설 초나라 사람의 마음을 감동케 하도다	감동초심(感動楚心)을 분석(分析)해 본다. 초(楚)나라는 중국의 춘추전국시대(春秋戰國時代)에 진(秦)에 의해 패망했으니, 이 때를 당하여 초(楚)나라 백성들은 날이 밝으면 혹독한 전쟁에 시달려야 했기 때문에 이는 새벽 첫 닭이 우는 소리에 마음이 긴장됐다는 뜻으로 감동초심(感動楚心)으로 나타낸 것이다. 이는 수괘의 리구사(離九四)에 복신(伏神) 유(酉)를 들어 지칭한 것이다.

괘상본문 (卦象本文) 희희락락 (喜喜樂樂) 해설 기쁘고 즐거워하며	희희락락(喜喜樂樂)에 분석(分析)을 가해본다 이는 매우 기쁘고 즐겁다는 뜻이다. 이 어원(語源)은 본 동인육이효(同人六二爻)는 역경학(易經學)상으로 보아, 음효(陰爻)가 음자리에 거처했으며 중정(中正)한 중여(中女)이다. 그에 알맞는 구오효(九五爻) 역시 중덕(中德)의 지존(至尊)한 중남(中男)과 서로 정응(正應)하고 있으니, 어찌 매우 기쁘고 즐겁지 않겠는가 말이다.
괘상본문 (卦象本文) 불지포사 (不知褒姒) 해설 포사의 일을 알지 못하도다.	불지포사(不知褒姒)의 어원(語源)을 분석(分析)해본다. 이 포사(褒姒)란 중국(中國)에 고사성어(古事成語)의 한 일화이다. 포사(褒姒) 이는 주(周)나라 유왕(幽王)의 총희(寵姬)였으니 본시 웃기를 좋아하지 않는 그의 웃음을 보기 위하여 유왕(幽王)이 제후(諸侯)들을 참집(參集)시키고 봉화(烽火)를 올려 이 여인을 웃겼다는 이야기는 그 훗날에 유명하다. 그러나 그 후(後)에 폐후(廢后)한 사실이 있으니, 원인은 신후(申后)의 아버지가 병란(兵亂)을 일으켜 유왕(幽王)을 죽이고 왕의 총희(寵姬)였든 포사(褒姒)는 포로가 되었다고 하는 고사(古事)를 인용하여 만사(萬事)가 무상(無常)함을 말해 주고 있는 것이라 하겠다.

※ 다음은 토정비결(土亭秘訣) 제 3쪽에 수록되어 있는 중건괘(重乾卦)

구삼효(九三爻)가 변하여 리육삼(履六三) 효가 된 사례. 도표(2~3)

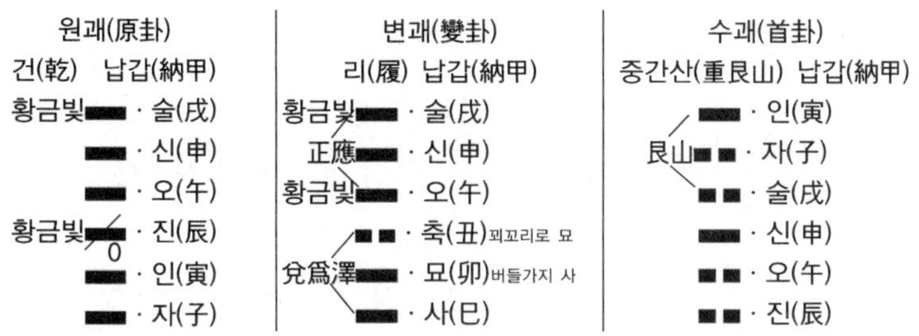

괘상본문(卦象本文) 앵서류지(鶯栖柳枝) 해설 버들가지에 꾀꼬리가 깃드리니	우선 꾀꼬리가 깃들었다고 하는 앵서(鶯栖)의 어원(語源)을 분석(分析)해 보자. 본 리괘(履卦)의 구삼(九三)에 납갑(納甲)인 축토(丑土)는 오행학(五行學)상으로 보아 중앙(中央) 토(土)이다. 이를 오색(五色)으로 분류해 보면 중앙토(中央土)는 황색(黃色)이며 또한 봄철에 나타나서 고운 목소리로 울어대는 꾀꼬리 역시, 황금색(黃金色)으로 단장 되었으므로 이를 꾀꼬리에 비유한 것이다. 다음은 류지(柳枝 : 버들가지)의 어원(語源)을 분석(分析)해 본다. 본 리괘(履卦) 구이납갑(九二納甲)은 묘(卯)이다. 또한 버드나무의 류(柳)는 파자(破字)로 보아, 목(木)에 묘(卯)를 더했음으로 이를 버들(柳)로 지칭한 것이다.

	그러므로 버들격인 구이납갑(九二納甲) 묘(卯 :버들가지)위에 구삼납갑(九三納甲)에 축토(丑土 : 황금빛의 꾀꼬리)가 깃들였다고 하는 격조높은 구사력(構思力)에는 감탄을 자아내게 하는 바이다.
괘상본문(卦象本文) 편편황금(片片黃金) 해설 조각조각이 황금빛이로다	편편황금(片片黃金) 이는 조각조각 누런 황금(黃金) 빛이란 말로 이 어원(語源)을 분석(分析)해 본다 본 리괘(履卦)에는 납갑(納甲)중에 구삼(九三)의 축토(丑土)가 있고 상구(上九)의 술토(戌土)가 자리하고 있으니, 이가 모두 중앙토(中央土)이며 오색(五色)상의 황금색(黃金色)이니, 이를 일러 조각조각 황금(黃金) 빛이라 지칭한 것이다.
괘상본문(卦象本文) 우후강흥(雨後江興) 해설 비가온 뒤에 강물이 불어나도다.	우후강흥(雨後江興) 이는 비온 뒤에 강물이 불어나다의 뜻으로써 이의 어원(語源)을 살펴보자. 앞의 도표 3에서 보는 바와 같이 리(履)의 육삼(六三) 음효(陰爻)는 응(應)자리인 상구(上九) 양효(陽爻)와 정응(正應)이 된다 주역(周易)에 말하기를 음양교이후우(陰陽交而後雨)라 하니 곧 풀어 말하면 음의 기운과 양의 기운이 서로 사귀면 그 뒤에 비가 온다 하니, 곧 이를 두고 하는 말이며 육삼(六三)과 상구(上九)의 정응의 결과를 일컫는 것이다. 또한 강흥(江興)의 어원(語源)을 살펴본다. 본 리(履)의 소상내괘(小象內卦)는 태위택(兌爲澤)괘이다 글자 그대로 보면 태괘(兌卦) 이는 태위택

	(兌爲澤)으로 연못이 되기도 한다 하니, 정리해 보면 음양이 사귀어서 비를 내리니 태(兌)의 연못물이 불어난다고 하는 격조 높은 구사력(構思力)을 엿볼 수가 있다 하겠다.
괘상본문 (卦象本文) 태호시절 (太昊時節) 해설 태고의 시절에	태호시절(太昊時節)의 어원(語源)을 살펴본다. 이는 큰 하늘이라는 말로써 아주 옛날을 의미하기도 한다. 본 리괘(履卦)의 원괘(原卦)인 중건괘(重乾卦)는 큰 하늘이라는 의미로써 곧 아주옛날의 의미로 통하는 바가 있으니 이 시절(時節)에
괘상본문 (卦象本文) 시획팔괘 (始劃八卦) 해설 비로소 팔괘를 그었도다	시획팔괘(始劃八卦)에 대하여 이는 비로소 팔괘를 그었다는 뜻으로서 태호시절(太昊時節)에 복희(伏羲)씨가 팔괘(八卦)를 그었다 함은 역(易)의 역사상에 의문에 여지가 없다 사료되는 바이다.

島飛山人

晩碩 徐廷起(서정기)

청소년기에 한문학을 이수하여 사서삼경을 전수.

고명(高明) 주역(象數學)연구원(전화 : 02-852-9527)을

설립해서 상수학 연구와 후학 양성에 힘씀.

저서 : 하락이수 해설(상, 하), 마의 상법 정해, 점단법, 지방.

동국하락리수연구회, 고명주역연구원 수석 문하생

구승모, 김영도, 김종호, 이성재, 윤대위, 홍남주, 정성남

운명과 주역

발행 2007년 10월 30일 초판 1쇄

지은이 만석 서정기

펴낸이 장석홍

펴낸곳 도서출판 장서원

주소 140-160 서울 용산구 남영동 7-1(201호)

전화 703-5362 팩스 797-5362

정가 20,000원